创新管理与持续竞争力丛书

没有研发的创新

——德国制造业中非研发企业的多样化创新模式

Innovation without R&D: Heterogeneous Innovation Patterns of Non-R&D-Performing Firms in the German Manufacturing Industry

〔德〕奥利弗·索姆(Oliver Som) 著

郑 刚 孟 禹 郭艳婷 王雅娟 译

科学出版社

北 京

图字:01-2013-8294

内 容 简 介

学术界及产业界长期以来将创新与研发几乎等同看待,这在很大程度上忽视了大多数不具备正式研发机构和研发能力,或研发能力较为薄弱的中小企业所进行的一些并非基于正式研发的多样化创新活动。本书是国际上首部非研发创新研究的专著,旨在打开非研发企业的"黑箱"。本书的核心研究问题是:德国制造业中的非研发企业是否确实存在除了研发以外的多样化创新模式?如果是,为什么?作者基于实证研究揭示出德国制造业中非研发型企业的五种创新模式为:知识密集型产品开发者,客户驱动的技术流程专家,偶尔的B2C产品开发者,低创新性、劳动力密集型的制造商,灵活的专业化供应商。这说明,除研发之外,还存在很多其他的创新来源。

本书具有独特的学术价值,并对我国企业,尤其是中小企业在新经济时代如何通过创新驱动提升持续竞争力,以及对于我国各级政府制定与调整合适的创新政策,具有重要的参考价值。

本书适合高校科研院所对技术创新管理、中小企业创新等有兴趣的教师、研究人员、博士生与硕士生阅读,同时也可以作为各级政府相关科技管理部门和企业决策者的参考读物。

图书在版编目(CIP)数据

没有研发的创新:德国制造业中非研发企业的多样化创新模式/(德)索姆(Som,O)著;郑刚等译.—北京:科学出版社,2014
(创新管理与持续竞争力丛书)
ISBN 978-7-03-042779-3

Ⅰ.①没… Ⅱ.①索…②郑… Ⅲ.①制造工业-企业创新-研究-德国
Ⅳ.①F451.664

中国版本图书馆CIP数据核字(2014)第294447号

责任编辑:李 莉 / 责任校对:鲁 素
责任印制:徐晓晨 / 封面设计:无极书装

科学出版社出版
北京东黄城根北街16号
邮政编码:100717
http://www.sciencep.com

北京厚诚则铭印刷科技有限公司 印刷
科学出版社发行 各地新华书店经销
*
2015年2月第一版 开本:720×1000 1/16
2016年1月第三次印刷 印张:18 1/4
字数:365 000

定价:78.00元
(如有印装质量问题,我社负责调换)

“创新管理与持续竞争力丛书”编委会

总　序

“十二五”伊始，我国进入了经济发展方式转变、结构转型和产业升级的关键期。特别地，随着全球金融危机影响的不断深化，经济的结构性缺陷和创新能力缺乏的痼疾进一步显现，加快转型升级和创新发展，建设创新型国家，已经成为关系到我国经济和社会可持续发展成败的重大国家战略之一。

“创新管理与持续竞争力”研究是兼容战略管理、技术管理、营销管理、信息管理、组织行为理论、项目管理、人力资源管理、财务管理、系统分析以及产业经济学等经济科学的集成式管理科学学科领域。随着创新经济理论、新制度经济学、技术变革经济学、技术创新管理学、组织学习与学习型组织理论、知识管理学等理论的不断发展和成熟，围绕创新管理和持续竞争力的相关理论与现实问题研究已经成为当代管理学、经济学、社会学、教育学乃至工学的重要学术研究领域。而在当前全球化背景下，中国经济社会所进行的大规模制度变迁和产业升级、发展模式转变，为开展相应的重大现实问题导向的理论前沿研究提供了极其肥沃的土壤，孕育着实现具有世界性学术前沿意义的重大理论创新的历史机遇。

当前，创新管理领域出现了四大趋势，即开放式创新的出现、创新的全面化、用户驱动的创新、设计驱动的创新。近两年创新发展研究的焦点，越来越转向全球化背景下的创新体系建设、面对全球竞争的产业和企业技术创新能力建设、应对全球竞争的产业转型升级等学科交叉性的前沿问题。

在实践中，中国经济在取得巨大成就的同时，资源消耗型增长模式所形成的隐患加速突显。三大瓶颈严重地制约着中国向现代化迈进的步伐，即过度依赖重度消耗自然资源（尤其是矿物质能源）和人口资源所形成的“资源瓶颈”；缺乏自主知识产权，过度依赖外来技术和外资的“拉美化”增长所导致的“自主知识产权瓶颈”；当代科技革命所要求的现代管理范式转变与大量企业和部门的基础管理水准仍低于泰勒制科学管理要求的双重“管理升级瓶颈”。显然，没有创新的推动，中国国家、区域、产业和企业各层面上的竞争力就无法提升，就不能形成真正的持续竞争力。

为此，实现中国经济发展模式必须实现重大的战略性转变：一是竞争力基础的转变，即从自然资源的密集消耗向知识资源的创造性应用转变；二是资源利用途径的转变，即从封闭环境下的区域性资源消耗向开放环境下的全球资源共享转变；三是创新模式的转变，从引进、模仿性创新向原始性创新、突破性创新、完善的自主知识产权体系构建等自主创新模式转变。

浙江大学创新管理与持续竞争力研究中心是“985工程”国家哲学社会科学创新基地，是我国创新管理领域的重要研究基地，以其最早在国内开展技术创新管理和持续竞争力研究，形成了体系化的丰硕研究成果和广泛的国际协作网络著称。创新基地现有全球化制造与创新，创新管理与政策，服务创新与发展，电子商务与新兴产业，非营利组织创新与管理，知识、专利和标准战略等六个研究所，拥有管理科学与工程国家重点学科及企业管理、公共管理等省级重点学科，覆盖5个博士点、2个博士后流动站。在中国电子科技大学、宁波理工学院等建有分基地。

围绕“构筑大平台，凝聚大团队，承担大项目，培育大成果”为核心的“985工程”建设指导思想，创新管理基地已基本形成了特色鲜明的研究平台，拥有一支具有重要国际影响的研究团队，并聘请了来自斯坦福大学、剑桥大学、华威大学、莱斯大学等的多位国际知名学者为“浙江大学光彪讲座教授”。在承担国家级重大项目、国际重大合作项目等高水平研究方面不断取得重要的突破，取得了包括成功获批国家重点学科、国家社会科学基金重大项目在内的一系列重大建设成果。

基于长期脚踏实地的实证研究，针对改革开放以来的重大现实与理论问题，创新基地在以企业为主体的技术创新管理研究与探索中，创造性提出了以“二次创新—组合创新—全面创新管理”为主线的原创性创新管理理论和范式，形成了独特的以中国实践为基础、与国际理论前沿接轨的中国特色创新管理理论体系，为我国企业的有效创新管理实践，为各级政府自主创新相关政策的设计、制定和执行，提供了重要的科学依据，对推动我国技术创新理论的发展与实践作出了突出贡献。

针对我国当前面临的产业转型升级与社会贫富加速分化的重大挑战，从2008年起，由浙江大学创新基地的研究团队牵头，与中国科学院专家、印度创新管理专家组成课题组在国内率先开展了对欠发达地区“创新推动包容性发展”的研究，并取得了丰富的阶段性成果，在国内外引起了重视。“包容性发展”问题涉及面较宽，从静态的视角看，要从提供更合理的分配政策入手，使底层民众能够更为公平地参与发展利益的分配。而从动态的视角来看，则更应重视如何提升边缘社会群体和欠发达经济区域参与主流经济发展的创新能力。在该领域的开创性研究进一步显示了浙江大学研究团队在创新管理领域中的开拓、务实精神和走在时代前列的引领作用。

近年来创新基地搭建了一流的国际创新合作网络。与剑桥大学制造学院、MIT斯隆管理学院、哈佛商学院、斯坦福大学管理科学与工程系、西北大学凯洛格商学院、百森商学院、法国EM里昂商学院、马里兰大学商学院、隆德大学商学院、CIRCLE、SPRU、加拿大IDRC等国际一流高校、机构及海尔集团、中集集团等领先的创新型企业等建立了紧密的学术合作关系，将中国的研究更积极有效地融入国际主流学术网络。形成了“以四个联合研究中心为依托，以三大系列国际会议为平台，以紫金创新论坛和青年创新论坛为特色”的产学研结合的国际一流创新合作网络。

“四个联合研究中心”是指浙江大学－剑桥大学“全球化制造与创新管理”联合研究中心、浙江大学－海尔集团“创新管理与持续竞争力”联合研究中心、浙江大学－中集集团“创新管理与持续竞争力”联合研究中心、浙江大学－美商IEG集团“创新与创造力开发”联合研究中心。

“三大系列国际会议”是指本基地主办的技术与创新管理系列国际会议（ISMOT）、全球化制造与中国（GMC）国际会议、中国创新学术网络国际会议（CICALICS）等三大系列国际会议。

“十一五”期间，创新基地与科学出版社合作，在国内推出了“创新管理与持续竞争力”系列丛书，现已经出版11部，形成了以“二次创新—组合创新—全面创新”为核心的较为完整的原创性中国特色创新管理理论体系，为建设创新型国家提供了智力支撑和决策参考。

值此“十二五”的新开端，我们针对当前和今后一段时间国际国内经济与社会发展领域面临的新的重大理论与实践问题，结合最新的理论研究成果，推出此新一轮创新管理与持续竞争力丛书。这是创新基地各位研究骨干辛勤努力、踏实工作的创新性成果的最新结晶，它们大多为高水平科研项目的成果，以实证研究为主，务实而不失创新。作者们都力图体现浙江大学多年来一直坚持不懈的“求是、创新”精神，展示自己的真知灼见，与各界同仁分享探索真理的快乐。

中国崛起，以其新时代的鲜明特征呼唤着我们去无畏地探索真理，用科学精神去解开现实中的奥秘，用求是的智慧去揭示中华民族伟大复兴的细节之妙和科学规律。本丛书的出版期望能够起到抛砖引玉之功效，带动国内创新管理相关研究的持续发展，亦期望以此丛书为桥梁，在无边界的研究群落中为更多的同道架起沟通、互动、争鸣、协同的桥梁。

吴晓波

译 者 序

创新是推动科技进步、企业生存发展的不竭动力和源泉，已经得到社会各界广泛认同。然而，学术界及产业界一直以来将创新与研发几乎等同看待，认为研发是创新的唯一途径，这在很大程度上忽视了大多数不具备正式研发机构和研发能力，或研发能力较为薄弱的中小企业所进行的一些并非基于正式研发的多样化创新活动。第三次欧盟创新调查（CIS-3）表明，1998～2000年，欧洲有一半左右企业的创新活动是基于非研发（Non-R&D）的。更为令人惊讶的是，不进行内部研发的创新型企业和进行内部研发的企业在经济效益上并无差别。

非研发型企业在学术界、企业界，尤其是在目前公共和政府政策讨论中仍然被视为某种“黑箱”。创新和科技政策制定者往往会忽略除研发以外的创新方式所具有的竞争潜力。本书旨在打开非研发企业的“黑箱”，增加对它们的不同创新行为的理解，从而提高学术界、企业界和政府部门对于研发以外的竞争策略和创新战略的认识。

本书是在奥利弗·索姆的博士学位论文的基础上完成的，应该是国际上首部非研发创新研究的专著，具有较为重要的学术价值。本书研究的核心问题是：德国制造业中的非研发企业是否确实存在异质性（多样化）创新模式，以及制造业非研发企业的多样化创新模式按什么标准来划分。

作者基于实证研究揭示出德国制造业中非研发型企业的五种创新模式为：知识密集型产品开发者，客户驱动的技术流程专家，偶尔的B2C产品开发者，低创新性、劳动力密集型的制造商，灵活的专业化供应商。这说明，除研发之外，还存在很多其他的创新来源使企业获得竞争优势。

译者于2013年年初在斯坦福商学院访问期间偶然在图书馆看到本书英文原版电子书。刚好译者近几年来正在进行中国中小企业非研发创新的探索研究，且承担国家自然科学基金委员会有关非研发创新的面上项目，深知这方面的深入研究还不多见，因此看到这本书后非常兴奋，认为无论是对于自己的学术研究，还是对于中国中小企业的创新理论与实践发展都很有借鉴意义，当即决定翻译这本书，希望它能在中国起到宣传、推动非研发创新的理论与政策研究的作用。

在当前的高校科研评价体系下，翻译学术著作是一份“费力不讨好”的工作，牵扯大量的精力，但对于年度绩效考核、职称晋升等，都没有直接的贡献。尽管如此，译者仍然以饱满的热情和认真的态度，克服了种种困难，前后历时一年多，完成了翻译工作。本书具有独特的学术价值，对我国企业，尤其是中小企业在新经济时代通过创新驱动提升持续竞争力，对我国各级政府制定创新政策同样具有重要的参考价值。

本书由郑刚统筹协调翻译工作，孟禹（第 1 章、第 2 章、第 3 章、第 4 章部分）、郑刚（第 4 章部分、第 6 章部分）、王雅娟（第 5 章）、郭艳婷（序言、前言、第 6 章部分）分工协作完成本书的初稿翻译。郑刚负责全书的审校工作，王雅娟、郭艳婷协助进行图表和文献校对等工作。另外，本书的出版过程中，还得到了科学出版社马跃、李莉编辑的大力帮助，在此表示衷心的谢意。

需要说明的是，本书的翻译得到了国家自然科学基金委员会面上项目“中小企业非研发（Non-R&D）创新的机理、模式及对创新绩效的影响研究”（编号：71172112）的资助，另外，还得到了浙江大学创新管理与持续竞争力研究中心的资助，在此表示诚挚的谢意。

本书作者是德国人，其母语是德语，运用英语写作博士论文，很多语句不是非常地道和简练，给本书的翻译增加了不少难度。此外，由于作者非常严谨，书中标注了大量文献注释和脚注。为提高一般读者的阅读体验，译者在不影响原意的前提下对原书的一些注释和脚注作出简化处理。尽管译者始终谨慎动笔，仔细求证，力求“信、达、雅”，但因能力有限，难免还会存在不足，恳请广大读者批评指正。

郑　刚

2014 年 10 月于浙大紫金港

原 著 序

过去几十年来，“研究与开发”（research and development，R&D）一直被视为经济活动中生产力增长的驱动剂。因此，研发投入也自然成为具有经济意义和政治意图的象征，这一点可以从欧盟研发投入不小于3%的目标中反映出来。在这一目标驱动下，研发比例（R&D ratio）——一个保证经济持续增长的重要指标由此诞生。研发比例可用研发支出占国内生产总值的比值表示，或者就企业管理而言，也可用研发费用占销售额的比重来表示（亦称为研发强度）。然而近几年来，这些看似相关的联系却遭到了越来越多的质疑。例如，Arundel 等（2008）基于欧共体创新调查（community innovation survey，CIS）发现，大约一半的欧洲创新型企业不进行任何研发活动。Srholec 和 Verspagen（2008）指出，尽管各类高技术产业的研发费用不同，但各种创新战略都十分成功。

可以说，这些发现是十分震撼的，因为它们挑战了习以为常的研发创新与扶持政策之间的因果关系，引起人们对其他创新战略的重视。在本书中，作者从公司层面进一步探讨这一新发现，尝试厘清创新研究、创新经济与创新政策中真正有关的问题，从操作层面与经济关联等视角提供新的见解。

本书的主要研究问题是：德国制造业中非研发企业是否表现出了多样化的创新模式。为了探究这一问题，需要同时兼顾结构性维度与实质性维度，前者回答“多样化创新模式是否以及为什么可能存在于非研发企业”，后者回答“在多大程度以及在哪个维度上非研发企业中的多样化创新模式能被区分开来”。

为了解决这些问题，作者基于战略管理领域的演化经济理论和资源基础理论开发了一个概念框架。通过分析多样性和不同资源的利用，这一框架详述了企业如何获得竞争优势。实证部分也非常有说服力，因为作者不仅以清晰的思路剖析之前矛盾的研究结论，还基于定量数据首次描绘非研发企业的各类创新战略。借助聚类分析的方法得到多样化的创新模式，很好地解释了为什么企业没有进行研发却依旧具有竞争实力。希望这部来自弗伦斯堡大学的作品能够引起读者们的兴趣。

卡斯滕·德雷尔

前　言

博士论文的写作过程充满挑战。首先，能否达到预期的目标具有很大的不确定性，即便达到目标，又有多少人会对其感兴趣，或者说研究是否有需求，还是一个未知数。另外，写作过程要求投入一定的财力和人力资源，注意力需要特别集中。同时，还要不断应对各种来自外部的刺激，把已有的知识基础和实证数据巧妙结合，依据导师意见及时调整概念以便更好地被接受。更困难的是，论文的写作时常面临突发状况的干扰，而且在写作之余还要按时完成日常工作。因此，许多人为本书的按时完成作出重要贡献，在此表示感谢。

首先要感谢的是导师卡斯滕·德雷尔（Carsten Dreher）教授，他不仅收笔者为系里的走读生，为笔者创造了写作条件，更重要的是其传授的专业知识和中肯的建议为本书的写作成功打下了基础。同样还要感谢另一位导师赫希·克雷森（Hartmut Hirsch-Kreinsen）教授，以及评审委员会的主席威利·彼得森（Willi Petersen）教授。此外，感谢德雷尔教授在弗伦斯堡大学（Universities of Flensburg）和柏林大学的所有同事，尤其要感谢亚历山大·马丁（Alexander Martin）博士和阿内特·比德尔曼（Anette Biedermann）博士提出的宝贵意见。

本书是笔者在弗劳恩霍夫系统与创新研究所（Fraunhofer Institute for Systems and Innovation Research，ISI）任研究员时写作完成的。深深地感谢所有同事，特别是笔者的良师益友伊娃·吉尔娜（Eva Kirner）教授。从最初的讨论到之后的关键节点，她都不厌其烦地给予笔者最专业的帮助和鼓励。同样要感谢工业与服务业竞争力研究中心的主任斯蒂芬·金克尔（Steffen Kinkel）博士，他不仅给本书提出了建设性意见，还为笔者提供了良好的写作环境。感谢思博曼卡·马洛卡（Spomenka Maloca）在统计学知识方面的帮助，以及克里斯托夫·赞克（Christoph Zanker）博士和凯瑟琳·马特斯（Katharina Mattes）博士的有益建议，他们还在书稿撰写的最后阶段替笔者分担了一些其他项目的压力。对于编辑和校对的工作，要感谢负责出版工作的马勒·约翰斯通（Christine Mahler-Johnstone）、吉莉安·鲍曼-科勒（Gillian Bowman-Köhler）和萨宾·苏勒（Sabine Schöller）。

最后，把最诚挚的谢意献给笔者的家庭。首先要感谢妻子安洁·比尔维奇

(Antje Bierwisch)，当写作遇到困难时，总是得到她的支持。她不仅用理解和爱给予笔者支持，同时还提出了许多良好的建议。其次，由衷地感谢笔者的父母罗斯玛丽（Rosemarie）和奥托·索姆（Otto Som），是他们无条件的支持让笔者顺利完成了学业和本书的写作。遗憾的是，父亲并没能坚持到笔者的作品完成。

谨以此书献给父亲。

奥利弗·索姆

目　录

1 简　　介

过去数十年间，当人们试图解释企业、产业或者经济体的创新能力和竞争力时，研究与开发活动（R&D）成为创新研究中最为重要的一环①。大量的实证研究表明，制度化的内部研发活动作为提高生产率、技术创新的主要来源，对提升竞争力有非常重要的作用，尤其是在制药、汽车制造、计算机、通信、仪器、机械制造等高速发展的产业中②。“大量的实证结果支持这样的假设：对于企业层面的创新活动而言，研发活动的花费是必不可少的”（Shefer/Frenkel，2005）。

此外，通过对先进技术产品的研究开发，技术出口国还可以改善贸易状况。研发活动同时也催生了对于高技术、高素质人才的需求，这为发展和改善教育系统提供了契机，且对整体经济的发展有促进作用（Huang et al.，2010）。实证研究表明，拥有高科技水平的经济体往往进行大量基于研发的高水平创新活动，而这将进一步导致更多新产品的产生和生产过程中新技术的应用（Fagerberg，1987）。

此外，“创新”和“研发”这两个概念，或者说研发强度和企业或经济体的创新性，在过去一直被主流的创新文献等同起来。在宏观经济层面，这种只关注研发（R&D-focused）的观点在 Solow（1956，1957）的研究以及后来学者有关内生增长理论的研究（Romer，1986，1990；Lucas，1988）中体现得尤为明显。他们认为，企业通过内生的、有意识的研发活动所取得的经济增长和国际竞争优势是科技进步的主要来源。科技进步和经济发展的关系被描绘成一个线性稳态的发展模式，这一模式可以相对简单地通过“转动控制研发进程的旋钮”来调节（Verspagen，2005）。

然而很早就有实证研究显示，有相当一部分企业并不在自主研发上进行投资。例如，Cohen 等（1987）在对美国大型企业进行研究时发现，24%的企业并未投资正式研发。Bound 等（1984）的研究则表明 40%的美国企业没有报告研发费用，Galende 和 Suarez（1999）在对西班牙企业进行分析时则发现 71%被调研企业并未进行正式的研发。

近年来，Arundel 等（2008）基于欧共体创新调查（Community Innovation

---

① 参见 Teece（1986）、Brown/Eisenhardt（1995）、Freeman（1994a，1994b）、Freeman/Soete（1997）、Rosenthal（1992）、Saviotti/Nooteboom（2000）、Stock 等（2002）；OECD（2005）；Rammer 等（2009）；Santamaría 等（2009）、Raymond/St. Pierre（2010）等的相关文献。

② 参见 Becheikh 等（2006）、Freeman（1994a）、Freeman/Soete（1997）的相关文献。

Survey，CIS）的研究发现，有略超过一半的欧洲创新型企业不进行研发。更为令人惊讶的是，从利润增长的角度来看，不进行内部研发的创新型企业和进行内部研发的企业在经济效益上并无差别。Rammer 等（2011）对德国制造业的研究结论也支持这一发现。他们的分析结果表明大约 44％的创新型制造业企业（如在近几年引进新产品或者新工艺的企业）并未进行内部研发，而且他们也没有在两者（研发类企业和非研发类企业）之间观察到明显的效益差别。至于效率方面，Kirner 等（2009a，2009b）发现，德国制造业中研发强度较低的企业能够获得与研发密集型企业相同，甚至略高的生产率。

因此，尽管没有在制度化的内部研发活动上进行投资，一些企业仍然能够在长期的市场竞争中生存发展。这对于主流的创新理论构成了重要挑战，因为在传统观点中，没有研发或者较低的研发强度就意味着企业发展的停滞甚至衰退①。低研发强度或者零研发强度的企业在制造业中的各个环节都很常见，甚至是在一些被看做是高科技的产业，如医药工程或者过程测量和控制技术（Kirner et al.，2009a）。由此可见，有相当一部分制造型企业并没有进行任何的内部研发。他们的创新战略、竞争优势和经济成就不能用主流创新理论中研发中心论的观点来解释。

Nelson 和 Winter（1982）和后来的演化经济学学派学者们批判了这种研发范式。他们认为创新能力应该更多基于企业个体的特定情况或者摸索实践，而不都是单一的、以研发为主的创新战略。演化经济学指出了一个很重要的事实，那就是不同企业在创新行为和战略中表现出明显的异质性（heterogeneity），或者说多样化，尽管所处的环境或者创新系统是类似的（Srholec/Verspagen，2008；Nelson，1991）。源于演化观点的企业资源观（resource-based view）② 认为，这种异质性和企业自身的习惯、能力、技术和经验都有关系。企业的创新性和经济成就并不简单的只与高科技或者高额科研投入相关。研发中心论往往过分强调研发活动在企业创新中的重要性而忽略了这样一个事实：企业大部分创新并不一定来源于制度化的内部研发活动③。

除了基于研发的技术创新外，非技术维度或其他“创新模式”（Jensen et al.，2007），如服务创新、市场创新、组织创新以及基于经验的某些实用诀窍正

---

① “经济的持续高增长依靠的是发明和创新的不断涌现以及两者所带来的经济效益。经济的高速增长为新兴产业的发展提供了基础，而新兴产业的高速发展反过来可以弥补发明和创新速率的减慢。因此一个经济体的整体高速增长必然伴随着不同产业相对重要性的偏移，夕阳产业比重逐渐减少，新兴行业在总产出中的比重持续增加”（Kuznets，1959）。

② 可参见章节 3.3.3。

③ 参见 Kline/Rosenberg，1986；Fagerberg，2005；Nelson/Rosenberg，1993；Hansen/Serin，1997；Bender et al.，2005；Marsili/Salter 2006。

逐渐地被认同为能够为企业带来经济效益的创新类型[①]。这和熊彼特（Schumpeter）所界定的广义上的创新相佐证，包括与产品相关的创新服务、新颖的组织或营销概念，以及在产品初期采用创新制造技术（Schumpeter，2006）。Tidd 和 Bessant（2009）就提供了一个德国企业伍尔斯（Würth）——世界上最大的螺丝生产厂商——的案例。尽管面临来自中国的低成本竞争，这家公司仍然成功地通过构建一个和戴尔（Dell）公司类似的供应商网络进行产品和工艺创新，从而保持对竞争者的优势（金融时报，2008）。2010 年上半年，伍尔斯实现了 42 亿欧元的销售额[②]。另一个例子是德国的时尚公司 Gerry Weber[③]。它所处的服装产业是典型的"低科技"产业，但是它却大量投资于如计算机辅助设计（CAD）这样的工艺技术，在销售和分销环节采用新的信息通信技术以及运用射频识别（RFID）芯片来提升物流水平（Vdi Nachrichten，2010）。

尽管最新的《奥斯陆手册》（OECD，2005）对除了研发以外的创新源表现出了一定的关注，然而这些认识并未落实为新的标准创新指标。目前大部分的学术研究和政策文件仍然只关注于研发而忽略了其他的创新方法（Arundel，2007；Becheikh et al.，2006）。不得不承认学术界，尤其是实证研究者们还是没能彻底改变创新研究中线性的技术推动创新思维（Arundel，2007）。一部分原因是人们相信基于研发的先进创新活动是造成生产率的提升和效益产出的主要原因，非研发创新者们在这方面的贡献不够突出，甚至没有作出贡献（Arundel et al.，2008）。正如 Arundel（2008）等所指出的那样，如果只用研发指标来衡量创新能力，这些企业（不进行研发的企业）就不会被完全发现和认可。最终它们会被归类为非创新型企业，甚至被排除在创新研究之外。这样做的结果就导致学术研究和政策制定部门很大程度上忽视了那些不进行正式研发的企业。

基于上述原因，非研发型企业在学术界、企业界，尤其是在目前公共和政府政策讨论中仍然被视为某种"黑箱"。因此当前大部分创新和科技类政策举措都是基于主流创新理论的新古典主义模型，其目标仍主要是加强某些高科技领域的研发活动。但正是由于研发密集型和非研发密集型制造产业相互间的复杂关系不明确，以及非研发密集型企业采用相对封闭的创新战略，创新和科技政策制定者往往会忽略除研发以外的创新方式所具有的竞争潜力。因此，当前的创新和技术政策需要更多地关注非研发企业的创新战略，从而能够提升企业和整个经济体的创新能力，而不仅仅只关注于所谓的通过特定研发手段实现创新的"最佳方法"。

本书旨在打开非研发企业的"黑箱"，增加对他们的不同创新行为的理解，

① 参见 Damanpour/Evan，1984；Womack et al.，1990；Piva/Vivarelli，2002；Totterdell et al.，2002；Smith，2005。

② 参见 http：//www.wuerth.de/web/de/awkg/unternehmen/portraet/portraet.php。

③ 参见 http：//www.gerryweber-ag.de/。

从而提高学术界、企业界和政府部门对于研发以外的竞争策略和创新战略的认识。本书与近几年对非研发密集型产业或非研发密集型企业创新性来源的研究不同，主要着眼于探索非研发企业的多样化创新模式。《研究政策》（*Research Policy*）去年出版的特刊《中低技术产业的创新》（*Innovation in Low-and Medium-technology Industries*）也证明这个话题正越来越热门[①]。所有这些研究都针对一个共同的问题：非研发密集型的企业究竟如何创新？

现有针对非研发密集型或非研发型企业的研究仍然有很多不足和局限，这也是本书写作的出发点。为了能够更系统地介绍过往研究的不足，最初的研究动机以及本研究的目的[②]，有必要简单综述一下近年来已有的有关非研发密集型产业和企业的实证研究。

1.1 非研发密集型产业的经济相关性

在产业或行业层面，对于研发密集型或非研发密集型产业的区分主要遵循OECD（1994）的定义以及其最新的修订版（Legler/Frietsch，2007）。OECD根据各产业平均在研发上的经费支出比例不同（business expenditures for research and development，BERD），将制造业分为高技术、中等技术和低技术产业。其中研发投入比例低于3%（少数低于2.5%）的被划分为非研发密集型或低技术产业（OECD，1994）。航空航天、计算机、半导体、通信、制药和仪器产业是比较常见的高科技产业，而电气和非电气机械、交通设备和部分化工产业属于中等技术产业。其余的包括纺织、服装、皮革制品、金属制品等研发强度比较低的产业都属于低技术产业。

通过比较可以发现，OECD和欧盟各成员国的经济增长速度与该国制造业中高技术产业所占比例多少并不相关。在制造业产出和提供就业上，低技术和中低技术产业仍然是OECD和欧盟各国的主力军，并且这一态势短时间内不会改变[③]。11个OECD成员国的非研发密集型行业平均雇佣了制造业中将近一半的员工，并且贡献了将近一半的工业增加值（Sandven et al.，2005）。事实上，并不像有些学者（Lu，2007；Heidenreich，2009）所认为的，低技术产业就应该转移到劳动力相对廉价的国家或者实现“低技术产业空心化”，到目前为止，也只有出于贸易目的的企业才会这么做。就像Bender（2006）所总结的那样，这些研究

① Research Policy. 2009. Special issue on “Innovation in Low-and Medium-technologyIndustries”, 38 (3):441-570.

② 在章节1.4会有详细介绍。

③ 参见Sandven et al.，2005；Bender，2006；Hirsch-Kreinsen et al.，2003；Gehrke/Legler，2010；Som et al.，2010；Hahn，2009；Hirsch-Kreinsen，2004的相关文献。

表明，基于非研发的创新方式在OECD经济体中仍大量存在，在总产出中占有相当的比重，它们远远没有到要被淘汰扔进废料堆的地步[①]。此外，在德国，一些最新的研究表明，非研发密集型产业对于经济增长甚至变得日益重要（Gehrke/Legler，2010；Som et al.，2010）。

正如Robertson和Patel（2007）所认为的那样，无论哪种技术水平的产业，它们的作用都是不可否认的，因为它们既是创新的创造者，也是高技术产业创新成果的主要受益者。Hauknes和Knell（2009）运用投入-产出模型揭示了法国、德国、挪威、瑞典和美国不同研发密集型的产业间直接和间接的知识流动。按照Pavitt（1984）对于产业的划分，他们发现高技术产业和低技术产业间的技术流动是由流向低技术产业的技术流所决定的。这个观点或许过于片面，因为它也可以合理地假设为低技术产业刺激甚至影响了高技术产业新的创新活动，如客户提供使用高科技产品的反馈，或者高技术产业的供应商影响高技术产业的创新。例如，Mendonca（2009）根据专利研究发现，成熟产业的企业对于信息通信技术（ICT）、新材料甚至生物科技等尖端科技的发展有着显著贡献。

所以，不能认为低技术产业缺少技术机会或技术专有性，或其他跟从技术创新中获益有关的因素（von Tunzelmann/Acha，2005）。相反，高技术不仅存在于高技术产业，而且也不同程度地存在于中低技术产业。这种观点和Kirner等（2009a）的发现相类似，他们找到了大量的实证，无论高技术还是中等技术、低技术产业，本身都是由低技术、中等技术和高技术等不同技术水平的各类企业所组成[②]。

1.2 非研发密集型企业的创新和竞争战略

企业层面的研究表明，一般情况下非研发密集型企业在产品创新方面要弱于研发密集型企业[③]。非研发密集型企业在产品相关的服务领域也表现得更差些，这或许是因为创新性产品相关的服务往往和新产品密切相关（Kirner et al.，2008，2009b)。正因为这样，低技术企业的创新往往被主观臆断为以产品改进的形式进行的（Raymond/St-Pierre，2010）。这种观点和Pavitt（1984）关于低技术企业的经典分类一定程度上不谋而合：传统制造业（即非研发密集型产业）主要由内部研发能力和工程化能力都较弱的供应商主导型的小型企业组成。它们更重视专业技能、美学设计和商标、广告，在技术上主要关注削减成本。供应商主导型企业对于其工艺

① 参见von Tunzelmann/Acha，2005；Iizuka，2009；Freddi，2009；Maskell，1998的相关文献。

② 关于德国非研发密集型行业的宏观经济相关性分析的更多数据可见章节2.7。

③ 参见Huang et al.，2010；Kirner et al.，2009a，2009b；Arundel et al.，2008；Heidenreich，2009；Cox et al.，2002的相关文献。

和产品技术的贡献颇少。大部分创新都来源于设备或材料供应商。只有部分创新来源于大客户或是政府支持的研究活动和推广服务（Pavitt，1984）。

以上对于非研发密集型企业的相当负面的评价当前一定程度上已被人们所认可。一方面，Kirner 等（2009b）发现相当一部分非研发密集型企业有能力开发新产品甚至进行市场创新；另一方面，许多研究却仍把工程化知识和工艺流程创新当做非研发密集型企业创新的关键[①]，因为非研发密集型企业的创新活动主要集中于生产效率、产品差异化和市场营销（von Tunzelmann/Acha，2005；Heidenreich，2009）。在技术和组织流程创新方面，Kirner 等（2007，2009a，2009b）表示非研发密集型企业在生产流程组织上能够保证和研发密集型企业同样有效，从而达到相近的生产率以及流程速度。低技术企业似乎更重视生产过程的质量。这使得他们能够通过出众的产品质量和合理的成本赢得全球竞争。对于非研发密集型企业而言，除了研发外，还有更多实现工艺创新的办法（Arundel et al.，2008）。同样，组织创新（如人力资源管理和团队合作）也能够帮助非研发密集型企业实现研发型企业类似的创新成就，尤其是在几种创新方法相互结合的时候[②]。

直接从外部采购和获取创新性机器设备或者半成品，只做很小改进或不做任何改进而直接使用，是非研发密集型企业的另一种创新源[③]。他们比研发密集型企业更依赖外部知识的传播，尤其是内嵌在产品和工艺中的知识（Arundel et al.，2008；Heidenreich，2009）。这种对于外部技术的采用也包括一些高科技产品和技术（Hirsch-Kreinsen，2008b；Arundel et al.，2008）。吸收能力对非研发密集型企业尤其重要，因为这有助于使它们成功地管理和采用外部技术（Bender/Laestadius，2005；Bender，2008；Hirsch-Kreinsen，2008b）

Haukens 和 Knell（2009）更加深入地讨论了这种产业间的联系。他们基于欧共体创新调查（CIS）数据的研究表明，中低技术产业的企业与外部企业在创新项目上有更大程度的合作。Bender 等（2005）和 Hirsch-Kreinsen（2004，2008a）也认为企业间的网络关系非常重要。区域内的支持性社交网络（supportive social networks）是重要的知识源，尤其对于提升非研发密集型企业的创新能力而言（Bender，2006）。因此，非研发或低研发密度型企业可以通过外部知识搜索或者和外部伙伴（partner）的正式合作，尤其是与消费者、供应商

---

① 参见 Evangelista et al.，2002；Nascia/Perani，2002；Hirsch-Kreinsen，2004；Bender，2004，2006；Kirner et al.，2007，2009 的相关文献。

② 参见 Rammer et al.，2009；Heidenreich，2009；Barge-Gil et al.，2008 的相关文献。

③ 参见 Bender，2004，2006；Arundel et al.，2008；Santamaría et al.，2009；Barge-Gil et al.，2008；Tsai/Wang，2009；Heidenreich，2009 的相关文献。

和竞争者的合作提高自身的创新绩效①。Arundel等（2008）发现低技术企业和高技术企业中进行技术采用（technology adoption）的比例并没有统计意义上的明显差异。研发型企业在产品和工艺创新方面进行内部合作的数量是非研发企业的两倍。这一结论也得到了Tsai和Wang（2009）的支持。他们的研究发现，内部研发投入水平会影响到和不同类型的外部伙伴合作所实现的创新绩效。内部研发投入较高的企业相比内部研发投入较低的企业能够从合作中获得更多的创新回报。Kirner等（2009b）进一步发现，相比研发密集型企业，非研发密集型企业确实和外部合作的可能性更小，尤其是在研发和服务领域，在生产和供应方面的合作两者没有什么区别。根据配对分析（matched-pair analyses），他们还有新发现，那就是对于非研发密集型企业而言，参与研发合作的比没有参与研发合作的更可能进行产品创新。

和"基于科学"的创新模式（"science-based" modes of innovation）不同（Mowery/Rosenberg，1998），低技术企业中的创新被认为更多地由与客户相关的以及实用性知识所驱动。非研发密集型创新往往不是最新科技知识的产物。关于低技术创新争论的核心在于，低技术创新试图包括那些主要不基于系统研发，而只是基于经验的实用性知识（通常这些知识是隐性的），尤其是被公司视为主要资产的创造力以及创新能力。它们往往还和那种发现并吸收潜在的相关知识并能够将它们应用于企业特定情况的能力相关（Bender/Laestadius，2005）。Kirner等（2009b）发现，非研发密集型企业的一个特点就是低技术和非技术雇员的比例高于平均水平。这样的结果正好表明它们采用了不同于科学模式的知识获取和积累方法。Lundvall和Johnson（1994）认为，"干中学"（learning-by-doing），"用中学"（learning-by-using）、"互动中学"（learning-by-interacting）、"生产中学"（learning-by-producing）、"探索中学"（learning-by-searching）也应该被当做非研发创新的重要来源。正如Arundel等（2008）所言，非研发创新者可能会从企业内部员工，如生产工程师或者设计人员身上寻找灵感。内部的组织实践、知识管理和员工政策在低技术企业的创新中扮演着至关重要的角色。基于欧洲13个国家4500家企业样本，Grimpke和Sofka（2009）发现低技术产业的技术搜索模式更关注市场知识，这不同于高技术产业中的技术搜寻活动。因此，模仿和反求工程（Kim/Nelson，2000）或许也可以被解释为一种市场导向的搜索模式。

① 参见Huang et al.，2010；Rammer et al.，2009；Santamaría et al.，2009；Barge-Gil，2010；Cox et al.，2002；Bayona et al.，2001；Pittaway et al.，2004的相关文献。

1.3 识别研究鸿沟

综观这些研究可以发现，企业的技术水平往往由它们所处产业的技术水平所确定[①]。只有部分研究通过判断个体的研发强度或是将 OECD 对于产业的区分标准运用在企业层面加以区分（Kirner et al.，2007，2008，2009a，2009b），或者干脆选择根本不进行研发的企业。此外，早期对非研发企业的研究基本上都是采用定性的基于案例研究的方法[②]。他们得到了很多有价值的结果，为后续的研究打下了坚实的基础。但是他们的结论大多是基于单个企业，因此很难推广到一般情况。而且不少研究仅局限于某几个低技术产业，这进一步阻碍了他们从宏观角度来看待问题。虽然近两年来基于广泛的企业调查数据的定量研究越来越多[③]，关于非研发密集型企业创新行为的实证、定量研究发现仍然很少（Arundel et al.，2008；Santamaría et al.，2009）。根据已有的实证研究，其中的局限和不足有：

（1）没有非研发密集型企业的通用定义。大部分研究根据企业所处的产业来定义，即属于 OECD 定义下的中等技术、低技术产业的企业是非研发密集型企业。其他研究则将产业标准应用于企业层面，根据个体企业的研发投入在总销售额中所占比重来进行分类。无论哪种分类方法，企业还是有可能存在研发投入。研发投入小于 2.5％的企业比研发投入为 3％的企业研发强度更低，这种说法也很值得商榷。Rammer 等（2009）以及 Barge-Gil 等（2008）的方法或许更为实用，他们只关注那些不进行内部研发的企业。Huang 等（2010）采用了一种更为细致的方法。他们将非研发创新分为两类：有能力进行创造性工作却不进行正式研发的企业；仅依靠购买先进设备和软硬件，或者从其他企业获得执照的方式进行创新的企业。这种定义上的不一致使得他们的研究成果很难相互比较。

（2）非研发强度和创新的线性关系。这点和之前较为流行的基于产业进行划分的方法联系密切，也适用于企业层面的研究。很多研究一开始都批判简单线性的研发范式并且想要推翻它，但最后往往仍是基于企业在缺少研发这一资源的时候必须采用另外一种系统性的创新行为来代替缺失的研发资源这一隐含的假设。这在根本上和他们一开始的批判意见相左。对于“真正的”非研发创新战略的研究不能得到有价值的结论，因为这样的替代思维没有给多元化创新留下可能的空间。一些非研发创新模式的研究自相矛盾的情况一定程度上也反映了这一问题。这样的矛盾或许预示着不是只存在单一的非研发创新战略。

① 参见 Corbett（2008）等的相关文献。

② 参见 Bender（2004）等的相关文献。

③ 参见 Peneder（2010）等的相关文献。

（3）忽视了产业内部企业的异质性（intra-sectoral heterogeneity）。如上所述，大部分研究根据企业所处产业来定义其技术水平，或者根据它们是否属于Pavitts（1984）所定义的“供应商主导”产业来定义。属于相同产业的企业所面对的市场环境和技术环境都是类似的，所以通用的创新战略看起来可以带来商业成功，然而，这样的思路却和一些实证研究的结果大相径庭。研究表明，不论哪个技术水平的产业，都有高技术企业、中等技术企业和低技术企业（von Tunzelmann/Acha，2005；Kirner et al.，2007，2009a），不得不承认创新模式的重复性和相似性是跨产业的（Hirsch-Kreinsen，2008a）。最近由Peneder（2010）提出的创新分类包含四类创新强度[①]。有趣的是，其中三个类别都包含了典型的低技术产业。这进一步说明，所谓的“其他产业”可能存在多元化的情况[②]。正如von Tunzelmann和Acha（2005）所言，之所以简单地将某些产业划归为低技术产业，仅仅是因为他们在技术项上不易区分或不具有独特性。类似地，Huang等（2010）发现不进行研发的创新型企业也可分为几类，包括研发外包企业、非研发企业以及技术引进企业，它们之间有着明显的不同。因此，主观地根据企业所处产业进行区分可能会导致企业层面的异质性被忽略（Srholec/Verspagen，2008；Nelson，1991）。

Köhler（2008）等对于低技术创新战略不同模式提出了差异化的观点。Köhler（2008）发现了两种食品产业的创新战略：一种是为增加市场份额而采用的自动化生产、质量和安全控制以及新产品开发策略，另一种则是针对顾客某种特点进行产品开发战略。这两种战略和Hirsch-Kreinsen（2004）划分的高度自动化生产的大规模制造方式以及劳动密集型的小规模制造方式相类似。之后，Hirsch-Kreinsen（2007）又基于案例研究提出了三种非研发密集型企业创新战略，包括从仅对已有产品进行微小改进的企业到大刀阔斧地进行工艺、产品和技术创新的企业。他将它们称作“标准化产品生产者”、“问题解决者”和“流程专家”。此外，Peneder's（2010）提出基于产业和企业两个层面的创新分类法，四个创新分类中三个（“中等创新强度”、“中低创新强度”和“低创新强度”）都有低技术制造业的身影。Huang等（2010）的研究表明，非研发企业不是只有一类，它们中包括不进行内部研发的企业，通过购买机械设备引进技术的企业以及将研发外包的企业。

---

① 他的文章提出了一个综合的创新分类，包括：中高创新强度（如化工、汽车制造、其他交通设备以及通信）；中等创新强度（如木制品、纸浆和金属制品）；中低创新强度（如食品业）；低创新强度（服装、皮革制品和回收）

② 根据OECD的分类以及后续Legler和Frietsch（2007）的修订版本，低技术行业指的是不适用中等以及高技术行业标准的其他行业。

1.4 写作动机、研究目的和研究方法

正如本书所体现的，从增加值或就业率方面来看，非研发密集型产业仍然是发达经济体不可或缺的部分。许多低研发密集型或非研发型企业不仅在激烈的市场竞争中生存下来，甚至获得经营上的成功。这不禁让人产生疑问，它们是怎么做到的？在这样的情境中，本书的第一个主要研究动机就是，通过准确地描述那些完全不进行正式研发的制造企业的创新活动，来补充以往创新研究中仅仅关注研发的不足。由于过去的有关非研发创新活动的研究大多是基于传闻逸事和案例研究，即基于单个企业或是单个非研发密集型产业，本书的研究目的包括获得更多的定量数据，从而增加对于非研发密集型企业总体情况的了解。

然而，关于非研发密集型企业的研究一直都有一个巨大的不足：假设非研发密集型企业是同质化（homogeneous）的，这仅仅是因为它们都属于低技术产业，或者说它们都缺乏同一个创新来源——正式的研发活动。具有讽刺意味的是，尽管大部分作者在文献中都批判线性的研发创新范式，但他们的实际做法却是相反的。因此已有的有关非研发创新者的发现都是不完整的、不系统的，甚至某些情况下是相互矛盾的。例如，有的研究主要描述的是技术类非研发创新，而有的则研究的是非技术类研发创新；有的研究认为非研发密集型企业更倾向于和外部企业进行合作，有的却发现与进行研发的企业相比它们更少参与到创新合作活动中。由于对于非研发密集型或者非研发型企业的定义五花八门，所得到的结论也是形形色色，因而很难比较。例如，有些非研发创新研究包含低研发强度的企业，而有些则包含不进行任何内部研发的企业，另外有些研究则只关注不进行任何形式正式研发的企业。

第二个研究动机是揭示之前研究的不足。通过分析现有研究的不足，进而在此基础上从企业层面对非研发企业的多样化创新模式进行更为深入的理论和实证研究。在之前实证研究发现的基础上（Hler，2008；Hirsch-Kreinsen，2004，2007；Peneder，2010；Huang et al.，2010），本书研究的基本假设是，现有不完整的、不系统的、部分结论不一致的研究发现表明，不同非研发型企业间的创新战略是多样化的。这说明已有的发现仅仅是一个更为全面的非研发企业多样化创新模式的一个方面，因而或许可以通过一个更为深入的准确考虑了企业多样化的实证分析来丰富这一领域的研究。

除去这个学术动机，还有两个原因使笔者相信本研究是有意义的。从管理学的角度来看，由于过去基于研发的创新文献占绝对主导地位，许多企业已经接受了这种片面的观点。企业会认为研发就是实现创新的唯一手段，就像他们自然而然地认为裁员可以削减成本一样。过度强调研发对创新的重要性，导致很多企业

不愿意创新，认为研发既需要大量花费又充满不确定性（Barge-Gil，2008；Rammer et al.，2009）。如果那些和日常事务类似的活动也能作为某种创新的来源，企业主管们会更愿意参与到创新过程中来。另外，更多地知晓除了研发之外的创新来源，也能让进行研发的企业更为全面地了解创新过程，使得创新不仅仅是某些专门部门的特权。

最后一点，研究动机是基于这样一个假设，即认为当今"21世纪"的技术和创新政策不能仅仅把研发活动视为创新、竞争力和经济增长的唯一法宝。因为区域、国家甚至国际创新体系层面的产业结构中，经济和非经济因素越来越多地交织在一起，仅仅关注单一类别的企业在长期来看可能会出现问题。这可能导致制造业中很大一部分的产业价值链和真正对经济增长有所贡献的一些潜在因素被忽略掉了。如果创新政策要关注到除了研发以外的活动，那么就需要更多地了解这些企业的创新行为，希望本书的研究能够对此有所贡献。

以上提到的研究动机总结起来就是本书的研究问题：

德国制造业中的非研发企业是否确实存在异质性（多样化）创新模式？

具体而言，研究问题包括两个维度：

结构维度：非研发企业中是否广泛地存在内部多样化的创新模式？如果是，为什么？

实体维度（substantive dimension）：制造业非研发企业的多样化创新模式按什么标准来划分？

将通过理论和实证分析这些研究问题，具体可分为以下几个目标：

（1）基于宏观经济增长理论描述研发作为经济增长驱动力的理论和历史渊源，介绍基于研发的线性创新模式的出现，讨论研发的定义和测度，并且简要概述研发作为企业核心竞争力和商业成功驱动力的实证研究。这些内容一方面可以增强读者对经济理论中研究范式来源的理解以及它在创新研究中的体现，另一方面对于研发定义和测量的讨论主要通过指出究竟什么是"研发"——更为重要的——什么不是"研发"，为之后的理论研究尤其是实证研究提供基础。

（2）制造业非研发企业的多样化创新模式的理论解释：是否存在？为什么会存在？如果确实存在，那么这些多样化创新模式按照何种标准来划分？大部分学者（Nelson/Winter，1982；Nelson，1991；Prahalad/Hamel，1990）认为企业间多样化是由企业自身的多样化行为（如个体惯例、能力）引起的，存在于实际情况中的多样化是可以被事后观测到的。相反的，本书将基于最初的演化观点理论的三个核心机制，即变异、选择和复制来解释企业的多样化大量存在的原因，然后将讨论在创新行为的哪一维度下可以观察到这种多样化。这两步将建立起本书的理论框架，即第一步讨论结构维度，第二步讨论实体维度。

（3）为后续非研发企业多样化创新模式实证研究建立一个概念模型。本书的研究是解释性的，因此可以保证实证分析和之前理论上的讨论相呼应，避免分析的随意性。这将综合理论讨论得到的结果，建立一个围绕中心概念的概念模型，进行方法论设计并为后续实证分析建立指导性框架。

(4) 德国制造业非研发企业创新模式的实证分析。这一步的主要目的是非研发企业多元化创新模式的描述和探索。到目前为止，仍然没有看到对于德国制造业非研发企业的创新行为描述的较为系统、全面的研究。所以，首先将对它们的创新投入和产出的最新情况作描述性分析。同时研究那些已经被发现的创新来源是否确实存在于非研发企业中，它们是否已经是“典型”的非研发创新模式。最后将通过聚类分析研究非研发企业多元化创新模式中哪些可以通过实证数据得到。

总之，通过上述工作，希望对于非研发创新企业的创新性进行深入的理论与实证分析，从而消除之前提到的研究鸿沟。考虑到数据可获得性，这些问题和目标将以德国制造业的非研发企业为例进行分析。

为了强调以上提到的研究问题并实现各子目标，本书将分为两大部分。第一部分进行理论论证，第二部分进行实证分析。第 4 章作为理论和实证部分的“桥梁”，综合之前的理论发现并建立一个概念模型。本书分为 6 章，具体如图 1 所示。

第 1 章包括本书研究主题的介绍，目前非研发密集型产业和企业的研究综述，以及本书的写作动机、研究目标和研究方法。

首先，有必要了解为什么过去主流创新研究以研发为中心，以及基于研发的线性创新模型是怎么出现的？第 2 章基于宏观经济增长理论讨论了研发作为经济增长驱动力的理论和历史渊源，详细阐述了基于研发的线性创新模型的出现并讨论企业层面研发的定义和测度。此外，将简单综述研发作为企业核心竞争力和商业成功动因的实证研究。通过讨论企业层面研发的解释性局限，为第 3 章中非研发企业多样化创新模式的讨论奠定了基础。

第 3 章阐述了研究问题的两个维度并且建立了围绕主要概念和解释角度的理论框架。为了阐述研究问题中的结构维度，运用创新理论的演化观点解释了即使在相同市场条件下非研发密集型企业间多样化一定存在的原因。其次，该章第二部分重点从实体维度来分析，基于资源观介绍了非研发创新的多种模式，为企业间多样化的创新模式提供更深入的分析。

结合第三部分的主要理论发现，第四部分主要从理论和方法论角度为后续的实证分析提供指导，包括定义主要概念、建立相应的理论分析和方法论设计、讨论测度方法以及为后续实证分析建立指导方针和假设。

在之前几章完成了理论分析的准备后，第 5 章主要进行实证分析。该章介绍了德国制造业调查（Manufacturing Survey 2009，GMS）数据库以及进行实证分

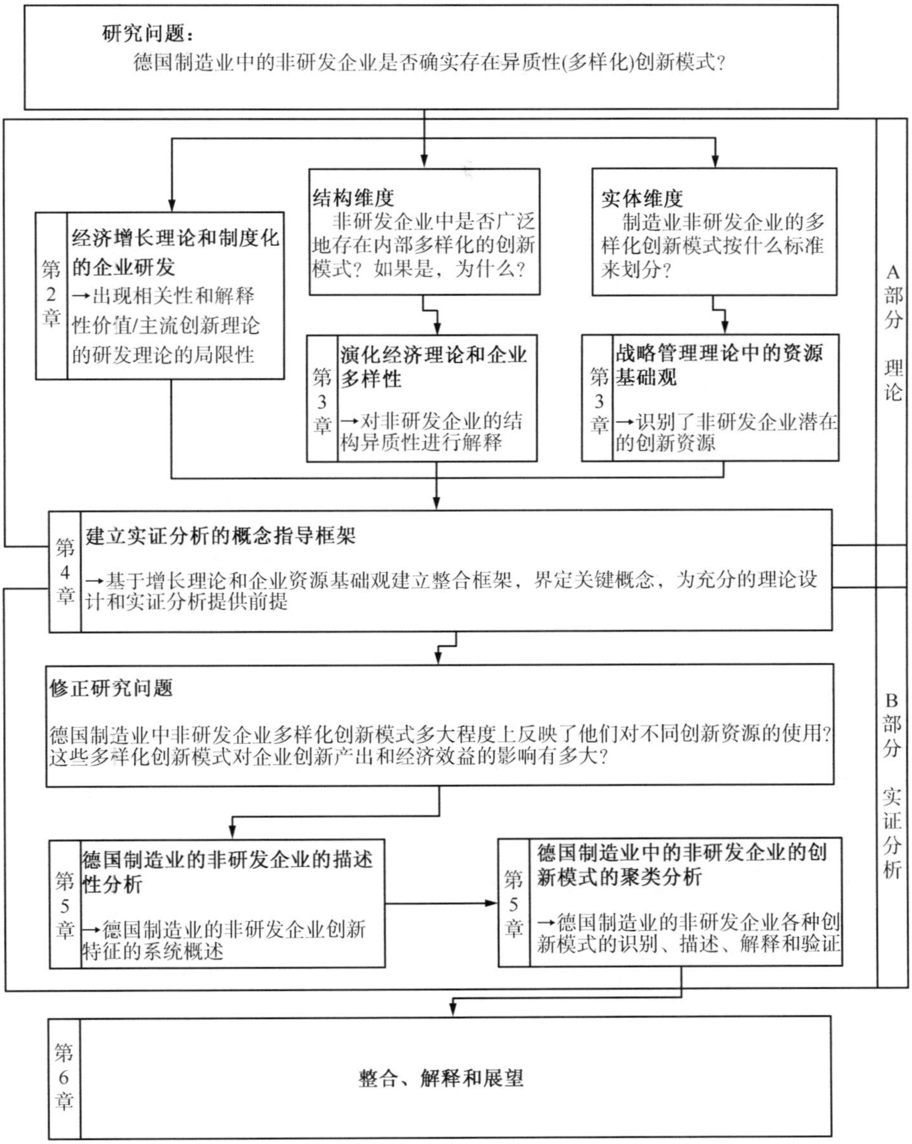

图 1 研究结构和研究方法

析的指标和测度工具的选择。该章的描述性研究采用和已有实证研究类似的方法，第一次对非研发企业的创新行为进行系统性分析。通过将这些发现和研发企业进行比较，可以发现它们是否已经形成了某种非研发创新模式。此外，描述性研究确保了所用的创新投入指标能够准确、可行地描述企业的创新行为。之后的聚类分析则进一步阐述了非研发企业的这些创新特点如何形成多样化的创新模式。

随后第 6 章总结了本书的主要理论和实证发现，形成结论。对于结论的意义将从创新学术研究、创新管理和创新政策等维度进行阐释。

最后是参考文献和附录。

1.5 理论定位

在讨论了研究目标和工作流程后，将讨论本书的理论贡献。

本书将企业经济视为实用性研究[①]，也就意味着本书着眼于实践领域中个体或个体的集合（如公司组织）没有得到妥善解决的问题（Ulrich，1981）。为了进一步证明，可以将其分成三个逻辑上并不相互关联的维度（Behrens，1993）。

（1）探索与发现情境（context of discovery）指的是假设或理论的出现，主要目的是探索还没有被发现的问题、难点或者解决问题的办法（Chmielewicz，1993）。

（2）验证情境（context of justification）指的是通过分析假设或理论的一致性和概率来作出验证（Behrens，1993）。

（3）应用情境（context of application）指的是应用已经被验证的假设或理论解决企业实践中出现的问题（Behrens，1993）。

由于以往研究几乎并未涉及非研发企业的内部多样化问题，本书的研究属于探索性的。然而，这一导向意味着实证数据的作用和验证情境下数据是被用来测试与已有研究的差异，而探索与发现情境下实证数据是用来构建和发展假设与理论（“探索性研究策略”）[②]。

探索情境下实证数据的使用需要构建一个参考性概念框架来系统地评价现实（Wolf，2008；Wollnik，1977）。否则，探索研究的随意性仍然很大，往往会被主观经验或兴趣所驱使。鉴于此，本书首先构建一个参考框架来指导和框定随后的实证分析[③]。这样的框架将为理解现实情况提供最大化的启发（Wollnik，1977）。

此外，必须要说明的是，探索与发现情境下的结论很难被直接转移到验证情境下（Martin，1989；Behrens，1993）。这意味着本书基于实证分析得出的所有发现、结论和实践指导仍然具有假设特征，因为其在验证情境下的检验仍需要进一步拓展。

---

① 对于“科学”一词的不同定义参见 Ulrich/Hill（1979），对于“应用科学”的划分参见 Ulrich（1981）的相关文献。

② 参见 Wolf（2008）、Kubicek（1977）、Wollnik（1977）的相关文献。

③ 关于在参照系下的探索性研究问题，参见 Wolf（2008）、Grochla（1978）、Kretschmann（1990）的相关文献；评论参见 Martin（1989）的相关文献。

2 研发：技术进步、经济增长和企业竞争力的关键因素

本章将分别从宏观角度和微观角度讨论研发作为经济发展驱动力的理论和历史渊源，介绍基于研发的线性创新模式的出现，讨论研发的定义和测度，并且简要概述研发作为国家和企业核心竞争优势和经济增长的驱动力的相关研究。更重要的是，本章将解答主流创新文献以往为何如此重视研发。通过讨论研发中心论的局限性，为第 3 章非研发企业创新战略多样化的讨论作出铺垫。

2.1 “经济增长”的概念

19 世纪以来，工业化使得北欧取得了令人瞩目的经济增长，对于长期经济发展的解释成为经济学研究的核心问题。出发点主要是不同国家之间经济地位和生活水平的巨大差异性，这反映了特定经济发展过程的最终结果。之后，对于重要经验性规律的解释在增长研究中变得十分普遍（Rehme，2007），主要是通过识别经济发展过程中的决定因素和影响因素来解释那些被称为“典型化事实”（stylized facts，也可翻译为“特征事实”）的规律[①]。

在经历两次世界大战之后，20 世纪前半叶的宏观经济研究的首要任务是为经济政策提供理论基础，从而缓解由经济周期引起的社会问题，主要是收入和就业分配的不公平[②]。直到 20 世纪 50 年代，世界经济迎来复苏，大量的经济类院校开始引入技术变革和创新的概念。尽管在基本假设和方法论上有很大程度的不同，但其研究无疑都和当时的经济复苏有莫大的关系。这些理论相辅相成，形成了对于当时经济发展的独特理解和解释[③]。

“经济增长”这一概念表示的是一个国家可获得商品和服务数量上的增长，主要通过人均（或平均劳动力人口）国内总收入（GDI）/国民总收入（GNI），或者人均（或平均劳动力人口）国内生产总值（GDP）/国民生产总值（GNP）来表示[④]。具体还可分为“粗放型增长”（extensive growth）（整体商品数量的增长）和“集约型增长”（intensive growth）（人均可获得商品数量的增长）

① 现代经济增长的技术部分可参见 Kuznets（1973）的相关文献。

② 具体例证可见 Keynes（1923，1936，1937，1939）的相关文献。

③ 参见 Grupp（1997）、Miller/Mair（1991）的相关文献。

④ 国民总收入（GNI）和国民生产总值（GNP）的测量指标是类似的，主要的区别在于居民的概念。GNI 指的是本国居民生产的最终商品和服务的价值，而 GNP 指的是在该国范围内的最终商品和服务的价值，无论其是由本国居民还是由外国侨民生产的（Sieg，2007）。

(Rehme，2007)。“现代经济增长”（Kuznets，1973）通常理解为个人福利的增长，因此基本都用“人均”来衡量。在人口不变的情况下，集约型增长也要建立在粗放型增长基础上。因此，两者通常代表同一概念，本书不对其加以区别。

如果某种商品是由两个不同国家在相同的生产函数（production functions）和恒定的经济规模下生产出来的，只有人均资本性支出的不同才会导致人均产出的不同。因此，较早的“经典”增长理论学家认为经济增长就是实物资本（如机械设备）的持续累积，但是经济学研究并没有找到该论断的实证依据，因此对于当时经济发展的理论备受质疑（Flemming/Götz，1993）。已有理论发生根本性失误是因为忽略了规模收益递减问题（Grieben，2001）。因为稀缺性的减少，每单位额外增加的资本效用递减。例如，在一亿欧元基础上再增加一欧元所创造的价值和一开始没有资本时增加一欧元所创造的价值肯定是不相等的。因此，一国经济并不因资本的累积而无限增长。

2.2 从熊彼特到经济增长理论

熊彼特（Joseph Alois Schumpeter）是最早介绍技术进步和创新在经济增长中作用的人。他认为资本主义经济发展依赖于新的机器设备和新的生产方式带来的持续不断的生产变革。在熊彼特之后，有学者（Arnold，1997；Grupp，1997）提出技术创新是经济增长的关键因素。在新古典主义提出之前，熊彼特就强调了由创新导致的技术进步在经济发展中的重要性，这使得他成为创新研究历史上最重要的学者[①]。更特别的是，熊彼特的初衷并不是想要用创新来解释经济的长期增长，而是想要解释经济周期现象[②]。他的主要目的是提出一套经济变革的理论，从而补充完善 Walras 的一般均衡理论。正如他所言，经济周期存在的最根本原因是企业家所创造的非连续性的生产要素的新组合。因此，经济的动态变化根本上是依赖于技术变革的动态性。技术进步或者说创新是（经济增长）独立的解释变量。熊彼特将“企业家”（entrepreneur）作为技术进步的核心来源（Schumpeter，2006）。但是他并不是把企业家当做是企业中某种正式的等级身份，而是根据其行为特质将其描述成勇于冒险但又小心谨慎的人（Schumpeter，2006）。但是从字面意思来看，技术进步并非由企业家自己完成。熊彼特的观点也和当时的主流观点相同，认为技术发明是由一些身处象牙塔中的天才所创造的，他们在经济制度之外，而且不追求利益最大化（Schwitalla，1993）。所以，在熊彼特早期的文章中，将技术进步作为一个

① 熊彼特经常被当做创新研究的“大师”(Grupp，1997；Dreher，1997)“创立者”(Hübner，2002) 甚至是“教父”(Tidd/Bessant，2009)。

② 在其著名的《经济发展理论》一书中，熊彼特完全没有使用“创新”的概念。他将技术进步或者说创新解释为生产要素“新组合的产生”(Schumpeter，2006)。

内生变量。企业家就是将发明创造赋予经济实用、市场流通和商业成功等特性的人。在拥有经济实用性和商业成功之后，发明创造就成为熊彼特所理解的创新①。后来，熊彼特重新定义了技术进步，即认为发明创造不再是少数天才的灵光一现，而成为（大型）企业和公司有目的的战略规划，作为一种企业制度以研发部门的形式存在于企业当中（Schumpeter，1942）。

熊彼特的奠基性工作极大地影响了创新研究和经济增长理论的各个分支，这部分将在第3章继续讨论（Grupp，1997）。最为著名的影响显然是熊彼特对演化经济学分支的影响。尤其是对经济动态建模时经济均衡稳态的缺失堪称是演化理论的基石之一，而这可以追溯到熊彼特的观点②。演化理论的名字或许正来源于他将资本主义经济发展视为“演化的”这一事实③。

但正如Grupp（1997）所说，熊彼特甚至从微观层面和宏观层面影响到了新古典主义经济学理论的发展。技术进步和创新作为经济增长内生来源的概念（Schumpeter，2008a，2008b，1942）此后被学者们重新发掘为内生增长理论。Grupp通过讨论熊彼特后期著作中关于企业竞争和竞争结构的内容，进一步验证了这一非同寻常的观点。“熊彼特假设”④ 的第二点反映了市场结构和创新行为之间的关系，如垄断性市场结构能够减少企业创新行为的风险和不确定性，从而增加企业的创新比例和回报率（Schumpeter，2008a；Witt，1987）。而创新的更高回报激励着企业将资金投入创新项目中（Schumpeter，1942）。基于这一论断，一些新古典理论学者质疑完全竞争市场才是创新的最佳环境的假设（Kantzenbach，1967；Grossekettler，1985）或者试图通过强调竞争对创新的作用而否定这一假设（Arrow，1962a；von Hayek，1969）⑤。此外，强调创新型企业家的重要作用的微观经济视角在新古典微观经济决策论（Kamien/Schwarz，1982）和博弈论（Scherer，1967；Reinganum，1981，1982；Dasgupta/Stiglitz，1980）模型中占据一席之地⑥。因此，技术变革定义下的创新在众多经济增长理论中占据着核心地位也就不足为奇了。

① 熊彼特关于发明和创新的区分以及他对于创新的定义将在4.3.2中详细讨论。

② “资本主义经济并非、也无法静止不变”（Schumpeter，2008b）。

③ 参见Schumpeter（2008）、Anderson（2009）、Witt（1987）、von Hayek（1969）的相关文献。

④ “熊彼特假设”是很多理论和实证研究的源头（Schwitalla，1993；Dodgson/Rothwell，1994；Alerba/Orsenigo，1996；Aghion et al.，2005；Raa/Mohnen，2008）。

⑤ 但是，当熊彼特谈到成功的创新者内在的垄断力量时，他的本意是将暂时的垄断作为创新导致的结果，而不是将结构性垄断作为创新的基础。尽管在后来的著作中讨论过结构性问题（Schumpeter，1950），但是他所认为的合理的市场并不是垄断性的（Nelson/Winter，1977）。

⑥ 对于这些方法主要特征的介绍参见Grupp（1997）、Schwitalla（1993）和Dreher（1997）的相关文献。

然而熊彼特的观点在很长一段时间内被经济学家们所忽略。正如 Nelson 和 Winter（1974）认为的，Grupp（1997）和 Gerybadze（1982）指出这主要是因为他的研究缺乏规范的数学支持。熊彼特的经济发展理论从来没有以数学公式形式呈现，或许是因为他那个时代用于模拟复杂多变的经济发展的数学工具还没有出现。另外，不具备数学公式却可能使得熊彼特的工作更易获得其他科学领域（比如社会科学和政治学）的认可和传播。综上所述，熊彼特通过提出技术进步和创新的概念并将其作为经济发展的主要推动力量奠定了经济增长理论的基础。为了更好地理解研发作为经济增长和企业竞争优势的驱动因素的重要作用，将首先讨论几十年来主流经济研究中研发占主导地位的理论基础以及这些理论如何影响人们对于创新过程的理解。其次，鉴于研发作为企业竞争优势的驱动因素这一事实已经得到大量实证研究的证明，本书将综述其中最著名的研究研发和企业创新成功关系的文献。针对研发对于创新和竞争优势有如此明显的积极作用，本章最后将提出问题：非研发企业是否在今天的德国制造业中扮演着重要角色？

需要说明的是，接下去的部分只是对新古典经济增长理论的简要介绍。如果读者对详细的阐述和数学推导感兴趣，以下作者的著作将会提供有效帮助：Arnold（1997）、Blanchard（1999）、Samuelson 和 Nordhaus（1987）、Sala-I-Martin（1990a，1990b）、Bretschger（2004）、Bollmann（1990）、Schwitalla（1993）、Stadler（1993）以及 Münt（1996）。

2.3 古典主义的开端——索洛的外生经济增长理论

大部分人都会自然而然地认同：新知识的系统性产生和经济增长是密切相关的，对于知识的获取是国家经济增长的一个决定性因素。但是经济学家并不是这样解释经济增长和经济发展的。两百多年前，当经济学家试图解释收入或是生产力的差距时，他们更多地关注人均资本积累量（accumulated capital per worker）。类似地，经济增长水平的不同反映的是资本积累的不同。这一观点反映了机械化在（第一次）工业革命中对提升生产力的重要作用。也就是在那个时代，大部分经济推理的参照系开始形成（Fagerberg et al.，2009）。但随着经济的增长和资本的累积（如资本存量的增加），每一单位额外投资所能带来的增长将会越来越少。经济增长理论必须找到其他的理论方法来解释现实中经济的稳定增长现象。尽管早期的经济增长理论学者把技术进步的驱动力排除在经济系统之外（即外生变量），后来的经济增长观点主张将技术进步当做是经济活动主体主动创造的因素，因而将其归入经济系统之内（即内生变量）。接下来，将讨论这两种经济增长理论分支①。

在模型林立的增长理论中，索洛（Robert Merton Solow）的著作《对经济增长理论的一点贡献》（1956 年）和《技术变革和总生产函数》（1957 年）为技术变革理论的出现奠定了基础（Bollmann，1990）。“在 20 世纪 50 年代后期，索洛的工作……使得其成为新古典主义中非常睿智、精彩的一笔”（Nelson/Winter，1982）。索洛的模型假设每个经济体只生产一种产品。该产品的生产可以用一个由资本和劳动力投入变量组成的生产函数表示。这一生产函数是由柯布（Cobb）和道格拉斯（Douglas）(1928）提出的。和后凯恩斯主义（post-Keynesian）所提出的模型相反（Harrod，1954；Domar，1957），新古典经济增长理论假设经济稳定增长。这一假设反映了外生的固定人口和技术变革因素投入的变化（Bollmann，1990；Rötheli，1993）。除此之外，存款利率假设为不变的，并且从哈罗德-多马（Harrod-Domar）方法中借鉴了储蓄和投资的同义性。完成品（输出）可以被交易或再投资，也就意味着资本可以由非交易类产出所积累。这一理论模型下的居民消费和收入的比例保持不变，同时居民数量也保持恒定的增长率。该模型假设失业率为零且处于完全竞争市场（Rötheli，1993）。

作为新古典经济增长理论的创始人之一，索洛在柯布-道格拉斯的一般生产函数的基础上添加了技术变革作为新变量：

$$Y(t)=F(A(t),\ K(t),\ L(t)) \tag{2.1}$$

其中，Y 代表一个经济体的总体产出，K 是代表总体资本的指标，L 代表 t 时刻被雇佣的劳动力数量。和资本不同，作为生产的一个要素，劳动力不能随意扩充，因而也就不能被积累或节省。不过，主要的增长来自于要素 A——代表某一时间点下假设的一种技术水平——的变化。该技术水平反过来依赖于该经济体的技术知识储备。当技术变革以不同技术水平表示时（$A(t+1)>A(t)$），产出在资本和劳动力投入不变的情况下就会增加。也就是说，一个拥有更先进技术的国家比只拥有基本技术水平的国家能从相同的资本和劳动力中获取更多的产出。生产函数界定了在任意与每种不同给定的投入要素组合时，可以实现的最大产出（Samuelson/Nordhaus，1987）。

方程中的每个投入要素都是必要的。如果其中一个在某一经济体中不存在，那么产出就是零。因此，产出不仅依赖于资本和劳动力，也依赖于技术水平。和哈罗德-多马模型不同，资本和劳动力之间被假设为可替代的。在给定资本和劳动力的情况下，技术水平的进步会导致产出的提高。每个投入要素的需求数量由所有投入要素的可获得性（即每个投入要素的价格）所决定（Samuelson/Nordhaus，1987）。例如，劳动力成本的上升（通过工资上涨体现）会导致机械

① 除了已经讨论的概念外，还有其他基于马克思的经济理论发展而来的增长模型。但是由于它们是将收入分配而不是技术进步和创新（Marglin，1984）作为经济增长的主要驱动因素，在此不再赘述。

工具和自动化制造设备的需求扩大。因此产出和投入要素之间有较高的依存关系。

为了反映技术进步与产出、资本和劳动力之间的关系，生产函数可以写成更严格的形式（Blanchard，1999），即

$$Y(t)=F(K(t)AL(t)) \tag{2.2}$$

这一方程强调了产出主要依赖于资本、劳动力和技术水平的乘积。一方面，在给定资本存量的情况下，技术进步可以使得达到一定产出所需的工人数量减少。另一方面，技术进步通过提高经济体中的有效劳动力，从而提高了劳动力要素的投入。例如，如果技术进步了两倍，就相当于拥有了两倍的（有效）劳动力。结果就是，产出由资本和有效劳动力（以人均产出的形式出现）两个要素所决定（Blanchard，1999）。

假设劳动力和资本的规模收益是不变的。从长期来看，这说明资本和劳动力的投入是无限的。如果在给定技术水平下运营规模增大到原来的两倍，也就是资本和劳动力投入数量增大到原来的两倍，产出就会增大到原来的两倍。因此生产函数是齐次线性（homogeneous linearity）的①。

但是，规模收益不变指的是资本和劳动力都增加时产出的变化。如果只有一种要素的投入增加又会怎样？可以假设资本或劳动力的边际收益递减（Rehme，2007；Samuelson/Nordhaus，1987）。在给定有效劳动力的数量时，资本增加能够导致产出的增加，但是增加幅度递减。举例说明，如果提供给某一给定的工人群体（劳动力）新的机器设备（资本），他们的产出肯定会因为机器设备的引进而增加。但是如果提供给他们更多的机器设备使得该劳动力群体无法有效利用所有的设备，产出并不会增加太多。最坏的情况是，额外增加的机器设备处于闲置状态，从而使得产出完全没有增加。同理，在给定资本数量时，劳动力增加也能够导致产出增加，但是增加幅度递减。在上例中，就是指在固定机器数量的情况下增加劳动力数量。生产函数的主要假设包括：只有一种要素会内生地积累，并且边际收益递减；技术变革很少自发地完成——这一假设被日本经济学家稻田献一（1963）所验证并被命名为“稻田条件”（Inada conditions）②。技术进步可以分别或者同等地影响资本和劳动力的投入。根据新古典经济增长理论的产生函数，技术进步对于收入分配机制的影响是中性的。该影响分为三种不同情况：哈罗德中性（Harrod-neutrality）、索洛中性（Solow-neutrality）以及希克斯中性

① $2Y(t)=F(2K(t),\ 2AL(t))$ 或者更为一般的形式：$xY(t)=F(xK(t),\ xAL(t))$。

② 这种边际收益递减的特性也符合所谓的“追赶”效应（Mathews，2006；Fagerberg/Godinho，2005；Kumar/Russel，2002）。也就是部分拥有较少资本资源的新兴国家的经济增长率超越工业化国家的情况。假设资本具有国际流动性，在资本短缺的情况下，每单位投入的资本可以引起相对更高的增长效应。

(Hicks-neutrality)(Frenkel/Hemmer，1999；Bretschger，2004)。

新古典理论认为经济增长有以下三个主要来源（Rehme，2007）：

（1）由储蓄和投资带来的资本积累；

（2）劳动力可用量的变化；

（3）技术的变革（如通过技术创新实现）。

假设以一个大致不随时间改变的雇佣率作为外生变量，意即劳动者数量同时也以一定速率增长的情况（g_L）（Blanchard，1999；Rehme，2007），经济增长就来源于资本积累和技术进步（创新）。

由于资本收益递减，资本积累本身（存款利率）不可能长期增长。人均产出可以被写成人均资本（capital per worker）的增函数，因此高储蓄率可以保证高产出。每单位有效劳动产出和每单位有效劳动资本不变的状态被称为“经济稳态”（Frenkel/Hemmer，1999）。其次，由于资本无法永远增长，保持增长的秘诀就是技术进步。当生产函数包含技术进步时，有效劳动力就可以随时间增长。为了保持资本和有效劳动力的比例不变，资本存量也应该按比例增长。按照增长理论的做法，技术进步被描述成一个以不变增长率（g_A）稳定增长的变量。再加上劳动力数量增长（g_L），有效劳动力（AL）的增长率就等于 $g_A + gL$ 。资本价值随时间以一个恒定速率递减，就需要一定程度的投资来维持每单位有效劳动资本。投资水平至少应弥补资本的折旧率。另外，还需要一部分投资来保证在技术进步的情况下资本存量增长和有效劳动力增长一致（Bretschger，2004；Blanchard，1999；Frenkel/Hemmer，1999）。如果某一经济体希望达到超过 g_A+g_L 的增长率，由于资本收益递减的存在，资本增长要比产出增长更快。

经济产出会越来越依赖于资本积累，直到产出到达极限导致增长停滞。所以经济增速不可能总是超过 $g_A + g_L$ 。只有在稳态经济体中，产出、资本和有效劳动力才能以相同速率增长。这种状态也被称为“平衡增长”，这反映了经济均衡的状态。如果各要素的增长率各不相同，定价机制会通过调整要素投入比例来使资本增速和国民收入适应有效劳动力的增速。该系统是稳定的，因为无论初始状态如何，经济模型总是追求达到这种均衡（Frenkel/Hemmer，1999；Rötheli，1993）。

总的来说，索洛的模型为人们提供了理解经济增长的基础。该模型将技术进步作为持续产出增长的主要原因（Arnold，1997）。罗伯特·索洛和其他经济学家建立和发展的新古典经济模型为构建完整的经济增长体系作出巨大的贡献（Romer，1994）。

但同时该理论在解释性方面仍有其局限性，它忽略了技术进步的本质：

（1）技术进步是残差（residual）。在此情境下，技术进步的增长率只是国家总产出增长率与资本和劳动力投入要素增长率差值的残差（索洛残差，又译作索洛剩余，见 Frenkel/Hemmer，1999）而已①。通过将技术变革定义为“生产函数的任意一种变动”（Solow，1957），索洛把解释重点放在技术进步的影响结果而不是其发展过程（Grupp，1997；Bretschger，2004）。Scott（1989）在其著作《经济增长新观点》中提出了一个不基于生产函数的增长理论。在书中他回应了 Kaldor 关于技术进步在生产函数中构建方式的批判。对于“生产函数”在某一知识水平下的变动和“生产函数”由于该知识水平变化而发生的变动，任何明确的区分都是武断的和主观的（Kaldor，1957）。

（2）技术进步是一种外生变量。技术变革被认为是外生变量，它不需要任何要素投入即可获得产出。这或许是它最主要的不足之处（Arnold，1997；Rehme，2007）。它被当做是经济系统之外给定的外部因素（Grupp，1997），只是将生产函数提升到更高水平。技术进步和技术变革在实际中如何发生，受哪些条件的影响，这些问题都还没有得到解答。所得结论并未对涉及产权的制度、技术制造（或采购）企业的市场行为以及研发过程的不确定性所引发的问题等进行明确的假设。“技术进步”或“技术变革”背后隐藏的是什么？是人力资本、组织问题、知识，还是新颖的或改良的机器设备？经济发展的核心力量被认为是时间的某种非特定函数（Schneider，1995）。正如 Nelson 和 Winter（1982）所言，对于技术变革，新古典理论并没有明确技术变革有多重要，只是认为技术变革存在着。技术进步被假定为是由经济系统之外的外部行为者或是科研机构（如大学、研究实验室等）所带来的。因此，技术知识被当做是可以为经济系统所利用的公共物品（public good）②。

（3）技术知识是公共物品。技术变革的外部性引起了另一个问题：因为被当做是外部要素投入，技术知识被视为公共物品。在知识全球化以及对于该模型争论的基础上，从长期来看，技术变革的增长率将实现各国间均等化。结果就是，所有的国家都会拥有一致的产出增长率。这明显和各个国家增长率完全不同的实际结果相悖（Anold，1997）。因为不同的发展水平反映了潜在的获利机会，这和模型所假设的不同。该理论认为，世界将不可避免地走向融合，除非假设不同国家拥有不同的参数和外生变量（Schneider，1995）。

（4）忽略技术的老化率（aging rate）。针对无论生产设备多么陈旧，技术进步仍然可以提高劳动力的产出这一说法，可以提出很多的反对意见（Arnold，1997）。这意味着技术进步既影响新安装的生产设备也影响已有的资产。在《投资和技术进步》（1959）一书中，索洛承认他假设了生产设备只在安装的时候才体现其技术先进性。已有的资本存量只有在被新的投资修正或代替时才会被技术

---

① 参见 Nelson/Winter（1982）；Grupp（1997）；Bollmann（1990）的相关文献。

② 参见 Frenkel/Hemmer（1999）；Schneider（1995）的相关文献。

变革所影响。

总的来说，索洛时代的经济增长理论已经指出技术进步在经济增长中的核心作用。但是因为该理论将技术进步作为外生变量，并没有解释企业进行内部研发活动的原因，所以它也没能说明研发在企业竞争力和创新性中所扮演的角色。

2.4 后索洛理论的进展——内生增长理论

内生增长理论的出发点①是试图弥补新古典模型在解释人均收入差异和某些特定经济体发展时的理论缺陷（Lucas，1988；Romer，1986）。旧的增长理论对技术或者知识积累的认识很模糊，而新的内生增长理论则将其与私有部门所带来的技术外溢和日益增长的劳动分工联系起来（Romer，1990；Schneider，1995）。

2.4.1 内生增长理论的不同分支

除 Kaldor 和 Mirrlees（1962）外②，阿罗（Arrow，1962a，1962b）迈出了内生增长理论模型构建的第一步（Schwitalla，1993；Bretschger，2004）③。内生增长理论源于对商品生产（或者说研究活动）时产生的技术外溢的探讨。在 Wright（1936）工作的基础上④，阿罗认为将学习效应包含在新古典模型中是非常必要的（Arrow，1962）。他分析了生产过程中的学习效应能够在多大程度上影响技术知识的发生。由于学习效应的存在，技术进步可以减少操作工人数量或者在工人数量不变时提高产量。阿罗（1962a）选择用累积资本存量 K 来表示经验累积存量（即学习效应）。技术变革不再是投入要素，而变成了学习过程的产出要素。这一方程式强调了新资本的投入，为新的学习效应开辟了途径（Arnold，1997）。尽管阿罗的特定部门（sector-specific）的学习效应方法有致命

① 内生增长理论通常被称为“新增长理论”，但是因为其与新古典增长理论的区别在于它将技术进步作为内生变量，所以作者更偏爱内生增长理论的说法。

② 他们通过学习外部性来解释经济增长并建立了一个技术进步函数。其中，人均产出增长率由人均投资增长率来决定。他们证明了如果技术进步函数随投资增长率递减，技术进步将被逐渐淘汰。只有添加一个外生的技术进步变量才能保证长期增长（Schneider，1995）。因为他们只用了一种很抽象的方法构建内生增长模型，而没有使用生产函数，相比阿罗的方法，他们对内生增长理论的早期贡献也就没有得到广泛关注（Arnold，1997）。

③ 正如 Grupp（1997）所说，阿罗的贡献在很多经济学教材中没有得到足够重视。想了解更多阿罗早期关于创新的著作可参见 hounshell（2000）。

④ Wright 提出了一种“干中学”（learning by doing）的模型，来模拟飞机制造中的时间节约和成本削减。他发现随着生产水平的上升，组装飞机所需的时间逐渐减少。

的弱点[①]，但是它使得后来的研究者们意识到技术变革不仅仅是增长理论中的一个外生要素（Bretschger，2004）。

不论是在索洛的模型中还是阿罗的“干中学”模型中，技术进步都不是由经济行为者的主动行为活动带来的。索洛将其作为完全的外生变量，而阿罗的模型则将它视为资本积累的意外副产品（Arnold，1997；Bollmann，1990；Dreher，1997），也就是说没人依靠发明创造和技术改造赚钱（Rötheli，1993）。首先将经济增长建模为理性行为者的预期结果（内生的）的人有 Uzawa（1965）、Lucas（1972）以及 Argent 和 Wallace（1976）[②]。Uzawa 认为如果工人可以将部分工作时间用于认证和培训，也就是说如果他们能够积累技术知识（或者叫人力资本），持续的经济增长是有可能的（Uzawa，1965；Arnold，1997）。和单一的劳动力要素投入的概念不同，通过认证和培训人力资本使得有意识的积累变为可能。随着经济行为者对于技术进步的理性期望被引入模型，索洛关于给定的外生技术知识存量的假设遭到质疑。20 世纪 80 年代，一个新的分支迎来了发展机遇，它就是“内生增长理论”。

新增长理论及其创立者们[③]最为核心的假设就是部分新的技术知识是由企业中那些足够高素质的员工所创造的。他们将创造新的技术知识和技术进步构建成理性主体的经济考量，而不再是时间的外部函数或者是公共物品。以利润为导向的企业希望能够平衡研发成本和其在市场上的预期收益。有目的的研发活动所带来的个体独立技术知识（如新的或者明显改进的产品和工艺）是产出增长从而整个经济增长的决定因素。

因为内生增长理论模型多种多样，很难做到只讨论一个分支（Frenkel/Hemmer，1999）。不过，它们是相互联系的，共同目的就是利用非外生变量（如新古典模型中的技术进步）来解释经济增长。它们试图找到经济增长内部的或内生的变量、驱动因素和决定因素。因此，新古典主义关于资本边际效用递减的基本假定就不成立了。

根据 Frenkel 和 Hemmer（1999）的分类，内生增长理论可以分为两个主要分支（图 2）。

（1）第一个分支认为即使不考虑技术进步，资本边际收益递减的情况也不存在。

---

① 关于该理论的批判，可参见 Arnold（1997）、Bollmann（1990）、Schwitalla（1993）或 Helpman（1994）的相关文献，他们完全不同意“干中学”的方法。

② 当时 Lucas 以及 Sargent 和 Wallace 的假设提到的是金融市场，但是也可以应用在商品市场（Grupp，1997）。

③ 如 Romer（1986，1990）、Lucas（1988）、Rebelo（1991）、Aghion 和 Howitt（1992）、Barro（1990），以及 Rossman 和 Helpman（1990，1991a，1991b）。

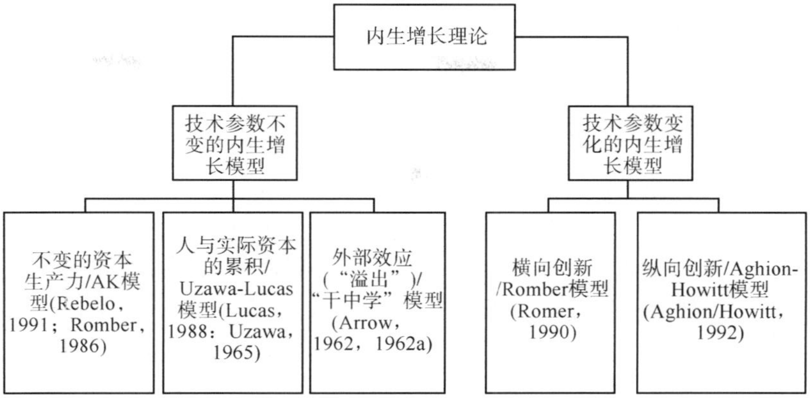

图 2　内生增长理论分支

(2）第二个分支着眼于利用内生技术变革解释经济增长现象。

这些方法利用独立变量对索洛的新古典模型进行了拓展。其主要区别在于基本设定是完全竞争均衡还是垄断竞争均衡，共同点则是都认同规模经济是持续增长的最终动力。

在第一个分支中，AK 模型体现了一种资本和国家收入的线性关系。这种线性特性强制地排除了资本积累收益递减的可能。劳动力要素依然没有被考虑进来，因为其中的资本概念非常广泛，涵盖了人力资本和实物资本。这一分支的模型被认为是投资导向的。

至于第二个分支，根据 Aghion 和 Howitt（1992）的以及 Grossman 和 Helpman（1991）的研究，创新将会导致消费品的发展。例如，曾经替代了录像机的 DVD 播放器，如今正慢慢地被蓝光播放器所替代。这种在同一产品分类中的链式创新被称为“纵向创新”（vertical innovation）。相反地，Romer 模型中的创新则会导致产品多样性。这种情况可以用酸奶的例子来说明。一开始只有一种天然酸奶，它没有添加任何口味，随着时间的推移，出现了越来越多口味的酸奶。这种拓展产品多样性的创新叫做“水平创新”（horizontal innovation）[①]。这一分支的模型都假设正在进行的（内生的）技术进步是经济增长的主要动力。因此这些模型可以概括为是以研发为基础的。

罗默（Paul M. Romer）对内生增长理论的贡献巨大，因为他是与创新有关的内生增长理论最重要的代表（Frenkel/Hemmer，1999），以及第一位直接运用内生技术进步解释经济增长的学者（Foss，1998）。关于其他模型和方法的详细描述可在 Frenkel/Hemmer（1999）或 Arnold（1997）的文章中找到。

① 关于垂直创新和水平创新的更多内容可参见 Cozzi/Spinesi（2006）。

2.4.2 罗默的内生经济增长模型

在罗默的第一篇论文中，强调其模型“可以被当做是一个内生技术变革的均衡模型，其中长期增长基本是由具有前瞻性的、追求利益最大化的经济主体所带来的知识积累所实现的”（Romer，1986）。知识一方面是制造过程的副产品，另一方面则是由经济主体有目的和有意识的研发活动所导致的。因为技术变革存在于“经济增长的心脏中”（Romer，1990），所以罗默的模型基于索洛的模型，有一个新古典生产函数。但是在该模型中，他假设技术知识水平 A 以及其增长率（γ_A）是由经济主体的理性决策所带来的内生变量。由于人们对于市场激励机制有意识的回应，技术变革大范围地出现，技术变革不再是索洛模型中给定的公共外部项。罗默意识到不是所有的研发活动都是由市场激励机制所引起的。由政府补助的科学家就最有可能不被由市场激励机制所影响，但是市场力量是将科学知识转化为实用商品的驱动因素①。

2.4.2.1 知识的本质

运用技术知识积累建模经济增长理论对理解优秀“知识”的本质有深远意义。经济学家通常根据两个基本属性对经济商品加以区分：竞争性/非竞争性程度，以及排他性/非排他性（Cornes/Sandler，1986）。非竞争性商品可以被任何一个人使用任意次数而其生产力并不降低（Flemming/Götz，1993；Frenkel/Hemmer，1999）。排他性则表示技术和法律系统的关系（Romer，1990）。一件商品如果是非排他性的，则说明其所有者并不能阻止其他人使用它（Frenkel/Hemmer，1999；Flemming/Götz，1993；Romer，1990）。举个例子，一个特定的商品可以通过法律禁止复制该商品或加密或复制保护的方法使其在被使用时具有排他性。

和普通商品不同（由私有部门提供而且可以在竞争性市场上交易），公共物品不具有竞争性和排他性。罗默（1990）认为技术知识是生产函数的非竞争性投入要素。开发新知识的成本一旦产生，其结果（即新的知识）就可以被一再使用而无需额外成本。例如，一个数学等式对应的知识可以被不同的使用者同时使用而不相互影响，而像汽车之类的消费品或是像机器之类的工业产品则只能被一个人或者一群人分别在某一时间点使用。如果知识积累活动不是利润递减的基础，那么只有通过内生技术变革才能解释不间断的生产和消费扩张导致的不间断的经

① 在这一观点上，罗默和熊彼特关于企业家的核心作用（以及后来大公司内研发部门的作用）的理论有着惊人的相似。内生增长理论讨论不完善的垄断竞争的分支通常被称作“新熊彼特主义”（Romer，1994）。尽管罗默延续了部分熊彼特的核心观点，但是他的模型和熊彼特或者其他著名经济学家毫无关系。正如他在一次采访中提到（Snowdon/Vane，1999），他是从一张白纸上开始构建他的模型的。

济增长。如果规模收益不是递增的，企业就没有动力在技术进步上投资。罗默将新知识这种无形资产的边际生产率递增现象称为“关于经济增长的标准结果实现逆转的关键特征”（Romer，1986）。

但是这一观点也意味着企业必须通过相应的产品定价来弥补研发的费用。此外，放弃生产函数中规模收益不变的结论意味着生产中的每个投入要素不再根据其生产率付酬，也就是每种要素市场不再是完全竞争市场（Grupp，1997；Arnold，1997；Flemming/Götz，1993）。根据熊彼特的第二假设，不完全竞争是经济增长的驱动因素，因为它激励着企业不断地对研发进行投资从而可以开发新的产品和制造工艺。如果规模收益递增效应完全保持在企业内部，市场占有率（增加）将会提升，垄断的趋势也会变得明显起来。不完全竞争对新产品和制造过程开发的稳定性提出了更多要求。如 Arnold（1997）所言，这就是为什么新经济增长理论学家花了这么长时间才把研发这一元素加入模型中。在 Spence（1976）、Dixit 和 Stiglitz（1977），以及 Ethier（1979）提出垄断竞争模型之后，研发模型才出现在新经济增长理论中（Arnold，1997；Foss，1998；Romer，1994）。

因此，为了开发新技术和产品，理性企业有意识地投资研发活动并且期望这些活动能够带来竞争优势和额外利润。如果企业无法确定将从研发中获利，他们不会愿意投资任何形式的研发并且不会承担其巨额的成本。如果知识本身是完全公共的、非排他性的物品，其他企业（搭便车的企业）可以免费使用竞争者的研发成果并且从中获利，而且不用支付任何研发成本。为了让创新型企业能够从创新成果中获得合理的收益，那么必须建立一个至少在一段时间内能够保护其竞争优势和额外利润的机制（Arnold，1997），这一机制的原则由知识产权——尤其是专利法——所提供。专利保护导致了创新企业的垄断竞争。创新企业保持着对其产品（或利润）的垄断，并和其他的垄断者以及其产品竞争。从消费者角度来看，竞争不再是单一或者同质产品的价格竞争（完全竞争），而是基于推向市场的具有可替代性的新产品。

除了保护性作用外，专利还有信息传递作用（Arnold，1997；Burr et al.，2007）。专利证书强制要求含有发明的详细描述。这加速了知识的传播并且削弱了排他性原则。因此，专利保护其实是有缺陷的，因为它不能阻止整合知识通过扩散进入整个经济体的知识存量中（Dreher，1997），它仅仅能够保证创新者的商业利润能够弥补研发成本。

专利中包含着新产品或新制造工艺中内在的知识，通过专利说明书的方式出版并向公众免费开放。罗默进一步区分了两种不同类型的知识：特定产品知识和一般知识（Romer，1990）。特定产品知识主要通过研发活动实现，和单一产品联系紧密，因此一定程度上受专利申请保护。而产品中的一般知识则是生产过程中意外的、非排他性的副产品（“干中学”），会溢出到经济体的一般知识存量中。因此知识被定义为非竞争的但不完全排他的物品（Romer，1990；Frenkel/Hemmer，1999）[①]。知识传播扩散可以采取多种机制，如专利、（科学）出版物、换岗、模仿甚至反求工程等（Frenkel and Hemmer，1999；Dreher，1997）。

2.4.2.2 知识和人力资本的关系

技术知识和人力资本这一生产要素有着明显不同。人力资本描述的是个人的所有才能。人力资本既有竞争性也有排他性，一个人不可能在某一时间点上在不同地方工作，也不能一次性解决很多（无限的）问题。人力资本是可以被私人拥有并且在完全竞争市场上交易的（劳动力市场）。和人力资本不同，“设计”或者“蓝图”之类的技术知识是非竞争性物品，并没有依附于某个实体。人们可以相对低廉的成本对其进行复制[②]并将它们根据需要应用在各种活动中（Romer，1990）。就人力资本而言，再训练一个拥有相同才能的人耗费的成本几乎和训练第一个时一样。而当一个人死去，他的才能也随之而去，但是这个人在其职业生涯中创造的知识（如机械原理、电器或化学工程、数学证明、软件代码或者是专利）将会永存而不会随着这个人的逝去而消失。创新知识也就因此失去了与某个人的实体依附关系。

罗默对于人力资本的概念理解为具体到个人的多年教育或培训，这和其在劳动力市场情境下所用的概念很接近（Heckman，1976；Rosen，1976），并且和考虑了教育和经验水平变化的经济增长方法相对应（Romer，1990）。他所定义的人力资本是规模收益递减的（可以假设增加一个额外研发工程师的收益随时间递减），因此比 King 和 Rebelo（1987）、Rebelo（1991），或者 Lucas（1988）所提出的增长模型有更多限制，因为他们运用无限人力资本积累的可能性来解释经济增长。

2.4.2.3 模型

在他的第一个模型中，罗默（1986）认为通过企业研发活动产生的知识由于其非竞争的特性有助于提升宏观经济知识存量。这种知识扩散被称为技术溢出（technological spillovers）。某企业创造的新知识对于其他企业的生产能力应该也有积极的外部影响，因为知识是无法被绝对地专有或者保密的[③]。因而部分新知

---

① 罗默明确地指出“物品是否具有竞争性和排他性，对于建模和政策制定有着至关重要的影响”（Romer，1994）。

② 和首次的创造工作相比，用制图师、复印机或者硬盘来复制一个设计的成本是非常小的（Romer，1990）。

③ 由于新创造出的私人知识只能部分保密而且无法被专利保护，可以用基于企业要素投入和经济体的整体知识水平建立的二次连续可微生产函数来表示企业的技术（Romer，1986）。

识可以被其他竞争者同时获得。例如，一种特定的技术解决方案的发现表明其他竞争者正在考虑的解决方案或许行不通。在罗默的第一个模型中，这种积极的外部效应（外部性）促进了经济的持续增长①。

但是罗默自己对其技术进步模型并不满意（Romer，1994）。“当我回顾自己在经济增长上的研究，最令我满意的是我否定了第一个外部效应模型”（Romer，1994）。这一自我批判的论断源于对知识的第二特性，即部分非排他性的忽略。“我将模型减少为一个拥有单状态变量的动态模型，假设企业有意识地生产的拥有排他性的物品 A（技术进步——作者注）使用时与实际资本成一定比例”（Romer，1990）。结果就是，罗默的第一个模型最终和阿罗的“干中学”（learning-by-doing）模型拥有类似的动态结果。他意识到“干中学”模型确实有其优势，它使得非竞争知识积累具有内生性，但是它同样也不能令人满意，因为它将知识和实物资本之间或知识与教育之间的严格比例作为技术的原因未知，另外，它使用外生的给定属性②。

罗默在提炼模型时，将知识的竞争性部分（整合在人力资本 H 中）和非竞争性的技术部分（A）作出区分（Romer，1990）。所用的总生产函数体现了新增长理论的各种建模策略的主要思想，可以写成以下形式（Romer，1990；Foss，1998）：

$$Y=F(K, L, H, A) \tag{2.3}$$

其中，K 代表以消费品数量衡量的资本，L 代表以人数衡量的不合格劳动力（unqualified labour）技能③，H 代表某种活动的积累效应（如人力资本所代表的正式的教育和培训），最后 A 代表技术和知识水平。因而劳动力被分为两个方面：生产的产出（L 或者 L_Y＝非熟练劳动力）以及技术知识和创新的搜索（H 或者 L_A＝熟练劳动力）。$L_A+L_Y=L$ 表示经济中的所有劳动力。根据罗默的设定，假设 L 是恒定不变的。

改进后的经济增长模型包括三个部门：研发部门、中间品部门和制造消费品的终端产品部门（Romer，1990）。这个三部门模型支持内部经济性（图 3），也就意味着价格接受性的竞争均衡（price-taking competitive equilibrium）将不成立。另外，该模型引入垄断竞争来反映市场支配力的出现。

研发部门运用人力资本和已有的技术知识存量来开发新的知识，在规模效益递增的情况下，为生产者提供设计或蓝图。技术知识是非竞争性的，可以同时在

① 外部性很吸引人，因为这说明企业是有目的地进行研发，相关的技术溢出和不完整的知识产权都与研发的结果有关（Romer，1994）。

② 它保留了索洛所假设的知识的公共物品属性，但是让它变成了一个由私人提供的公共物品（Romer，1990）。

③ 就像健康人所能完成的手眼协调（Romer，1990）。

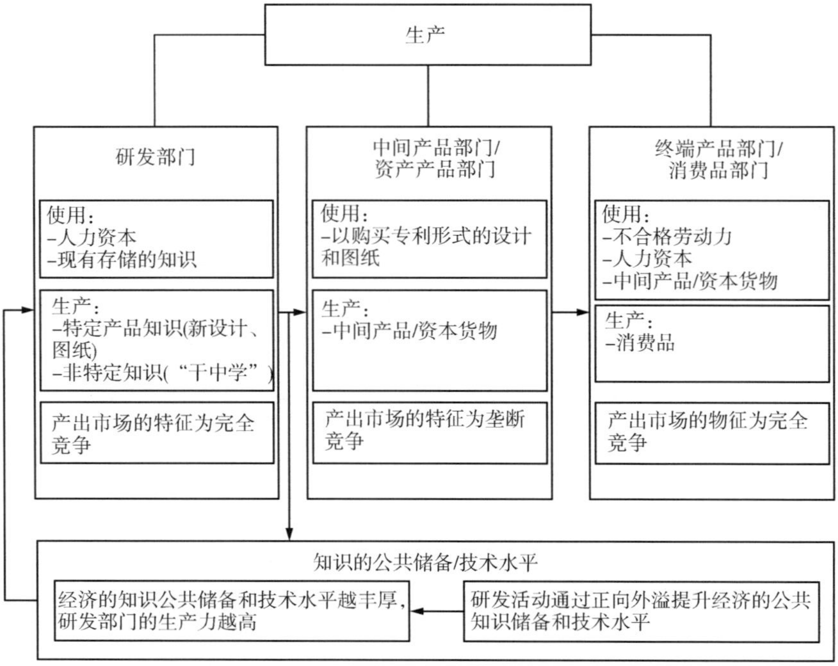

图 3　罗默模型中的部门结构

资料来源：Frenkel/Hemmer，1999

多种情景下使用且效用不变。因此，当前的技术水平对所有的研发者来说都是可获得的，研发部门不需要支付任何额外成本。研发部门不断开发新知识的经济考量在于出售和授权包含特定产品知识的专利。这种形式的知识只有在生产者向研发部门购买生产许可后才能使用。在“干中学”的过程中产生的另一种知识（一般知识——译者注）则可以作为积极的外部条件公开地用于进一步的研发活动。随后，新知识提高了技术水平并且反过来提高了研发部门的生产率。根据罗默（1990）的说法，研发既可以发生在企业内部，也可以发生在一个将专利卖给实际生产企业的独立企业。

中间品部门（或者叫生产资料部门，capital-goods sector）结合研发部门的设计和蓝图与之前的产出制造了大量的可随时用来生产最终产品的生产者耐用消费品（producer durables）（产品创新）。在供应端，专利的价格由其生产的边际成本决定。在需求端，专利的价格则由购买方的预付款决定。只要专利价格低于中间品的预期利润，中间品部门的购买者就会争夺专利的购买权。专利价格（以及与之相关的进行研发的动力）和工业产品部门的生产弹性（以及对生产资料的需求）十分相关①。

因为专利可以保护其购买者的使用权，拥有专利的企业就增加了某个特定中间品生产的垄断市场支配权力。垄断竞争使得企业可以通过定价策略消化专利的成本。中间品的生产者之间只是间接竞争，因为他们所提供的中间品相互之间既不能直接替代也不能直接补充，这样一来，他们对总的经济生产都作出了相似的贡献（Frenkel/Hemmer，1999）。这种将资本分解为无限种可能的中间品（或者说生产资料）的特性，是罗默（1990）所假设的生产函数的一个独特属性。

罗默建模的一个重要特点是关于不同类型的生产资料可以相互替代的程度的假设，而不是去关注过多的数学细节。在正常情况下，总体资本 K 隐性定义为与所有类型的资本总和成正比且各类生产资料可以相互替代。通过重写生产函数②，罗默指出产出是各种类型生产资料独立累加的函数，即一美元的额外生产资料 A 不会对生产资料 B 的边际生产率有影响（Romer，1990）。

最后，最终产品部门使用劳动力、人力资本以及采购可作为投入要素的中间品来生产最终产出（也就是消费品）。将中间品组装成为消费品会耗费成本，也就是说必须对投入要素进行投资才能得到消费品。和中间品部门不同，最终产品的市场又变为完全竞争市场了。

2.4.2.4 罗默模型中的经济增长稳态

经济的内生增长就意味着，没有新产品和现有产品与工艺流程的改进就没有经济增长。随着技术知识的积累，生产函数将体现出规模收益递增。即使技术知识水平假定不变，双倍的资本和劳动力投资会带来双倍的最终产出。如果技术知识也变为原来的两倍，产出会多于之前的两倍（Flemming/Götz，1993；Jones，1995a）。这就是研发增长转化为消费产出增长的基本机制。

对研发部门而言，具有决定性的描述是研发能够带来积极的外部效应。创新不仅能够导致新产品的产生以及为企业带来垄断利润，它还能够增加整个经济体的知识存量和技术水平。这一公共知识存量代表了未来可以支配的资本存量（Flemming/Götz，1993）。

---

① 但是，Levin 等（1987）发现，在工艺创新中企业更愿意用保密的方式而不是专利去保护他们的知识成果。专利保护主要是为某些行业中的产品创新服务（Levin et al.，1987）。另外，技术进步的频繁变动可能也是专利不能有效保证创新寻租获取利润的原因（Hanusch/Cantner，1993）。因此，专利法的完善或许不像某些学者极力鼓吹的那般重要。

② 罗默将最终产出 Y 写成体力劳动力 L、与最终产出有关的人力资本 H_y 以及实物资本的函数，其中 i 为生产资料系数。只有有限数量的潜在投入（那些已经发明的和设计的）可以随时使用。如果表示公司用于生产最终产出的投入列表，就有 A 使得 $i \geqslant A$ 时 $x_i=0$。因为有生产资料被创造出来后 A 就会发生改变，所以将最终产出描述成所有可能投入的固定函数是很重要的（Romer，1990）。

如果所有独立变量以相同速率同时增长，那么就会达到经济稳态或者经济均衡。在罗默模型中，均衡增长速率由在研发部门负责创造新知识的人力资本所决定。这说明罗默模型的一个重要特性：创新增长速率与研发部门拥有的人力资本数量呈线性正相关，而研发部门的生产率也与人力资本数量正相关。

研发方程是罗默模型的“心脏”（Jones，1995a），它将从事研发的劳动力和知识增长率联系了起来。可用人力资本由研发部门和最终产品部门间的竞争决定，因为它们都要争夺同一经济体中的人力资本。人力资本可根据工资差异在两个部门间自由流动（Frenkel/Hemmer，1999）。不合格的或者不熟练的劳动力只能在最终产品部门就职，而知识只能在研发部门使用①。经济体的生产特点和经济行为主体偏好的相互影响将会最终导致现有人力资本在两个部门的分配。

和其他新增长理论的方法一样，罗默模型也将重点放在了经济增长的核心驱动力上。他认为核心驱动力就是一定比例的人力资本不再从事消费品的生产而被配置在研发部门去创造新知识。这些人力资本实际上不再有助于当下的经济生产，短期来看，生产产出将比没有研发活动时要低，但是从长期来看，研发活动将有利于新产品开发以及知识和技术的提升，最终将会导致经济的增长，因而，未来的生产和消费的可能性将会增加②。

经济增长的驱动力是和研发活动的正向外部性密切相关的。研发部门生产率的提升将会导致越来越多的创新，并且保证增长的持续性，而且无需研究机构花费成本。如果没有研发外部性，新的设计和蓝图的增长率将会随着时间逐步减少并最终陷入停滞。在罗默模型中，研发外部性是持续经济增长的先决条件。研发越多，创新越多，中间品的变种——生产资料就越多，结果就是，每一时期消费品生产的增长也就越快（Flemming/Götz，1993；Frenkel/Hemmer，1999）。

2.4.3 总结和批判

罗默在他的模型中成功地证明仅仅依靠储蓄和资本积累（实物资本和人力资本）是无法保证经济长期增长的。技术进步才是持续增长的必要条件，但技术进步却要求放弃市场的完全竞争。技术进步的内生属性存在于以下情况：新的技术知识在具有理性行为的企业中的研发部门，由专门的合格员工（人力资本）有意识地、有目的地创造出来。

新增长理论通过内生研发活动以及在“干中学”过程中以技术溢出的形式实

① 当然，终端产品部门也可以间接地从可用中间品（基于专利生产的）创造的新知识中受益。

② 罗默模型也包含了理论上的停滞或零增长。如果经济体的人力资本存量过低，以致人力资本配置在“无效”研发部门，从而导致生产水平的严重下降，甚至连低研发活动也不再能够盈利（Frenkel/Hemmer，1999）。

现的正外部性成功揭示了长期经济增长的原因。后者对于解释工业化程度不高的国家如何依靠模仿和复制在低研发强度下实现经济增长尤其重要（Arnold，1997；Dreher，1997）。此外，罗默模型还解答了这样一个问题，即不同国家的增长率为什么总是不同，也就是说它们不随着时间的推移而趋同（这是新古典增长模型最严重的不足）。根据罗默的说法，大量的人力资本存量和高生产率的研发部门会对经济发展有积极影响。如果经济主体对待消费较为保守而更倾向于储蓄，那么经济将会增长得更快（Frenkel/Hemmer，1999）。对于诸如技术进步、创新、专利开发，知识的不同本质以及中间品部门的垄断市场结构的反思，将新古典理论从单一的影响分析转移到了综合原因分析。后者考虑了理性行为主体的期望和意图，因此更偏微观经济导向。从当前来看，内生增长理论和新古典主义相比有很大的进步（Christiaans，2004a）。

不过，以下的批判观点也经常被提起：

（1）所谓的新增长理论真的是“新的”吗？偶尔会有人问起内生增长理论到底新在哪里以及该理论是否真的包括一些新鲜的内容（Foss，1998；Freeman/Soete，1997；Frenkel/Hemmer，1999；Schneider，1995）。批评的观点认为内生增长理论中重点强调的基本理论机制很久之前就被人熟知。甚至更早之前，像 Young（1928）这种学术思想一定程度上源于阿尔弗雷德·马歇尔（Alfred Marshall）的理论学家也指出外部性的核心作用以及增长过程的收益递增。类似地，熊彼特在罗默甚至阿罗之前很多年，就构建了技术变革的内生属性（Cantner/Hanusch，1998）、由企业家实现的创新的作用（Schumpeter，2006）以及大型企业中研发部门的概念（Schumpeter，1942）。熊彼特甚至建立了垄断市场市场结构可以促进经济主体的创新活动这一思想[①]。正如纳尔逊（Richard R. Nelson）所言，另一个内生增长理论的思想先驱是摩西·阿布拉莫维兹（Moses Abramovitz），他于 1952 年发表文章说明其观点（Nelson，1994）。除了这些外，内生增长理论的很多观点都是由阿罗（1962）提出的，只不过他把重点放在分析经济增长过程和“干中学”的关系。因此，问题最后归结为内生增长理论的核心部分是否不仅仅是“新瓶装旧酒”（old wine in new bottles）（Foss，1998），而其中的“新瓶”可以解释为将已经为人熟知的观点进行数学上的方程化（Nelson，1994）。

（2）对制度（institutions）的忽视。考虑到知识外溢对于经济增长过程的关键作用，令人惊讶的是，内生增长理论竟然没有将构成知识积累基础的制度和企业更迭的作用考虑在内（Langlois/Robertson，1996）。他们一直都因为缺乏对制度的关注而倍感困扰，而且，他们对制度变革的问题无能为力（Pasinetti，1994），对制度的忽视使得该理论无论从实证角度还是理论角度都很脆弱。基于

① 熊彼特假设的可能是通过创新优势实现的短暂垄断市场而不是结构性垄断市场。

Coase（1960，1974）的观点，应该问一问，为什么像知识产权和交易成本等一样可以将（非常重要的）知识外部性内部化的制度没有出现在内生增长理论中（Weder/Grubel，1993；Langlois/Robertson，1996）。其他学者[①]认为社会制度对于经济增长理论来说不仅仅是知识溢出的内部化这么简单。正如阿罗（1994b）所说的那样，社会制度影响着动机、态度、判断等，对于行为有着更深远的影响而不仅仅是实际的交易成本。制度最终对于知识溢出效果的决定性作用不亚于知识本身（Langlois/Robertson，1996）。相反，经济增长理论或者假设制度不重要或者将制度问题归结为相对价格问题，制度只不过是“使价格合理的事情”（Langlois/Robertson，1996）。

（3）知识溢出只在一国范围内。和知识溢出密切相关的一个问题是，知识投资的收益是否可以被限定在一国之内，它是否会在全球范围扩散（Freeman/Soete，2009）。例如，Fagerberg（1991）和 Verspagen（1991）认为落后国家的追赶很大程度上要依赖于技术和知识的进口与转移。在当前全球化的背景下，显然日益增加的研发费用不会只让本国经济体获益[②]。总之，当今“本土企业”的私人研发活动地点与国家生产力提升之间的联系越来越脆弱（Freeman/Soete，2009）。

（4）太过有利的假设。另一个批判观点认为，内生增长理论作出太过“有利”的假设（too favourable assumptions）而具有同义反复（tautology）的风险（Foss，1998；Solow，1994）。也就是说内生增长理论的基本解释框架中从假设到结论的距离过短。例如，它假设知识是经济增长背后的驱动因素是由于其外部性特征。在该假设背后，不同的知识积累速度导致不同的长期经济增长速度这一结论看起来好像只是絮叨地重复之前的话（Solow，1994）。另外，索洛也曾质疑内生增长理论的部分假设并不是完全根植于现实。把更多资源投入研发中，每年能够实现更多的创新成果，A 的增长率会更高。但是如果假设，一次创新只能导致技术知识的一次绝对值的增长，那么对于研发一次投入更多的资源只能让生产率一次性上升，而不会使其增长得更快。问题就是人们无法知道哪一个假设更合理，只有等待实证结果的检验。那些新古典增长理论的支持者们（proponents of the NGT）只是想当然（但是非常具象）地选择了与技术水平成比例增加的假设[③④]。

---

① 如 North（1981，1990）、Langlois/Robertson（1995）和 Rosenberg/Birdzell（1986）。

② 正如 Meister/Verspagen（2004）所指出的那样，欧盟在 2010 年之前实现“3%巴塞罗那目标”并不会缩小欧盟和美国之间的收入差距，增加研发投入不仅会给欧洲带来好处，也会使美国和世界其他地方受益（Freeman/Soete，2009）。

③ 内生增长的概念如此诱人以至于经济增长学家们只是想当然地添加了有利的假设，当他们把手放进口袋然后拿出一开始放进去的杨梅，就说有些事已经被证明了（Solow，1994）。

④ 由于人口增长以及研发强度的增加，发达国家中投身研发事业的科学家数量在过去四十年中显著增加，平均增长率基本保持不变或轻微减少（Jones，1995b）。

（5）“刀刃特性”模型（models of“knife-edge character”）。索洛认为内生增长理论中这些有问题的假设会导致某种“刀刃特性”（Solow，1994；Groth/Schou，2002）。即投入要素不变的情况下经济均衡状态呈指数级增长。根据罗默的观点，只要技术知识积累规模收益不变，指数级增长是有可能的。但只要规模收益不变的假设发生一点点变化（微小的增长或减少），模型就不再成立，持续增长也就变得不可能了（Arnold，1997）。

（6）缺乏纵向创新（vertical innovation）。罗默关于水平创新的假设仅仅是简单地描述了新旧生产资料的共同存在性，并未考虑到旧技术以及基于它的产品正逐渐被新技术和新产品所代替的事实。Grossman 和 Helpman（1991b）以及 Aghion 和 Howitt（1992）提出考虑质量改进和产品替代的修正模型（Christiaans，2004a）。这种纵向创新的观点和熊彼特提出的旧要素重新组合的“创造性破坏”相仿（Frenkel/Hemmer，1999）。

（7）过分强调增长政策。为了追求积极的知识外溢，研发活动的社会效益必须超过个人利益（Langlois/Robertson，1996）。相对于社会最优目标来说，研发活动是供不应求的（就最大增长率而言），因为企业无法实现创新活动的完全回报率（Geroski，1995）。政府试图通过补贴或鼓励私人研发的方式来解决这一问题并提高社会福利。内生增长模型的稳态增长率依赖于准确控制私人部门的创新活动以及促进长期最优增长的鼓励政策（Arnold，1997）。根据模型，均衡增长率理论上可以通过采取一些政策措施实现提高，如引入研发补贴、降低资本收入税率或者为基础研究设立经费资助。如果罗默的论证是一致的，低经济增长或者增长停滞的问题可以很容易地解决。但是在这里，内生增长理论过分强调了增长政策的范围。

另一批经济学家①认为所有企业都加入了一场只有一个胜利者的“专利竞赛”（patent race）（Grupp，1997；Hanusch/Cantner，1993）。因此，整体研发投入将比社会最优时要高。用罗默的话说，就是研发部门占用了过多的人力资本导致最终产品的生产率降低了。政策制定者以研发补贴进行的监管行为进一步加剧这一形势的恶化。

正如 Arnold（1997）进一步指出的那样，这些观点和过去增长政策的实际经验相违背。运用政策刺激经济增长对于发达工业国家来说看起来是个相当新颖和有挑战的方式。所以必须假设政策工具在经济福利中只扮演微不足道的角色（Krugman，1990）。Levine 和 Renelt（1992）以及 Sala-Imartin（1997）的研究都发现某些财政指标和经济发展的关系，但是自变量的轻微变动会导致相关性结果的不显著（Levine/Renelt，1992）。类似地，Easterly 和 rebelo（1991）也发

① 例如，Kitch（1977）、Dasgupta/Stiglitz（1980）和 Dasgupta/Maskin（1987）。

现税率对于增长的影响相当容易被干扰，和理论预测完全相反。Jones（1995a）进一步发现没有任何因素对于美国经济发展有长期持续作用。

（8）研发部门人力资本的规模效应。这也是引起批评和争议最多的部分（尤其是在罗默的内生增长模型中）——研发部门人力资本的规模效应。研发部门额外的人力资本将会相应地提高创新率，或者说新技术知识的产出率（Frenkel/Hemmer，1999）。这一观点遭到了琼斯（1995，1995a）的批判，他证明了罗默的以研发为基础的模型（R&D-based models）中规模效应和OECD国家的时间序列数据结果是不一致的（Jones，1995a，1995b；Arnold，1997）。根据罗默等的模型，1950～1958年劳动力（意即人力资本）的指数级增长应该导致人均指数级增长[①]。但是“时间序列数据显示的结果却并非如此。这一数据非常明显地反驳了以研发为基础的模型”（Jones，1995）。

但是琼斯（1995a）也强调，除跨期规模效应的预测外，研发模型直观上来讲还是很吸引人的，追求利润最大化的企业的创新活动最终确实实现了经济增长。在去除规模效应的预测之后，该模型仍然可以保留基本结构。为了实现这一目标，琼斯（1995b）建议，可以假设最明显的想法首先被发现，之后随着知识水平的提升，进行研发的人发现新想法的可能性越来越低。另外还要考虑到研究的重复和重叠，这会减少 L_A 单位人力资本创造创新成果的数量。

为了将这些因素都考虑进去，并且去除研发部门罗默线性生产函数的规模效应，琼斯修改了罗默的研发部门方程[②]。个体是新设计产生的重要投入要素。经济增长率很大程度上依赖于劳动力这一外生变量（Jones，1995b）。内生增长理论假定人力资本不变，琼斯的模型则将通过人力资本变量内生化缩小这一差距，并在解释经济增长时强调人力资本积累的作用（Arnold，1997）。为了实现这一目标，该模型抛弃了知识存量和知识增长率之间的严格比例界定[③]。

琼斯的模型和他展示的OECD国家时间序列数据完全一致（1995a）。他的扩展模型预测经济增长是由对政策制定而言恒定的参数所决定的，如研发补贴、基础研究补贴以及资本收入税。经济增长和生产力增长紧紧联系在一起，而生产力增长又依赖于通过研发活动实现的新设计和新发现。

和罗默等的模型类似，而和索洛的模型不同，在琼斯的拓展模型中经济通过研发内生地增长。只有当导致长期增长的技术进步是由追求利润最大化的企业所进行的研发带来时，模型中的增长才是内生的。在传统的政策干预没有长期效果时，增长就不再是内生的。经济增长的来源（从事新发现工作的个人）是内生的，但是最终导致的实际观察到的增长率却和增长政策所测量的无关。“半内生”

---

① 时间序列数据详见Jones（1995a）。

② 数学推导详见Jones（1995b）。

③ 或者说必须抛弃，否则这会导致不现实的爆炸增长率。

(semi-endogenous) 增长的概念或许可以应用到这个模型中 (Jones, 1995b)。严格来说，琼斯模型中增长由外生参数以及恒定的政策工具来决定的概念和索洛(1956) 的模型很相似 (Christiaans, 2004a; Jones, 1995b)。然而，与罗默模型一样，技术进步仍然是一个内生变量。这种“半内生增长”的方法得到了进一步发展[①]。例如，Arnold (1997, 1998) 继续了琼斯的工作，他把 Grossman 和 Helpman (1991a) 的方法与 Uzawa (1965) 以及 Lucas (1988) 的模型结合起来以解释人力资本积累的内生性。

2.5 本书所涉及的经济增长理论

目前，经济学家们普遍认可技术进步与创新是发达国家经济发展的主要驱动力这一事实[②]。在本书简单介绍了内生增长理论的主要批判观点后，读者们可能对于它的成功感到有些惊讶。那么，为什么一个明显采用大量同义反复式推理(tautological reasoning)，几乎完全忽视了社会制度这一很多经济学家认为对经济发展非常重要的因素，并且只是从形式上重述已有观点的理论能够如此成功(Foss, 1998)。

为了真正理解新古典主义，尤其是内生增长理论的贡献，首先要认识到这类理论是基于历史纵向和充分就业的角度。增长理论的核心目的是找到决定长期经济增长的要素或驱动力。为此，那些只是短期影响增长的要素就被排除在外了。经济的均衡增长的稳态是由完全就业和要素市场完全结算 (complete clearing) 假设下长期持续有效的要素所决定 (Kooths, 2004)。由经济周期引起的暂时性增长率起伏并不是研究重点，甚至在经济增长理论看来，即使是长期持续的低失业率和由此而引发的生产产出增长也只是意味着暂时的或短期的增长效应。

某些对于经典增长理论的批判具有误导性，因为和日常的短期创新实践相比，长期模型及其变量是直接测量的，与短期实际有明显的不同。新古典宏观经济理论的主要方法论可以描述成一种“准确的模型理论” (Bretschger, 2004)。这里的“准确”并不是说对于现实的精确反映，而是指构建的模型要和假设一致(也就是说不是“自相矛盾”的)。通过从事实中抽象并遵循权威的通用理论的基本原则，这些模型的特点就是对复杂事实的简化。通过高度的简化和统一，这些宏观理论大量运用了数学模拟和“大胆假设” (Grupp, 1997)。同时这些“大胆假设”也备受质疑，在此不再赘述。

---

① 参见 Li (2000)、Groth/Schou (2002)、Christiaans (2004b)。对半内生理论的杰出贡献参见 Ha/Howitt (2007) 等的相关文献。

② 参见 Arnold (1997)、Schmookler (1965, 1966)、Kuznets (1973)、Grossman/Helpman (1994) 及 Fagerberg (1987, 1988, 1994) 等的相关文献。

新古典经济理论和内生增长理论表明，以福利范畴内的人均收入来衡量的经济增长是通过应用新技术方法来提高诸如劳动力和资本等稀缺投入要素的效率来实现的。外生理论（第一代）和内生理论（第二代）（Freeman，1994b）都解释了基于研发活动的技术进步所带来的效率提升。索洛和罗默分别是各自所在时代的先驱。通过说明技术进步的源头就是企业所进行的有目的的研发，内生增长理论模型及其最新发展尽管有一些不足，但是仍然可以帮助这一理论分支更接近现实。

当人们回顾这些经济增长理论的发展时，很容易理解为什么过去的创新研究如此关注研发并将其作为企业创新能力和竞争力的决定因素。也很容易理解为什么这些经济理论不能作为分析非研发企业创新模式的工具。以下三点原因解释了为什么经济增长理论不能用来解释本书所研究的情景。

（1）没有涉及企业表现的多样性。某些经济史学家，如 Landes（1970）和 Habakkuk（1962）以及部分研究工业组织和技术变革的学者①发现了技术变革过程中一些有趣的事实，其中部分和新古典理论相吻合，但是另一些则有冲突（Nelson/Winter，1974，1982）。后者指的是就技术或者生产力和盈利能力而言企业间的显著不同。根据新古典主义的观点，在知识产权保护条件下，经济体中的所有企业都会投资研发，为了能够接触到通用的技术知识存量，使用这些知识来发展新的技术解决方案，以达到最终增强竞争力和利润、投资回报最大化。结果是，所有的企业都会采用基于相同技术知识的科技或者拥有相同的知识开发能力，企业的创新活动没有差异化或多样性，因为企业都会采取同样的战略来变得更有竞争力。因此，对于假设行动主体拥有完全理性并且只会追求利润最大化的新古典主义而言，不可能承认一个事实：现实中并没有最好的创新方法，企业创新行为存在很大不同。相反，企业往往会选择追求利润最大化，而所谓的“唯一最佳路径”（one-best way）是很难被发现的，企业不得不找到最有前途的路径而不是最佳路径（Nelson/Winter，1977）。这就意味着“创新”不仅仅是一个在给定、不变的选项集合中作出某种改变的选择的概念（Nelson，1991）。

（2）创新活动和日常经营等同起来。只是将研发作为修正的生产函数又一个投入要素，假设创新活动和其他类型的资本（厂房设备）一样，只要增加投入就能提高产出（Nelson/Winter，1982）。关于行为主体的假设说明研发是一种产出和效果可以提前预测的活动。但是创新也代表对于新事物的调查以及新知识的获取，它和未来风险、不确定性以及模糊性密不可分。这种结果和未来收益的不确定使得企业无法预测或估计其预期成本和利润回报②。因此可以认为创新活动的基本行为模型（如启发式的认知、决策和行动）和日常业务中的

① 例如，Chmookler（1966）、Griliches（1957）、Mansfield（1968a）和 Freeman（1974）。

② 参见 Gerybadze（1982）、Schwitalla（1993）和 Foray（2006）。

常规操作是有显著不同的（Nelson/Winter，1982）。创新活动是不确定性和导致企业不同创新战略的个体行为模型的结合。这种结合最终导致了不同企业创新行为的多样化。

（3）将经济作为一个静止的概念。创新在自由公平竞争的资本主义经济系统中扮演重要角色。但正如熊彼特于1950年说的那样，“资本主义不是也不可能是静止的”。尽管新古典增长理论是一个静止的理论，因为它追求的是一种再生产和增长率恒定不变的均衡状态（稳态增长）。均衡状态下的经济增长是对人口增长和储蓄积累的一种回应（Iwai，2000）。然后，熊彼特主义所理解的创新完全是另一种概念。对熊彼特而言，创新本身就是一个变革要素，离开了它资本主义世界就变得无法运行。它包含新商品的出现、已有商品生产上的技术改造、新市场的开拓或新资源的供应、工作的科学管理、材料的处理改进、新商业组织的建立等。总的来说，就是任何在经济生活中“不同的做事方式”（Schumpeter，1950）。沿着这一思路，创新就成为资本主义经济的常规行为以及资本主义企业的常规行为模式。创新不再假设成保持或重建经济均衡的元素，而是通过“不断摧毁旧制度建立新制度来改革经济”的“创造性破坏过程”（Schumpeter，1950）来打破经济均衡的元素。因此，技术进步、研发投入以及更为普遍的创新不应该是给定的变量而是待解释变量（Nelson，1991；Nelson/Winter，1977）。根据进化论的观点，创新活动并不是企业可以选择不做或者忍着不做的东西。相反，如果企业不具有创新性，或者说不能做到一直能够适应变化的环境或者不能够通过“主动”适应去影响外部环境，企业将无法在市场竞争中存活。这就意味着，即使是非研发企业，只要能在市场竞争中存活，按照之前的定义，它们就是具有创新性的。

在介绍了之前创新文献关注研发的理论来源之后，本书把传统经济增长理论和实证创新研究中那些关于研发在微观上企业的作用和影响的“特征事实”结合起来。接下来的篇章介绍了上述的宏观经济模型是如何反映在组织层面的。这些组织就是最终负责完成创新的主体——企业。

2.6 企业层面——制度化的内部研发

直到现在，仍然有大量的经济学家认为研发是实现创新的决定因素①，是一个发达经济体增长的“引擎”（Pessoa，2010）。

接下来本书将介绍工业研发以及其对于企业创新能力和经济成功产生的积极影响。这一话题已经得到了实证创新研究的广泛关注。在此之前，首先讨论研发

① 参见 Arnold（1997）、Kuznets（1973）、Grossman/Helpman（1994）、Sandven 等（2005）、Schmookler（1965，1966）和 Fagerberg（1987，1988）等的相关文献。

的传统定义，研发的不同类型和它们相互联系的方式，以及企业研发强度如何测量。

2.6.1 研发的定义

新古典增长理论流行的同时，科学和技术的测度方法也在美国政府的引导下于20世纪50年代早期开始出现（Godin，2001b）。依据美国国家科学基金会（American National Science Foundation，NSF）的定义，在1963年OECD决定制定第一本研发（research and development，R&D）领域的方法手册，即《弗拉斯卡蒂手册》（*Frascati Manual*）（OECD，1963）[①]。在那之后又多次修改[②]，最新的是2002年出版的第六版。为了建立科学和技术测量的统一国际标准，OECD指出概念和活动的准确定义并且对要测量的数据和指标提出建议（Godin，2006b）。

研发指标的主要目的是测度和说明一个国家在科学和技术方面的成就，展示其优点和缺点，追踪其变化特点从而可以在满足需求的过程中提出预警（OECD，1976）。

OECD将研发定义为"……为了增加知识存量和对该知识库的使用，包括人类、历史和社会知识，基于系统结构的创造性工作"（OECD，2002）。研发包括在预设的研发部门或实验室进行的正式研发以及其他部门中的非正式或偶然的研发（OECD，2002）。

"系统化"要求有目的的行动而不是意外的发现（Arundel et al.，2008）。正如Godin（2001）所说，系统化的观点存在于20世纪大部分对于研发的定义中，无论在字典还是国际惯例中。最初，系统化指的是科学规律的过程性、科学方法的使用、所用方法的主体间性（intersubjectivity），以及逻辑一致性（也就是客观性、信度和效度）。但是随着时间的推移，研究中的系统性从强调方法的科学性变成了强调研究的制度化（Godin，2001a）。研发必须具有完整结构，也就是说它必须满足系统性活动的最低要求：负责研发的人员每年必须工作够一定时间；这一系列工作必须获得专门的财政支持（研发投入）。反过来说，分散的研发活动（如在组织其他部门零星的或者项目制的活动）就不算是研发（Messman，1977）。事实上，系统研究的概念比同一时期出现的另一个概念"科学及技术活动"（scientific and technical activities，STA）知名得多，后者是在加拿大提出而且NSF还使用了一段时间（Godin，2001）。

---

① 对于科学和技术指标历史的精彩综述见Godin（2001b）。

② 《弗拉斯卡蒂手册》的修改版本：1963年第一版、1970年第二版、1976年第三版、1981年第四版、1993年第五版。

《弗拉斯卡蒂手册》（OECD，2002）将研发分为以下三种活动：

（1）基础研究：主要目的是建立对于现象和观察到的事实的新认识，目前还没有具体应用的、实验性或者理论性的工作。

（2）应用研究：为了获取新知识的原始研究，目的明确指向某一具体应用目标。

（3）实验开发：利用从研究或者实践中得到的知识，创造新材料、新产品或者新设备，进而上马新工艺、新系统和新服务。

正如《弗拉斯卡蒂手册》中详细描述的那样，基础研究的目的是通过建立和检验假设、理论或者规律来分析性质、结构和关系。“目前还没有具体应用的”是关键，因为这类研究活动的目的并不是获取新的科学知识来解决目前存在的问题。基础研究的研究兴趣可以很宽泛，将来的应用也很广泛[①]。这说明基础研究的成果往往没有出售而是发表在科学期刊上或者在同事之间交流。基础研究主要是在高等教育部门的机构中（如大学）、政府部门，或者像 Max Planck 或 Helmholtz Society 一样的私人非营利研究组织中开展（Specht et al.，1996）。和《弗拉斯卡蒂手册》的定义不同，考虑到工业企业中也存在基础研究的情况，美国对于基础研究和应用研究的界定相对模糊（Rosenberg，1990）[②]。不过，商业导向的私人公司通常不进行基础研究（Specht et al.，1996），因为其成果往往成为公共物品，这样其他个人或竞争者也可以使用[③]。因此，基础研究和内生增长理论中公开的技术知识相对应，通过溢出过程在经济行为主体间传播并且激励其通过应用研究将这一知识转化成为商品或者商业化的先进生产方法。

而应用研究则是用来探索基础研究发现的可能用途，或者为特定的预设目标寻找新的解决方案或路径（OECD，2002；Rosenberg，1990），主要通过从已有的知识存量中获取知识并将其拓展到具体问题的解决上。因此，应用研究的成果只对某一特定的或有限数量的产品、运营方式、方法或系统有效。这类研究基本对应的就是所谓“工业化”或“私人部门”研究，因为它的目标就是创造新的商品、工艺或者方法来帮助企业解决特定的经济问题或者应用已有知识无法得到满意解决的问题（Grupp，2008；Dreher，1997）。在这种情况下，私人部门进行的研发就是着眼于实际问题、方案的直接可用性以及新知识的快速市场化（Burr，2004）。

另外，随着工业界人士、咨询师和商学院的学者开始涉足工业应用研究，实

① 从发现到应用的道路通常是漫长而曲折的，包括知识、技术以及工具从一个规律到另一个的迁移，所有这些都使得基础研究的应用预测变得很困难（Pavitt，2001）。

② 考虑了工业目标之后，NSF 为工业部门修改了定义来说明推进科学知识的基础研究并没有具体的商业目的，尽管报告的公司对这类研究目前有或可能有兴趣（Rosenberg，1990）。

③ 如先发优势、强势的市场权力、基础研究的副产品或意外收获可能带来具体问题的解决方案，因为在某些领域基础研究是应用研究成功的前提条件。

验开发这一分类[①]变得越来越重要（Godin，2006b）[②]。在这一分类中，创新过程包括性能提高、解决麻烦或者是工艺和质量的技术控制等。这一分类对应的正是企业和组织中的研发活动（Godin，2006b）。开发（development）指的是一系列的活动，后来演变成一个独立分类并被界定为“研发”，成为和基础研究以及应用研究同等级的子类别。

因此，工业研究也创造了部分“语意创新”（Godin，2001b）。在这之前，人们仅仅会谈论科学、咨询或者调研。正如 Godin 所言，研究这一概念变得宽泛是因为“科学”不适合工业界而工业研究则模糊了基础研究和应用研究的界限。所以，研发不仅仅是创新观点的原始来源，还是可以随时用来解决问题的方式方法（OECD，2002）。

研发的三个维度沿着创新发展过程模型的序列分布。该模型假定创新由基础研究出发，然后是应用型研发，最后是生产和传播（图 4）。

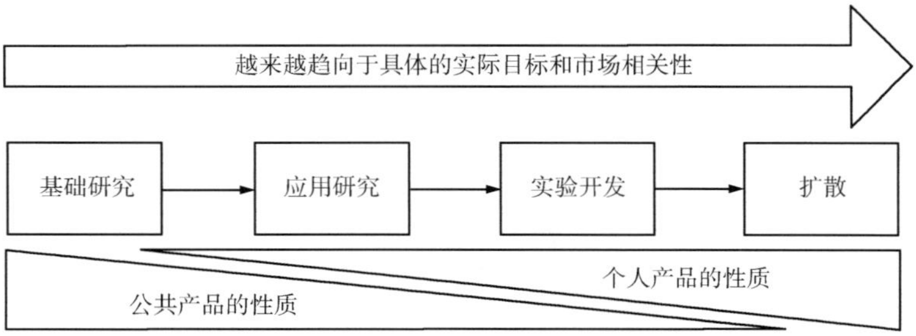

图 4 创新过程的线性模型

资料来源：Godin，2006；Burr，2004；Specht 等，2002

每前进一步，研发的公共物品属性就进一步降低，而其解决具体问题和商业化的属性则进一步的提升。另外，这一模型突出了初始基础研究的重要性，因为如果没有基础研究就没有后续的序列。

Stoneman（1995）将这一线性模型和熊彼特的发明、创新和传播的理论结合起来。第一阶段（基础研究）对应发明过程，仅仅专注于新观点的产生而涉及商业和实际用途。第二阶段（应用研究）指的是将新观点转化为商品和工艺的过程。第三阶段则是传播阶段，也就是产品和工艺通过潜在市场传播的过程。

这一模型影响深远，从专家智囊到政策制定者都广泛地应用这一模型，将其

---

① 从 1970 年版的《弗拉斯卡蒂手册》开始，OECD 在“开发”一词之前添加了“实验”字样，就是为了避免研发中的开发（development）和经济学中的发展（development）相混淆，并且将其在东欧国家和联合国教科文组织中使用（Godin，2006）。

② 在 20 世纪四五十年代，这些人开始开发概念框架或者说创新模型。这些通过图表呈现的模型将研究刻画成一个从基础研究逐步转向应用研究以及之后的研发的线性过程（Godin，2006b）。

作为政府资助发放的标准（Godin，2006）。因此，科技政策受这一线性模型影响长达数十年（Mowery，1983a）。尽管应用如此广泛，对于创新的线性模型也是有反对声音的。早在 20 世纪 60 年代，对于模型的线性就有大量的批评观点（Schmookler，1966；Price/Bass，1969；Myers/Marquis，1969）。

2.6.2　企业层面的研发如何测量

正如 Smith（2005）指出的，研发是一种既不是活动也不是产出的知识创造过程，因为找不到一个有效的过程可以评估人们不熟悉的行动和时间是否是研发的一部分，也不能比较研发中的知识递增。这一问题无法得到完美解决，因而只能通过区分那些研发过程中可以被测量的要素来部分解决。《弗拉斯卡蒂手册》（由 OECD 提供的研发数据收集的操作规范）的解决办法是：先定义包含研究的活动再寻找用于这些活动的花费或者个人资源方面的数据。研发的测量是一个经济概念，其最终收集到的经济指标是和工业数据集兼容的，并最终和国家账户兼容（Smith，2005）。

《弗拉斯卡蒂手册》介绍了两项用来测量研发活动的创新投入的基本指标：一定时间内的资金投入以及研发人员投入。后者包括“所有直接从事研发工作的人员以及提供直接服务的人员，如研发经理、管理者和行政人员”。这些人员投入通过全职当量或者花费在研发上的时间来测算。

至于研发投入的资金指标，基本的测量指标叫做“内部投入”，也就是指“在某一统计单位内（如企业）或者企业中的一个部门在研发的所有投入”。另一个测量指标叫做“外部投入”，包括一定时间段内在统计单位外（企业的外部合作者或外包商）或者经济体的某一部门上的研发投入。研发投入数据应在研发者关于内部投入的报告基础上编制。此外，为了衡量研发作为一个制度化且得到企业规章和核心能力支持的活动在企业中的重要作用，这些指标应该在无论企业是否持续进行研发的情况下都适用（OECD，2009）。

研发指标的界定或定义通常有多个标准。除了以上提到的基础研究、应用研究和实验开发以外，研发数据还会根据研发单位（如商业企业、政府部门、高等院校、私人的非营利组织）、经费来源（国内还是国际）、内容定位（如社会科学还是自然科学）等作出不同分类（Bronwyn et al.，2010；Smith，2005）。这些具体的分类并没有受到学者的青睐。学者、政策研究院和政策制定者更多的是用企业、行业或者国家的研发强度这一指标（Smith，2005）。研发强度指的是研发投入和部分产出的比值。在行业或者企业层面，通常指的是研发的商业投入（business expenditure on R&D，BERD）和生产量或者价值增量的比值。对于国家而言，指的是总研发投入除以国内生产总值（GDP）（Smith，2005；Legler/

Frietsch，2007)[①]。

2.6.3 企业层面研发活动的发展史

Schmookler（1966）指出专门的企业研发拥有美国大约一半的工业发明，最终转化为创新成果的比例则更高。其他发明也基本上是在政府和大学中的专门研发活动中产生的。此外，大部分大学、政府或者私人发明成果的应用与开发也包含了大量专业的研发工作（Freeman/Soete，1997）。

相当长的一段时间里，对于国际竞争力的研究主要着眼于与价格成本相关的要素。生产力是提高工业贸易值的关键因素，而工业贸易值反过来也影响着附加值和生产力的增长（Castellacci，2008a,)。从 20 世纪 80 年代开始，经济研究的重点从与价格成本相关的要素转向技术变革以及创新等非价格因素。伴随着熊彼特在创新和技术变革上的辉煌成就，不同分支的实证主义学派对于创新和国际竞争力的关系提出了很多新颖的观点。在第 2 章已经提到，大量的经济增长理论在新古典均衡框架内分析了部分熊彼特主义的观点，指出了私人企业研发活动的回报增长和溢出效应。

在企业层面，早期的创新研究学者将创新能力理解为一种个体特质，如发明家或者有创造力的企业家（Schumpeter，2006）。在这种情况下，创新就成为一个自然地或者随机地给定的经济系统外部维度。直到工业革命初期，大型企业的出现以及内部分工的持续出现，人们才认识到研发是企业创新能力的重要内部驱动力（Dodgson et al.，2008)[②]。正式的外部创新活动作为一项制度系统性地转移到企业内部，从此不再是少数天才企业家的专长。从那以后，教育系统的专业化、实验室的出现以及测量和实验技术的进步逐步提高着发现、发明和创新的效率和可控性（Mowery/Rosenberg，1989)[③]。20 世纪的第一个 10 年，发明成果的焦点从实验室转向了由部分企业（如柯达、通用电器以及杜邦）建立的内部工业研发部门（Freeman/Soete，1997)[④]。那时的大部分发明创造都是专门研发活动多年努力的成果。甚至一些创新型企业家也参与其中并且扮演重要角色，这类人通常是拥有设备或资源来进行持续研发工作的科学家或者工程师。正如

---

① 关于研发指标详见 Grupp（1997）。

② 关于制度化企业研发出现的精彩综述可参见 Dodgson 等（2008），尤其是 Freeman/Soete（1997）的相关文献。

③ 从伟大“个人”向大规模研发实验室转变的最佳案例或许可参见托马斯·爱迪生其人。尽管他主导了大量的发明并拥有比其他个人更多的专利，但是他的成功很大程度上依赖于他建立的大型合约研究实验室。爱迪生的很多同事都是杰出的科学家和工程师，他们后来成为美国、德国和英国正式企业研发的人才基础（Freeman/Soete，1997）。

④ 关于这一问题，Mowery 进行了一个“美国制造业企业内部研发和合同形式的工业研发之间的关系（1900—1940）”的研究（Mowery，1983b）。

freeman/Soete（1997）所言，研发与某项基础研究相联系在这些行业中很普遍。因此，那时的技术完全依赖于基础科学，没有理论基础的研发是无法想象的[①]。

Schmookler（1966）将创新过程比作一把剪刀的两个刀刃：一方面，它涉及新产品或工艺的需求或潜在市场（市场拉动型）；另一方面，它涉及原始研发活动所导致的新的科学和技术知识（技术推动型）。因此，通过将原本由企业家个体担负的利用技术满足市场需求的活动，转变为工业企业中系统化的研发活动，是对创新的双面性在制度层面的回应[②]。

在工业研发部门建立之后，基于功能专门化和劳动分工，研发活动的内涵发生了深刻变化。Pavitt（2001b）提出了三种同时发展起来的、对研发有着巨大影响的、互补的专业化形式：

（1）学科专业化——科学和工程的发展。在19世纪，由于全新的强力研究工具和技术的发展以及应用的日益广泛，像工程、化学工程或者电气工程等专门科学学科的出现开始变得更加频繁。所有这些学科的发展都使得已有的知识库发生不同程度的变化，但都是翻天覆地的变化，尤其是技术范式的出现（Dosi，1982）。

（2）企业功能专业化——商业研发的发展。很多工业研发实验室最初只负责在企业生产规模变大时控制材料质量的构成以期降低成本。但是管理层渐渐意识到科学技术可以用于所有旧的和新的产品。从那之后，企业研发部门开始全身心投入发明和创新中，创造了一条有效的路径，能够系统化地创造整合持续增长的专业复杂的知识技术来开发测试样板产品或工艺并将其转化为商业产品或者生产工艺（Pavitt，2001b）。Freeman 和 Soete（2009）强调正是这些发展历程将现代工业研发与之前区别开来，并且印证了《弗拉斯卡蒂手册》中的“研发中心论”。这样就扩充了专业化的科学内容和适用范围。更多的科技进步成果在专业化实验室、部门或者试验工厂被全职的研发人员开发出来。这些才是应该被载入研发史册的成果，而19世纪那些偶尔的业余的发明工作完全不值一提（Freeman/Soete，2009）。简单来说，当今取得的研发成果是对研发这项活动专业性的一种检验，也是对其作为企业或者组织内部由专业研究者完成的独立活动的专业认可。

（3）制度专业化——学术研究的发展。正如在章节2.4中提到的那样，资本竞争中商业回报的前景大大促进了企业创新活动的发展。但公众更愿意支持具有基础研究属性的公共研究，以避免回报降低，开发新的机会，以及提供经过训练的高技术研究人员。企业除了能从公开出版的论文、文章或书籍等科技产出中获

① 大量的学科原理，如高分子化学、物理化学、核物理以及电子学等、不可能从日常观察，工艺技术或者已有生产系统的试验和错误中发现（Freeman/Soete，1997）。

② 关于“跨时空创新”的精彩综述，推荐阅读 Bruland/Mowery（2005）的文章。

益外，它们也可以通过雇佣年轻研究者从基础研究中直接获益。正如 Pavitt (2001) 所言，在所有发达国家中，政府已经成为研究活动经费和研究生培养经费的主要来源，这为工业研发实验室提供了大量了解最新研究发现和研究方法的科学家和工程师。

2.6.4 企业层面研发的决定因素

企业层面研发的不同特性可能会导致企业间的差异，尤其是在研发强度不同的企业之间（Rammer et al.，2009）。根据熊彼特后期的著作以及其关于大型企业有利于研发投入的著名假设（Cohen et al.，1987；Nooteboom，1999），创新研究的学者们对于企业的规模和其创新速率的关系一直很感兴趣（Plehn-Dujowich，2007）。事实上，企业规模、研发和创新之间的关系一直是备受关注的话题之一（Becheikh et al.，2006）。各种理论观点都支持熊彼特关于大型企业更具创新性的假设（Cohen et al.，1987；Lee，1995；Plehn-Dujowich 2007；Rammer et al.，2009）：

第一，研发具有高额的进入成本，实验室或者技术设备以及高级技工等人力资本的投入都需要大量资金，因此研发具有一定的财力和人力资源门槛。对于中小企业而言，这意味着要比大型企业投入更大比例的资源。

第二，因为技术的不可分割性，为了得到有效的结果，企业层面的研发需要保证项目的规模最小。但是对于财务或人力资源有限的中小企业而言，研发投入使得他们要减少营销或者分销等其他重要领域的投入。即使是最低程度的研发成本对中小企业也可能太高而使他们选择不进行研发（Galbraith，1952）。

第三，研发成本是一笔较大的固定成本开销，使得中小企业肯定要减小销售规模，降低盈利能力或者价格优势，控制现金流来支持未来的研发（Cohen/Klepper，1996）。

第四，研发活动具有高度异质性。因此，对于外部投资者而言，在没有研发成功或失败记录的情况下，很难评估企业研发成功的概率。中小企业，尤其是初创企业，很难提供这样的跟踪记录从而很难获得外部融资。

第五，研发投入和可能存在的回报之间有明显的时间差。研发需要提前投入，大部分的研发投入都花在人员和材料上，且不计作债务融资的担保物。研发项目的非担保性和信息不对称提高了外部融资成本（Freel，2000a；Czarnitzki，2006；Tiwari et al.，2007）。投资内部研发主要依赖企业内部，这对于现金流较小的中小企业而言更困难。

第六，大型企业可以通过建立不同的组合来分散风险，因此他们也会投资于高风险但可能带来高收益的项目（Holmstrom，1989）。但对于中小企业而言，如果研发资金是通过非研发资产作担保申请到的贷款，一个研发项目的失败就会危害到企业整体业务。

这些研发的特性使得研发强度和企业规模之间必然存在联系，而这已经被各种基于随机样本的创新调查而做的实证研究所证明①。尽管如此，这些结果并不是绝对的，因为其他一些研究并未证明企业规模和研发之间的正相关关系②或线性关系（Bertschek/Entorf，1996）。例如，Acs 和 Audretsch（1991b）发现小型企业职员比大型企业职员平均多贡献 2.4 倍的创新成果。类似地，Plehn 和 Dujowich（2007）也发现小型企业投入研发比大型企业更有创新性，尤其是在制造业的高技术行业中，大量的小型企业很大程度上参与了研发活动③。这些互相矛盾的发现说明，只能通过比较处于相同情况下（如相似的行业、市场结构或者技术体制）的小型和大型企业来解释④。例如，Nooteboom（1991）以及 Vossen 和 Nooteboom（1996）发现小型企业更少地参与研发，这和熊彼特的“第二标记”假设（the“mark II”hypothesis）一致。但是当小型企业选择参与研发时，他们往往比大型企业的投入更为集中。两种结果在 Pavitt（1984）所划分的行业中基本都存在，除了基于基础科学的行业。这样看来，大型企业和小型企业无论在参与度还是研发强度上都差不多。

但正如 Griffith 和 Webster（2010）所指出的那样，许多发现市场结构和（或）企业规模是研发强度决定因素的研究没有控制科学机会和技术独占性的情况。因此，规模和市场结构可能不是创新的决定因素，因为这些研究都将控制变量包含在模型中。那些考虑了科学部门所提供的机会以及企业或多或少更容易从研发中获益情境的研究得到的结果更为一致⑤。

另外一个研究分支关注的是企业在投资高度不确定、有风险、无担保的研发项目时的财务困难。他们发现在其他条件不变的情况下，企业留存收益越高，研发水平越高⑥。这一管理学分支采用企业资源观观点（见章节 3.3.3），主要关注

---

① 关于企业规模和研发强度的详细讨论参见 Freeman/Soete（1997）。

② 例如，Cohen 等（1987）、Cohen/Klepper（1996a）、Bound 等（1984）、Acs/Audretsch（1988，1991a）、Pavitt 等（1987）和 Plehn-Dujowich（2007）。

③ 根据 Freeman/Soete（1997），进行研发的小型企业大体分为三类：刚刚开始开发利用新发明的企业，这种情况下销售和研发的关系不大，可能会出现较高的研发强度；特别擅长某领域的高度专业化企业，运营着某个领域非常狭窄的专门研究项目；企业处于新产品竞争非常激烈因而需要不断研发的行业，在这种环境下，管理层可能会选择不同的策略回应，有的会选择进行普通的研发，有的会依赖于联合研发，不过仍然有人会尝试尖端研发项目。

④ 例如，Fisher/Temin（1973）、Dosi（1988a）、Acs/Audretsch（1987，1988，1991a，1991b）和 Veugelers/Cassiman（1999）。

⑤ 参见 Cohen 等（1987）、Sterlacchini（1994）、Griliches（1995）和 Oltra/Flor（2003）的相关文献。

⑥ 参见 Kamien/Schwartz（1982）、Hall（2002）和 Bloch（2005）的相关文献。

的是可能作为企业投资研发决定因素的企业内部能力的作用①，而不关注企业规模、市场结构、科学机会或技术独占性情境。正如综述中提到的，结果有所不同，说明研发并不是在所有情况下对所有知识都同等重要②。

2.6.5 企业层面创新和经济成功的驱动力——研发

内生增长模型假设企业在有机会通过研发投入得到高于平均的回报时才会通过研发经费的投入来投资新技术。这样企业才能扩大市场份额，并且随着规模收益提高企业能够提高生产效率和增长速度（Schmookler，1966；Segerstrom，1991）。更高效的生产能够使整个行业通过进口替代品扩大国内市场份额，提高本地消费，同时进入国际市场，增加出口份额（Shefer/Frenkel，2005；Porter，1990）。

Baumol（2002）提到，实际上，所有18世纪以来的经济增长最终都应该归功于创新。研发所带来的高密度创新活动导致新产品的大量涌现和生产中新工艺的广泛使用，最终导致经济体的高技术等级（Fagerberg，1987）。有大量的实证支持这样的假设，即研发经费是企业层面创新活动必不可少的一环（Shefer/Frenkel，2005）。

这样看来，研发投入的经济效应成为企业经理、创业者、政策制定者和经济学家最感兴趣的话题也就不足为奇了。研发和创新的投入不低，而人们希望看到一个确定的回报（Hall et al.，2010）。企业层面研发投入的产出有风险且不确定，因为企业无法确定是否一定能将经费转化为成功的产出，或者竞争者是否也在做同样的研究而且比自己更快地获得成果，这样会导致部分研发经费的浪费。但是一旦研发成功并获得了超凡的新产品或生产工艺，企业就能获得“创新租金”（innovation rents，也称熊彼特租金）并提高利润。Burr（2004）提出几个企业应该进行研发的理由：

（1）通过发展新的、更有效的制造工艺和方法来改善企业成本结构。

（2）提供比竞争者在质量、成本或者功能范围上更优秀的新产品或升级产品。

（3）提高“技术资本”来增强企业吸引力，如通过合作或交叉许可和其他企业进行技术交换（如供应商、客户、竞争者等）。

（4）提高企业形象，将企业塑造成战略型技术领导者。

（5）提高企业吸收能力来识别和引进外部的技术发展成果并提高企业应用这

---

① 参见 Nelson/Winter（1982）、Pavitt（1991）、Souitaris（2002）、Lee（2002）、Murovec/Prodan（2009）和 Cuervocazurra/ Un（2010）的相关文献。

② 参见 Murovec/Prodan（2009）、Grunfeld（2004）和 Schmidt（2005）的相关文献。

些技术的能力。

企业投资正式研发的最终目的是通过增加需求或者降低成本来提高或保持企业业绩。而是否投资研发的决定则是由研发投入的预期回报为正（如能提高企业经济目标）的可能性来决定的。

从之前的讨论可以看出，研发和企业的经济成功是由创新维度调节的。成功进行的研发可以带来新产品或新工艺等创新成果，会对企业经济数据造成积极影响。另外，这些由研发引起的积极影响会提高企业效率、雇员增长率或者利润增长率等长期经济产出（图 5）（Thornhill，2006；Freeman/Soete，1997）。因此，工业研发的目的就是创造新的商品、工艺或者方法，帮助企业解决具体问题或依靠现有知识无法解决的情况（Grupp，2008；Dreher，1997）获得竞争优势，并最终提高企业业绩①。

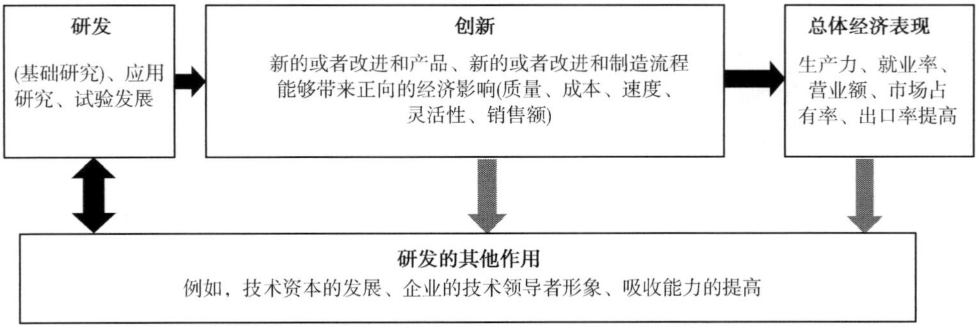

图 5 研发作为企业创新性与经济成功的驱动力

另外，按 Burr 所描述的情况，研发就创新成果和经济成功而言的表现及成功实施对企业有不少积极的额外作用，如增加企业技术资本和技术知识、提升其作为创新型技术领导者的企业形象或者提高其吸收能力（Cohen/Levinthal，1989，1990）。这样最终能够增强企业研发能力，使其积极地投资未来的研发（Shefer/Frenkel，2005）。

实证结果并不总是遵循这一因果链。它对于研发和创新并不经常加以区分②。实证研究基本从两个角度进行分析：研发经费和创新之间关系的检验；一般经济产出和研发之间关系的检验。

其中前者将研发经费作为创新的投入要素并试图解释其对企业创新绩效的影响。后者则将研发投入作为企业一般创新能力的测量指标（Raymond/St-Pierre，2010）。这样的观点就把研发当做创新的替代概念，而将企业的创新能力基本仅

① 参见 Brown/Eisenhardt（1995）、Rosenthal（1992）、Stock 等（2002）、Kirner 等（2009a）、Freeman（1994b）、Rammer 等（2009）、Raymond/St. Pierre（2010）和 Burr（2004）的相关文献。

② 参见 Lachenmaier（2007）、Barge-Gil 等（2008）、Kirner 等（2009）的相关文献。

仅等同于研发投入。这一观点在内生增长理论模型中体现得尤为明显，主要检验的是企业研发强度对企业增长或生产能力的经济影响。而前一个观点主要运用的是战略管理的方法，将研发经费理解成提高企业创新能力的决定性管理工具。

2.6.5.1　研发强度和创新之间的关系

在这种情况下，私人部门进行的研发主要关注实际问题的解决、解决方案的直接可用以及新获取知识的快速市场探索（Burr，2004）。因为竞争环境时刻改变的事实将企业置于持续的压力下，企业必须快速发展同时尽快商业化最新创新成果以维持生存，所以新产品的成功发布无疑为企业带来了丰厚的利润和营收增长（Huang et al.，2009；Caputo/Palumbo，2005）。

正如Becheikh等（2006）的实证研究所证明的那样，不考虑企业规模的问题，创新的决定因素中最受到关注的就是研发（Raymond/St-Pierre，2010）[①]，尤其是在中小企业情境下[②]。将近80%的研究发现了研发和创新之间的正相关关系（Becheikh et al.，2006）。在某一部门或者行业中，研发投入成为决定总体创新水平最重要的机制（Baldwin/Hanel，2003）。

在著名的萨福项目（Sappho project）背景下进行的实证研究认为，无论对于突破型研发还是渐进型研发，专业研发都变得越来越重要。它将把工业企业带向长期可持续的成功（Freeman/Soete，1997）。这些研究表明企业增长和其技术进步密切相关，而技术进步又和研发绩效以及专业技术服务高度相关。由英国工业协会（1947，1961）进行的英国企业增长率和研发强度的比较也显示出它们之间微弱但是正向的关系。简单说来，就是很少进行或不进行研发的企业或者不引进先进技术的企业很有可能落后于其他企业，甚至经营失败。相反，高研发强度的企业可能会获得额外的高增长率，但中等研发强度的企业在增长率方面并没有显示出统计效应。

工业研发投入的根本目的是开发全新或者升级产品和工艺并将其最终成功投放目标市场或用于生产线。Lee（1995）指出对于新技术环境下的产品或者工艺创新来说是这样的，因为在这一领域很难甚至不可能从竞争对手那里获得新技术。更快地推出新产品与发展工艺对于企业创新力有直接影响，这已经被不同的实证研究所证明。研发经费较多的企业就新产品推出速度和销售业绩[③]，以及新的制造工艺的更迭而言[④]，更具有创新性，在创新水平、功能范围、质量等级或

---

① 在Becheikh等（2006）那篇关于实证创新研究的优秀综述文章中，所有108篇文献中超过半数将研发作为创新的解释变量。

② 参见De Jong/Vermeulen（2006）、Rogers（2004）的相关文献。

③ 参见Cassiman/Veugelers（2002）等的相关文献。

④ 参见Graves/Langowitz（1996）和Keizer等（2002）的相关文献。

技术领先程度等各方面都有上佳表现。

遗憾的是，大部分将研发作为创新决定因素的研究并未准确区分产品和工艺创新，也就是并未具体区分新产品开发和新工艺开发①。然而两者的区别是很明显的，产品创新和工艺创新并不一定相互联系。例如，引进一项创新工艺不仅需要新的制造方法，也会提高已有产品的生产质量、效率或速度②。Raymond 和 Stpierre（2010）证明，产品研发和工艺研发应该被假设成两种类型的活动，它们的决定因素和内涵均有不同③。

为了评估研发对市场上新颖创新（市场新意，market novelties）的影响，Schmookler（1966）是第一批系统地利用专利数据研究技术变革，并且鼓励其他人也利用这一创新的产出指标的人④。尽管有很多不足，专利仍然使得测量创新活动的重要中间产出成为可能⑤。Bound 等（1984）总结到，部分但不是所有进行研发的企业会申请专利，但是两者高度相关。小型公司更愿意为投资在研发上的每分钱申请专利，然而创新者并不常常认为专利是必需的（Mansfield，1984）。这导致研发和申请专利的关系很不稳定而且高度取决于具体情境。

研发活动间接地扮演创新推动者的角色。这些活动使得企业能够通过提供工程师拥有的必要技术知识（Mowery，1983b；Arora/Gambardella，1994），更好地获取、吸收、转化和开发利用出现在企业外部的新技术⑥。进行研发可以创造一种鼓励质疑的组织氛围，从而提高企业的灵活性、整合新概念的能力及对市场变化的适应力（Freel，2000b）。这也得到 Brouwer 和 Kleinknecht（1996）的支持。他们发现从过去的研发活动所获取的源源不断的知识和经验应该能够提高企业的创新能力。Raymond 和 St-Pierre（2010）的实证研究验证了这一观点。他们发现，身处剧烈变动的市场、创新周期较短且很难保持和提高竞争能力的企业的研发活动有类似的效应。

① 参见 Raymond/St-Pierre（2010）和 Grupp（1997）的相关文献。

② Lee/Park（2006）进一步建议："因为工艺创新主要就是完善工艺技术或者提高生产效率，所以通常情况下工艺创新都是渐进的和普遍的。而产品创新，一般来说，则和发明或者新市场开拓有关，所以其具有突破性特性，是一种'颠覆性'存在。"这一观点也可以引起质疑，因为一个部门的产品创新同时也是另一部门的工艺创新（Grupp，1997）。另外，产品创新也分为突破性创新和渐进性创新（OECD，2005）。更有趣的是，大部分成功的产品创新都是渐进性创新（Pleschak/Sabisch，1996）。

③ 关于产品和工艺创新之间关系的具体理论讨论见 Grupp（1997）。

④ 关于利用专利数据测量创新的优势总结见 Griliches（1990）。

⑤ 例如，专利主要包含发明成果而不是商业化创新，不是所有创新都会被专利保护，受专利保护的创新成果在质量或内容上可能会很不同，它们依赖于不同的国家法律系统，不同的行业倾向或者不同的技术专利制度，不一致的认证体系等。另见 Griliches（1990）、Pavitt（1982）、Grupp（1991，1992）的相关文献。

⑥ 参见 Cohen/Levinthal（1989，1990）、Debackere 等（1996）、Tyler/Steensma（1998）的相关文献。

最后，进行研发可以提高企业对于外部潜在合作伙伴的吸引力[①]，而这种关系也会提高企业内部知识交换和知识溢出的机会。所以，研发和创新的关系也可以看做是一个自我参照系或者闭路回环。因为企业会根据他们过去成功实施创新的经验来决定提升现有研发投入的水平（Shefer/Frenkel，2005）。

2.6.5.2 研发经费和一般经济产出

增长测量者在努力衡量行业或经济体的经济变革效应，而微观经济方法却在衡量企业的研发投入效应。经济学家开发了很多方法去测算研发投入的长期回报率。测量研发投入的经济产出指标中，最常用的就是测量生产能力、销售额、企业增长和出口比例的指标。

大多数文献运用和新古典增长模型（生产函数）及其后续的内生增长理论类似的增长核算框架，强调的是与（劳动力或全要素）生产率增长有关的研发投资的测度（Bronwyn et al.，2010；Lachenmaier，2007）。研发可以通过提高质量或降低成本的方式提高生产力，也可以仅仅通过扩大产品组合或提高可用中间投入的方式提高生产力。在给定数据的情况下，生产函数可以告诉人们研发投入过去的平均回报以及其是否随时间变化（Griliches，1995）。不少企业层面的文献运用生产函数着眼于研究研发投入和生产能力之间的关系[②]。Lööf 和 Heshmati（2006）表示，研发经费和随之而来的收益的联系毋庸置疑，因为实证研究已经通过增长的生产能力、收入和所有者权益的形式建立了一个具有经济意义和统计意义的研发投入和之后收益的联系。这一关系存在于所有国家、行业和企业层面。然而，Hall 等（2009）以及 Lööf 和 Heshmati（2006）都指出，实证研究的影响究竟有多大并没有一个明确的回答，这可能要归结于创新固有的变化性及不确定性。

回到之前的问题：技术会创造还是毁掉工作。最近的研究通过观察不同类型的创新对就业人数变化的影响分析了创新和就业人数的关系（Pianta，2005）[③]。他认为，企业层面创新对整体就业人数的影响是正向的。不考虑所属行业、企业规模或其他特性，进行产品及工艺创新的企业增长得更快，也更可能扩大员工队伍（Pianta，2005）。Freeman 和 Soete（1997）指出研发和企业增长之间的直接

① 参见 Hall/Bagchi-Sen（2002）、Pisano 等（1988）、Veugelers/Cassiman（1999）和 Colombo 等（2006）的相关文献。

② 具体实证研究可参见 Griliches（1958，1964，1979，1986，1988，1992，1995）、Mansfield（1961，1962，1965）、Schmookler（1966）、Griliches/Mairesse（1984）、Cohen/Klepper（1996a）、Patel/Soete（1988）等。

③ 除了两者的定量研究外，定性研究也越来越引起关注（Pianta，2005）。主要涉及研发创造或摧毁的工作类型，比如员工技能构成的改变（Bresnahan et al.，2002；Wolff，1996）或者创新影响下工资结构的变化（Black/Lynch，2000；Van Reenen，1996）。

因果联系是很微弱的。企业增长真正的原因应该是那些成功的创新成果①。一方面，像 Mansfield（1968a，1968b）一样的经济学家提供了很有说服力的证据表明成功的技术创新可以带来企业的快速增长。另一方面，创新的高失败率会导致企业破产，即使是高研发强度企业。

由于研发活动的目的主要是发展产品或工艺创新，对就业人数增长的影响无论积极还是消极似乎都有一定道理。新机械和设备类工艺创新有负面影响，因为它们有可能以资本形式代替劳动力要素②。Katsoulacos（1986）指出区分产品创新和工艺创新的重要性，因为他发现了两种类型创新对就业人数的不同影响。结果显示，产品创新研发对就业人数有积极影响，而工艺创新则更可能有消极影响。关于研发对就业人数影响的实证分析综述可参见 Pianta（2005）或 Chennells 和 Van Reenen（2002）③。总的来说，大部分实证研究发现了产品创新的积极影响，但对于工艺创新，其影响仍不明确（Lachenmaier，2007）。

出口维度似乎不像生产能力或就业人数一样明显地用于测量企业一般经济绩效。首先，出口比例的相关性理论依据可以在国际贸易理论中找到。一个经济体在国际市场上和其他经济体竞争时的表现最容易跟踪（Legler/Frietsch，2007）。根据“技术差距理论”④ ——该理论拓展了 Ricardo（1951）的比较经济学和赫克歇尔 - 俄林定理⑤——技术水平以及国际竞争中商品和服务的进步可以弥补其他经济体的成本优势。

换句话说，在国际市场中，高技术商品和服务的表现优于其他更便宜的商品

① 尽管研发强度和企业增长的统计关系不是很显著，成功的创新和企业增长之间的联系却非常紧密（Freeman/Soete，1997）。

② 例如，自动组装线的引进会减少工人数量。但是，按照跨部门角度来看，这样的消极影响会互相平衡，因为一个公司的工艺创新（如工业机器人的引进）可能是另一个公司的产品创新（如生产这种机器人）。

③ 部分实证研究可参见 Entorf/Pohlmeier（1990）、Zimmermann（1991）、König 等（1995）的相关文献。

④ 技术差距理论关于经济增长的最主要假设包括（Fagerberg，1987）：国家经济和技术发展水平的紧密联系；一国技术水平增长速度正向影响该国经济增长速度；面临技术差距的国家（如和创新前沿国家相比处于较低技术水平的国家）有可能通过模仿提高其经济增长速度；一国利用技术差距所提供机遇的程度取决于其对社会、制度和经济结构转型的资源利用。该理论的正向实证检验见 Soete（1978）、Fagerberg（1987）、Dosi 等（1990）的相关文献。

⑤ 赫克歇尔-俄林定理是由瑞典经济史学家伊菲 F. 赫克歇尔和瑞典经济学家贝尔蒂·俄林提出的。赫克歇尔的文章（1919）解释了不同要素禀赋对国家间收入分配和国际分工的影响，还说明了商品贸易是对要素移动的替代，其目的是减少要素价格差。他的卓越见解通过其学生俄林的著作得到广泛传播。俄林的博士论文（1933）中的内容替代了几百年来李嘉图提出的多因素一般均衡方程下劳动力成本比较优势理论。

根据赫克歇尔-俄林定理，不同经济体的劳动力和资本要素禀赋不同。因此，该经济体会专门生产所拥有投入要素的产品。举例来说，资本密集型经济体会专门生产资本密集型商品，而劳动密集型经济体则会专门生产劳动密集型商品。这样，经济体就可以根据生产要素不同利用其比较成本优势。

和服务。某经济体可以持续出口这种高科技商品（所有商品中的“旗舰”产品）和服务，直到其竞争对手可以相同或更低的成本提高这类商品或服务。结果就是，内嵌在某一经济体商品内部的技术水平（就研发方面而言）决定了它在和其他低技术密度型的经济体竞争时能否赢得国际竞争优势并获取超额利润（Legler/Frietsch，2007；Gehrke et al.，2007）。这些由技术领先的商品和服务所带来的超额利润对应的正是熊彼特租金，即通过创新产品的竞争优势获得暂时市场垄断地位而获得的利润①。

Klodt（1990）区分了创新型技术密集型行业和低技术密集型行业。前者他称之为“熊彼特行业”，而后者称为“赫克歇尔-俄林行业”。类似地，如果关注点在商品而不是行业，那么对应的就是“熊彼特市场”或“熊彼特商品”以及“赫克歇尔-俄林市场”或“赫克歇尔-俄林商品”②。熊彼特商品或行业从高度发达经济体的特性（如高度发达的技术知识、高水平研发经费以及高教育水平的员工）中获利。反之亦然，因为熊彼特商品可以在国际市场中取得竞争优势从而获得超额利润，对于本国经济的高就业水平和经济增长有着重要影响。

其次，内生增长理论模型将创新增长率内生化并预测了国际贸易对创新活动的动态影响（Grossman/Helpman，1990，1991a，1991b）。国际市场竞争越激烈，想要拓展国际市场的企业就越要开发新产品来保持或获得竞争力。只有在组织学习和组织创新方面有足够能力的企业才会愿意进入它们不熟悉的国外市场。出口商可能需要使他们的产品适应当地情况，提供定制化应用以及通过快速的新产品开发来把握新兴市场的机遇（López，2005；Filatotchev/Piesse，2009）。此外，将产品销往国外比服务国内成本更高。这些成本主要包括运输、分拣、营销以及需要额外培训合格员工的海外客户支持（Horvath/Janger，2008）。Greenaway 和 Kneller（2007）企业间生产能力的不同可以用来解释为什么企业出口的强度不同，因为只有最具生产能力的企业才会选择进入海外市场。生产能力提升的绩效维度可以调节研发和出口强度之间的正向关系。实证结果强烈支持高生产率和出口之间的联系③。

---

① OECD 在《弗兰斯卡蒂手册》里采用了这一观点、并将制造部门及其商品分为“低技术”、“中等技术”和“高技术”部门。这一区分依据的是某一行业私人商业研发支出占销售额的平均比重。比重低于 0.9%的称为“低技术”，介于 0.9%和 3%之间的为“中低技术”，介于 3%和 5%之间为“中高技术”，大于 5%的是高技术行业。根据这一标准，传统冶金、橡胶、塑料、造纸或纺织行业都是典型的低技术行业。由于结构和技术的变化，这一标准最近修改为（Legler/Frietsch，2007）三种类别：研发经费低于 2.5%的为低技术行业、介于 2.5%和 7%之间的为中等技术行业、高于 7%的为高技术行业。

② 根据 Grupp（1997）所言，之所以选择基于部门或行业的数据是因为市场或商品层面的数据很难获得。

③ 参见 Arnold/Hussinger（2004）、Girma 等（2004）、Aw 等（2005，2007）、Cassiman/Golovko（2007）等的相关文献。

但是出口活动也可以通过反馈结果直接影响企业创新。对于企业而言，接触到比国内市场更多的技术可以给他们提供一种竞争优势，这也鼓励他们更多地在研发活动上投资（Girma et al.，2008；Harris/Li，2009）。例如，很容易想到出口创新产品会影响企业生产成本，因为更大的市场规模经济会降低生产成本。但现在，人们只关注从研发到创新再到生产率和出口的因果关系。

相当数量的实证研究证明企业创新能力正向影响其出口倾向和强度。Hirsch 和 Bijaoui（1985）调查了以色列公司的研发数据并且发现了它们对出口倾向的正向影响。类似地，Sterlacchini（2001）发现尤其是与产品创新有关的研发投入对意大利公司的出口有显著的正向影响。Tomiura（2007）分析了一个涵盖 118 300 个日本制造企业的样本，发现出口企业比不出口的企业在创新上的表现更为活跃，拥有更多专利和研发经费。最近的研究也发现了产品和工艺创新对出口的影响。所有这些研究都验证了正向关系：与没有在市场上推出新产品的企业相比，产品创新和企业出口绩效密切正相关。例如，对德英两国来说，Roper 和 Love（2002）发现，成功的产品创新和企业出口可能性正相关。在西班牙、德国（Becker/Egger，2009）和荷兰（Brouwer/Kleinknecht，1993，Hessels，2007）也有类似发现[①]。但是最近由 Lachenmaier（2007）进行的分析，却和更早的研究结果类似[②]，并没有发现创新对出口的积极作用，他认为，这说明要么出口是创新的原因，要么就是有未观察到的特性导致了成功企业同时选择创新和出口。

回过头来看研发和创新与企业经济绩效的因果模型，会发现研发强度和企业在新产品和新工艺上创新能力的正向联系。研发同时也是吸收能力、技术知识或合作吸引力等其他和创新有关维度的发动机和放大镜。就一般经济绩效而言，大部分人都同意研发投入和生产率之间的正向关系。研发强度和企业增长之间的正向关系只在产品创新中有效，而工艺创新则和就业增长有着反向关系。最后，已有文献中对研发和企业出口活动之间的关系仍不清楚，需要进一步的研究。

2.6.6 内部研发和外部研发——相互补充还是相互替代

如前所述，企业研发被认为是企业创新能力和竞争优势的重要决定因素。尽管内部研发一直是技术的重要来源，但它不是唯一来源。随着复杂性、风险和创新成本的增长，企业越来越意识到应该寻求外部来源[③]。Pisano（1990）认为，对核心技术正迅速发生翻天覆地变化的企业来说，研发决策显得尤为重要。在“创造性破坏”（Schumpeter，2008）阶段，相比新进入者，原有企业的内部研发

① 参见 Cassiman/Golovko（2007）、Cassiman/Martinez-Ros（2007）的相关文献。

② 参见 Willmore（1992）、Kumar/Siddharthan（1994）、Lefebvre 等（1998）、Wakelin（1998）的相关文献。

③ 关于外部技术学习的拓展阅读可参见 Freeman（1994a）。

可能缺乏进行有竞争力研发的相关技术知识。因此，研发机构会将其目光从单纯的内部研发活动转向更广阔的内部和外部研发途径（Enkel et al.，2009）。不是所有的聪明人都为我们工作，我们需要和公司内部和外部的所有精英一起工作(Chesbrough，2003)。为了获取外部研发知识，企业可以采取以下三种方式①：

（1）收购或将研发活动分包给外部研发组织（Schmiedeberg，2008；Kurokawa，1997）。

（2）参与外部合作者的研发合作项目（Becker/Dietz，2004）。

（3）开放创新过程让所有外部团体都参与并提出新点子（Chesbrough，2003）。

从以上三点可以看出，外部研发途径包括委托式的、基于合同的研发知识购买、在市场之间不同形式的企业合作，以及和外部利益相关者（如客户、消费者等）简单的试探性合作。而“开放式创新”（Chesbrough，2003）一词则涵盖了合同式及合作式研发（Enkel et al.，2009），并通过将客户和领先用户（lead-users）引入创新过程来实现知识和想法的“开放搜索”（von Hippel，1976，1986，2001，2002）。在这种情况下，本研究把外部研发限定为研发外包和研发合作，因为用户参与不一定仅限于在研发项目上，也可能会在设计或与产品相关的服务方面。因此，外部研发提供者要么是像大学之类的独立的研发机构，要么就是供应商、客户或者竞争对手等（Belderbos et al.，2004；Lhuillery/Pfister，2009）。

至少两个经济上和法律上相互独立的公司在产品研究和开发上的自发合作都是研发合作。这一概念还可以包含其他特点，如更清晰的目标、随时退出合作的可能性以及所有人获得的利益（双赢）（Straube，1972；Eggers/Engelbrecht，2005）。和建立在一定程度上的承诺、信任、互惠和知识交换的研发合作不同，合同式或采购式研发仅仅是市场行为，通过金钱交易获得研发知识。

传统上，研发和合作之间的正向关系是建立在 Cohen 和 Levinthal（1989，1990）的吸收能力理论基础上的。该理论表明，企业能从合作关系中获益多少很大程度上取决于它本身已有的研发知识存量。拥有较高内部研发强度的企业将从研发合作中获利更多。其他学者则认为内部研发强度很高的企业无需在研发领域寻求合作，因为他们已经拥有相关知识而且并不想让这些知识外溢到其他企业或组织（Bayona et al.，2001；Pittaway et al.，2004）。此外，拥有高研发强度和高吸收能力的企业也可以从免费（公开的）研发知识库中获益更多，这也会降低他

① 在此基础上，Gallie/Roux（2008）首先提供了关于企业和其外部合作者之间研发关系的异质性实证分析并总结了一些特点：合作关系的内涵（一般研究、分包、多渠道合作、一般结构管理）；研发类型（基于市场、基于技术、混合）；持续时间（短期还是长期）；组织管理（合同、具体投资）。根据这些特点可分为五种合作关系：一般结构管理下的长期合作关系；上游研究的多渠道合作；一般的基于市场的研究；分包关系；建立在密切合作和参与度的合同关系。

们参与研发合作的积极性（Abramovsky et al.，2009）。所以，无论研发密集型企业还是非研发密集型企业都有充足理由参与到研发合作中去（Barge-Gil，2010）。之前对非研发密集型企业的描述也提到，两种观点都有实证。

文献中提到了几个企业和其他企业或者公开研究结构进行研发合作，或从外部购买研发知识的原因。一般来说，研发合作对创新的好处可以从两个方面来看（Becker/Dietz，2004）。对于创新投入来说，额外外部资源的引进会提高企业新产品或工艺的技术能力和知识。对于研发产出来说，研发合作可以激发外部额外能力，提高企业创新项目的成功率。

实证文献强调，为了开发一个创新成果，企业需要隐性知识和专门知识等相应的无形资产，即无法通过市场交易轻易获得或掌握的知识。研发合作可以使企业将外溢的知识内部化并鼓励其在合作伙伴中持续传播。管理和技术政策的研究强调诸如分享风险和成本（Das/Teng，2000；Tyler/Steensma，1995）、缩短创新周期（Pisano，1990）以及实现研发的规模经济（Das/Teng，2000；Kogut，1988）等因素的重要性。最后一点，研发合作会提高企业市场权力（Martin 1994；Greenlee/Cassiman，1999）。例如，在掌握技术和市场开发（Hamel，1991）或者解读规章制度、行业标准和政府政策时不断学习（Nakamura，2003）。大量的研究发现研发合作对创新绩效、销售增长（Belderbos et al.，2004；Cincera et al.，2003）以及生产率增长（Hall/Mairesse，1995）有积极作用。通过这个简单的综述可以看出，企业不仅可以通过内部研发获得超额创新和经济绩效，还可以通过和其他企业或专门的研发组织合作或分包研发活动达到这一目的。

除了以上优点外，外部研发还有一些由协调、管理和控制外部合作者的交易成本带来的不足。Becker 和 Dietz（2004）指出，这些交易成本主要和以下活动有关：

（1）协调不同组织的规章、文化和流程；

（2）整合不同的资产、资源和知识；

（3）评估像信息或专门知识等无形资产的价格；

（4）控制共同研发活动的成果和利益的开发利用。

不少文献都印证了以上不足，强调许多外部研发合作关系一开始就不牢固，由于合作者的特点不合或机会行为，经常得到令人失望的结果。

因此，只有在共同研发的成本——效益关系（权衡）是正向的或至少可以预期是正向时，外部研发才是一个有效的战略选择。如果引进比内部研发成本低，组织间的研发合作是扩大和优化企业创新活动的有效途径（Becker/Dietz，2004）。但是，关于外部购买还是自己研发的决策还取决于企业特定知识（firm-specific knowledge，也可称为特质知识，idiosyncratic knowledge）的参与程度

(参与越多越对企业不利),以及合作伙伴的经济预期和本企业是否一致(差距越大越对企业不利)。例如,Beneito(2006)指出对于复杂的研究项目,当研发活动在内部进行时,其技术要求更容易达到。研究项目越复杂,越和企业本身有关,企业内部不同部门间的互动和信息交换就越频繁。内部研发是不凡创新的主要来源,而外部合同式研发更多地服务于渐进式创新(Beneito,2006)。因此,用专利数量衡量,合同式研发很难完成不凡的创新成就,除非和内部研发能力相结合(Beneito,2002,2006)。就研发组织而言,这给特定的复杂创新战略留出了很大空间,通常包括内部研发活动和外部研发合作者的参与(Schmiedeberg,2008;Nooteboom,1999)。像采取外部研发一样的“制造还是购买”的决策取决于很多因素的影响,有着鲜明的企业烙印。

本书背景下最值得探讨的问题是——就非研发密集型企业而言——缺失的内部研发可否由外部研发补充。这要提到一个假设,就是内部研发和外部研发相互不独立,因为两者可以相互替代或相互补充(Schmiedeberg,2008)。一方面,替代是指外部研发可以代替或补充内部研发。另一方面,补充是指企业的内部研发活动越多,其参与的外部研发以及从中获得的利益就越多。

根据竞争的观点,不进行内部研发的企业可能会采取外部研发来补充这一缺失,这一说法看起来是合理的,因为研发外包比缺乏相应能力时逐步建立内部机制要好得多也快得多(Huang et al.,2009;Tidd/Trewhella,1997)。为了利用合作者的专业知识和与其专业相关的经济规模放弃自己研发而将其外包看起来是个不错的决定(Veugelers/Cassiman,1999)。利用外部研发竞争力可以弥补企业技术竞争力或已有知识的不足(Huang et al.,2009)。此外,一些研究者还强调研发外包可以降低新产品开发成本,因为专业研发组织通常比选择外包的企业在研发活动运营和管理上更有效(Chesbrough,2007,Quinn,2000)。

但是,研究吸收能力的学者们强调,内部研发或许是参与外部研发并从中获益的重要前提。通过进行内部研发,参与其中的个人以及整个企业都会增加技术和研究方法方面的经验,而这有助于他们理解企业外部其他人创造的成果。吸收能力在外部研发情境下有两大作用。首先,它有利于寻找合适的研发合作伙伴,因为它使得企业更方便地评价潜在伙伴的质量(Schmiedeberg,2008;Tyler/Steensma,1998)。其次,通过内部研发吸收能力可以提高外部研发项目的预期收益,因为在外部研发对内部研发是一种补充的情况下,企业会选择盈利更多或更有前途的项目(Arora/Gambardella,1994)。最后,因为吸收能力完善了内部和外部研发的沟通和协调,企业更有可能成功完成合作项目(Bougrain/Haudeville,2002)。

两者可能的关系都有实证检验。Love 和 Roper(1999)认为两种形式相互之间更像是替代品而不是补充品。不过,他们并未区分研发合作和研发分包。2001

年，他们在英国和爱尔兰确认了以上结果，但是并没有在德国发现类似结果。基于发明专利和实用新型专利指标，Beneito（2006）发现了合同式研发和内部研发的正向关系，其中就是吸收能力起了作用（Cohen/Levinthal，1989，1990）。Beneito强调内部研发更多地创造出突破性创新成果，而合同式研发更多地创造出渐进性创新成果。通过测试大学合作的影响，Becker和Peters（2000）发现两种补充效应：一是他们发现了大学合作对内部研发强度的正向影响，二是大学研发合作和专利生产研发的正向关系。不过，他们并未调查企业间的研发合作以及合同式研发。Jirjahn和Kraft（2006）研究了企业研发强度和其研发合作的相互补充程度，最后他们发现两者是完全替代关系。Arundel等（2008）、Rammer等（2009）、Kirner等（2009b）和Tsai/Wang（2009）找到了不少补充性的实证，较高研发强度的企业更愿意参与外部研发①。

很遗憾这一简短的文献综述并未提供一个完整的结果，尽管大部分的实证研究是支持补充性观点的（Schmiedeberg，2008），这一话题还有进一步研究的空间。

2.6.7 讨论和批判

目前研发中心论的宏观和微观观点都支持研发和经济成功之间是一种稳态增长的关系，可以通过“转动控制研发进程的旋钮”来控制其进程（Verspagen，2005），投入（研发）和创新产出之间应该是线性关系。

随着19世纪末期和20世纪早期的工业革命引发的社会和经济发展，专业研发应运而生。那时，创新成果非常少，极大程度上依赖于能够发现新产品或新工艺机会或可能性的这种稀少的个人能力。熊彼特关于从英雄式的创新型企业家到大型机构的专门研发部门转变的理论分析也反映了这一历史变革。那之后，创新变成了一项系统化的、基于科学的、制度化的、可预测的活动，并由专门的职能部门负责。这一创新模式本身就是一个制度化创新的例子，被称作是“现代资本主义引擎的心脏”（Nelson，1990；Barge-Gil et al.，2008）②。同时，技术推动的“线性创新模型”的影响力逐步提升，其内容为假设创新过程严格遵循的从基础研究、应用研究到实验开发，最后到传播阶段的过程。或者按照Kline和Rosenberg（1986）鞭辟入里的解读：从研究开始，研究导致开发，开发导致生产，最后生产导致营销。这些隐性过程沿着单行道缓缓流动，就像圣经里的“族

---

① 然而，Kirner等（2009b）也发现，如果非研发密集型企业决定和外部合作者进行研发合作，就他们在产品创新中获得的销售比例来看，他们的创新成功率更高。Kinkel/Som（2010）在调查德国机械工程行业的非研发密集型企业时也发现了类似结果。

② “现代工业化研发的一大特点是其规模、科学内容以及专业化。技术进步的很大一部分出现在专门的实验室或实验工厂中”（Freeman/Soete，2009）。

谱”一样[①]。

这种科学导向的研发创新体系在创新调查的设计中也有体现，并由 OECD 的弗兰卡斯蒂手册（1963）最终建立。最终，“经过一整个世纪，正式研发经费逐渐成为衡量国家、行业以及企业技术表现的最重要指标”（Freeman/Soete，2009）。

运用研发作为创新指标有以下几点优势（Smith，2005；Freeman，1994a）：

（1）研发数据长期可获得；

（2）研发数据有具体的亚分类，对其进一步分解提供了丰富的研究机会；

（3）很多国家的研发数据都是公开的（如所有 OECD 成员国）；

（4）国家间研发数据的统一。

在此背景下，大量的创新研究着眼于调查企业层面研发作为基础研究和生产制造之间接口的重要性，以及作为创新与最终的竞争优势和超额经济表现的重要驱动力的相关性。有大量的研究证明，就新产品和新工艺的成功开发和上市而言，企业层面的研发活动对企业创新绩效有着正向影响。而在创新产出的调节作用下，研发对企业生产率、增长率和出口强度等长期经济表现也有帮助。因此，企业层面的研发强度是用来解释制造业企业间创新成果和经济绩效区别最强有力的证据。

但是，越来越多的研究表明，学者们正逐渐意识到研发在解释能力上的局限性。下面将从创新战略研究角度，重点介绍研发概念和其测量方法的主要不足：

（1）研发测度体系关注的是创新产出。研发数据本身被限制为一个创新指标，因为它只能用来测量一种研发投入。研发投资以及研发人员比例的测量只能涵盖专门投资于创新的财务及人力资源。它并未提及企业的成功（就效率和效益而言）与创新结果的价值或可用性之间的联系。企业可能高效地利用它们的研发资源，因为相对于较低研发投资，它们创造了高度市场化的产品。但企业也有可能投入大量资金在研发资源上，但最终没有收回成本。

（2）已有知识的作用。《弗兰斯卡蒂手册》中对于基础研究和应用研究的定义可能会引发问题。因为进行这些活动都需要获取新知识。研发和其他相关活动的区别在于，在研发中能够感知到科学或技术上的不确定性和新颖性，也就是说对于在该领域拥有相关知识和技术的人来说，对于该问题的解决方案是新颖的（OECD，2002）。因此，其他与科学或技术有关的活动（如产品和许可证的获

① 这种高度依赖于科学原理并将其作为企业创新能力和经济成功重要来源的做法在同时期的科学管理范式中也有体现。和研发（知识获取和学习活动都应遵循科学原理）以及生产（生产和分销活动遵循经济规律）二分法相对应，泰勒的管理体系严格地区分了任务的“头”（如计划、控制、学习）和“手”（准确组装步骤的执行）。

得、产品设计、生产试验、技能和工具培训、购买与产品或工艺创新有关的机器设备等）以及与创新有关的教育和培训都不是研发（Smith，2005）。此外，实验开发的概念也导致对于已有知识（如工程、设计）的利用有时被当做研发而有时则被排除在外（Arundel et al.，2008）。这说明很多种对于已有知识的新运用并不包含在研发定义中。但是，购买生产设备的客户可以接触到所有内嵌在其中的研发元素，这和内生增长理论中提到的知识外生性或知识外溢十分相似（Smith，2005）。因此，所有通过非研发途径获得的研发知识都没有被研发这一概念覆盖到（Barge-Gil et al.，2008；Bender/Laestadius，2005）。

（3）不是为研究服务的研发测度体系。部分研发指标和分类源于已有的统计指标，并不是专门为测量研发而设计的（Godin，2001c）。例如，第一版的《弗兰斯卡蒂手册》对于研发的划分，大部分是按照国家收入和经费的统计数据划分标准来的（OECD，1963）。这样的划分目的是为了更好地比较已有的统计数据（如国内生产总值、净产出、固定资产投资等）。另一个原因是这样做不必验证指标的可用性（Godin，2001c）。

（4）社会适应性。依据大量的理论和实证研究，研发和创新（具体而言即经济绩效）之间的正向关系毋庸置疑。因此研发是一个“优秀的”或“适用的”指标，使得企业愿意在报告中用研发来代替具体的创新活动（Arundel et al.，2008）①。

（5）研发测度体系和中小企业。由于研发定义的模糊，中小企业很难报告研发活动（Smith，2005；Arundel et al.，2008）。《弗兰斯卡蒂手册》提出的研发定义，尤其是实验开发情况，留下了大量需要解释的地方。对于没有正式研发部门或者全职研发人员的企业来说，定义什么是研发尤其困难，它们并没有在财务报表中放入专门的研发投资数据②，因为研发部门的存在意味着资源的占用和企业的持续创新（Flor/Oltra，2004），结果就是未能将小型企业的研发活动考虑在内。此外，研发是实现创新成功开支最大且风险最高的途径之一，对于某些企业，尤其是中小型企业而言，在面临这样的障碍时，会避免进行持续的内部研发活动。例如，高额的固定成本和研发项目的最小规模都需要大量的财务支持，业绩会有压力，如果研发项目失败企业将面临生存危险等。正如 Godin（2001a）总结的那样，无预算的研发才是中小型企业的福音③。

---

① 举例说明，根据加拿大国家统计局的研究，在创新调查中报告研发活动的企业比报告研发免税额度（需要提供研发证明）的企业要多（Arundel et al.，2008）。

② 这尤其适用于服务行业的企业，其中很多研发活动都有社会科学属性（Rosa，2004；Djellal et al.，2003）。对于制造行业来说，Roper（1999）表示只有 20％的拥有 20～49 名员工的英国制造业企业建立了正式的研发部门。不过 66％的这一规模的德国企业建立了内部研发部门。这说明很多英国企业可能没意识到它们的部分创新活动实际上就是研发（Arundel et al.，2008）。

③ Kleinknecht（1987）认为，33％的企业在研发上的人员投入少于每年一人。Lipsett/Lipsey（1995）使用研发免税额度数据也确认了这一结果。

2.7 德国制造业研发密集型行业经济相关性简析

研发的显著效果会引发一个疑问，即没有任何研发的企业是否能够在市场竞争中生存。因为研发是企业在处理竞争和市场变化时的常用手段（Tidd/Bessant，2009）以及企业创新能力的重要引擎，可以假设非研发密集型企业和行业将会迅速失去其经济竞争力。因此，非研发密集型企业在德国制造业中似乎失去了存在的意义，或者它是“淘汰模型”（phase-out model）中的一员。

很遗憾，以笔者的知识范围，目前还没有具体数据可以提供非研发密集型企业的宏观经济相关性信息，这一问题只能在行业层面来解决。这和 Sandven 等（2005）、Bender（2006）、Hirsch-Kreinsen 等（2003）、Hahn（2009）或 Hirsch-Kreinsen（2004）的研究过程相呼应。显然这一方法和之前非研发密集型企业跨行业异质性的假设相悖，但这是目前唯一可以评估其宏观经济影响的途径。微观三个维度经济产出的具体分析将在之后讨论（第 5 章）。

按照目前的研究发现，国家的增长表现和其高技术行业比例是不相关的。在 OECD 国家和欧洲，非研发密集型行业仍然提供了最大的制造产出和就业岗位。直到现在，低技术行业也没有像某些专家预测的那样，因为将生产移到低工资国家而“空心化”（Lu，2007；Heidenreich，2009）。

因为以往研究用的数据至少是几年之前的，分析的是 OECD 或者欧洲的整体情况，或者只是在比较低技术和高技术行业，本书决定专门为德国制造业的研发密集型行业（中高技术行业）和非研发密集型行业提供一些最新的数据和额外分析。本书利用 OECD STAN[①] 宏观数据库，其中包括了三十多个生产和就业结构，劳动生产率和劳动力成本、投资、商业研发经费以及国际贸易表现方面的指标。对于德国来说，OECD STAN 数据是很可靠的，因为它和德国联邦统计部的官方统计数据是一致的（Gehrke/Legler，2010）。为了回答以上提到的问题，这章将主要考察以下三个经济维度：增加值（value added）、就业率、出口强度。

（1）增加值。尽管增加值不多，该图仍然显示了非研发密集型行业对德国制造业的整体价值贡献逐步提高，因为没有具体哪个行业对整体的贡献非常显著。趋势图清晰地显示出：直到 2006 年，非研发密集型行业的增加值比例在下降，说明这些行业经济贡献的减弱。但是，应该注意到在过去 35 年时间里，这 24%

① 更多 OECD STAN 数据库信息见 http：//www. OECD. org/document/54/0，3343，en _ 2649 _ 34445 _ 21573686 _ 1 _ 1 _ 1 _ 1，00. html（最近访问时间：2010 年 7 月 15 日）。

增加值的减少和理论上的预期相比并不算明显。在美国、日本或欧盟十国（EU-10）① 这种非研发密集型行业在增加值方面比例的减少比德国制造业少，而对于欧盟十四国（EU-14）② 成员来说，这一比例甚至升高了。由于中等技术行业的特殊作用，德国非研发密集型行业在国际比较中增加值方面的数据可能代表较低端水平。

（2）就业率。2006 年德国大概 22％的工作人口在制造业中。这些人均匀地分布在研发密集型和非研发密集型行业中。在过去的统计年限间，两者的比例都相对稳定。非研发密集型行业的比例微微地从 1996 年的 13％降到 2006 年的 11％。这意味着制造业中大约一半的员工在非研发密集型行业工作。就这一指标而言，并没有明显的证据表明德国制造业中非研发密集型行业的经济贡献在降低。

（3）出口强度。和预期相同，研发密集型行业的出口比重显著大于非研发密集型行业。研发密集型行业的出口规模现在大约比 1980 年高 4 倍，而非研发行业则增长了将近 3 倍。就德国非研发密集型行业本身的经济相关性而言，尤其在 2001～2006 年，非研发密集型行业的直接出口规模显著提升。但是这并不能说明非研发密集型行业制造的产品和商品在国际市场上不具有竞争力。和国际贸易理论原理不同，这不一定是由于出色的成本表现，也可能是因为过硬的产品质量（Gehrke/Legler，2010）。尽管绝对数量在上升，非研发密集型行业的出口比例从 1980 年的大约 38％降到了 2007 年的 30％。而研发密集型行业的出口比例则从 63％提高到 70％。但是 2004 年后，非研发密集型行业的出口比例微微提高了 2％。尽管很长一段时间内研发密集型行业都被认为是经济和增长的支柱，但是过去这些年非研发密集型行业在德国制造业出口上表现出了日益重要的作用（Gehrke/Legler，2010）。

---

① EU-10 指的是 2004 年 5 月之后新加入欧盟的成员国（塞浦路斯、捷克共和国、爱沙尼亚、匈牙利、立陶宛、拉脱维亚、马耳他、波兰、斯洛文尼亚、斯洛伐克）。

② EU-14 指的是除德国以外的欧盟成员国（奥地利、比利时、丹麦、西班牙、芬兰、法国、英国、希腊、爱尔兰、意大利、卢森堡、荷兰、葡萄牙、瑞典）。

3　研发之外的创新和经济成功源头及企业多样性

本章将通过探索德国制造业非研发企业多元化创新模式来对应之前对于研发范式的批判。本章将重点讨论“21 世纪”创新范式而不再涉及 20 世纪的研发范式。

为了回答本书的基本研究问题，也就是非研发企业的多样化创新模式是否存在，有必要建立一个理论框架，来解释非研发企业多样性存在的原因（结构维度），以及如果存在，这种多样性在何种情况下存在（实体维度）。

之后的章节将会介绍解释企业多样性的创新文献所使用的理论方法。第一部分（章节 3.1 和 3.2）将描述企业多样性的结构化解释，具体讨论一个专门关注企业多样性以及 21 世纪创新范式源头之一的理论分支——演化经济学。第二部分（章节 3.3 和 3.4）则丰富了企业多样性的演化内涵，主要介绍企业战略管理理论体系中的企业资源观理论。目的是为之后的研究确定非研发企业创新行为的潜在维度。

3.1　演化经济理论和企业多样性

演化经济理论的源头可以追溯到 Marshall（1920）、Veblen（1898）、Georgescu-Roegen（1971）、Vonhayek（1969）和 Schumpeter（2006）的文章。然而演化方法论直到 Nelson 和 Winter（1982）的《经济变革的演化理论》一书出版才成为经济理论的一个分支。这一里程碑对分散的演化理论分支进行了整合并建立了用来解释内生技术变革和经济增长过程的理论方法。

新古典方法论是由相对同质的有内在联系的分支（模型）组成，而新熊彼特主义或者说演化经济则是由联系松散的不同理论组成。两种方法的基本认识，如创新和技术对经济增长的重要性以及政府政策的支持作用是一致的。他们的不同点主要在于对经济系统、技术进步和创新的内涵有着不同的理解。这种不同反映在其理论方法上。新古典理论考虑到创新过程的实际复杂性，为了得到具有高度理论一致性的数学模型，很大程度上牺牲了与现实的一致性。而演化理论则更关注创新过程的微观应用并且开发了更折中的方法（Verspagen，2005）。

创新的演化理论被视为是“后熊彼特主义”或“新熊彼特主义”，因为熊彼特也构建了由各种类型创新驱动的演化经济过程（Schumpeter，2006；Rahmeyer，1993；Schwitalla，1993；Grupp，1997）。熊彼特批判了新古典范式的风险中性以及经济行为者的经济最大化行为，他认为这是一种经济过程的特殊情况。经济过程的一般和最为常见的情形应该是动态的、不连续的以及永恒变化的。企业所处的竞争环境应该是始终挣扎而变动的（Nelson/Winter，1974）。不可预知的挑战和不可预知的未来发展需要大胆的、具有冒险精神的、同时又是小心谨慎的行为（Schumpeter，2006），并不是所有经济人都具有这样的特点。这一观点指向演化经济学中最为关键的观点，即“真实世界”中的企业在行为和战略上会表现出明显的差异性。Nelson（1991）和 Nelson/Winter（1982）表示这是由它们的员工、经验、规模以及组织结构的不同所导致的。创新的经济分析和组织分析提供了企业创新行为多样化的实证[①]。

尽管创新的演化理论并不是一个一致的理论概念（Hodgson，1996，1997；Fagerberg，2003）[②]，演化理论学家还是都拒绝了利润最大化和经济稳态的基本假设。经济增长和技术变革的新古典解释则将经济体形容为动态系统。增长的必要因素是创新和选择，资本存量则或多或少与之相关（Nelson/Winter，1974）。此外，演化理论学家还批判新古典理论在创新分析中对于企业的完全理性假设是不现实的。因为假设只有一种最优方案，则不存在行为主体行为上的差异性。研发经济理论的基本观点是，企业是复杂的学习型组织，他们会采用不同的方法来解决问题，最终通过市场机制由竞争环境来选择。因此，演化理论允许不同层次下（如基本的技能和工作、工作组或实践团体、企业，甚至行业）相互联系的演化过程（Nooteboom，2009）。像某个企业一样的个体单位的变化（个体进化）以及像某个行业一样的物种群体（系统进化）都可以用“突变/改变”，“选择”和“繁殖/保存/复制”的原理来解释（Herrmann-Pillath，2002；Aldrich/Ruef，2006；Vromen，1995；Schwitalla，1993；Nooteboom，2009）。一些学者准确地将这些过程与达尔文的生物进化论（Alchian，1950；Winter，1964；Nelson/Winter，1982）联系起来，他们认为企业在市场竞争下就是适者生存。

但是一些学者认为纯粹的“自然”选择机制有同义反复（tautology）式风险，需要有额外假设修正。经济达尔文主义将自然选择的概念作出类比[③]，也就是说经济自然选择的实际过程和生物学上的达尔文主义选择非常类似(Knudsen，2002)[④]。尽管对于生物学演化过程的适用性和可移植性，尤其是意外突变和主观意愿对创造变异的作用有很多不同意见，但是还是能发现生物学和经济学之间在认识上的类同（Hodgson，2004a）。由于两种范式都是进化机制，

---

① 如 Srholec/Verspagen，2008；Leiponen/Drejer，2007；Jensen et al.，2007；Christensen，2002；Massini et al.，2005；Pavitt，1984。

② 熊彼特认为创新在某些方面与演化理论的代表观点相冲突（Freeman，1990；Grupp，1997）。

③ 依据 Chen（1993）的观点，类比法是一种认知工具，可以将不同学科的理论概念相互转移，有助于解决问题。

④ 将达尔文的生物概念用于经济分析的可转移性。

它们的基本原理都是相同的，包括变异、选择、保留以及普遍的对稀有资源的竞争[①]。将达尔文主义作为演化经济学的核心并不是将经济学降格为生物学，忽略两者进化过程中的重要区别，也不是认为人类是机器，缺乏思考或自省（Hodgson，2004a）。相反，它意味着将达尔文主义的一般概念（Hodgson/Knudsen，2006）的元理论框架和方法论应用于企业多样性、竞争选择以及企业（创新）行为特定模式的保留等经济现实。他们被外部市场选择，也会进行一定的内部进化调整甚至随外部环境改变。

演化理论意识到了社会经济系统的变动，选择关注企业内生的不可预知的创新行为的变化。进化过程本身就是一个非凡的动态过程。其创始人熊彼特和马歇尔已经将经济变革作为变化与稳定的互动（Rahmeyer，2005）。可以理解稳定对于进化过程是很有必要的。首先。选择机制需要一定程度的一致性来保证变异可以被选择。如果一个变异在最小的时间单元中不稳定，那么它在被选择之前就消失了。其次，如果没有稳定和优秀特点的保留。社会经济系统就不能积累和保存知识存量（von Hayek，1969）。因此演化理论既需要解释稳定又需要解释变化（Hermann-Pillath，2002）。但是这种稳定性并不会和新古典均衡的统计情况发生冲突，这可以解释为变化周期间的停滞，而变化仍然是演化理论的主要因素。稳定的演化概念描述了需求、技术和环境永恒变化下的某种“制度”或“秩序”（Hermann-Pillath，2002）。

演化理论被 Schwitalla（1993）、Grupp（1997）和 Verspagen（2005）分为个人行为性（individualistic-behavioural）分支和制度历史性（institutional-historical）分支。个人行为性分支关注个体行为（如熊彼特提到的“企业家”）或群体性的组织行为（内尔逊和温特提到的“惯例”）。这一分支中，演化观点也被用在建立经济增长和技术模型中，推动了演化理论的数学建模进程。制度历史性分支则从历史角度分析社会经济或技术系统的变革。这种历史分析通常被演化学家用来建立或探索技术变革的启发式分类、模式和级别。这样可以通过一个相对非正规的演化方式来描述演化的一般过程。这一理论分支的代表包括行业层面以及企业层面的研究。由于本书研究的是非研发密集型企业创新行为的多元化模式，并不对演化过程建模，所以参照的是制度历史性分支。

3.1.1 变异

按照演化理论的观点，企业创新的冲动往往来自于对于现在经济表现的不满以及适应新的或者变化的外部要求（Winter，1975；Witt，1996）。通过创新，

① 达尔文直接参考了 Adam Smith（有关劳动分工和专业化）和 Malthu 的结论（生存斗争）（Schweber，1985；Gould，2002）。

企业希望找到解决所面临问题的新机遇。如 Aldrich 和 Ruef（2006）所言，所有和已有的生产服务实践或问题解决办法不同的情况，都可以称之为变异，对应自然界中的突变或重组（Nelson/Winter，1982）。进化改变由行为个体的有限理性引起的企业惯例或竞争能力的多样性所驱动（Metcalfe，1995；Srholec/Verspagen，2008）。根据演化理论的理解，企业是基于经验和知识的学习型组织（Winter，1988）。

变异进一步可以分为蓄意（intentional）变异和盲目（blind）变异（Aldrich/Ruef，2006；Geisendorf，2004）。盲目变异并不是基于有意识的计划。它来自企业运作过程的日常履行中的意外、错误、试错学习、运气、模仿、误解，甚至仅仅是闲暇时的好奇心（Brunsson，1985；March，1981），还包括组织对于始料未及的环境冲击或中断的应激反应。相反，蓄意变异指的是对可选方案的尝试以及解决方案的找寻。它来自对复杂情形、挑战、规划会议或外部合作者的建议等有意识的回应。内部来源则包括正式程序的实验和模仿（如研发），对职员直接和间接的激励，对随意的改变或“趣味性举动”的鼓励等（Aldrich/Ruef，2006）。应当注意到，在经济领域，大量的变异来自于企业对外部挑战或要求的适应或对新的解决方案有意识的探索。不过，因为部分企业或组织会主动将“聪明的失败”（Sitkin，1992）作为一种建设性实验的方法，所以两种变异的区别也不是那么明显。此外，盲目变异对于所有阶段的蓄意探索可能都会有影响。例如，一个独立的随机错误必须通过对其发生概率一定程度的设计和管理，实现有目的地再造，才能揭示其长期经济影响。Nelson 和 Winter（1982）总结道，这两种情况都有涉及，很难分清。

人们经常会批评经济演化理论过分强调盲目变异的作用（Witt，1992a，1992b，1992c，1997，2003；Foster，2000），对变异的需求并不能解释解决方案（Cziko，1995）。对于变异的选择决定于其效果和结果，而不是进行变异的个体的主观意愿。因此，盲目变异也可以和蓄意变异一样有效（Aldrich/Ruef，2006）。但总的来说，对演化理论很重要的一点是，因为不能确定最终的结果是否一定提高企业绩效，任何变异或突变看来都是“盲目的”。因此，在演化理论看来，具体的产出并不需要提前确定或预测。

就变异的类型或来源而言，选择机制是很中立的，因为它是从一系列变异中选择的（Herrmann-Pillath，2002）。但变异本身对多样性而言是一个必须但并不有效的基础。变异只会在单一维度发生，还会被第二个进化机制——选择——剔除。这样看来，选择机制在可行多样化的创造过程中扮演决定性角色。

3.1.2 选择

3.1.2.1 选择的作用机理

在进化过程通过变异实现多样性时，它还会通过选择机制减少多样性。选择代表的是通过不同方式进行选择或消灭特定变异的力量（Aldrich/Ruef，2006）。选择机制会奖励在资源有限条件下提高竞争能力的策略而处罚降低竞争能力的策略。“在熊彼特的‘创造性破坏’中有成功者也有失败者，他们并不是由预设的标准决定的，而是由事后的实际结果决定的”（Nelson，1991）。最终，选择机制通过选择适合标准的实体改变了实体数量的相对频次。变异的形成、适应和扩散改变了被选择的群体数量。随着时间推移，群体的特征越来越由存活下来的组织特性决定而不是已经被淘汰的组织特性。拥有非凡适应能力（表现出非凡的效率）的企业决定了竞争环境，同时提高了内部能力和生产率。这反过来使得他们可以开发新的变异活动，通过选择机制来淘汰不能适应的企业。因为选择机制要求被选择目标有一定程度的不同，在一定有效时间内良好运行的市场竞争环境是必要条件（Witt，2001）。

社会实体（相对生物有机体而言）可以有意识、有目的地和环境互动，甚至能够参与改变环境。所以部分学者表示，社会实体比生物有机体更少受到环境选择的影响。因此可以假设，人类行动或社会行为的变异是由于某种“内部”选择而不是外部压力（Witt，1997，1999）。“动态能力”的概念可以当做某种企业内部选择机制，因为这些“元惯例”就是为企业识别、选择、开发、修正和拒绝问题解决方案和适应行为服务的。

一方面，内部选择的观点对外部选择机制是一个挑战；另一方面，选择确确实实发生了，而且被认为是被选择目标内生的结果。内部选择和外部选择的基本原理相同的事实反驳了这一批判观点。选择标准通过市场力量的运作，以及竞争压力或者内部组织和战略构建来设定（Aldrich/Ruef，2006）。尽管经济活动主体可以有目的地适应外部要求甚至参与到未来的改变中，最终他们的想法还是要适应外部情况。在内部“预选择”（Geisendorf，2004）之后，他们的想法、策略和行为方式还是要和其他竞争者一致。此外，社会活动主体由于有限理性不能将所有可能的行为都考虑在内。最终内部选择和外部选择的标准取决于他们参考标准的水平。不同水平的选择有其对应的“环境”，包含了一系列不平行的测试标准。然而，自然选择和社会经济选择的目的都是留下较好适应环境的主体而淘汰不适应环境的主体。如果人们不仅仅将选择机制作为生物学理论，而是一个通用理论的话（Hodgson，2002），就可以假设社会或经济系统中的选择机制是相互依赖的内部和外部选择的时间序列。根据创新的系统方法（Lundvall，1988；

Edquist，1997），可以假设次级非经济层面外部选择的存在，即制度化的政治、社会或道德规范的选择机制（Aldrich/Ruef，2006）。

3.1.2.2 选择和多样性

许多演化理论的重要文章都将“适者生存”简化为在选择机制的作用下，只有有限的多样性会存在。例如，Friedman（1953）就表示经济演化会导致只有追求利润最大化的企业可以生存，因此传统理论是对的。国家和行业创新系统的研究也隐含这样的假设，即这样层面的系统会应用类似的选择标准（如技术诀窍、竞争压力、资源的可获得性）并最终导致企业采取同质的创新行为（Srholec/Verspagen，2008）。在这一假设下，基于行业的创新研究就将行业和该行业内的企业根据其典型创新战略分成大类。但是考虑到之前关于不同水平选择机制的讨论，将选择机制简化为简单的同质化过程是不合理的（Srholec/Verspagen，2008）。到目前为止，经济演化理论中还没有对选择机制如何影响多样性的相关内容。但是借鉴生物进化论，可以找到不少某些多样性在选择机制完成后仍然存在的原因。

第一个原因是，作为环境一部分的外部选择标准也会发生剧烈变化。如果选择环境在很长时间都保持稳定，进化过程最终就会保持稳定状态，所有的生存机会都会被各种高度进化的物种抓住。但是正如 Richerson 等（2005）所说，环境“永不停歇”，这导致选择标准也在持续不规则地变化，会创造出新的细分环境，从而激发新的变异，新的多样性。

第二个原因与进化的中性理论（neutral theory of evolution）有关（Kimura，1983）。和之前的讨论密切相关，选择机制作用在变异可见的效果和结果上，而不是其内涵上。最新出现的组织理论的情境或应急方法否定了组织结构的“一种最佳路径”（one best way）范式。战略目标和组织目标可以通过多种途径、方法和工具实现，即使假设同质的企业目标在理论上也可以通过不同的运营战略实现。在生物学中，这意味着某些部分的变异不受选择机制控制。Srholec/Verspagen（2008）通过对企业外部和内部研发进行研究将这一观点具体化。在特定选择环境下，从内部和外部研发得到的创新成果会产生同样竞争力的产品，外部选择也不会对企业进行内部还是外部研发有偏好。这就意味着选择环境包含更多本地细分市场而不是单独的全球市场，多样性行为相对较少受市场选择影响。服务这些细分市场并且拥有异质行为的企业需要表现出它们在经济表现上的不同。

第三个原因是基于演化博弈论的，基于混合战略是给定群体数量情况发展出来的稳定进化战略这一观点。这一观点还可以追溯到亚当·斯密的理论和他关于劳动分工的概念。Srholec/Verspagen（2008）用著名的鸽鹰博弈的例子来解释这一原因。即在只有鸽子或只有老鹰的情况下，任何进入策略都会最终导致进化稳定状态。进化稳定策略显然是由外部选择标准决定的，它会影响双方的竞争情况。不论主动（老鹰）策略或被动（鸽子）策略是好是坏，按照行为的功能性，最终都要适应环境条件（Herrmannpillath，2002）。可以假设，系统的稳定进化结果最终是两种策略一定比例的组合。但是比例本身是不稳定的，会随着选择环境条件的变化而变化。

以上这些解释某些多样性在经济选择后仍然存在事实的观点都不是经典经济演化理论的一部分（Srholec/Verspagen，2008）。但是它们提供了支持企业多样性行为存在的理由，尤其是在选择标准类似的条件下。本书将会遵循 Dosi（1988a）的方法。他认为尽管不同行业的环境条件不同（如技术机会、技术获取的概率或政府支持），但由于企业结构、组成和创新战略的不同，行业内创新行为制度还是有“大量的未被解释的空间”（Grupp，1997）存在。新古典主义关于“典型企业”的假设已经被舍弃。

3.1.3 复制/保留（replication / retention）

进化的第三个机制指的是将积极的变异保留下来的机制。保留过程需要变异的复制或再生（Aldrich/Ruef，2006）。积极的变异（如行为方式、技能、竞争能力等）可以通过已有企业或组织内部增长或新成员加入的方式实现保存和复制（Rahmeyer，2005）。Godfrey-Smith（2000）将复制定义为变异的继承过程，需要相关部分的类似性。Aunger（2002）大致同意复制是一份拷贝和部分特定性质的关系。保留的过程展现了演化过程的稳定性。因为它积累并保存了偶然一次获得的特性，保证了知识库的延续，这样未来的人们可以继续用它来创造新的变异。除了动态性质外，进化还包括合作和稳定。因此，除了“探索”这一属性外，进化还有对已有知识和经验的“开发”的属性（March，1991；Nooteboom，2000）。

人们广泛讨论了保留或如达尔文所称“复制”的意义以及其对于社会经济系统的影响。在达尔文的进化论中，复制体（如基因或 DNA）承载着在个体进化中形成的交互者（个人、企业、物种）特性。相反，社会经济主体还可以通过认知结构形成他们的复制体（Nooteboom，2009）。作为人类社会经济系统的重要特性，达尔文主义的“通用”方法将保留机制拓展到其他情境和系统中（Hodgson，2004b）。由于基因的说法备受争议（Becker，2004），一些学者提出了两个方面，即“习惯”和“日常惯例”，并将两者作为复制的组成部分（Hodgson，2004b）。Hodgson 将习惯定义为社会人或经济人的个性，即人们在特定刺激发生时，进行之前形成的或习得的行为的情况。在企业或组织层面，日常惯例就对应习惯，指的是组织的个性，在某种情况下由个体组成的群体的固定行为，包括对线索有次序的回应（Hodgson，2004b）。“惯例”一词早已和“模式”相联系（Becker，2004），而“模式”一词强调了该概念所代表的规律性（regularity）。

但是，由知识、资格、技能、能力和经验所构成的习惯和惯例不能像生理特征一样简单地一代代传承下去。它们需要其他个人或组织去主动索取和吸收。由于个体进化产生的复制体可以被其他个体习得，这就是说社会经济演化的过程至少应该包含拉马克式（Lamarckian）进化的要素。拉马克式进化意即“获得性状遗传”，是一种通过转化实现的进化过程。它强调有机体、行为惯例或技术产品通过适应环境向更复杂、更完善的状态持续发展。它们通过塑造自己的复制体并将其传给下一代来保留所获得的优良特质，即“变形进化”（transformative evolution）（Rahmeyer，2005）。在达尔文的理论中，进化改变是独立于环境的，因为保留或复制的过程直接在基因层面完成，即“探索式进化”（explorative evolution）。相反，拉马克认为环境的改变引起其寄居者习惯和惯例上的改变（表型），最终导致有机体自身的改变。这表明——和单纯生物学理论不同——在拉马克式进化情境下，变异机制“学习”如何获得“更聪明”的突变，增加被市场选择的可能（Verspagen，2005）。

由于经济保留过程中的探索性和变化性元素的结合，终于可以假设由变异和选择创造的多样性会被后来的企业所保留。因为其具有高度的个体差异性和情况差异性，因此在企业多样性行为保留过程中主要是拉马克式进化在起作用。

3.1.4 总结和批判

拒绝利润最大化和经济稳态的基本假设之后，演化经济学就成了新古典经济增长理论的对立面。其方法基于这样一个公理：个体和社会实体（如企业、组织等）无法以一种最大化的方式应对所处环境的复杂性，尤其是技术环境。因此经济活动主体只能在有限理性的条件下，即会随时间变化的相对简单，偶尔需要适应的行为准则下（“经验法则”或“惯例”），尤其是在环境挑战影响下进行决策（Verspagen，2005）。因为外部环境的复杂多变以及因此而导致的不确定，由于几乎不可能完美地管理或预测外部环境的复杂性、动态性和不确定性，经济活动主体仍然会选择追求利润的行为，但是只有在行为主体了解其所处环境时才存在对产出是否满意的情况。

在演化经济学中，总经济绩效的解释主要依靠变异和选择。变异指的是通过偏离已有的习惯、行动、过程或解决问题的方法而持续产生新颖性的演化机制。随着时间的推移，选择机制会缩小这些新颖方法的范围，其原理是更偏好对环境适应更好的主体，而舍弃适应不了的。演化就是变异机制和选择机制持续互动的结果。创新就是一个产生新颖性的过程。在经济演化情境下，市场作为最可行的选择机制来选择创新的新颖性。在生物学中，这种新颖性的产生是完全盲目的，而社会经济主体和决策制定者却能够通过一个仿真拉马克式进化的过程提前规划他们的行动来产生潜在的成功创新成果。

鉴于此，经济演化理论不仅仅只是将生物学移植到社会经济系统。相反，演化理论和其变异、选择、保留机制更应该被理解为社会经济系统的"普适性"，用于解释经济主体和情境的演化。演化理论及其一系列延伸提供了很多好的观点：为了迎接外部环境的挑战，满足外部环境的要求，对其持续的适应以及多少有些盲目的变异促生了企业创新行为的多样性；选择机制是一个多层次多维度的机制，而并不是按照静态和同质化的标准来选择；尽管所处的外部市场、技术和行业环境类似，多样性也并没有被选择机制所淘汰；保留和复制机制不仅保存了复制体层面的特性，还积累转化了复制体携带者（个体）的经验和教训。基于变异和选择机制，这种积累的经验和知识具有高度的个体差异。因此复制的过程放大和保存了这种多样性。

在本书的情境下，经济演化理论仍有很多问题没有回答：

（1）被选择留下的究竟是什么？在选择情境下，企业在面临市场竞争时可能会遭遇破产、被收购、分家或管理层购买等。但即使是完全的失败，失败者的部分能力还是可以被认为它还有用的企业获得。因此，选择是否意味着复制体或互动者（interactors）从市场上完全消失仍不明确（Nooteboom，2009）。

（2）选择机制对市场多样性的影响。还没有学者研究选择在实际中如何影响企业层面的多样性。因此人们很少知道企业在将其创新战略代入市场后能有多少多样性会存在（Srholec/Verspagen，2008）。市场需要多少多样性才能保证其起作用？多样性要达到哪种程度才会是市场的进化稳定状态？

（3）聚焦于渐进式创新。进化通常被认为是个人或实体为了长期适应环境而进行的微小的渐进式的改变。就这一点而言，熊彼特也反对演化理论，因为他强调的是生产要素的重新组合，即突破式或激进式创新。在演化理论中，变异通常在给定的选择标准范围内发生。但是如果是突破已有的内部或外部经济、伦理、道德或政治选择标准的激进的、根本性的变异呢，按照演化观点，这只有在选择标准本身发生翻天覆地的变化（如金融危机、战争等）时才有可能。人们对选择机制的变化也知之甚少。在经济衰退的情况下，对于经济主体的选择压力在增大。例如，如果已有的选择标准突然变紧或转变，或者新的选择标准突然出现，那么有助于增强对选择机制动态变化的理解，这样或许会有利于企业预测能力的提高。

（4）互动者和复制体的意义。生物进化论区别了复制体（如基因）和互动者（如被基因决定的基因携带者）。在生物进化中，复制体的存活必然取决于相应互动者的存活。但在社会经济演化中却不一定，因为惯例、才能或知识可以被其他互动者获得或者在互动者逝去之后仍然可获得（如雇员离开公司）。但如果复制体可以脱离互动者，那么这一理论还有效吗（Nooteboom，2009；Nelson，2006）？在认识到拉马克式进化之后，这一问题变得更严峻，因为此情景下互动者可以修改和塑造自己的复制体。基于对变化环境的主观理解和经验，这种对于复制体的塑造（如果完整且快速地运转）将会可靠地反应选择环境的任何变化而不需要被选择机制证明。存活不再是成功的指标，或许很多无价值甚至有害的特征也会和有益的特征一起被复制（Nooteboom，2009；Hodgson/Knudsen，2006），最终这会导致进化论的崩溃。所以，尽管拉马克式进化对社会经济演化来说很有吸引力，但是有效的演化还是需要某些隔离机制来保护复制体不受互动者影响（Hannan/Freeman，1984）。

（5）生物学复制机制和社会经济复制机制的区别。在生物学中，复制机制自动完成（因为只有适合的物种才会生存）且完成得很完整（全套基因都会复制并遗传给下一代）。相反，社会经济系统中的复制指对于通过观察、交流和学习时获得的知识和才能的不同层次的再造和模仿。所有这些包括语言表达、感知，以及吸收为心理图式或心理模型的认知过程。因此，社会经济系统中“基因”的复制至少部分是自愿选择的（人们会选择他们认为是“成功的”），或者部分自愿的（人们可能会只接受一部分），或者受到衰减、失真、还原、扩展和改造的影响。总而言之，有理由假设在社会经济系统中复制机制本身同时就分化为许多代（Nooteboom，2009）。

（6）结构化解释和多样性描述。演化理论关于个体和社会经济系统的天性和其行为条件做了一系列假设。在变异、选择、复制的基础上，演化理论解释了经济行为中的多样性是如何产生的。因此，演化理论可以解释为什么企业多样性创新模式可以存在，但并没有提出其在哪个维度存在。现在的演化理论的主要局限在于无法勾勒出互动的复杂性以及经济环境的不可预测的变化。部分学者（Verspagen，2005）认为演化理论在构建模型时的主要的挑战之一是与实践如何紧密结合，如怎样提出具体的政策建议。

3.2 非研发企业的结构性多样性

在本书的第1章，关于非研发密集型企业或非研发企业就做了两个基本假设：非研发密集型行业是被市场以类似标准选出的，因此由同质类别的非研发密集型企业组成；因为非研发企业都缺乏同一样重要创新来源，即研发，它们将会呈现出类似的甚至同质的创新模式。

为了拒绝以上假设，之前的章节讨论了为什么不同企业在处于类似市场环境时或都缺乏研发这一创新重要来源时其多样性仍然存在。现在将讨论得更为深入，不仅关注这种多样性在演化过程之后（如企业具体的惯例、才能、能力等）存在的原因，而且关注这些多样性在变异机制和选择机制起作用之前就已经存在的原因。根据生物进化论，本书将从以下三个方面讨论为什么某些多样性可以在（行业）选择机制结束之后仍然长期存在：

（1）作为环境一部分的外部选择标准也可能非常多变。选择环境本身是“永不停歇的”。因此，选择标准持续不规则的变化，不断创造新的细分，刺激新的变异，其本身就提高了多样性。

（2）“进化的中性理论”。选择只对可见的变异的效果和结果起作用，并不对其天性起作用。创新目标可以通过不同途径、方法、工具实现。因此，即使同质的企业目标，理论上已然可以用不同的运营战略实现。

（3）混合战略的进化稳定性。在给定情况下，只有异质化战略是进化稳定状态的。在争夺稀缺资源时，如果所有企业使用相同的竞争战略，它们的回报都会逐渐下降，直到所有企业都无法生存。相反，采用异质化战略会实现更高回报。因此可以假设社会经济系统的进化稳定状态需要不同的战略类型存在。但是不同战略的比例是不稳定的，会随着环境条件的变化而调整。

以上的演化论观点强烈支持这样的假设：即尽管在类似条件下（相同的选择标准或同样缺乏研发的情况下），非研发企业创新模式的多元化（或异质化）仍然存在。回到本书最初那个关于非研发企业多元化创新模式是否存在的问题，根据演化理论答案将是肯定的。

根据前几章提到的关于演化理论的批判观点，该理论仍然无法回答非研发企业多样性是如何表现出来的以及在哪个维度表现，也不能预测多元化创新模式存在的程度。关于后者，原来的研究问题是：

非研发企业的多样性创新模式是否存在？如果存在，为什么？

可以重新表述为：

德国制造业中有多少非研发企业存在多样性创新模式？

只有对企业多样性发生的维度框架有所了解，才能对这一问题进行回答。所以当务之急就是识别和缩小企业创新行为多样性发生的维度，否则实证研究就会过于宽泛了。因此，接下去的几章将会基于演化理论概念，主要通过运用战略管理理论中企业层面的方法建立非研发企业创新来源和竞争优势的可能维度。

3.3 战略管理中企业竞争优势来源

为了进一步在理论上研究非研发企业获得竞争优势和经济成功的能力，选择战略管理理论来探究此问题，因为战略管理理论正是研究为何部分企业会持续超过其他企业的理论。不过应该认识到，企业之间表现的不同并不是永恒存在的。

事实是，在某些情况和某些时间段，企业间的绩效差距持续存在。只有在一个企业获得对其竞争对手持续的竞争优势时人们才会说它是成功的。

过去，在文献中这些问题通过两种完全不同的方法被十分广泛地讨论过。第一种，也是更早的方法论，是由迈克尔·波特（1979，1980，1985）提出的，主要依靠的是产业组织经济学（Bain，1956，1968）的“结构-行为-绩效”（structure-conduct-performance，SCP）范式。该理论试图在产业层面建立最优市场结构的概念。和市场主导观不同，第二种方法用企业层面的战略资源和资源组合的不同解释了企业绩效和持续竞争优势的差距。相应地，这种方法被称为“资源观”（resource-based view）或“资源基础理论”，主要以 Wernerfelt（1984）、Rumelt（1984）和 Barney（1986a）的文章为代表。在下面几章中，讨论两种方法并分析哪种方法可以解释非研发企业如何获得竞争优势。

3.3.1 战略管理的基于市场的方法论

迈克尔很早就意识到了贝恩的产业经济方法 SCP 可以应用到商业管理领域（Porter，1981）。在发现利用 SCP 方法研究市场行为的实证研究较少之后，波特发现企业的经济表现也会被其市场行为影响，而市场行为则由竞争战略决定。一方面，他认为同一产业部门的企业经济表现不同的原因来自于其战略行为而不是直接由产业市场结构决定（Porter，1981）。另一方面，波特却仍然强调市场结构的重要性，他认为只有企业对市场结构进行透彻的研究才能保证其竞争战略的正确选择（Porter，1999）。最终，他的结论是企业的竞争优势来源于两方面：企业所处行业的性质以及其在该行业中的定位或者称其为战略决策（Hoskisson et al.，1999）。

依据波特的观点，企业竞争优势由其相对产品-市场定位所决定，这是可以通过适应该部门或该市场的竞争力量并选择最优竞争战略来实现战略管理的。这种对于行业竞争市场结构的分析不应该仅局限于已有的竞争者。企业还应该关注客户、供应商的特点、新进入者的可能性，以及自身产品被竞争产品替代的风险等（Porter，1999）。依据这种推理方法，波特的方法被称为“基于市场的方法论”。

波特列出了经济市场中一般的五种竞争力量。他认为该模型是广泛有效的，无论是国内市场还是国际市场，产品导向还是服务导向的市场，包括（Porter，1999）：

（1）新竞争者进入的条件；

（2）来自替代品的威胁；

（3）购买者的议价能力；

（4）供应商的议价能力；

（5）现有竞争者的压力。

这一“五力模型”描述了产品市场中的竞争机会以及它们如何提高企业获取垄断利润的机会。

管理者最重要的管理目标变成了通过平衡这些竞争力量的影响来识别和追求企业的最优市场定位。在五力模型之后，波特又提出了三种企业竞争战略的基本类型：

（1）差异化战略；

（2）成本领导型战略；

（3）细分市场战略。

波特认为，任何企业都应该从以上三种战略中明确选择一种来获得相应利润（Porter，1999）。如果企业陷入中间状态，也就是说企业没有坚持采用其中一种而是试图追求一种以上的战略，那么企业在两种策略下都会失去大量客户，需要高度差异化产品的消费者不会去追求低价产品。市场观假设企业拥有类似的战略资源而且这些资源可以在同一市场中的企业之间自由流动（Porter，1991；De Wit/Meyer，2004）。“资源本身是不珍贵的，仅仅是因为它们允许企业进行创造差异的活动”（Porter，1991）。在市场观看来，资源本身不可能成为战略构建的出发点。相反，资源的积累和发展应该满足市场和行业的需求。

3.3.2 总结和批判

总的来说，基于市场的方法论通过产业结构的外部特点而不是企业本身的内部的管理、技术、市场或其他资源来解释企业的持续成功。这一理论将重点放在企业竞争战略和外部环境的“战略契合”。在演化理论看来，就是把重点放在产品市场的选择机制上，以最终决定是否将一个产品推向市场。对波特而言，企业如何实现竞争战略并不太重要，只要它们成功做到了，也就是说它们成功达到了预设的目标。为了这一目的，波特和其他相关学者提供了构建完善，实用性强的战略分析模型和工具（Zanker，2011）。

这样做的结果就是，竞争力方法很少提到企业进入新市场或商业圈的能力限制。下面的批判观点经常被提及：

技术变革。通过从企业的战略成功追溯到最初的决定正确与否，其竞争战略有没有很好地符合其行业的市场力量，波特似乎高估了经营管理的能量以及企业战略决策的作用。相反，他低估了技术变革改造和颠覆产业结构的能量（Tidd et al.,2009）。因此，波特将竞争战略和技术的关系视为单向的，他认为战略决策决定了技术运用。波特忽视了某种已有的或未来的技术的可获得性，也可能影响企业竞争战略的事实。例如，技术进步（如 IT 解决方案、新的生产设备等）在纺织行业或冶金行业等所谓的成熟或传统行业中可以提高成功的可能性。

技术效应。这一观点和上一观点紧密相关。在市场观中，技术的运用往往只和提高企业的某个维度相关（Skinner，1984）。其预期效应只局限于更好的产品质量，更高的生产率或更多的产品线。但是可以预见，制造工艺的进步会降低制造成本。所以，绩效产出的单因素模型使得新的制造技术同时提高质量和降低成本的可能性被忽略了。

只关注已有的产品市场。考虑到其庞大和相对稳定的结构，波特的模型只适用于已存在的市场或行业。它对于如何在结构不稳定的新市场中选择“正确的”竞争战略没有提供答案，也没有提到企业在未来市场中推出一项突破式创新产品时如何进行战略管理。此外，波特忽略了企业和技术不一定要和市场结构完美对应，因为部分企业不一定只活跃在一个产品市场中。

充分信息和完全理性行为主体。波特假设了竞争战略的完全理性选择，从中可以推出，这要求企业对于自身情况、目前以及未来的竞争环境、市场力量的类型和优势，以及其在市场中的最优战略定位都享有完全信息。Burr（2004）指出了竞争环境的日益动态性和复杂性，以及因此导致的不连续性和结构性改变，这种变化导致企业不得不应对经济体和经济进程的国际联系日益密切的时代。正如熊彼特所说，变革和变异是经济系统的自然属性（Schumpeter，2008）。因此企业可以一次性获取市场信息甚至能够预测未来发展并将此作为战略依据的假设是不合理的。这样的完全理性行为会最终导致相同的市场、相同的竞争力量、相同的成功企业，因为（完全理性）的企业会在同一竞争环境下采取相同的最优竞争战略。因此，市场方法论无法解释企业竞争战略的内在差异和多样性，也不能解释企业在类似竞争环境下竞争成功和经济成功的多样化。

战略选择的排他性。另一个对于波特假设的批判是他认为企业只能从三种竞争策略中选择。面对不同市场，企业的表现会很不同，如果外部环境发生改变，企业的行为也会随之改变。在产品差异化条件下，不同的企业会生产不同的产品，但是市场观认为任何企业可以选择任何细分市场。企业之间有差异但是没有本质上的自发的差异（Nelson，1991）。演化经济学家们则认为竞争战略的选择会导致某种“路径依赖”或某种技术“轨迹”（trajectories）（Dosi，1982；Nelson/Winter，1982）。就某一产品市场所做的决定会影响整个组织和机构的发展，或者企业内部竞争力的提高。由于这些具体的技术轨道和用来开发技术轨道的技术和组织才能的存在，波特所定义的竞争战略间的根本区别已不复存在（Tidd et al.，2009）。

根据以上的批判观点，可以看出市场观并不能揭示非研发企业获得竞争优势的原理。当然，这并不是说市场方法一点解释价值都没有，只是因为其关注的是企业所处的产业、行业或市场环境，并将这些作为企业战略成功的决定因素，它并不适用于准确解释企业层面的演化多样性。此外，因为只关注市场的作用，市场方法强调市场选择的作用。但是正如之前的讨论的，企业多样性可拓展到变异阶段，因为变异的部分元素对于市场而言是中立的。因此，只在市场层面或行业层面作分析从一开始就扼杀了非研发企业创新模式多样性的可能。最后，市场方法在演化理论框架下的不适用还体现在其矛盾的假设上。和新古典增长模型类似，市场方法从决策者的完全理性出发，假设了行为主体在决策时永远会找到最优的战略选择并对企业进行定位。而演化理论则明确地拒绝了完全理性的假设。接下去的章节会描述将企业内部资源作为主要竞争成功来源的理论。

3.3.3 企业资源基础理论

和产业经济学的理论分支（市场观）类似，企业资源基础理论的因变量也是通过获得竞争优势而取得持续经济成功的企业。但是和之前的市场观不同，企业资源基础理论假设企业的经济成功和竞争优势不单单由其市场环境决定，更应该由其内部资产和资源来决定（Schendel，1996）。

“资源观”和“资源基础理论”为所有用来解释通过企业特有的一系列战略资源和组合来实现企业绩效和持续竞争优势的理论和方法提供了基础保证（Welge/Al-Laham，2008）。一个企业只有当它拥有独一无二的资源或者当它比其竞争者更能够利用和开发某项独特资源时，它才有可能成功（Mahoney/Pandian，1992；Peteraf，1993）。因此企业间的不同可以通过其资源配置和组合或者资源识别方式的不同来解释。资源基础理论并不将焦点放在外部市场环境上，而是更关注企业内部及特定的资源和才能。企业很难影响到外部市场环境和竞争条件，但是企业却可以通过战略决策决定其资源的开发和获取。因此从长期来看，企业所开发/拥有和控制的资源比跨行业市场竞争分析更能为企业的商业战略制定提供稳定可靠的依据（Prahalad/Hamel，1990；Burr，2004；Welge/Al-Laham，2008）。

目前来看，资源基础理论的地位越来越重要，几乎可以视为战略管理研究中“最有影响力的模型”（Barney et al.，2001）或“主导方法”（Moldaschl/Fischer，2004；Foss，1997a，1997b）。直到今天，仍然有很多有关资源基础理论的新文献，20 世纪 90 年代甚至被誉为“资源、潜在能力（capabilities）和能力（competences）的盛世”（Foss，1997a）。此外，对战略管理和其他管理学分支的资源基础理论的实证检验综述建立了一个完整的实证体系，但已经超出了本书的讨论范围。

接下去几段将扼要介绍从早期的资源“观”到后来的资源“理论”的发展过程并讨论其核心概念。

3.3.3.1 从资源观到资源基础理论

在 20 世纪 80 年代人们只关注外部的市场导向的竞争优势因素，而企业资源主导理论则将企业内部环境和资源作为其实现成功的解释变量。到目前为止，该理论已经造成了极大的影响，并被评价为战略管理研究中“最有影响力的模型”（Barney et al.，2001）或“主导方法”（Moldaschl/Fischer，2004）。

正如 Barney 和 Clark（2007）所言，在战略管理领域关于企业资源基础理论的第一篇论文来自沃纳菲尔特（Wernerfelt，1984）。在这本书中，他试图建立一种企业基于其开发或获得的资源来决定产品市场战略，并最终形成竞争优势的理论。他对波特的市场定位理论作出概念上的补充或者说提供了一种新选择。沃纳菲尔特认为企业市场定位组合反映了其拥有资源的组合。他将波特的最优市场定位应用到企业资源定位上。他认为，通过建立企业资源档案，是有可能发现最优产品市场活动的（Wernerfelt，1984）。对于每一个企业用于评估市场定位的要素（如进入的障碍），就有一个相应的资源层面的概念（如资源模仿的障碍）。他的主要贡献在于发现企业的资源组合以及企业对于资源的竞争对于企业市场定位非常重要。因此，沃纳菲尔特在 20 世纪 90 年代提出了企业资源基础理论的部分重要概念（Barney/Clark，2007）。

当 Wernerfelt 正致力于通过企业所控制资源的不同解释企业间绩效的不同时，Rumelt（1984）发表了关于企业资源基础理论的第二篇重要文章，他描述了一种关注企业比其他经济组织（包括市场）更为有效获取经济租金（economic rents）的能力的战略管理理论。和已有的交易成本理论（Williamson，1975，1979）关注如何降低交易成本不同，Rumelt 认为企业是获取和享有经济租金的最佳组织形式。这种将寻租行为、交易成本和管制联系起来的方法此后被 Conner 和 Prahalad（1996）、Liebeskind（1996）、Grant（1996）、Kogut 和 Zander（1996），尤其是 Teece（1980）广泛使用。Rumelt 将企业定义为生产资源的组合，这些资源的经济价值会随着其应用环境的不同而变化，而对于这些资源的模仿的难易则取决于其“隔离机制”（isolating mechanisms）的保护程度。以上理论涉及很多资源主导理论的主要概念。

第三篇资源主导理论的文章由 Barney（1986a）完成。和之前的两人类似，他也认为企业持续的超额表现可以由其所掌握的资源特点来解释。但是，比之前的研究更进一步，他认为资源基础理论可以比基于市场定位的竞争优势理论有更广阔的应用范围（Barney，1986a）。巴尼引入了战略要素市场的概念，即企业执行市场战略时获取资源的场所，他展示了该市场是否是完全竞争的，以及当获取的资源应用于执行战略时是否能够预测其表现等。不过战略要素市场是完全竞争的情况意味着基于不完全竞争的理论（如波特的理论）在解释企业间表现差异时并不十分有效（Barney/Clark，2007）。在极端情况下，巴尼的理论说明如果战略要素市场不是完全竞争的，企业是无法获得经济租金的。

除极为少见的情况外，要素市场的不完全竞争要归结于某些企业对于其获得或开发的资源未来的价值有着特殊的见地（Barney，1986a）。Barney 总结，企业已经控制的资源比其从外部获得的资源更有可能成为经济租金的来源（Barney，1986a），并且将低成本制造战略作为例子来解释。他认为对于低成本制造一无所知的企业只可能通过模仿获得平均回报。而在该领域有相应的文化、技能或其他优势的企业则可以期待高于平均水平的回报（Barney，1986a）。换个角度，选择优质产品战略的企业也必须拥有相应的资源要素，只有这样才能获得高于平均水平的回报。通过这种方法，Barney 将资源“观”的地位从仅仅是市场理论的补充提高到了与波特理论相对立的独立资源“理论”。

1989 年，Dierickx 和 Cool 将 Barney 的理论进行了拓展，引入了一些不太依赖于战略要素市场竞争的企业资源属性，如与时间压缩的不经济性（time compression diseconomies）有关的、因果关系不明确的，以及与相互关联的资产库存有关的和与资产总体效率有关的。

在这些开创性的理论之后，其他的学者进一步发展和巩固了资源基础理论。Barney 就将他的资源基础逻辑拓展到了组织文化（1986b）、兼并收购（1988），重新进行了部分企业获得持续竞争力的分析（1991a）以及他们的特点（1991b）。其他的理论贡献包括 Grant（1991）的“资源基础理论”、Hunt（2000）的“资源优势理论”（resource advantage theory）、Mahoney（1995）的和工业经济有关的“资源依赖方法”（resource-dependence approach）、Connor（1991）关于资源基础理论和其他微观经济分支之间的关系的分析、Mahoney（1993）关于竞争优势的理论，以及 Castanias 和 Helfat（1991）关于经济租金的创造和获得与经理人和权益所有者兴趣对应的文章。在其著名的文章中，Peteraf（1993）从微观经济学角度彻底阐述了资源基础理论。

Rumelt（1991）的实证研究表明，具体某个企业的研究比企业层面或行业层面的研究更能解释企业绩效的差异。Hansen 和 Wernerfelt（1989）也发现企业组织文化比其行业属性更能影响它的经济效益。资源基础理论不断印证了这些结果，反驳了之前行业影响大于企业自身影响的理论。

随着该理论的发展，很快其他研究分支的学者们也基于资源基础角度提出了大量竞争优势理论。根据 Barney 和 Clark（2007）的观点，其中两个最重要的分支分别是 Itami（1987）的无形资产理论，Prahalad 和 Bettis（1986）以及 Prahalad 和 Hamel（1990）基于能力的企业多元化经营理论。尽管以上理论在其分析方法上有着显著差异，他们都认为企业在其已有资源基础上应该需要独特的竞争能力来获取竞争优势。此外，外部环境的变化以及企业适应环境的能力也同样是一种资源基础观点。据此，Teece 等（1997）提出“动态能力”的概念。

最近关于资源基础理论的讨论主要集中在具体对于企业而言非常重要的资源。以有形资产（如员工、技术和财务资源）和相对无形资产的区分作为讨论出发点，知识基础资源和知识基础理论开始出现。它认为企业的知识储备和企业通过学习改进和升级知识储备的能力是企业异质性和经济效益不同的核心影响因素。

另一资源基础理论的分支则关注的是企业参与组织网络和联盟并在该网络或联盟中拥有“正确的”结构和社会地位的能力。这种“关系视角”（Dyer/Singh，1998）认为竞争优势很大程度上来源于企业间的战略合作，包括企业间“从竞争到合作”的观点（Dyer，1996；Simonin，1999；Dyer/Nobeoka，2000）以及将“社会资本”作为企业超额表现的决定资源的观点。

为了更集中于创新来源的讨论，接下去将详细介绍原始的资源基础理论及其关系视角和知识视角的分支（图 6），并讨论这两个分支对非研发企业竞争优势的解释有何贡献。

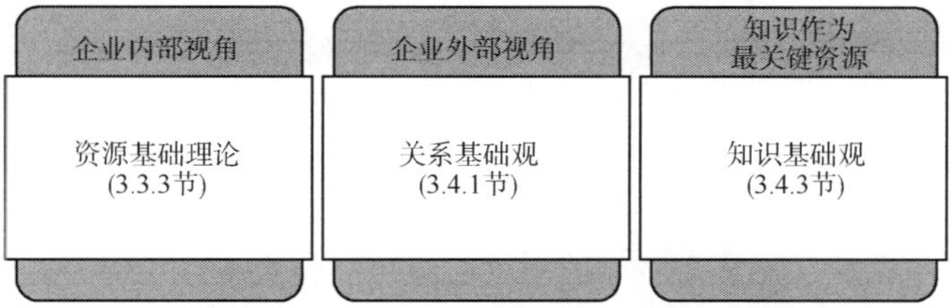

图 6　资源基础理论及关系视角和知识视角的修正

3.3.3.2　企业资源基础理论的主要元素

资源基础理论的两个主要假设是：

（1）所有资源基础理论都依赖于企业系统的、实际可观察到的资源差异。

（2）受限于流动性，移动性以及资源短缺，企业资源组合的多样性始终存在。

根据以上两个假设，Barney（1991）认为如果某项资源可以影响企业持续竞争优势，那么它必须具备四个属性（图 7）。

Barney 认为如果某项资源帮助企业抓住机会，移除威胁或至少保护企业免受威胁，那么这项资源就是有价值的，也就是说，该项资源对企业来说拥有相对的战略价值。考虑到这种资源的稀缺，Barney 作出一个大概的测算（Foss/Knudsen，2003）：如果一百万家企业拥有该项资源，它就不算是稀缺的，即使有十亿家企业想要拥有它。

从经济学的角度来看，稀缺资源永远是有价值的。因此从战略角度来看稀缺资源应该被当做有价值的资源。拥有稀缺资源的企业就可以获得竞争优势。可复制性指的是竞争对手可以通过获得或积累具有类似属性来获取某项资源。而不可替代性则指的是竞争对手是否能够评估不同资源，从而使得他们能够实行特定战

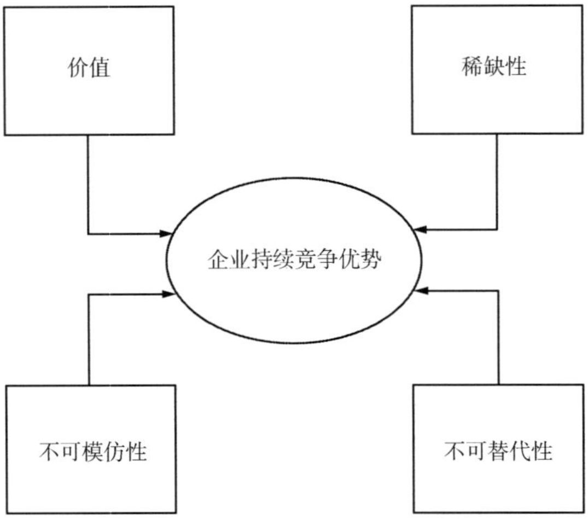

图 7　影响企业持续竞争优势的资源属性

资料来源：Foss/Knudsen，2003

略并获得跟原来想要的资源相同的效果。

Peteraf（1993）对于持续竞争优势的分析不同于 Barney（1991）。她更关注价格理论（租金的经济性）并将个别资源（而不是战略）作为分析重点。基于之前的假设，她增加了“事后竞争限制”和“事前竞争限制”的概念（Peteraf，1993），得到了“竞争优势的基础”——即所有情况必须通过保护、控制和利用企业内部资源才能保证企业获得竞争优势（图 8）。

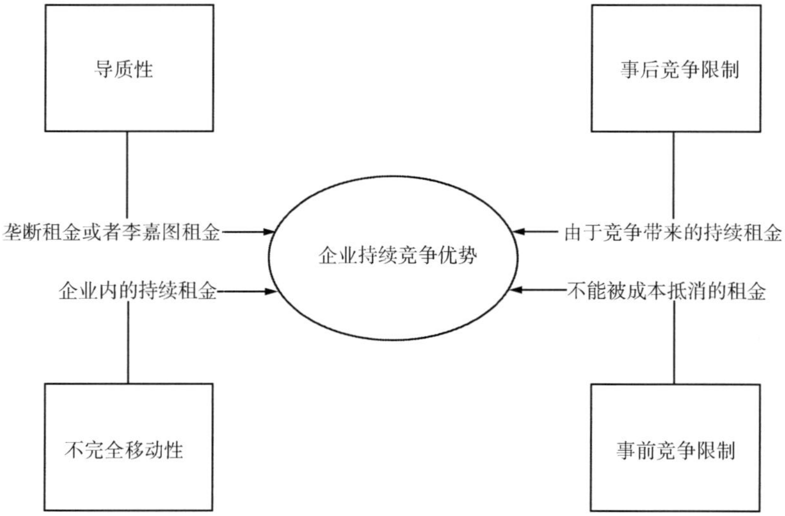

图 8　企业竞争优势的基础

资料来源：Peteraf，1993

所有企业通过演化过程最终得到的独特内部资源组合就是企业多样性（Wolf，2008）。这些资源组合构成的资源多样性造就了企业多样性（Wernerfelt，1984；Barney，1991）。资源基础理论则根据这一原理来解释企业经济效益的不同以及相对应的竞争优势的不同[①]。根据熊彼特的企业家定义，Rumelt（1984）认为技术变革、需求变化或管制变化是资源多样性下可能的利润来源。企业（或者说企业家）所面临的未来发展的不确定性、资源和资源组合的不确定结果、排他性资源的存在（如专利、企业声誉或其他排他性信息）都体现了资源多样性产生的“隔离机制”。

这种情况的竞争优势类型可以通过李嘉图租金或垄断租金（贝恩租金）来描述。这些租金要么来源于对稀缺资源的控制（如专利、本地优势），要么来源于企业独特的资源组合[②]。

另外一种不完全流动性指的是企业的关键资源既不能被交易，也不能被轻易转移（Dierickx/Cool，1989），或在企业外部应用时就会丧失价值（Peteraf，1993；Rasche，1994）——如高度集中的生产线、高效的工作小组或创新文化的情况。这部分资源不能在要素市场上获得，必须通过长期的开发才能获得。这类资源由于其高度依赖于企业本身的环境而不能被竞争对手获得或模仿，从而构成了企业的竞争优势。“共有专门资产”（Teece，1986）是另一个例子，它指的是由于企业间高度的组织整合以及互补，必须通过相互合作才能获得的资源或者在共同使用时更具价值的资源。

在这种情况下，竞争优势可以持续获得，被称作“准租金”（Klein et al.，1978）或“帕雷托租金”。它区别了资源在最优情况下获得的租金和次优情况下获得的租金的不同（Welge/Al-Laham，2008）。

事前竞争限制（ex ante limits to competition）指的是在某个企业建立优势资源地位之前，竞争肯定有限。在竞争缺失的情况下，只有当企业拥有前瞻性或运气好的时候才能获得优势资源地位（Peteraf，1993）。正如 Barney（1986）在其“战略要素市场”概念中指出的那样，所有资源都可以在要素市场交易，包括不可流动的和不完全流动的资源。但是如果假设要素市场是完全竞争的，那么要素的价格就与其产出相对应，企业就无法获得平均租金以上的利润。所以企业的经济效益不仅来源于其所采取的战略，更与其采取该战略的成本息息相关。只有当某项资源的事后价值大于其事前成本时，企业才能获利。根据这点，只有要素市场的不完全竞争——比如买方和卖方的信息不对称——才能解释某项资源对具体企业的战略价值（Dierickx/Cool，1989；Rumelt，1987）。

只有当某项资源的买方对于该资源的实际价值（或者说潜在价值）掌握了更

① 参见 Mahoney/Pandian，1992；Peteraf，1993；Burr，2004 的相关文献。

② 参见 Welge/Al-Laham，2008；Al-Laham，2003 的相关文献。

多的信息时才会催生竞争优势，它才能比其竞争对手更高效地利用该资源（Welge/Al-Laham，2008）。正如 Rasche（1994）所言，由于信息的不透明和复杂性，竞争对手很难在事前评价企业某项资源的潜在价值。所以，获取资源的成本和其经济价值导致了竞争优势（或者说经济租金）。

最后是第四种情况，即 Peteraf 所说的事后竞争限制（ex post limits to competition）描述的是资源基础理论中或许最重要的问题，即资源多样性如何继续并为企业的持续卓越表现作出贡献（Welge/Al-Laham，2008）。多样性必须经久不衰才能用来解释企业的经营成功。但是 Peteraf（1993）认为，只有在竞争有限的情况下才能实现这一目标。否则，市场竞争会通过提高稀缺资源的供应消灭这类经济租金。Barney（1991）和 Dierickx/Cool（1989）关注了两种事后竞争要素：不完全模仿性和不完全可替代性。后者同样是“波特五力”（1980）中的一个方面。实现竞争优势的资源可以通过两种方式被替代：竞争对手可以应用拥有类似效果的类似资源，或采用完全不同的资源但达到同样的效果。基于资源的技术尤其受到替代物的威胁，这是由于技术变革的存在（如数控车床替代手动车床）。

通过“隔离机制”（isolating mechanisms）一词，Rumelt（1984）指出了一种保护企业免受资源模仿并保持卓越表现的现象。这些隔离机制包括稀缺资源的知识产权、时滞效应、信息不对称以及阻止模仿的摩擦等。例如，“因果模糊”（causal ambiguities）（Lippman/Rumelt，1982）指的是不同企业因果链有效性的不同，阻止了部分模仿者。在大部分情况下，单个资源对于企业效益的影响很难事后分离。Dierickx 和 Cool（1989）强调企业资源组合的动态演变——基于历史的路径依赖——对于每个企业来说都是独特的，因而很难模仿，企业知识储备的情况也类似，如某些情况下是几十年积累的结果（Rasche，1994）。总的来说，资源的战略价值也可以通过其被复制的可能性来评估。越是难以被模仿或替代，该资源的战略潜力和价值就越高。

从这样的事后竞争限制获得的租金称为“熊彼特租金”（Schumpeter，2008b），因为它们一直可以保持优势直到被模仿者追赶上。熊彼特只是把它们当做是竞争动态过程中的暂时状态，但是资源基础理论却将其视为先发优势的稳定状态（Welge/Allaham，2008）。

考虑到企业资源对于企业竞争能力和经济效益的积极影响，“资源”一词本身的含义早已超出了它在传统经济学中的范畴（劳动力、资本和土地的生产要素）。为了更好地理解和“资源”相关的概念，接下来将简要介绍具体企业资源的不同维度、定义和理解。

3.3.3.3 资源基础理论中用于形容企业生产要素的概念和定义

根据资源基础理论的理论基础和历史发展，它并不是一个统一的战略管理理论。其理论下的不同概念导致了在应用该概念时“不断的混乱”（Barney/Clark，2007）、“含糊不清”（Moldaschl/Fischer，2004）、“纠缠不清”（Moldaschl，2006）和“术语混乱”（Foss，1997）。

大量学者都试图为有形和无形资产建立分类来说明不同类型的资产对企业的竞争能力有不同的影响。其中最有见地的定义来自 Barney（1991），他将资源界定为“所有企业控制的能够使其设计执行提高效率和效益战略的资产、能力、组织过程、公司属性、信息、知识等”。应该注意到，这个定义强调以下三点：首先，它强调资源和战略的相关性；其次，对企业效益是否有积极影响决定了什么是资源而什么不是；最后，所谓“企业控制的所有资产”也包括企业通过合作和与外部伙伴战略联盟获取的资源。

Wernerfelt（1984）则把资源当做“任何可以看做是企业优势或劣势的因素”，Amit/Shoemaker（1993）则将其作为“企业拥有或控制的要素储备”。Montgomery（1995）则更模糊地认为资源是“一些可以用来支持或帮助的东西；可以在需要时就有供应的东西”。最后，Grant（1991）对资源的定义和传统经济学的理解很类似，指的是“生产过程的投入”。

根据分析目的的不同，“资源”可以是实际的、有形的资源，也可以像动态能力一样是抽象的、无形的资源。根据大家的共识，还是有必要对部分概念作出界定。本书将参考 Teece 等（1997）的分析框架，覆盖从更一般的投入要素到具体的动态能力，包括生产要素、资源、惯例和能力以及像动态能力一样的元能力（meta-competencies）。

1）生产要素

Teece 等（1997）将生产要素定义为“以分解形式在要素市场上存在的无差异投入要素”。其中“无差异”指的是并不具备企业独特属性，如非熟练劳动力或金融资本。Gersch 等（2005）以及 Freiling（2004）将投入物品看做是同质的、基本可交易的、进行其他活动或进行增值活动的初始要素。Welge Andal-Laham（2008）将这些要素称为“基本的财务有形资源”，如地理位置、有形资本资源，以及原材料、建筑、有形技术、机器和工厂设备等（Barney/Clark，2007）。

以上提到的“投入要素”或“生产要素”和 Dierickx/Cool（1989）提到的“资产”是同义词。他们认为，由于其在要素市场可获得且可交易，它们不应该作为竞争优势的来源。

2）资源

资源一词的含义更为复杂，因为它们通常可以理解成以上投入要素“成功资产再造后的产物”（Freiling，2004；Gersch et al.，2005），为拥有它的企业创造了持续的多样性并使企业获得竞争力（Freiling，2004）。再造过程指的是根据市场现在以及未来需求，并且与战略目标相对应的，对生产要素作出的实质性改变（Gersch et al.，2005）。

正如 Teece 等（1997）所指出的，资源必须是“不能或至少很难被模仿的企业特有的资产”，如商业秘密、特定的专门的生产设备或制造经验。由于其高昂的转移成本，以及它们自身包含的显性的和隐性的知识，这些资产很难在企业间传播。资源因此具有一定程度的企业独特性和个别性（Helfat/Peteraf，2003；Gersch et al.，2005）。独特性和个别性以“独立因素”（Rumelt，1984）的形式存在，保证了企业资源的特别，阻止了竞争对手的模仿和替代，最终保证了企业竞争优势即准租金的持续获得（Peteraf，1993；Gersch et al.，2005）。

资源可以进一步分为物质或非物质资源（Collis/Montgomery，1995；Moldaschl/Fischer，2004），限量的、再生的和衍生的资源（Moldaschl/Fischer，2004），有外部合作者参与而得到的资源（“整合型”）或企业自生成的资源（“自主型”）（Gersch，1998）。根据 Knaese（1996），非物质资源可进一步分为群体资源（知识、能力）和独立于个体的资源（如专利、条约）。Wernerfelt（1984）的分类则区分了“长期固定能力（固定资产）”、“几近无限能力（蓝图）”和“短期有限但长期无限的能力（文化）”。

根据以上的简要介绍，可以看出，文献中提到的“资源”一词既包括宽泛的、定性的“经常订购”的物质资源，也包括无形的不可见的企业竞争能力。为了尽可能明确，笔者将采用 Gersch 等（1995）的观点，即资源是进一步商业流程的基础。在某一时间点上的资源投入不足以导致竞争优势，企业需要相应的能力来开发该资源以获得成功。

3）惯例和能力（competences）

在此，引入“惯例”和“能力”的概念。企业需要开发、组合以及协调各个投入要素的能力，尤其是更高效利用资源的能力来取得战略优势（Grant，1991；Freiling，2001）。这一观点也得到了 Amit 和 Shoemaker（1993）的支持，他们将能力定义为企业为实现特定战略目标而利用其资源的组织技能。类似地，Aaker（1989）对“资产”和“技能”作出区分。资产代表对某项资源的拥有，而技能则代表开发相应资源的能力。部分文献，如 Hill 和 Jones（1992）、Hitt 等（1997），以及 Makadok（2001）还区分了资源和潜能（capabilities）。观点仍然是一样的：资源代表企业基础的、财务的、实体的、个体的、组织的资本属性，而潜能则指能够使它开发这些资源来执行战略或提高其他资源生产率的属性（Barney/Clark，2007）。根据 Freiling 等（2006）的观点，能力包括和个人有关的个人能力以及组织或组织网络层面的能力。他们认为“能力”（competences）一词应该用于描述组织层面，而个人层面的能力则应该用“潜能”（capabilities）一词。对于资源和能力的区分被当做是资源基础理论发展中的重要成就，弥补了在解释企业持续效益差异方面的不足（Freiling，2001）。

战略管理中所谓的“能力基础观”（competence-based view）比资源基础理论观出现得更晚。其源头可以追溯到Selznick's（1957）所定义的“独特的能力”以及Snow/Hrebiniak（1980）还有Hrebiniak/Snow（1980）早期的讨论。但是Prahalad/Hamel（1990）作出了具有里程碑意义的贡献，他们提出用“核心能力”（core competences）一词来形容决定企业竞争能力和经济效益的内部要素。根据这一观点，企业持续竞争力来源于其形成、强化和扩展其核心能力来更成功地开发生产新产品的能力。根据其定义，“核心能力是指组织的集体学习，尤其是如何协调不同生产技能和整合不同技术流派”。他们援引索尼小型化、佳能光学技术、飞利浦光学媒体专业知识来等案例，将企业形容为枝繁叶茂的大树，其核心能力就是它们的根部，即使得企业能够成功开发新产品的部分。

不过核心能力不只是协调不同技术，还和组织工作和价值传递、沟通、参与、超越组织边界对工作的承诺等有关（Prahalad/Hamel，1990）。因此，核心能力是由企业内外拥有不同技能的个人构成的非物质资源，它会随着时间推移通过“组织记忆”的方式不断丰富。它们价值丰富、专业稀缺，难以被替代和模仿，拥有广泛的潜能和累积特性，但如果不使用，它们就会消失，最重要的是，和实体资产不同，其能在使用和分享之后不退化，反而提高（Prahalad/Hamel，1990）。

目前，能力基础观已经成为资源基础理论中的一个独立分支。资源基础理论更多的是通过事后检验来发现到底哪些资源对经济效益有益，能力基础观则更希望提前发现对企业竞争优势有益的资源（能力）。因此，它比原来的资源基础理论更关注过程。

这种过程视角在“组织惯例”这一概念中体现得更为明显。Teece等（1997）将能力定义为组织惯例，认为“当超越个人和团体的独特资产被成群地组合起来并促进企业特有活动的进行时，这些活动就构成了组织惯例和流程”，它们的“形式多种多样，甚至可以拓展到合作伙伴身上”。对于“惯例”一词，Teece等将能力定义为Nelson和Winter（1982）在演化理论中提到的“组织惯例”。他们所谓的惯例包含各种写在组织条例中的或在员工心中的（如重复的行动模式或个人技能，或是组织和个人高绩效的方式）和知识相关的能力。组织惯例描述了“在企业中做事的方式”（Tidd/Bessant，2009），回答了企业日常要面对的一般问题（例如，如何管理质量，如何管理创新）。因为惯例保证了资源可以被成功转化成预想的战略或创新产出，所以它对于企业绩效和经济效益都有着显著影响。

尽管对于组织惯例的本质的了解不是很多，但是大部分学者还是同意如果没有反复发生，那么就不算是惯例或者说能力（Becker，2005）。惯例和能力的第二个认证标准是"经常发生模式"或"重复发生模式"[①]，也就是企业或组织能够重复进行资源的利用、组合和开发等活动。这种重复的活动构成了序列，从而反过来形成了活动模式。所以 Becker（2005）认为惯例就是"经常性的互动模式"。相反地，如果不经常使用，那么惯例和能力就会消失。这种情况 Rasche（1994）把它称为"资产流失"。

因为惯例通常出现在组织层面，描述的是一种集体行动模式，或者说集体潜在的行动可能（Becker，2004；Freiling et al.，2006），所以它们和个人层面的"个体技能"有显著区别。

惯例和"一时的辉煌"或单个问题的解决机制不同，因为惯例并没有特定的目的，而且特定的问题解决方案也不会大量重复和模式化（Winter，2003）。这些活动可以看做是由外部或独立事件引发的问题解决回应，其本质是有目的的理性活动。这些活动并没有经常性内涵，这和惯例的概念相悖。

很明显能力和惯例通常被视为同义词。这是资源基础理论一直为人诟病的地方。根据 March 和 Simon（1958）的观点，能力与企业的知识储备相联系，它更像一个定性的概念，而惯例则更着眼于经常的重复的行为模式（更少关注其内容），在该模式下可以获取、积累和开发能力。

Stalk 等（1992）和 Cockburn 等（2000）认为能力和惯例不应该假设为稳定的。他们认为企业应该调整和重组他们已有的能力，或者为了维护竞争地位而开发新的能力和惯例来回应市场变化（Stalk et al.，1992）。为了保持竞争优势，企业应该具备识别外部信号并调整能力组合来适应环境的能力（Cockburn et al.,2000）。这些观点构成了"动态能力"的基础。

4）动态能力

Stalk 等（1992）和 Cockburn 等（2000）奠定了后来企业能力、惯例动态发展和演化研究的基础。在提高技术和能力的动态性过程中，企业始终面对着新的挑战。产品市场和要素市场越来越综合和复杂，新的技术形式造就了新的竞争方式和规则。鉴于上述原因，企业必须时刻适应竞争环境的变化。企业还需要找到形成变化的方法，如完成相应的技术或非技术创新（Helfat et al.，2007）。

动态能力的概念出现在 20 世纪 90 年代中期（Amit/Shoemaker，1993；Teece et al.，1997），它主要讨论的是企业如何适应环境变化、保持竞争优势[②]。在现有的资源基础理论框架内，由于对稀缺的、重要的、不可模仿的资产和技巧的拥有和控制，竞争优势只能在某个时间点流动。但是，在全球竞争的快速变化

---

① 参见 Nelson/Winter，1982；Grant，1996a；Teece/Pisano，1994；Teece et al.，1997；Dyer/Singh，1998；Sanchez et al.，1996；Pentland et al.，2010 的相关文献。

② 参见 Teece et al.，1997；Teece，2007；Helfat et al.，2007；Helfat/Peteraf，2009；Fried，2007 的相关文献。

环境下，创新和制造极大分散，持续和永久的竞争优势不再仅仅依靠对特定资源和能力的选择性控制就可以实现①。

动态能力的概念以下两点对竞争优势的解释已经超越了资源基础理论：

(1) 通过企业内部机制和惯例调整资源基础来适应外部变化；

(2) 通过企业较早识别变化的必然和机遇并作出适当回应的能力（Teece，2000；Helfat et al.，2007）。

接下来的问题则是技术和市场对企业调整其潜在效益能力的影响以及为什么在同一部门或行业内成功的企业都具有类似的又完全不同的动态能力（De Toni/Tonchia，2003）。

根据学者②对动态能力的理解，上述问题的答案隐藏在企业高度多样性的能力中，它帮助企业根据动态环境持续配置调整其路径依赖（Teece，2000）。也有学者将动态能力看做是企业为了实现多变环境整合、建立和重新配置内部与外部能力的能力（Teece et al.，1997）。Helfat 等（2007）最新的定义则是“组织有目的地创造、拓展或修正其资源基础的能力”。其他定义则着眼于其连续性（“持续的过程”参见 Medcof，2000），以及对组织正式和非正式结构的依赖（Teece，2000），认为动态能力来源于学习过程，因而要和运作能力相区分（Zollo/Winter，2002；Wu，2006）。动态能力着眼于重新配置过程，它显然促进了熊彼特租金的实现，可以为创新的发展改变资源基础（Teece et al.，1997）。

“动态能力”包含两层含义。“动态”指的是企业根据外部变化持续调整和更新已有资源和能力的能力。企业内部环境就是一个完全动态的、创新竞争的、对已有竞争力不断创造式破坏的熊彼特式世界。由于持续的更新，企业资源和能力更像是某种内部流程的演化，因为已有的资源和能力不断地变异、选择和保留。最适应当前外部挑战的资源配置方式将被保留下来，而不合适的则会被修改或消除。最终，像 Teece 等（1997）就采用了 Schumpeter（2006）以及 Nelson 和 Winter（1982）这些用动态竞争环境的概念首先将个人和组织知识能力整合起来的学者们的理论方法。

另外一部分“能力”强调的则是战略管理根据环境的挑战和需求③或者要实现管理目标的组织流程④整合、配置、修正和开发企业内外部资源和能力的重要作用。Teece 等（1997）坚持用能力视角明确了可以在要素市场上获得的生产要素（投入要素）和独有的、难以模仿的、隐性的资源，或者惯例及（核心）能力

① 参见 Teece，2007；Helfat/Peteraf，2003；Moldaschl/Fischer，2004；Schreyögg/Kliesch，2005 的相关文献。

② 参见 Teece et al.，1997；Lei et al.，1996；Eisenhardt/Martin，2000；Zollo/Winter，2002；Helfat/Peteraf，2003。

③ 参见 Helfat et al.，2007；Collis，1994 的相关文献。

④ 参见 Teece et al.，1997；Eisenhardt/Martin，2000；Galunic/Eisenhardt，2001 的相关文献。

的组合之间的区别。这些企业独特的资产根植于组织内部，通过演化路径形成的经常性流程得到（Teece et al.，1997）。在最近的文献中，Teece 等（2000）提出了和之前定义稍有不同的理解，他们认为“动态能力反映了组织获取新颖创新的竞争优势的能力，尽管存在着组织和技术流程中的路径依赖和核心刚性问题”。这意味着，动态能力还代表着对路径依赖和锁定效应的克服机制。资源配置不仅仅会以渐进的形式改变，有可能还会以基本结构的变化呈现。

Cohen 和 Levinthal（1989，1990）提出了动态能力中最有影响力的概念。他们发现企业无法从仅仅对外部信息开放中获益，除非它们拥有识别、吸收和应用新的外部信息的能力。根据此定义，企业的吸收能力可以从两个独立维度来区分：企业研究获取新的关于技术趋势的外部信息；企业在最大限度地开发竞争潜能情况下，应用内部流程和资源配置的能力[①]。最初，企业的吸收能力和其研发密度息息相关（Cohen/Levinthal，1989）。不过，这种基于研发的企业内部运营性质的吸收能力概念越来越为人诟病。所以，最近的研究[②]显示，吸收能力是一个多维度的概念，既包含企业内部资源（如惯例、学习流程、员工技能等）也包含外部资源（如联盟、合作、或者和其他企业、利益相关者、科学团体的联系）。

由于其复杂性、隐含性和高度独特性，动态能力很难被其他企业复制。一些动态优势的来源过于复杂以至于企业自身，更不用说它的竞争对手们，都无法理解（Teece et al.，1997），鉴于这个原因，即使员工跳槽到其他公司，动态能力依然无法模仿。

这意味着企业竞争能力取决于其过去的战略决策并限制了其未来的战略选择。他们通常被称为实践和学习的惯例（Teece et al.，1997；Eisenhardt/Martin，2000）。因此企业持续再配置资源和能力的能力是一个可习得和可学习的组织能力。这些能力被需要得越多，它就越可以被学习和应用（Teece et al.，1997；Burr，2004）。通常认为动态能力是基于在过去克服困难和挑战过程中积累下来的显性和隐性的共同知识。在未来遇到类似的情况时，这类经验通常可以帮助企业更快速地适应。因此，动态能力中很重要的一个方面就是对于内外部变化的感知以及对于这些变化过程的反省（Helfat et al.，2007）。

尽管动态能力的基本假设是基于资源基础观的，它和其他的能力或惯例等不可见资源仍然不同（Dosi et al.，2000）。首先，“原始”的组织惯例只要求有限的知识，没有给通过试错实现的学习过程留下多少空间，因为它是高度专门化的和不变的。而动态能力却需要对技术、市场、产品、物流或领导力有着深刻和广泛的认识。其次，动态能力反映了一定程度的目的，尽管不是非常明显，而组织惯例则是由无专门目的的固定组织活动构成（Helfat et al.，2007）。此外，动态

---

① 参见 Escribano et al.，2009：Zahra/George，2002 的相关文献。

② 如 Spithoven et al.，2010；Murovec/Prodan，2009。

能力还需要开放和勇敢的管理思维（Volberda，1998）。例如，Zollo 和 Winter（2002）认为“动态能力是一种集体活动的稳定学习模式，通过它组织在提高效率时可以系统地发现和修正其运作方式”。Wu（2006）认为动态能力是管理者在转化资源基础来创造新的增值战略时采用的组织和战略惯例的先决条件。Winter（2003）建议将组织惯例和动态能力的关系进行分级，进一步区分原始能力（可以被看做是“资源”）和动态能力。后者负责拓展、修正或创造原始能力，而原始能力只负责企业短期的生存。动态能力可以被当做是一种满足协调功能的“元惯例”。在这种情境下，Teece 等（1997）明确地使用了“协调惯例”，而 Winter（2003）和 Sanchez 等（1996）则将其称为“更高阶的能力”。

从这一点上来说，动态能力算是企业竞争优势的一个直接的自发的来源（Collis，1991），因为更快学习和更快适应变化的能力构成了唯一的长期竞争要素（Foss，1997c；De Geus，1988）。因此，学习自己的能力成为企业一项重要的动态能力。组织必须持续地学习，其中学习得最好的企业才能持续提高其竞争优势（Helleloid/Simonin，1994）。

不过，像 Eisenhardt 和 Martin（2000）以及 Makadok（2001）等关注企业市场环境的动态特征以及其对动态能力影响的学者则质疑这一观点。（他们认为）动态能力是“企业在市场出现碰撞、分裂、演变和死亡过程中实现新的资源配置的组织和战略路径”（Eisenhardt/Martin，2000）。因此，他们认为，动态能力并不是竞争优势的自发来源，因为它们只是新资源组合的启动器罢了。

有学者区分了“适度动态市场”和“高度活跃市场”（Eisenhardt/Martin，2000）。在适度动态市场中，他们假设不同企业的动态能力具有同质性和相等性。他们更关注企业知识储备演化的、渐变的（因此相对而言稳定的）发展和扩张（Eisenhardt/Martin，2000）。相反，在高度活跃市场中，变化是非线性且更难预测的。在这种市场中的有效动态能力被假设为由简单的、不复杂的惯例组成。这样可以使管理者关注重要的问题而不用局限于特定的行为或者在特殊情境下经验的不适用情况。该市场更偏爱能够通过体验行为来快速学习从而迅速创造新的基于具体情况的知识，弥补有限的知识储备。

Makadok（2001）也区分了这两种市场，以及两种企业获得经济租金的因果联系：一种是“资源选择”机制，另一种是“能力构建”机制。前一种认为企业在资源选择上比竞争对手更有效，后一种则认为企业在资源利用上更有效（Makadok，2001）。根据市场情境的不同，这两种寻租方式可以相互补充或替代。

在这种情况下，关于惯例作为多样性和持续竞争优势的解释模型的讨论变成了更宽泛的分析，主要着眼于组织资源和惯例的再配置动态过程。持续竞争能力的来源并不是动态能力，而是可实现的全新调整后的资源组合。动态能力只是保证企业比其竞争对手更快调整使用其资源，以及更好地适应外部环境的方式(Eisenhardt/Martin，2000)。他们认为，动态能力是一系列具体流程（如产品开发—战略决策实践—合作），其主要特征在所有企业中都类似——因此至少部分是可模仿和可替代的。这一观点明确地反驳了动态能力的多样性和独特性。

可以看出，动态能力的基本特点是考虑了企业所处环境的多变。面对市场变化，动态能力克服了传统资源基础理论静态的资产导向观点，试图将调整能力和改变能力引入组织竞争概念中。动态能力回应了对于能力和惯例会变成“核心刚性”的批判（Leonard-Barton，1992），即能力失效并导致由动态环境中的经济和认知过程引起的路径依赖或结构惯性（Schreyögg/Kliesch，2005b)。动态能力着力解决“组织路径依赖”现象（Teece et al.，1997；Schreyögg/Kliesch，2005a）因为它认识到该问题的严重性并且将其作为该理论的出发点。

由于该理论关注的是资源组合和发展的过程而不是资源本身，因此对于动态能力是资源基础理论的新分支还是一种独立的范式仍然存在争议（Moldaschl/Fischer，2004)。例如，Helfat 和 Peteraf（2003）就把他们的观点称为“动态资源基础观”。Teece 等（1997）甚至把他们的理论看做是一种战略管理的独立范式。结果就是，动态能力可以被看做是一种新出现的理解竞争优势新来源的潜在综合方法。也有学者强调市场情境的影响（Eisenhardt/Martin，2000；Makadok，2001)，认为他们的研究是一种市场基础观和资源基础观的融合。遵循 Burr（2004）的定义，本书将动态能力的概念作为资源基础范式下的一个分支。一方面，它的基本假设前提与资源基础理论一致；另一方面，它描述的是一种特殊的作为“元惯例”来（再）配置和协调惯例和资源的企业独特资源。

3.3.4 总结和批判

图 9 总结了资源基础理论下用来解释竞争优势的概念。这些概念根据其总体占比、复杂程度、不可见性、透明程度、时间框架以及与战略规划的联系排列。

显然，这种分类不可能是一成不变的，而且会有一定程度的随意性。尽管已经有很多对于资源的分类，但是人们并没有一个统一的分类。这一模型可以帮助人们理解资源基础理论中用于解释持续竞争优势的不同概念。

图 9 中顶部还包含了另一个“有远见的/潜在的能力”。正如 Burr（2004）和 Sanchez（1993）暗示的那样，这部分隐性能力决定了其他能力，尤其是动态能力的发展。该能力对于发现市场、技术或政治环境的变化和发展，从而将其与企业自身的能力相联系十分重要。可以认为这类资源和动态能力很类似，但是动态能力主要关注的是资源和能力的（再）配置和（再）协调，而远见前瞻能力则着眼于观察和预测外部变化从而使用动态能力调整内部资源。企业战略眼光是一种具有高度战略价值的内部资源的假设，帮助解释了企业内生的前瞻能力，完善了

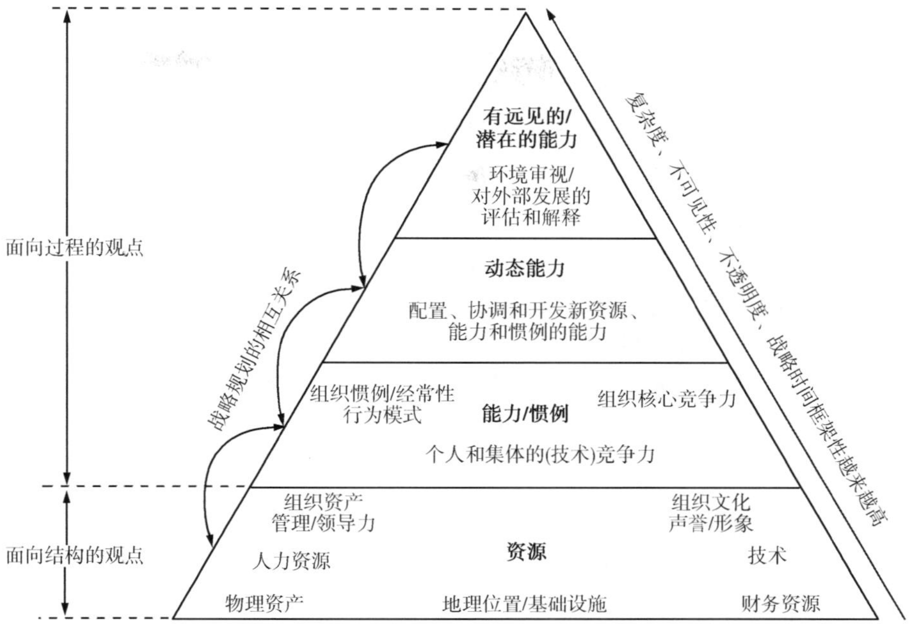

图 9　资源基础理论框架下的不同资源概念

资料来源：根据 Burr，2004 整理

资源基础理论的结构（Burr，2004）。

尽管在结构化资源分类中将组织文化或领导力单独列出来存在一定的问题，但本书列举的原因是这些资源变量是由资源基础理论的早期支持者 Barney（1986b）或 Penrose（1959）所提出的，是基于对组织实际观察的研究发现而不是不可见的认知过程。

和资源基础理论的核心文章相一致[①]，本书的分类也区别了“资源”和“能力/惯例”。资源可以是可见的（如实体资本），也可以是不可见的（如人力资源），但是能力和惯例总是不可见的。此外，能力和惯例出现在多人互动时，存在于独立的个体身上。两者的经济意义的区别在于资源的某些部分可交易，而能力无法交易。不过不可交易的能力是建立在可交易的资源基础上的，因为他们体现了企业使用、开发和配置其资源池的方式方法。能力由动态能力塑造，动态能力则由企业的远见能力塑造，因此可以假设多层概念之间的相互联系。

过去，对于资源和能力的区分导致了对资源基础理论中“结构分支”和“过程分支”的讨论[②]。结构分支遵循的是新古典经济范式，假设市场始终追求均衡

① 如 Dierickx/Cool，1989；Prahalad/Hamel，1990；Grant，1991；Amit/Shoemaker，1993；Teece et al.，1997。

② 参见 Moldaschl/Fischer，2004；Foss et al.，1995；Foss，1997b。

稳态。任何打破这种均衡的举动都被视为外部变化导致的暂时波动。由于上述原因，该理论并未考虑效率租金，因为快速出现的效率提高（均衡的恢复）会导致该类租金的消失。结构分支关注的是即使在市场均衡下仍能获得李嘉图租金的资源①。这一分支着手于一定能从均衡体系中获取利润的情况的识别和检验。这一分支的代表人物包括 Wernerfelt（1984）、Rumelt（1984）、Barney（1986a，1991）、Dierickx 和 Cool（1989），以及 Peteraf（1993）。

过程分支则是从动态市场的假设出发。企业的努力不仅仅是对于预设的市场均衡的适应，还包括内生的动态因素，如创新、组织学习、资源积累、能力构建或管理层的思维模式的发展（Foss，1997b；Moldaschl/Fischer，2004）。在这种情况下，企业可以通过更有效地利用现有资源组合（效率租金）或创造新的资源组合（熊彼特租金）来获取利润。对该理论而言，竞争优势不仅仅是通过对特殊资源的占有实现，还可以主要通过资源组合和协调过程、组织的能力和惯例，以及帮助企业灵活适应外部环境的动态能力来实现。过程分支的思想并不能追溯到某一个理论基础（只是它们都拒绝了传统的新古典思维），它混合了组织科学、学习理论，尤其是 Nelson 和 Winter（1982）的演化经济学方法。这一理论分支的代表人物有 Teece 等（1997）、Prahalad 和 Hamel（1990），还有 Zollo 和 Winter（2002）。

由于上述原因，资源基础理论给人的印象好像是理论之间相互冲突甚至相悖（Gersch et al.，2005），尤其是当不同概念被当做是战略管理自发的片面的理论时。例如，仅仅关注动态能力可能会让人觉得个人的能力和技能会被企业的改变和学习能力所替代，这意味着资源和能力的具体内容反而不重要了，或者，单纯的获取和学习重要知识的能力就可以作为企业获得竞争优势的前提。“这太荒谬了”（Moldaschl，2006）。此外，聚焦于具体资源特点的研究显然没有解释为什么使用类似资源的企业其效益不同。

在这种情况下，必须注意到资源基础理论只是建立在同质的、共同的基本假设和基础之上的大框架。在这一框架下，所有理论分支都同等地解释了企业如何获得持续竞争优势，它们关注的是不同的，但相互补充的战略资源和能力管理，简单总结如下：

资源基础理论希望通过企业比其竞争对手更有效和更高效地利用内部、有价值的、多样性的、不可移动的、特定的、不可模仿和替代的资源和能力来解释企业的持续竞争力。但 Barney（1991）认为“所有企业所控制的资产”都可以被企业所放弃。这也包括企业通过合作和战略联盟而控制和评估的资源。

资源基础理论将经济租金作为竞争优势的表现形式，尤其是李嘉图租金、熊

① 参见 Demsetz，1973；Lippman/Rumelt，1982；Barney，1986a。

彼特租金或企业内部获得的准租金。

资源基础理论可以分为多个理论分支。可分为资源（结构导向）以及与其对应的能力和过程（过程导向）的使用，或者静态资产（资源、能力、惯例）和动态演化资产（动态能力、远见能力）。

资源基础理论关注的是中期到长期的战略规划，其应变量是“持续竞争优势”或“企业效益的永久领先”等表示资源重要性较为稳定的情况。此外，过程分支认为不可模仿和替代的能力，以及组织（元）惯例或制度化的行为模式不可能在短期内出现，因此不能在较短时间内计划或再配置（Hamel/Prahalad，1997）。

资源基础理论将外部环境形容为强势的，运行良好的竞争体，因此降低了企业的垄断利润，强迫企业必须不断提高效率。对应的就是经济规模的回报不变（明确地说就是无规模经济性）因此，小企业和大企业的效率并没有差异，市场并不被大企业所控制（无寡头竞争）（Penrose，1985）。此外，动态能力的概念明确假设了企业所处环境是出于动态变化的，从而导致高不确定性和风险。

根据以上观点，资源基础理论对于企业效益领先来源于多样性的高度独特的资源、能力和能力的组合的洞见广受好评。它强调资源应该被统一对待和分析（Moldaschl/Fischer，2004）。不过，过程分支认为应该考虑到资源的高度个体性、专门性和特质性。因为那些被称为简单经验或“管理流行”的最佳实践在不加识别和不加反思地应用于其他企业时只会导致死路一条。

资源基础理论的另一个贡献是将企业看做是天然开放的运作系统。对外部变化它们不仅仅是被动地作出反应，而是积极地去影响外部环境。不过这要求企业同时处理好外部已有的资源和内部开发的资源。

最后，应该注意到动态能力的理论通过强调企业竞争环境的多变性和破坏性，克服了主流经济学传统均衡模型的缺点。企业内部和外部控制或开发的资源、能力和惯例的平衡被视为一种竞争中的额外情况。企业必须一直保持对竞争环境的适应才能保持竞争优势。

除了这些优点外，资源基础理论也有一些不足。下面本书将介绍一些最常见的批判观点①。

(1) 折中主义。尽管作出很多努力，但是资源基础理论仍然没有呈现统一的、理论上完整的战略管理架构。各个理论分支除了在解释企业的优越表现上都持有多样性和独特性观点外，对于基本假设和理论进步并没有实现共识（Freiling et al.，2006）。例如，很多学者是将资源基础假设与主流经济学理论的

---

① 可参见 Foss/Foss，2004；Foss/Knudsen，2003；Foss，1997a，1998；Moldaschl/Fischer，2004；Moldaschl，2005；Freiling，2001；Freiling et al.，2006；Gersch et al.，2005；Priem/Butler，2001a，2001b；Porter，1991，1994，1996a。

基本元素混合起来的，尤其是和新古典经济学（如新古典微观经济学，Foss et al.，1995）、交易成本理论（Foss/Foss，2004）、产业经济学（Mahoney/Pandian，1992）、知识产权（Bamberger/Wrona，1996a），这遭到了 Freiling（2001）和 Gersch 等（2005）的批评，因为以上范式之间的基础假设和前提有原则上的不一致和不兼容。部分学者试图将资源基础理论回归到传统经济学，而其他学者却想将它拓展到行为学和社会学领域（Freiling et al.，2006）。对于不同分析层次也没有相应的整合。Sanchez 和其他学者①更倾向于系统层面的全方位能力视角，而 Freiling（2001）和 Freiling 等（2006）则倾向于个体方法论。

（2）术语混乱。这指的是不少学者提到的在形容生产要素这一词汇时出现的“不断的混乱”（Barney/Clark，2007）、“含糊不清”（Moldaschl/Fischer，2004）、“纠缠不清”（Moldaschl，2006）、“全涵盖资源”（Priem/Butler，2001b）或“术语混合”（Foss，1997a）。有时候“大量不同的词汇和定义”描述的是类似的资源或概念，而有时候同一词汇又用于描述不同情境。不过这个问题是它的奠基者造成的。类似于 Wernerfelt（1984）所定义的“任何可以看做是企业优势或劣势的因素”就决定了后来失控的和随机的定义和界定。由于缺乏概念焦点，资源基础理论包含了很多不重要的小问题和不相关的问题，甚至劣势或者没有资源都可以算作企业的一种资源。另外一个关于概念混乱的例子来自 Barney（1991）的定义，即“所有企业控制的能够使其设计执行提高效率和效益战略的资产、能力、组织过程、公司属性、信息、知识等”。类似地，仅仅通过列举企业可能的资源并不有效，因为感性地归纳根本不能得到一个梗概的、清晰的、理论导向的理性定义。Barney/Clark（2007）最近提到这一问题时表示，标签的改变并不会改变资源基础理论的本质。

（3）循环论证/同义反复。Barney（1991）将资源作为自变量的定义引发了另一个问题，即它和经济成功作为应变量的定义相联系，资源被看做是对企业竞争能力有正面影响的先验变量，资源基础理论表示企业需要有价值的资源和能力来取得竞争成功，但是定义却告诉人们企业之所以成功是因为它们拥有有价值的资源和能力。两种陈述构成了一个循环论证（Priem/Butler，2001a，2001b）。

（4）对有价值资源的出现和控制缺乏解释。资源及其对企业竞争优势的影响之间的联系反映了另一个问题。特定资源的价值——其对于企业经济效益的贡献——只能事后检验，因为其结果暂时从属于原因。以资源作为基础的战略管理就好像是根据后视镜来执行的驾驶一样。正如 Foss（2002）和 Goshal 等（2002）提到的，大多数资源基础文献不关注内生的新资源，它们将这些资源看做是给定的。尤其是在结构分支中，很少提到多样性情境下的不同租金是如何出现的。

① 如 Sanchez et al.，1996；Sanchez/Heene，1996；Sanchez，1997。

资源基础理论应该包含对于资源构建过程的解释（Barney/Clark，2007）。在战略管理中，研究兴趣不仅仅是在现有资源如何开发，还应该包括如何预测现有资源的未来发展、如何创造新的有价值资源、这些创新成果如何控制、有什么随之而来的问题和限制（Nooteboom，2009）。尽管过程分支利用动态能力或组织学习等概念阐述了动态问题，但也仅是只言片语。此外，动态能力的概念本身就是静态的。也就是说，使得企业能够开发新资源和调整现有资源来适应外部环境的能力本身就是固定不变的。这样看来，动态能力概念并不比其他观点更动态（Barney/Clark，2007）。

此外，考虑到资源基础理论的核心产出——效率，由于成本和时间投入，只在企业内部创造和积累有价值资源不一定是最有效的战略。“对于某些技能而言……内部开发的成本几乎是无限的”（Hamel，1991）。此外，也有观点认为企业不需要随时拥有所有重要资源，因为部分资源只会在和合作企业合作之后才会出现或才能评估。尽管持能力基础观的学者们（Hamel，1991；Leonhard-Barton，1995）已经指出了互补资源合作评估的重要性，但是资源基础理论对那些只有通过外部伙伴或关系网络合作才能获得的资源不是很关注（Duschek/Sydow，2002）。关系基础观明确阐述了这一不足，将在随后的章节（3.4.1 节）讨论。

（5）战略和资源之间联系的缺失。与外部情境变量联系的缺失经常被批判，因为资源的经济价值最终会被市场环境等外生要素所影响，其价值只能根据外部市场需要来评价[①]。正如波特（1991）所言，资源——和资源基础理论的其中一个假设相悖——自身是无法有价值的，因为它们的作用是允许企业能够在特定市场制造优势。一旦某种企业独特的资源被证明有价值，与之相关的稀缺性和不可模仿性就会让它比一般资源更具战略作用。资源基础理论的支持者意识到了这个问题（Barney，2001）。资源只在实现竞争优势的特定活动中有意义。因此，其绩效定义仅限于有效性和高效性就太模糊了。该理论好像忽略了一个和竞争优势等同的比有效性和高效性更高级的内部流程概念，因为有效性和高效性本来就要和企业的战略定位相一致（Porter，1996）。按照演化理论的观点，市场选择根据企业提供产品的特点（质量、价格等）和效果决定。所以，可以假设选择机制也影响企业内部资源的配置和评估。

这一观点在一定程度上已经被包含在动态能力中，但是还需要通过具体资源和竞争战略的关系研究检验。有价值的资源可以帮助建立强势的战略，强势的战略也可以帮助构建有价值的资源（Witt，2008）。按照本书的观点，企业资源组合和其经济影响之间的因果关系仍是个谜。因为资源基础理论隐含地假设了竞争

---

① 参见 Priem/Butler，2001；Porter，1991；Bowman/Ambrosini，2000 的相关文献。

优势相关资源的运用和观察到的它对企业竞争成功的影响效果之间的线性因果关系。简单来说，就是一单位资源的增长就会导致一单位竞争绩效的增长。笔者认为有理由怀疑该假设，因为它忽略了资源的边际效用问题和企业创新过程的具体性和复杂性。因此可以认为部分资源和其经济作用之间的因果联系呈U形，因为它会失去作用甚至产生反向作用。有形资源很有可能符合这种情况。无形资源可能仍是线性因果关系，直到它们接近其边际价值。资源的经济作用在不同企业中有可能不同，因为他们的内部流程和惯例不同。例如，更高的研发投入只有在额外资本通过相应流程被有效转化成新产品时才有积极影响。因此，有形与无形资源在不同维度之间可能会互相干扰，影响最终的作用。

(6) 理论概念测度和实际操作的困难。资源基础理论的部分概念对于实证研究来说很难操作。基于显性知识的有形的实际资源或能力相对来说更容易测量，而像惯例、隐性能力或动态能力等更抽象的、无形的或复杂的资源就很难观察到。Barney和Clark（2007）也承认，对于以资源为基础的概念的实证研究和测度结果是让人们意识到"如何不去测度资源，而不是如何去测度资源"。事实上，到目前为止没有一个一般概念框架能存在这么久，没有统一的测度指标也就不足为奇了。即使能够找到指标成功测度像惯例和动态能力等隐含变量，研究者也难找到分离资源的实际环境（鉴于其特质）。研究者还必须处理组间相关和组内相关的问题。其次，构建这些变量的准确指标还涉及简洁性（也就是可行性）和需要一定程度的复杂性来保证的准确性之间的平衡。因此，如果只是简单地测度上述概念，这些指标给进一步的解释留下的空间非常小。尤其是在战略管理的大背景下，测度的困难给企业造成了很多麻烦。正如著名的管理箴言所说的那样"你不能管理你不能测度的东西"，除非一个东西可以被测度，否则你无法知道如何使它变得更好。如果不能评定你的努力是否有效，那么也不可能进行资源的管理。

鉴于上述批评意见，Freiling（2001，2004）、Freiling等（2006）和Gersch等（2005）等部分学者最近试图通过为不同概念构建共同的分析核心并建立一系列统一的清晰定义，将各个分支和概念整合到同一个"企业能力基础理论"中。Moldaschl（2006）等则建议使用"制度反思"（institutional reflexivity）来测度企业的"应变力"从而综合大量与能力相关的变量。

把这些批判意见综合到本书的讨论中，发现其中三个观点很重要：资源构建和战略之间联系的缺失，与之紧密相关的分类问题，以及各种资源的测度困难。前两个问题说明，非研发企业在使用这类资源时不应该假设创新产出和经济成功等竞争优势的必然出现。这类资源只是可能的效益来源而已。实证研究应该将这些资源的使用与实际创新产出和经济效益相比较。测度和操作的问题，以及本书如何处理这个问题，将会在章节4.5详细讨论。

3.4 企业内部资源基础理论的拓展

3.4.1 企业关系基础观

为了回答企业效益为何不同的问题，战略管理将企业看做是自发体，企业会通过市场行业环境或内部资源、能力（competences）和潜在能力（capabilities）来寻找竞争优势。新兴的关系资源观假设这些理论都忽略了一个重要事实，那就是单个企业的优势通常都和其所处社会关系网络优势相关（Dyer/Singh，1998；Gulati et al.，2000）。

3.4.1.1 发展和区别

这一观点源自企业间日益紧密的网络联系和不同联盟之间日益激烈的竞争①。依据 Oelsnitz 和 Graf（2006）的观点，对于企业联盟和网络的研究或许能够解释目前企业所处市场环境的变化，比如：

工业与消费品产业的复杂性日益加剧——需要高投入进行产品开发同时具有越来越高的不确定性和风险；

技术融合现象导致系统解决方案的需求日益增多；

全球市场覆盖需求对企业的规模经济和范围经济要求越来越高；

产品生命周期的缩短导致了利润回报期的缩短，从而提高了通过合作实现先发优势的需求；

贸易壁垒和市场进入壁垒需要市场进入的合作战略。

关系基础观关注的是企业间广泛的网络联系或合作，不仅仅局限于特定的企业间合作形式。

从组织角度出发，有价值资源的获取可以通过市场机制、分级的或合作的组织形式来整合。之前已经讨论过，在要素市场获取到的资源并不重要，因为可交易的资源不具有特殊性、具体性或不可模仿性，因为它们还要通过企业进一步的改造才能发挥全部作用。类似地，鉴于成本和时间问题，分级别的内部资源的获取也不总是创造和积累珍贵资源最有效的办法（Rasche，1994；Hamel，1991）。因此，通过合作获取和控制自己所缺失的、有价值的无形资源对企业来说不失为一种有效战略。

尽管具备分析上的潜能，战略管理研究还是忽略了对组织间租金产生过程的系统检验（Dyer/Singh，1998）。通过企业间合作获取有价值资源只是企业通过向外部合作伙伴学习来获取所缺失资源和能力的一个战略选项之一。一旦目标达

① 参见 Contractor/Lorange，2002；D'Aveni，1995 的相关文献。

成，合作就停止了。所以层次整合从合作中获得的资源是实现持续竞争优势的唯一途径。企业（具体来说是从合作中获利的企业）仍然是该类特别资源的拥有者。因此，研究者们对企业如何通过合作获得经济租金更感兴趣，他们更关注合作活动带来的具体利益，如更低的交易成本、知识传播的加快、资源的积累或投资风险的分担[①]。

3.4.1.2 通过关系租金实现的竞争优势

然而关系基础观认为持续竞争优势直接或不可避免地来源于合作、联盟和网络（Dyer/Singh，1998；Gulati et al.，2000）。其核心目标就是通过网络和合作路径来解释竞争优势的获取和保持。Dyer 和 Singh（1998）通过构建“关系租金”（relational rents）一词定义了组织间竞争优势，它指的是“在互动关系中共同创造的，无法由任何一个单个企业完成的，只可能通过具体联盟伙伴共同作用下创造的”超额利润[②]。

因为传统的“敬而远之”式松散（arm's length）（Dyer/Singh，1998）市场关系通常涉及非特定的资产投资、最小的信息交流（协调信息设备的价格）、可分离的各自技术和职能系统、低交易成本和治理机制的最小投入，所以对于企业而言只需付出很少的罚金或机会成本就能轻易换掉贸易伙伴。

为了从这种传统的市场关系转变为能产生关系租金的“高级”的企业合作模式，合作企业需要做到以下四点（图 10）[③]。

资源基础理论认为，资产是稀有的、有价值的、不可移动性的和独特的，而关系基础观更加注重的是与联盟合作伙伴的资产共同创造的专门资产。根据 Williamson（1985）的理论，Dyer 和 Singh（1998）区分了三种形式的关系专用性资产（relation-specific assets）：

（1）区位特性；

（2）实体资产特性；

（3）人力资产特性。

区位特性指的是合作伙伴地理上的邻近。天然不可移动的连续生产过程通常离得很近，这样可以减少库存或交易成本还有协调活动的频次。实体资产特性指的则是具体交易的资本投入（如专门为合作设计或改进的机器设备或 ERP 系统接口）。人力资产特性则指的是在（长期）合作过程中产生的知识和诀窍（know-how）储备（如通过训练员工熟悉合作伙伴的系统特征和流程）。

有关这些关系的专用性资产，有两种子情况会影响到合作者获得关系租金的

---

① 参见 Stuart，2000；Das/Teng，2003；Koza/Lewin，2000；Ahuja，2000 的相关文献。

② 参见 Dyer/Singh，1998；Duschek，2002 的相关文献。

③ 参见 Dyer/Singh，1998；Gaitanides，2007 的相关文献。

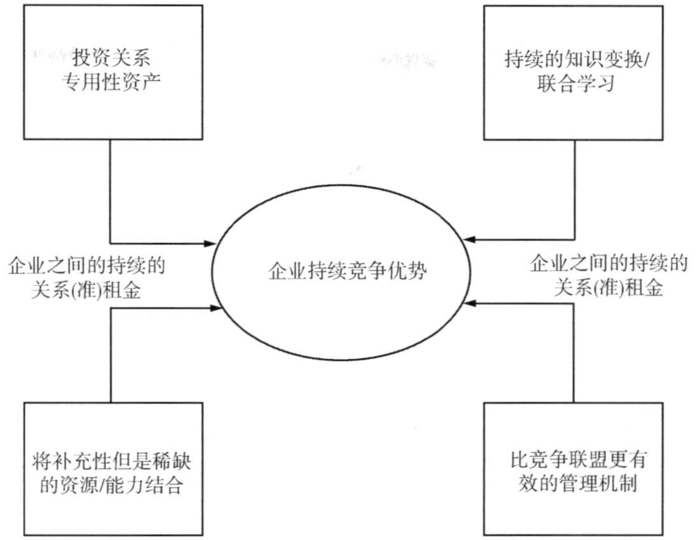

图 10 利用关系租金获得竞争优势的决定因素

能力（Dyer/Singh，1998）。首先，考虑到许多投资——尤其是机器等技术投资——耐用性和固定成本特性，如果有专门的保护，合作伙伴会更愿意投资。其次，总的交易成本和获得关系租金的潜在可能是正向关系，因为交易的规模和范围越大，合作伙伴就更能够提高交流时的效率。

如果实现持续的知识交流，关系基础观认为合作伙伴就会成为企业最重要的新观点和新信息的来源，最终带来技术升级和创新升级。合作企业可以构建"允许专门知识流动、重组和创造的企业间互动的常规模式"（Dyer/Singh，1998），从而建立超越企业的知识分享平台，最终获得经济租金。要建立这种平台，企业要开发专门的合作吸收能力，这可以帮助企业从不同的合作伙伴那里解码、识别和吸收不同形式的珍贵知识（如各种显性和隐性的知识）。此外，由于在合作伙伴中工作的员工熟知彼此，了解彼此各领域的专家，这样会进一步提高合作吸收能力。分享平台也依赖于对合作伙伴分享意愿的刺激，以及对搭便车行为的打击（Dyer/Singh，1998）。

获得关系租金的第三种方法是组合相互补充的资源禀赋。理想情况是，合作伙伴所带来的资源在和原企业的资源组合之后会产生协同效应，使得新组合的资源禀赋比组合前更具价值、更为稀缺，从而难以模仿（Dyer/Singh，1998）。不同资源补充的程度越高，潜在的关系租金就越高。不过企业协同资源的能力和之前的合作方面的专业性、内部搜索和评估能力的投资（如在内部建立战略合作部），以及在社会和经济网络中获得信息发达位置的能力正相关。此外，这也和企业与合作伙伴之间组织系统、流程和组织文化等方面的兼容程度有关。

第四种方法则是通过在企业联盟内建立治理机制而进行的企业间合作获得关系租金，这往往比竞争者联盟更有效。通常情况下，企业间联盟内的治理工作可以由执行第三方协议（如法律合同或合法的组织授权）或自我执行协议（self-enforcing agreements）（如信任或信誉等非正式机制，以及财务或投资的互惠等正式机制）来实现（Dyer/Singh，1998）。根据交易成本理论，Dyer 和 Singh（1998）表示合作企业应该将日常交易与治理结构有效地结合，以此来减少交易成本，提高合作者的参与意愿，最终获得关系租金。就减少交易成本而言，由自我执行比第三方执行要更有效，因为其有更低的签约成本、指导成本、适应成本、再签约成本和更强烈的价值创造意愿（Dyer/Singh，1998）。在这种自我执行机制下，相互的信任、信誉或口碑更有机会获得关系租金，他们会降低边际成本并且由于其复杂性和特殊性而更难被模仿（Dyer/Singh，1998）。此外，不光是合作的共同协调需要有效治理，既得关系租金的分配也需要有效治理（Dyer et al. ,2008）。

3.4.1.3 隔离机制

和 Rumelt（1984）提到的保存和维持企业内部资源价值的隔离机制一样，关系基础观也推崇保护关系租金的隔离机制（Dyer/Singh，1998）。部分来源于资源基础文献中的因果模糊和时间压缩存在不经济性①。例如，鉴于其社会复杂性和情境依赖，合作伙伴间的信任和信誉就存在一定的因果模糊。同时也存在时间压缩不经济性，因为它们不能被立即开发，也不能被带到市场上买卖（Dyer/Singh，1998）。

除了这些已知的隔离机制外，关系基础观提出了四个专门的隔离机制②：

（1）组织间资产互联性。关系专用性资产的初始投资会带来未来的额外投资。关系资产的投资是一个累积的过程，且彼此相互联系。战略性意义是联盟合作伙伴为了开发关系租金的全部潜能就要进行关系资产投资。

（2）合作伙伴稀缺性。关系租金很难被模仿，因为拥有必要的互补资源和关系能力的合作伙伴很少。所以，其战略意义在于拥有快速识别合适的合作伙伴并与之结盟的企业会获得巨大的先发优势。

（3）资源不可分割性。合作伙伴会以路径依赖、独特的、不可分割的方式进行资源组合和共同开发，以保证不会被竞争对手事后解构模仿。其战略意义是合作伙伴的资源和能力会随着时间共同演化和变化，从而限制了各企业彼此控制和再配置这些资源的能力。

---

① 参见 Barney，1991；Dierickx/Cool，1989；Lippman/Rumelt，1982；Reed/De Fillippi，1990 的相关文献。

② 参见 Dyer/Singh，1998；Duschek/Sydow，2002 的相关文献。

（4）制度环境。通过有效的制度法规或对契约执行的社会控制，从而鼓励或培养企业间信任的制度环境，或许能够促进关系租金的创造。这一观点可以拓展到国家或地区优势。其战略意义是企业为了获得与之相关的利益，可能需要将合作放置在特定的制度环境下。

尽管越来越多的企业认识到了合作和联盟对于提高竞争力的重要性，企业间合作和网络的成功与否还是受限于——甚至因此失败——相互间的不信任（Zaheer et al.，1998；Endres/Wehner，1995）、沟通问题（Loose/Sydow，1994）、冲突解决的不同方法（Schuh et al.，2005）、不同的学习能力（D'aveni，1995；Dyer/Singh，1998），或者是能力管理的缺失[①]。对合作关系的分析只是基于经济因素，如把珍贵的互补资源组合在一起或减少治理成本，是远远不够的。实际上，企业间合作与联盟也是社会实体（Das/Teng，2002；Gulati，1998）——除去其经济交易——同样基于非物质的社会过程。在这种情况下，像社会结构企业网络、声誉、政治影响以及使用联盟经济产出的能力等变量开始出现，统一在“社会资本”方法论下（Burt，2003；Tsai，2000；Koka/Prescott，2001）。

3.4.1.4　合作能力

考虑到这一背景，企业关系基础观和资源基础理论有相似性，同样是过程导向的研究分支，它关注的是企业的“关系能力”（relational capability）（Lorenzoni/Lipparini，1999），“协作诀窍”（Simonin，1997）、“合作能力”（Eisele，1995）、“合作核心能力”（Duschek，1998），或“关系和网络能力”（Stahl，1996；Peitz，2002）。其中的理论逻辑也类似，就是企业的合作能力决定了它是否能够获得关系租金或合作是否能够成功。“对合作机制和转移过程的理解有助于知识吸收，如可以排除合作中不必要任务和破坏性噪声”（Simonin，1999）。“合作能力”一词——就像一个大熔炉——代表了所有企业可以维护和优化协作或网络活动的能力。所以，合作能力是一个多维度构念，包含了员工个人以及组织的技能和特点（Oelsnitz/Graf，2006）。

Oelsnitz 和 Graf（2006）提出了合作能力的三个主要维度：

（1）功能性的、技术性核心能力和把诀窍作为一种元资源来管理；

（2）管理、组织和沟通的兼容系统；

（3）组织声誉、社会地位和社会资本。

为了吸引可能的联盟合作者，企业一方面需要拥有特定的技术（“一般目的”）资源和能力（如技术、研发、营销、制造等领域）作为合作的构成要素，

---

① 参见 Dyer/Singh，1998；Kale et al.，2002 的相关文献。

还需要特定的可以用来提高合作有效性或效果的非物质资源（“联盟能力”）[①]。

另一方面，企业还需要与其外部合作伙伴兼容（Robson，2002；Dyer/Singh，1998）。这并不意味着合作伙伴在运营或沟通流程、技术背景或社会特点等企业文化的方面都要一致。更重要的是企业需要能够处理其与合作伙伴的一致和不一致。这可以通过组织界面的设计和管理，以及处于界面的工作人员的技巧来实现。

最后，笔者发现企业的社会嵌入性（social embeddedness）对其合作能力和吸引力至关重要（Gulati，1998）。其社会嵌入性由其结构定位和其在社会网络中的社会地位组成。这一社会维度在企业间合作被视为持续的、路径依赖性的活动而不是一次性现象时显得尤为重要。企业的行为和表现被其合作伙伴深深铭记并和结构定位一起形成了它的社会资本（Oelsnitz/Graf，2006）。随后，企业的社会资本就成为企业合作能力的预测指标，成为企业一项无形的、不可模仿和替代的资源[②]。结果，如果企业获得了社会资本，它就可以通过提高其对顶级合作伙伴的吸引力以及通过获取关于未来联盟机会的信息优势，提高其在网络中的地位和声誉。企业拥有越多的优质联盟，其在联盟网络中的地位就越高，或者拥有越多聚焦的网络，就越容易并以更快的频率加入新的联盟（Gulati，1998）。

3.4.2 总结和批判

到目前为止，已经有大量实证研究证明了企业合作获得超额经济租金的潜力（Gulati，1998），找到了 Dyer 和 Singh 所说的具体的租金来源和模仿壁垒[③]。鉴于关系基础观大量采用了资源基础理论的假设和前提，以及企业（核心）能力的概念，它通常被视为战略管理的一个进展，而非一个独立分支[④]。不过也有学者认为它应该被纳入战略管理下的市场基础观视角，因为所谓的关系租金的获得在很大程度上依赖于外部市场环境的结构和特点（Beck，1998）。根据这一观点，企业间的战略联盟提高了互补资源的可用性，支持了竞争战略的执行，从而提高了企业的市场表现和市场准入门槛（Beck，1998；Porter，2000）。尽管这一观点看起来很合理，但是它拒绝了像因果模糊性或关系资源不可模仿性等隔离机制，而这恰恰是 Dyer 和 Singh（1998）等提出的关系基础观中的核心部分。

---

① 参见 Inkpen/Currall，2004；Oelsnitz/Graf，2006；Kale et al.，2002；Lorenzoni/Lipparini，1999；Hamel/Prahalad，1997 的相关文献。

② 参见 Gulati，1998；Kale et al.，2000；Lorenzoni/Lipparini，1999；Burt，2003；Koka/Prescott，2001；Tsai，2000 的相关文献。

③ 参见 Dyer，1996，1997；Zaheer et al.，1998；Möller，2006；Dyer/Nobeoka，2000；Duschek/Sydow，2002；Dyer/Hatch，2006 的相关文献。

④ 参见 Duschek，2002；Duschek/Sydow，2002；Lavie，2006 的相关文献。

关系基础观明确地克服了资源基础理论只关注企业内部资源的观点，它不仅考虑到了那些在外部合作者身上的有价值资源，还考虑了企业通过合作整合互补资源新创造出的更有价值的、独特的、难以模仿的资源或能力。合作为企业提高资源配置的有效性和效率提供了另一个战略选择，它帮助企业获得了竞争必需的资源，这些资源无需内部拥有，或无法内部开发。从这点上来看，关系基础观是对资源基础理论的补充和完善（Duschek/Sydow，2002）。

关系基础观的另一个重要成就是对结构导向的经济观点的过程导向的拓展，它既包括了像社会定位、社会声誉和社会资本等社会情境，也包括在个人和组织层面合作的合作管理能力和综合管理能力等社会能力，这些对企业提高社会租金来说非常必要。因和研发活动具有实证关系而广受质疑的吸收能力的原始概念（Cohen/Levinthal，1990）也得到扩展和补充，如企业识别合作伙伴、建立战略联盟、组织和开发合作关系等的能力，通过这些方式赢得竞争优势。

关系基础观仍然有一些不足：

没有解释租金的产生过程。和资源基础理论一样，关系基础观也没有从理论上解释关系租金的产生过程。其实际特点和合作关系中有价值资源的进化形态等问题依然没有得到解答①。但这部分对于企业间合作的战略规划和组织又十分重要。

忽略了企业内部资源。尽管关系基础理论学者明确强调了企业内部特定资源对于获得关系租金的基础作用，但是他们仍然只关注关系租金在合作或网络维度的分析（Duschek/Sydow 2002：11）。但实际上，将资源基础理论拓展到企业间维度的研究应该同时关注这两方面并且研究两者的回归和相关关系。

具有高度复杂性、独特且具有高战略价值的知识资源更有可能通过收购而非合作获取。最近的研究显示，企业通过拓展全资子公司比参与联盟更能开发复杂知识（Carayannopoulos/Auster，2010）。如 Kogut 和 Zander（1993）所言，制造技术越复杂就越难转移。这是由于复杂的知识被假设为由大量隐含的相互依存体（个人、部门或技能）组成，因此其整体很难被其他企业理解或整合，所以鉴于高度的情景依赖性很难被移植到其他企业②。这对专门知识（Paruchuri et al.，2006），含有高获利潜力的知识（Carayannopoulos/Auster，2010；Inkpen，2000）来说同样适用。因为企业不会将其特别的知识资产或超额租金与合作者分享，如果他们有能力自己攫取。这一观点表明企业间知识交流现状或许会对合作的成功造成不良影响，因为企业知识交流的意愿会随着知识的战略价值级别升高而降低。

合作能力定义的不一致性。更过程导向的关系基础观考虑到了企业的社会嵌入

① 参见 Duschek/Sydow，2002；Moran/Goshal，1999；Duschek，2002 的相关文献。

② 参见 Sorenson et al.，2006；van Wijk et al.，2008；Simonin，1999；Reed/Defilippi，1990 的相关文献。

性和其必要的社会性的合作能力，必须指出的是对于企业合作的（核心）能力并不存在统一、一致的界定（Oelsnitz/Graf，2006）。许多观点基本仍流于表面而且大多数是基于其研究目的的案例分析（大部分用的是日本大型企业的案例）。所以对关系基础观而言，现在的首要任务是确定一致的结构化定义。此外，对企业常规合作能力的关注实际上又回到了企业内的角度，因为获得关系租金的可能性又和合作本身无关，而是跟参与企业的合作能力有关，这和竞争力基础观以及动态能力观的理论框架很类似。鉴于这一批判观点，未来对合作能力的定义应该界定其工具特性，并建立有关企业间层面的关系租金和企业内部前置情况的关系讨论。

还有学者批评关系基础观没有区分不同合作形式间的差异，所以就没有考虑类似供应链等垂直合作形式的吸引力和其模仿壁垒（Schmidt，2009）。最后，只有极少数研究涉及了既得关系租金在合作参与者之间的分配问题。他们认为，利益分配机制或许是企业参与合作和战略联盟的根本原因（Dyer et al.，2008）。

本书会关注关系基础观对企业内部资源的忽略问题。如果只从关系基础观来看会低估非研发企业有价值的内部资源。应该看到，关系基础观是对资源基础理论的补充，同时考虑了内部和外部的创新资源。收购比合作更有可能获得高度复杂独特且高战略价值的知识资源这点也说明应该以更宽泛的眼光来看待外部的竞争优势来源。理想情况下，实证研究中应该包括一个测量企业外部购买投入的变量（如机器设备、许可软件的购买等）。

3.4.3 企业知识基础观

产业经济学经历了从有形资源到知识性的无形资产的转变过程，在此过程中，人们对知识作为战略资源的观点开始产生兴趣（Nooteboom，2009）。这种转变通常被称为“知识经济”（knowledge-based economy）（Foray，2006），伴随着知识和信息的生产、加工和传播。这一转变在整个经济系统中传播开来，强调知识是经济增长的主要驱动因素，导致企业知识基础理论（knowledge-based theory）的出现（Hansen et al.，2009；Czarnitzki/Wastyn，2009）。

3.4.3.1 发展和形成

“企业知识基础观”（Spender/Grant，1996；Grant，2002）包含战略管理研究中一些最新的研究，他们关注的是企业知识基础以及在动态市场环境中企业通过学习过程形成知识储备并将其作为竞争优势永久来源的能力[①]。

---

① 参见 Eisenhardt/Santos，2002；Spender/Grant，1996；Decarolis/Deeds，1999；Welge/Al-Laham，2008；Al-Laham，2004 的相关文献。

企业知识基础观包含大量不同的观点和理论分支，包括资源基础理论①，尤其关注它基于能力和潜在能力的分析②，认识论③以及组织学习理论④。主要代表人物包括 Demsetz（1988，1991）——分析了企业的知识边界；Brown/Duguid（1991）——检验了基于知识的组织；Kogut 和 Zander（1992）——他们将企业看做是知识处理机构，以及 Nonaka（1994）——分析了企业的知识创造。至于理论构建，Grant（1996a，1996b）、Liebeskind（1996）、Szulanski（1996）和 Spender（1996a，1996b）算是较早地整合以上研究并强调了知识作为过程的重要性以及知识协调对实现战略性竞争优势的必要性。企业知识基础观最早出现在 20 世纪 90 年代的本田、佳能、松下、NEC 和夏普等日本企业大量兴起的时候，当时它们对顾客的快速响应、新市场的创造、快速开发新产品以及对新兴技术的掌握进入人们的视野，它们成功的秘诀就在于对新的，尤其是隐性知识独特的创造和协调能力（Nonaka，1991）。这为企业知识基础观奠定了基础。

企业知识基础观并不完全是一个新的理论，只是因为这些研究在研究企业的时候都关注了知识作为生产要素的作用（Grant，1996a；Grant，2002）。从这点上来看，知识基础观只是通过将知识视为企业最重要的战略资源并关注与之相关的在企业内和企业间的识别、创造、改进、积累、转化、传播和沟通过程，对资源基础观进行了改进或重新定义（Welge/Al-Laham，2008）。也有学者将知识基础观视为组织学习向战略和组织功能运作的有效拓展（Kogut/Zander，1992，1996），或者更强调知识构建的社会化过程而弱化其战略资源特征（Spender，1996a）。

这些文章的共同点在于都将企业当做是异质的知识承载体，不能仅仅通过其契约构成来界定（Kogut/Zander，1992）。知识基础观在功能维度上将企业视为储备了不同生产知识（技术和组织）的组织型实体，并能在此基础上学习和发展（Foss，1996）。因此，根据组织理论的观点，对企业竞争能力的分析应该着眼于企业对于如何发展有什么规划。

作为一个基本的前提，知识也是具备规模经济和范围经济性的（Grant，2002）。初始创造比后续的复制更“贵”，和实体资源不同，它不会耗损。因而知识的规模经济性和不同类型之间的互补性预示着知识密集情境下的收益递增。在某种程度上，对不具体特指哪一类商品生产的知识而言，规模经济也指范围经济。

① 参见 Barney，1986a；Wernerfelt，1984；Rumelt，1984 的相关文献。

② 参见 Prahalad/Hamel，1990；Grant，1991；Amit/Shoemaker，1993 的相关文献

③ 参见 Polanyi，1958，1966；Vonhayek，1945 的相关文献。

④ 参见 Levitt/March，1988；Huber，1991；Argyris/Schön，1978 的相关文献。

3.4.3.2 企业知识的结构维度和过程维度

如 Eisenhardt 和 Santos（2002）所言，传统的战略管理学者所说的知识指的是显性知识。企业的知识被建模成一种明确的、可减少的以及容易转移的构念，其中的知识获取和信息处理相关联。和之前重点放在绝对的、静态的以及非人工的知识（以一般逻辑表达的形式）不同，知识基础观关注的是两种能为企业带来竞争优势的维度（Spender，1996a）。

知识的第一重概念是基于“实证功能主义”（positivistic-functionalistic）的视角（Al-Laham，2004），该视角将知识定义为“一种将个人信仰变为追求‘真理’的一部分的动态人类过程”（Nonaka，1994）。根据这一定义，企业的知识代表的是所有个体在学习过程中获得的个体认知和能力的客观集合。在战略管理中，这种客观的知识储备可以理解成一种符合资源基础理论所定义的具有高战略价值、稀有的、不可模仿和替代的静态资源生产投入（Barney，1991）。

第二重概念则与“多元解释主义”（pluralistic interpretative）认知论相关（Al-Laham，2004），不再是通用的知识定义。这里知识被视为是深深植根于社会情境下复杂的社会学构念。由于其情境依赖性，它不可能是客观的或明确的，所以根据这种构念方式，对知识的分析重点在于理解其情境，尤其是知识产生、分享、使用和模仿所赖以实现的社会互动。

Nonaka（1994）和 Kogut/Zander（1992）的文章体现了这种概念上的差异，他们将知识分为“信息”和“诀窍”（know-how）。

对于信息，他们指的是传播过程中始终保持完整性，只要接受主体知道语法规则就可以完全解读的知识。信息包括事实、数据、公理和符号。为了公开传播，信息必须是标准化的。以信息形式传播的知识表示的是知道什么意思。

根据 von Hippel（1988）的定义，诀窍指的是允许某人能够顺利和有效地完成某件事情的积累性实践技术和技能。“积累”一词表明诀窍必须是可学习和可获取的。诀窍类的知识表示的是知道怎么做事。这种程序化的知识是企业实践（如工作的组织、员工的互动）的较好描述。

根据这一基本概念，不同知识基础观的最根本区别恐怕就是一般性知识储备（知识库）和改进更新知识储备的学习过程（知识流）之间的区别了。因此知识基础观所涉及的知识既包含静态结构维度的知识也包含动态过程维度的知识（Welge/Al-Laham，2008；Allaham，2004）。

1）知识存量——结构维度

一个显而易见的事实是企业的相对竞争表现总是不同。在知识基础观看来，这表示他们掌握的信息和诀窍，以及知识库和知识流不同。保持持续优势和保证知识不被转移和模仿所面临的是同样的问题（Kogut/Zander，1992）。因此，知识基础观不应该满足于只是区分了信息和诀窍，而应该探寻背后的原因，即哪种知识不会被轻易转移和复制。

为了建立知识基础观，Kogut 和 Zander（1992）、Grant（1996），以及 Nonaka（1994）列出了几个用来解释知识不能轻易转移和复制的特点：

（1）知识的类型（显性和隐性）；

（2）知识的载体（个人和组织）；

（3）知识的内容（专业性、社会复杂性）。

第一维度的概念可以追溯到 Polanyi（1958，1966），以及后续的 Nonaka（1994）和 Nonaka/Takeuchi（1995）。显性知识指的是通过正式的系统化语言传播的知识。显性知识可以一系列的识别规则、心理模型和关系构建，可以很方便地用语言沟通，因而可以通过编辑在不同个体间传播（如烹饪食谱、用户手册、教科书等）。相反，隐性知识则具有强烈的个人特征，因而很难正规化和沟通。"尽管不能很清楚地说明白怎么骑自行车，但是这不妨碍我说我会骑自行车"（Polanyi，1958）。Nonaka（1994）认为，企业需要建立将隐性知识显性化的机制（为了知识的传播和再造），还要把显性知识隐性化（为了以隐性的形式保留和保存重要的知识）。根本不能显性化的隐性知识传播和再造需要大量耗时的社会化过程。

在企业内，隐性知识通过特别的经验性学习过程创造出来。因此，它具有高度的特殊性，除非发生根本改变否则不能在企业外部使用（Spender，1996a；Spender，1996b）。隐性知识深深根植于具体情境下的行动、承诺和参与。总之，人们甚至不知道他们拥有这种隐性知识（Foray，2006）。所以，隐性知识与创造和使用它的环境高度联系。

显然，隐性知识的这些特点完全适合资源理论所谓的有价值的竞争资源。因为它不能在人和人之间传播，高度受限于企业的社会情境，从而很难被竞争对手模仿，构成了企业主要的竞争资源。显性知识的规模经济性十分明显，尤其是信息——"生产成本高，复制成本低"（Shapiro/Varian，1999），隐性知识的复制成本却很高，不过，显然比原创成本还是低一些（Grant，2002）。

在这里很有必要提一提波兰尼（Polanyi）。和大多数人不同，他并不想对显性和隐性知识进行区分（Neuweg，1999；Grant，2007）。对他而言，所有知识在人们使用它时都会由于个人想法、经验和实践的不同而具有隐性特征[①]。和主流观点不同，波兰尼没有说隐性知识本身不能传播，他认为，如果有通用语，那么大部分的隐性知识是可以分享的。但是，由于隐性知识缺乏编码和规则的具体化，它只能和具体活动紧密相关。骑车的技能只能通过观察、模仿和实践来传

① 参见 Polanyi，1958；Kogut/Zander，1992 的相关文献。

播，而不能通过详细地解释或通过说明传播，因为没有相应的说明。只能由师傅言传身教传给徒弟，这限制了传播的范围（Polanyi，1958）。所以，隐性知识不能被等同于实践知识，因为实践知识由大量的显性元素构成。更准确地来说应该把隐性知识叫做“无意识”知识。

由于这一区别，其他学者认为应该建立更多的分类，因为显性和隐性只反映了表达的难易，并不能完全反映知识的难度和复杂的程度（Tidd/Bessant，2009）。例如，Winter（1987）从缄默性（tacitness）、复杂性、系统依赖性和可观察性四个维度进行区分。缄默性维度进一步分为可教授性和可编辑性。Sanchez（2001）则提到了“知道怎么做”（knowhow）（干中学）、“知道为什么”（know-why）（分析中学）和“知道是什么”（know-what）（知道什么是重要的）。Blackler（1995）甚至建立一个知识的五种分类：脑力型知识、内在型知识、文化型知识、嵌入型知识、编码型知识。因为这些维度和显性-隐性维度以及个人-组织维度紧密相连，在此不再赘述。

知识的第二个维度是在社会互动层面，关注的是知识载体是个人还是组织的区分。两者构成了企业的知识库。个人是显性知识的基本载体，更重要的是，它是隐性知识的载体。如前所述，个人是组织中隐性知识的唯一创造来源。

然而，资源基础观认为只有集体的、组织的知识可以作为竞争优势的来源。如果个人知识一直保持隐性状态，不能在组织成员之间传播或者不能转化为某种组织知识的话，它仍然不具有价值。所以，个人知识基本被视为组织的、企业特定的以及缄默性知识出现和发展的前提①。只有当企业能够开发利用共享的、“黏性”（sticky）（von Hippel，1994）知识库时，才能够获得永久的竞争优势。因此，企业都拥有一个所有组织成员都能接触到的通用“组织”知识存量（Pautzke，1989）。

这种组织知识有以下几类（Grant，1996）：

（1）通用语言：企业不同成员间书面交流的通用规则。

（2）其他的通用交流形式：语文数学的基本能力，对同一工作设备的熟悉（如软件）。

（3）专门知识的共通性：一个特定的专门知识基础储备或对公司具体的技术、产品、服务的理解。

（4）共享的含义：对图表和框架，比喻和类比，还有故事等的共同认知。

（5）对个人知识的认可：对其他成员的能力和专业知识的认可。

有趣的是，企业允许员工交流非通用的知识，如高度专业化的知识以及个人的隐性知识②。一方面，企业的通用知识存量通过提供交流的通用框架和规则为

① 参见 van Den Hoof et al.，2004；Haas/Hansen，2005 的相关文献。

② 参见 Grant，1996；Nonaka/Takeuchi，1995；Grant，2002 的相关文献。

进一步的知识整合打下基础。另一方面，企业的集体知识是通过个人知识的不断整合生产和改进的，所以集体知识依赖于企业的知识产生流程。

Becker 等（2006）指出，这种组织知识只是代表了 Giddens（1976，1984）定义的“共有知识”。它们只是保证个人能够在组织内互动的基础。Becker 等（2006）认为这还不足以将隐性组织知识描述成竞争优势的来源。因此，他们增加了非共享、特定的专家知识的分类和“关于知识的知识”。第一个分类指的是不在所有组织成员内分享的专业知识。可以很容易地在部门、工作小组或工作团队中发现。他们认为这种处于组织中层的专业知识——尽管没有经过整合并在整个组织共享——非常重要，因为其有高度特殊性。第二个分类关注的是获取知识（知晓企业内哪里有重要的知识）以及验证知识和知识来源的能力。

最后，内容维度处理的是知识的专门性。知识专门性越强，就越难在企业外或竞争对手公司里使用这种知识（Collis，1996）。因为专门性与情境嵌入程度有关，这与隐性知识的特征不谋而合（Al-Laham，2004）。专门性的另一来源是个人知识和组织知识通过长期学习过程的协同。最终的复杂性、情境依赖性和社会嵌入性都提高了增值的潜在可能。

2）知识流——过程维度

由于知识基础观假设知识是动态的并且被组织学习和认知理论流派深深影响，所以相比知识本身，更关注认识过程这一资源的不可转移性（Eisenhardt/Santos，2002）。通常认为企业知识是通过社交构建的，工作中不断的社会互动创造了它（Cook/Brown，1999），而企业的社会和文化设定使它变得特别（Galunic/Rodan，1998）。

关于知识产生的过程，知识基础观用个人学习理论来解释①。Nooteboom（2009）区分了三种学习：通过和他人的沟通和对他人的模仿应用已有的观点、洞见或技术获得的新知识；通过和他人合作，得到的新观点、洞见或技术；从经验中学习并获得新发现。不过，知识基础观的重点在于通过在组织层面整合分散的个人知识库形成新的组织知识，因为它假设通过成功地整合和建立组织层面的知识库就可以获得竞争优势。

最基本的概念是，知识是由个人通过正式认可的专家知识（主要是显性知识）或者通过直接的“手把手”的经验和实践（主要是隐性知识）创造和携带的。由于只有个人才能创造隐性知识，所以员工就是“组织知识创造的原动力”（Nonaka，1994）。如果一个组织鼓励员工创造隐性知识，那么员工就会得到这一组织情境的支持。因此，企业内知识的产生过程是从其员工个人知识的拓展开始的。个人知识——尤其是隐性知识——只有通过员工间的社会互动才能实现交流。

---

①　参见 Welge/Al-Laham，2008；Reber，1992；Wiegand，1996 的相关文献。

隐性知识不能轻易转移。Nonaka（1994）很强调通过“外部化”将隐性知识显性化。他认为可以通过一个概念化和结晶化的过程来实现。不过Grant（1996）认为仅仅将隐性知识显性化并不能有效实现个人知识在组织层面的整合。他认为应该建立隐性知识的互动模型，来省去低效的相互学习。

Grant（1996a，2002）提出了一些整合和转移个人（隐性）知识的机制，如规则和指导、排序，或群体集思广益和决策的技术等。在这里，知识基础观借鉴了组织惯例的概念（Grant，1996；Kogut/Zander，1992）。组织惯例指的是个体之间复杂的自发互动模式的重复性、复发性出现，不需要任何规则、指导甚至书面交流，这几乎就是隐性知识的完美整合。组织惯例构成了组织集体学习的基础，一定程度上是组织记忆的呈现，因为它们是从历史中总结下来的，引导着团体和个体的行为（Eisenhardt/Santos，2002）。

通过以上机制，企业可以建立包含所有元素对所有成员开放的集体组织知识存量。这类组织惯例显示了企业不同层次知识间的本质联系（Welge/Al-Laham，2008）。从进化论的观点来看，可以假设这些机制满足了企业知识保留和复制的组织目标。

少数学者将个人知识作为组织知识的核心（Grant，1996；Simon，1991）。他们认为，组织只能通过现有组织成员的学习或者吸收新成员的知识来实现学习。所以他们非常重视企业可以接触并利用成员知识的组织流程。其他学者则认为个人知识的整合不仅仅是知识的简单组合，因为整合是一种复杂社会互动下的社会现象，因此不能和组织的社会情境分离①。

3.4.3.3 组合机制

两种角度都承认企业是以组织形式存在的生产产品和服务的机构，因为企业建立了不同个体可以整合其专业知识的场所（Grant，1996），因此使得新的（组织）知识可以通过复制和学习创造出来（Kogut/Zander，1992）——这是两个理论的不同之处。在这种情况下，组织——或者说企业——代表了对战略成功最为重要的知识整合、复制和创造的最有效和最高效的协调机制。

如果认为知识是企业竞争优势的来源，那么企业的学习就不能独立于企业现有能力而存在。只有当企业的知识存量和知识流开始互动，对企业竞争效益有影响的知识的必要前提——企业的独特性才会出现（Al-Laham，2004）。通过引入“组合能力”（combinative capabilities），Kogut和Zander（1992）指出了知识基础观和资源基础理论的动态概念之间的紧密联系。

组合能力表示的是企业开发已有知识的能力和探索新的或重组知识的能力之

① 参见Nahapiet/Ghoshal，1998；Nelson/Winter，1982；Kogut/Zander，1992，1996；Spender，1996a；Brown/Duguid，2001的相关文献。

间的互动（Kogut/Zander，1992）。为了描述这种知识库和知识流之间的互动，相关文献提出了以下三个概念（Al-Laham，2004）：

（1）吸收能力；

（2）路径依赖；

（3）因果模糊性。

吸收能力（Cohen/Levinthal，1989，1990）的概念是根植于组织学习理论（Cyert/March，1992）。它表示的是企业从外部环境识别和吸收战略知识，在此基础上开发利用这种知识提高企业效益的能力。在知识基础观看来，企业吸收能力是其自身的一种竞争优势，因为这种能力不能从外部获得。企业的吸收能力由个人和组织维度下高度独特的、耗时的、情境性的、隐性学习习惯形成（Nelson/Winter，1982）。因此，吸收能力代表了企业通过建立搜索、认识、吸收和应用的过程启发式算法，将新知识添加到已有知识上的能力①。它以企业在过去克服困难和挑战时积累下的集体显性和隐性知识为基础。所以，吸收能力是一个自参照概念。通过对吸收能力的回顾，可以明显看出知识基础观从过程看，和资源基础理论中其他动态概念之间有高度相关性。此外，知识可以超越组织边界从企业外部来整合（Grant，1996b；Kogut/Zander，1996）。

路径依赖的概念可追溯到 Nelson 和 Winter（1982）的演化经济学理论。它表示的是，企业识别、认识、吸收及应用新知识的能力是由其过去的轨道决定的，这是因为相应的学习过程的历史进化和特殊性本质（Al-Laham，2004）。目前还不清楚吸收能力（作为一种动态能力）和路径依赖是否相关或相悖，因为动态能力正是企业克服路径依赖和认知锁定效应的能力②。

因果模糊则表示了现有知识存量和知识的产生、整合和修改过程之间的因果关系十分模糊（Reed/De Fillippi，1990；Simonin，1999）。当出现以下情况时，其模糊程度会上升：对竞争来说很重要的知识的隐性特征越多；知识的独特性越强；知识存量和知识流之间的关系越复杂（Reed/Defilippi，1990）。正如部分学者（Lippman/Rumelt，1982；Dierickx/Cool，1989）所言，因果模糊造成了模仿壁垒，因为竞争对手无法重建或再造类似的独特知识体系。

3.4.4　总结和批判

以上的介绍说明，企业知识基础观是资源基础理论下看起来非常有前途的一个分支。它将知识作为解释企业异质性和经济效益之间不同的主要决定因素。企业的异质性因而体现在其已有的知识存量和其获得新知识或通过学习升级已有知识的能

---

①　参见 Grant，1996a；Eisenhardt/Santos，2002；Grant，1996b 的相关文献。

②　参见 Teece et al.，1997；Schreyögg/Kliesch，2005a 的相关文献。

力方面。企业内部来协调和整合“知识存量”和“知识流”的惯例和机制造成并保留了这种异质性及企业独特性，并最终导致了企业持续的竞争优势（图 11）。

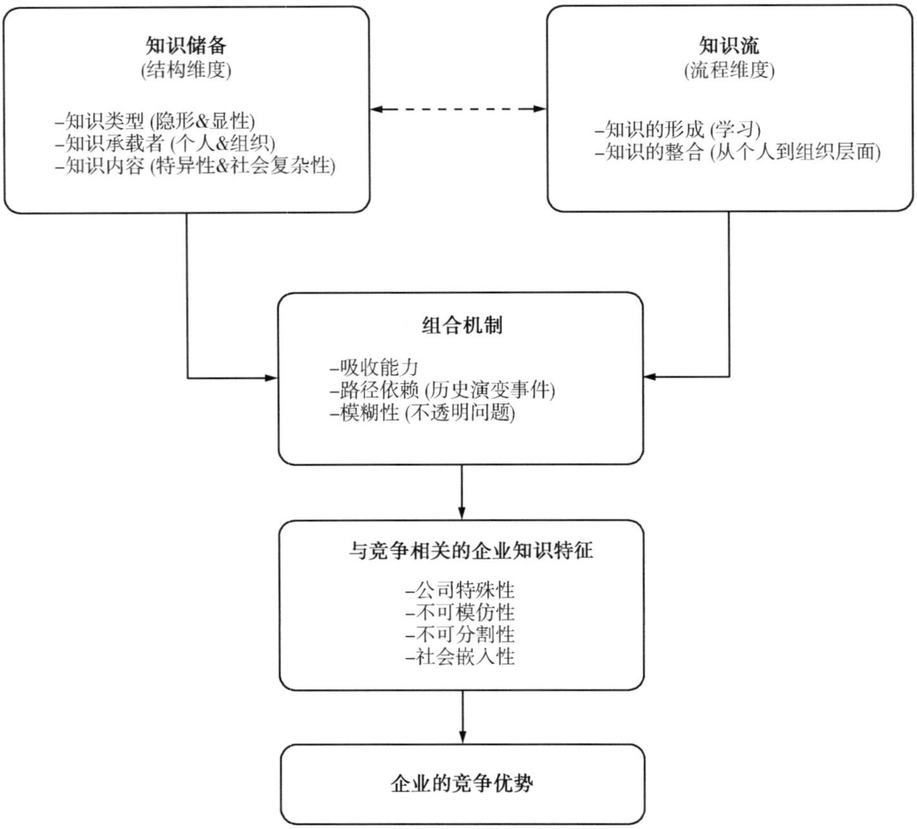

图 11 企业知识基础观

资料来源：Welge/Al-Laham，2008；Al-Laham，2004

“组织知道的远比他们的合同所能告诉我们的要多得多”（Kogut/Zander，1992），以及波兰尼的经典格言“我们知道的比我们能表达的要多”的演绎表明知识存量中能够决定企业竞争力和经济成功的部分是“隐性”和“社会性”的。知识在某种社会环境中生产和再造，并且深深内嵌于这种环境中，并不会随着在组织个体间的传播而衰减（Foss，1996）。

知识基础观整合了认知理论、组织学习理论和进化论的部分元素。但和传统的资源基础观不同，之前较为模糊的企业独特资源概念已经很大程度上得到精细化界定，并被缩小到那些企业知识存量的竞争性影响和它产生和修正知识存量的能力。

企业在之前被形容为资源和能力的模糊集（blurred bundle），而现在它们本质上被看做是一种“知识体”（Spender，1989）或者“分布式知识系统”（Tsoukas，

1996)。通过对知识的战略特征的阐述，知识基础观说明了企业知识存量形成竞争优势的条件以及如何保护这些知识不被模仿。从战略角度看，不论显性知识还是隐性知识都很重要。一般认为，隐性知识更具战略价值，因为它存在于个人身上极难被竞争对手复制，或者用知识基础观的话来说，是不可复制的。这种隐性知识的重要性和内生增长理论定义的知识的概念完全不同（Romer，1990）。内生增长理论强调的是隐性知识的经济重要性，它可以通过编码化（如专利）提高整个经济体的知识存量，使其他进行研发的企业也可以受益。而且，这里的隐性知识只能被拥有它的个人使用和传播。它可以理解成某种——用熊彼特的话来说——“企业家知识”（entrepreneurial knowledge)。如果它不被使用或传播，它对经济系统来说就不重要（Röpke/Stiller，2006）。

知识基础观增加了独特的过程维度，关注企业内部的学习过程和它的特征对企业竞争优势影响的积极程度。这种学习的能力在出现以下情况时显得尤为重要：一是由于外部环境的变化，企业现有的知识存量已经过时了；二是新的知识必须从外部获得和习得。由于知识是企业拥有的最灵活的资源之一，快速获得新知识或升级旧知识的能力对战略适应性和战略灵活性而言就尤为重要，可以被视为“动态能力”的实际例子（Al-Laham，2004；Welge/Al-Laham，2008）。

和交易成本经济学不同，知识基础观明确指出企业（或者一般意义上的组织）提供了一种制度环境，使得个人能够比在市场中更有效地整合和协调专家知识（Grant，1996a)。市场不能产生不可移动的隐性知识，它也不能保护显性化的知识不被模仿。

出于以上理由，近年来资源基础理论越来越倾向于能力基础和知识基础观①。随后，企业组织竞争力，组织知识存量以及“组织中的集体学习”（Prahalad/Hamel，1990）在解释竞争优势时扮演了核心角色。Eisenhardt 和 Santos（2002）在对知识基础观的文献进行综述时发现，有大量研究着眼于知识搜寻、内部和外部知识的转移以及知识整合，夯实了这一理论的基础。知识基础观提供了大量有用的理论洞见。这些基于实证研究的理论重点分析了组织内外知识搜寻、转移和整合的多层次社会过程（Eisenhardt/Santos，2002）。最近还有部分学者做了一些实证研究②。

对于知识基础观也有一些批评观点，包括：

对知识没有统一的分类。和几乎所有的资源基础理论分支一样，企业知识基础观也因为在知识定义上缺乏一致性而备受批评（Eisenhardt/Santos，2002）。即使是最普遍的对显性知识和隐性知识的区分也有争执。一些学者（Cook/

---

① 参见 von Krogh/Grand，2002；Becker et al.，2006；von Krogh/Grand，2004 的相关文献。

② 如 Czarnitzki 和 Wastyn（2009)、Bhatt（2001)、Darroch（2005)、Chen 等（2009)，以及 Zhen et al.（2009)。

Brown，1999）将它们看做是两种互补的知识形式，Kogut 和 Zander（1992）以及 Nonaka 和 Takeuchi（1995）则认为可以通过编码化或外部化的方式将隐性知识显性化。对于知识的进一步区分，一些学者（Zander/Kogut，1995）应用的是 Winter（1987）的具体分类，其他人则用了更笼统的构念（Szulanski，1996）。有些学者甚至将隐性知识等同于程序知识，这和 Polanyi（1958）所持的所有知识都有显性和隐性元素的观点相悖。正如 Eisenhardt 和 Santos（2002）所言，知识基础观应该统一知识的分类，这样就可以比较不同的实证研究，提高对于该理论的理解。

知识在理论文献和实证文献中的含义不一致。理论角度包含着一些诸如基于不同认识的思考，个人和组织知识的连接机制或者对知识出现和识别的强调等知识概念。但是实证研究——尤其是战略研究——使用的是一种更简化的、功能主义的知识概念，将其视为一种资源①。从过程角度对学习过程和组合机制进行的研究现在还很少。至于吸收能力，最近的几篇研究有了一些进展②，他们更强调宽泛的动态角度而不是将企业动态能力和其通过研发获得的知识存量绑定在一起。因此，现在对知识基础观而言一个主要挑战是找到合适的指标来测量组织学习过程。

知识价值与环境变量之间联系的缺失。在其基本理念中，知识基础观强调知识以及与知识有关的过程“越多越好”。但是实际中，人们很难相信过多的知识搜寻、转移和整合也是好的（Eisenhardt/Santos，2002）。相反，更重要的是应该考虑知识和学习能力的战略价值，以及环境变量在其中的调节作用（Eisenhardt/Galunic，2000；Gupta/Govindarajan，2000）。可以认为，知识的战略价值或知识的产生过程也依赖于企业的外部市场动态性或技术生命周期。此外，在资源基础理论的总结中本书也提到，企业的知识和学习过程必须和具体战术活动相一致。

作为竞争优势决定因素的个人知识和组织知识之间关系的不明确。人们仍然不清楚到底是个人知识还是组织知识导致了企业的竞争优势（Felin/Hesterly，2007）。部分学者认为个人隐性知识存量对竞争成功具有重要作用（Grant，1996；Simon，1991），因此他们出于行为主体导向给个人主义方法论投了一票。其他学者则遵循集体主义观点，认为只有集体的组织知识才能带来竞争优势，因为多样的知识整合和其社会环境嵌入导致了企业知识存量的多样性③。但正如 Becker 等（2006）所

① 参见 Eisenhardt/Santos，2002；Allaham，2004 的相关文献。

② 如 Zahra/George，2002；Arbussa/Coenders，2007；Fosfuri/Tribo，2008；Murovec/Prodan，2009。

③ 参见 Kogut/Zander，1992，1996；Nahapiet/Goshal，1998；Nelson/Winter，1982；Spender，1996a；Tsoukas，1996；Brown/Duguid，2001 的相关文献。

说，这种排他性的集体方法论低估了诸如分散的专家知识等个人层面未分享的知识的重要性，而这些知识对赢得竞争优势很重要。此外，它还忽略了企业为了增加灵活性和对外部环境的适应性而分散专业功能区域的趋势。Haas 和 Hansen（2005）指出，鉴于相应的搜索和转移成本，集体组织知识的管理甚至可能导致竞争劣势。最后，知识基础观系统性地低估了企业内的政治因素、利己主义和机会主义等制约甚至使知识整合无效的因素（Duschek，2002；Tsai，2002）。所以知识基础观需要考虑以上因素，还需要找到在企业这个"分布式知识系统"（Tsoukas，1996）中能更好地整合个人和集体知识存量的理论方法。

将隐性知识与对竞争成功重要的知识等同起来。上面已经提到，鉴于其因果模糊性，隐性对企业来说尤为重要，因为它不能被竞争对手轻易模仿，也不能在其社会情境外有效应用。但在战略管理实践中，这种观点会引发严重的问题，因为因果模糊阻碍了以获得或控制这种重要知识为目的的战略活动。反之亦然，核心因变量"持续竞争优势的获得"依赖的竟然是随机的、不可预测的、无意识的和不可控的隐性知识的创造过程①。如果知识基础观认为自己是战略管理的一个分支，那么这样的概念并不令人满意。

企业的知识层级协调机制真的比市场有效吗？Grant（1996a）等学者明确表示企业比市场提供了更适合知识交换和整合的场所。资源基础观一直在找寻一种独立于交易成本理论及其机会主义假设的理论。一些学者对于企业独立于机会主义的假设表示怀疑（Foss，1996），而 Nickerson 和 Zenger（2004）则发现该理论中两个支持企业在知识交换方面比市场更有效的基本论点是相悖的。一个论点认为层级制度是为了有效避免知识传播而存在的②，强调企业行使职权来指导他人行动的能力；另一个论点则认为层级制度有利于促进知识转移③，强调的则是企业支持形成共有语言和身份的能力。知识基础观就要克服其对于企业在知识转移方面更有效的前提假设，从而证明究竟在何种情况下企业的知识层级协调机制比市场更有效。

Nickerson 和 Zenger（2004）的文章第一次指出了知识基础观在市场和企业层级方面的优势和不足，将其与相应的知识形成类型进行了匹配。Nooteboom（2009）最近也贡献了一些理论观点。他认为企业为已有资源和知识的开发提供了更多内聚性，而市场则提供了更多探索的多样性。

尽管有很多不足，知识基础观还是当前一个具有现实意义的竞争优势理论，尽管有些不足，但具有较高的解释潜力（Al-Laham，2004）并在实证结果和知识的多元化理解上高度一致，它还创新性地将组织视为知识的复杂适应系统。

---

① 参见 Becker et al.，2006；Reed/De Filippi，1990；Peteraf，1993；Schreyögg，1999 的相关文献。

② 参见 Demsetz，1988；Conner，1991；Conner/Prahalad，1996 的相关文献。

③ 参见 Kogut/Zander，1992，1996；Nahapiet/Ghoshal，1998 的相关文献。

不同知识的深入分析并不是本书的重点，只是用这种理论来圈定非研发企业创新来源的可能范围，大部分批评意见并不会造成很大影响。不过还是要避免将隐性知识等同于知识。因此本书不仅要考虑隐性知识，还要考虑显性知识。

3.5　研发作为解释企业竞争优势的多种资源之一

在讨论了资源基础理论及其分支之后，可以认为每一种理论都为所有企业——尤其是非研发企业——提供了大量分析企业创新模式的基础。正如 Barney 和 Clark（2007）所说，大量的实证检验都提供了“资源基础理论的深入实证，这些证据在战略管理领域及其他领域都具有高度一致性”。

表 1　战略管理中资源基础视角的三种方法比较

项目	资源基础理论	关系基础观	知识基础观
分析单位	企业	企业组或网络	作为社会实体的企业和组织
超常租金/竞争优势的主要来源	稀有的、有价值资源 -物理、技术或者财务资源 -人力资源 -个人和组织能力 -行为和流程的一些惯例、重复模式 -通过动态能力不断更新和修正资源基础的能力	-特定关系投资 -企业内部知识交流的惯例 -互补资源存储 -有效的管理机制	-由个人或者整个组织所有的通过个人经验形成的隐性知识 -企业所具备的通过学习过程不断更新和调整知识存储的能力 -（显性知识存储）
隔离机制	-独特性 -因果模糊性 -不可移动性 -不可模仿性	-因果模糊性 -相互依存性 -跨组织资产的互补性 -稀缺的伙伴选择 -公共资源的不可分割性	-因果模糊性 -不可模仿性 -情境依赖性 -社会嵌入性
有价值资源的控制/所有者	单个企业	合作伙伴	-个人（隐性和显性知识） -企业（共享的显性和隐性知识）
有价值资源的来源	内部	外部	内部（外部）

表 1 比较了资源基础理论的三种理论。资源基础理论关注的是已经存在于企业中的有形和无形资源，包括诸如技术、财务、人力资本、惯例、竞争力甚至更新和升级资源基础的元惯例等组织能力。相反的，关系基础观关注的则是企业间

的合作关系和战略联盟，它将其作为竞争优势的一个来源，主要通过组合已有的互补资源或获取新的有价值资源。

知识基础观则将知识作为企业最重要的竞争资源。最有趣的是，它将隐性知识看做是与企业的竞争优势关系最密切的资源，这和研发中心论显然相悖。因为研发的目的就是通过超越主观的可重复方法得到解决办法从而克服隐含性。此外，知识基础观尤其重视动态观点，强调将组织学习作为不断进行的企业知识存量的更新、拓展和修正的先决条件。

各种方法也都有其不足之处。对本书而言，最好将这三个分开的理论综合到同一个基于资源的企业竞争优势框架中，因为它们都只强调了一个方面，互相之间具有互补性。资源基础范式下的理论——尤其是关注资源产生和修正的过程维度的方法——和第三章介绍的演化理论很相关。以上理论明确了企业资源禀赋之间的不同和多样化，以及他们产生、组合、应用和修正资源存量来实现竞争优势的各自独特的社会性嵌入（Foss et al.，1995）。综合这三种方法广义上看起来是没问题的，因为它们都有相同的前提和特点（隔离机制）。正如表 1 显示的，因果模糊、特殊性、不可模仿性以及企业间的依赖或情境依赖构成了资源竞争价值的基础，即使是将竞争优势潜在来源向外延伸，因此而涉及交易成本的关系基础观，在基本假设上也是如此。

因为本书探讨的是非研发企业创新模式的多样性，所以将三个方法都整合进来可以继续本书的研究，这样研究框架就不会仅局限于内部或外部，或者只讨论某一具体的创新产出。通过强调企业创新来源的多样性（如特殊性、个体性、不可模仿性），扩展了企业竞争优势的讨论范围，从而和之前基于演化理论的观点相一致。

在章节 2.6 已经讨论过，就研发投入或研发人员而言的研发毫无疑问仍然是企业创新能力和竞争优势的重要来源。研发是显性知识的主要来源，因为它高度依赖于科学方法的系统的和有意的应用，可以被记录下来并且在个体之间客观地传播。这种通过研发积累的专业知识，其独特性质可以为他人所见（通过出版物、专利等），从而可以增加企业对合作伙伴或顾客的吸引力。

此外，研发也符合资源基础理论中有价值资源的条件，因为对研发活动来说必要的流程、惯例和能力也是难以被模仿的。研发的企业独特性妨碍了模仿：当研发过程具有某种隐性或不可见元素时，对其他企业而言就很难复制这一过程（Helfat，1994）。所以，本书不会否认研发作为企业创新驱动力的重要性。

不过从资源基础理论的角度出发，研发只是企业竞争优势众多来源其中的一个。按照资源基础范式，非研发企业比研发企业具有更低创新绩效或更少竞争力的假设并不存在。

因此，这一章最重要的结论是：尽管缺乏研发资源，非研发企业可以通过许多其他创新产出来提高和保持创新能力和竞争优势，不论是技术的还是非技术的，实体的还是非物质的，内部的还是外部的创新资源，以及不同类型的知识。因此，可以假设非研发企业创新模式的多样性以企业竞争优势来源的方式存在。不过究竟哪种创新资源对非研发企业竞争优势有所贡献还不得而知。但是关于资源问题，资源基础理论的结果为非研发企业竞争优势可能的来源提供了一个很好的框架，可以从这里开始实证研究。

正如市场基础观批判的那样，资源本身并不能证明它们的价值，只有当它们可以带来经济效益时才能证明。本书会通过比较资源维度和创新产出来克服这一不足，从而控制这些创新资源为企业经济效益作出贡献的结果。鉴于这个原因，笔者给原来的研究问题“究竟哪种创新资源对提高和保持非研发企业竞争优势作出了贡献”加了一个产出维度：

如果企业层面的创新最终和竞争优势的获得有关，非研发企业在其创新资源基础上实现了怎样的创新产出和经济效益？

这些问题将通过描述性分析（章节 5.3）和聚类分析（章节 5.4）来解决。我们要记住这些研究问题，因为随后他们将被进一步深化，通过将演化理论和资源基础理论整合到一起的研究框架来实现。

4 建立实证分析的概念指导框架

本章的主要作用是承上启下。首先会重温本研究的研究问题，明确本研究如何通过之前的理论讨论提出这一问题，以及如何在实证研究中陈述这一问题。本研究整合了演化理论和资源观关于非研发企业多样化创新模式的理论，在此基础上提出了一个理论模型。基于此理论模型，本章会界定主要的概念并陈述实证研究的研究设计和方法选择。本章最后会提出探索性实证分析的一些指导理论。这些理论不应该和因果关系检验中的假设相矛盾。他们应该能够佐证理论模型的分析结果，使得结果并不脱离以前的理论。

4.1 研究问题回顾

首先，简单回顾一下在之前章节中讨论的研究问题（图 12）。

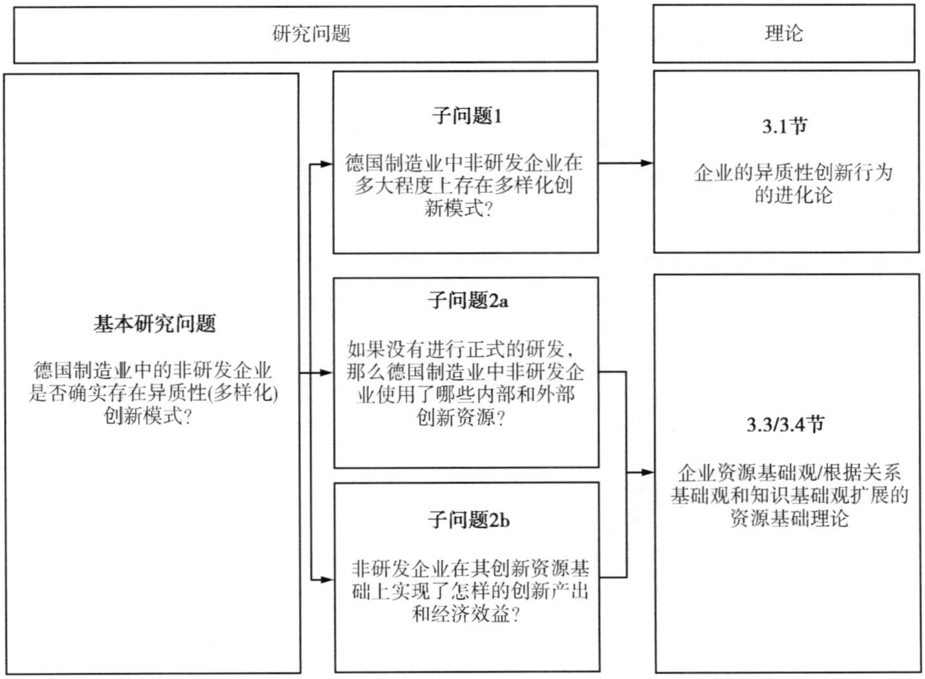

图 12　实证分析研究问题回顾

本研究的基本研究问题是：

德国制造业中的非研发企业是否确实存在多样化创新模式?

为了回答这一问题，它被分成两个子问题。第一个问题描述的是非研发企业的结构多样化是否存在（章节 3.1）。它被表述为：

德国制造业中非研发企业在多大程度上存在多样化创新模式?

章节 3.1 认为，即使非研发型企业处于相同的行业并且同样缺乏研发资源，他们也存在多样化的创新模式。

在此基础上，第二个子问题讨论的这种是多样化创新模式在何种维度下是可以观察到和可分析的（章节 3.3 和章节 3.4），并提出了以下研究问题：

如果没有进行正式的研发，那么德国制造业中非研发企业使用了哪些内部和外部创新资源?

沿着之前提出的演化框架，演化中导致企业多样化的变异机制对应的主要是创新的投入维度，也就是非研发企业对于不同创新源的使用。因为没有进行正式的研发，非研发企业只能通过内部或者外部的创新资源获得和保持竞争优势。根据战略管理中的资源观（resource-based theory）以及知识观（knowledge-based perspective)，除了正式的研发外，企业可以通过很多其他的维度获得竞争优势。

然而演化中的第二个机制——选择，对应的是创新产出和经济效益维度——却很大程度上被已有的资源观忽视了。为了在非研发创新企业创新方式分析中将这一产出维度包括在内，本书提出了以下子问题：

非研发企业在其创新资源基础上实现了怎样的创新产出和经济效益?

为了在实证分析中回答这一问题，就需要在随后的章节中提出一个指导型的理论模型。

4.2 演化理论和资源观的整合

首先，为了建立一个进行实证分析的指导性概念框架，先回顾一下之前在第 3 章讨论的几个要点。对于变异机制是企业间多样化的主要来源这一认识，学术界已经达成共识（见章节 3.1）。这里的变异是指在环境适应上或者问题解决上与过去“做事”方式的不同。但是过去的文献忽略了接下来的选择机制对企业多样化的影响。选择机制指的是有区别地或有选择地排除某些变异的所有力量，这种机制主要通过在争夺稀缺资源过程中鼓励能提高企业竞争优势的战略，惩罚浪费珍贵资源却获得较低竞争力的战略来实现。由于“选择（机制）会减少变异的范围，因此……行为的变异会由于选择（机制）而趋向于零”（Metcalfe，1994)，因此可以认为选择力量是反对企业多样化的，尤其是在相对同质化的选择标准下。

创新系统的行业研究方法采纳了这一思想。背后隐含的假设是（一定程度上）采用类似选择标准的创新系统会导致企业创新行为的相对同质性（Srholec/Verspagen，2008）。根据这一假设，基于行业的创新研究对行业进行了分类，并将各行业内的企业划分为不同的具有典型创新战略的类别[①]。应用在本书的研究问题上，即低技术行业就是相似市场选择标准的结果，由具有同质性的非研发密集型企业组成。

但是基于生物进化论，章节 3.1.2.2 提出了三个观点，讨论为什么在（行业）选择机制发生作用之后企业多样化仍然存在。

（1）作为环境一部分的外部选择标准也可能是高度变化的。

（2）“进化的中立理论”（neutral theory of evolution）表明选择只对可见的结果和变异的结果起作用，而不是先天起作用（Kimura，1983）。

（3）基于演化博弈论的混合战略的演化稳定性表明，在给定条件下混合战略是一种演化稳态战略（Bergstrom/Godfrey-Smith，1998；Hermann-Pillath，2002）。

以上观点很好地解释了为什么在类似的框架下（也就是类似的选择标准下），企业行为的多样化（异质性）依然存在。本研究遵循 Dosi（1988a）的观点，即尽管行业内的环境是类似的（如技术机遇、技术获得的可能性或公共支持），但行业内具体个体创新行为的“巨大的无法解释的残差”（Grupp，1997）仍然存在。具体企业的架构、组成和创新战略都会导致这一差异。在这点上来说，新古典理论关于“典型性企业”的假设应该被拒绝（Grupp，1997）。国家层面的创新调查提高了企业数据的可获得性，基于此的几篇论文对于行业创新行为相似性的预设来说十分重要。相比行业或部门，这些文章更关注企业层面可观察到的多样化创新方式[②]。

因此，非研发企业多样化创新模式的假设来自于演化理论。然而多样化本身并不能实质性解释其可能的特征和特性。这就要靠整合企业资源观来实现。

因为非研发企业的竞争优势不能用内部研发来解释，所以有必要寻找其他创新力和竞争优势的来源。用演化理论解释，就是关注其他的可以实现相似的创新成功并保证企业生存的变异来源。所以必须选择一种允许多种异质化的创新投入的理论方法。在演化理论中，像 Nelson 和 Winter（1982）、Dosi 和 Marengo（1994），或者 Teece 等（1997）都参考了 Penrose（1959）的文章，以及组织学习领域的分支，如 Cyert 和 March（1992）或 Simon（1991）。因此，在本研究

① 如 Pavitt，1984；Malerba/Orsenigo，1995，1996；Evangelista，2000；Marsili，2001；Archibugi，2001；Peneder，2001，2003；De Jong/Marsili，2006；Castellacci，2008b。

② 如 Cesaratto 和 Mangano（1993）、Hollenstein（2003）、Arundel 等（2004）、Leiponen 和 Drejer（2007），以及 Srholec 和 Verspagen（2008）。

的演化理论范式下，企业资源观及其最新进展——关系观（Dyer，1996；Dyer/Singh，1998）、企业知识观①为本研究的分析提供了准确的模型框架（参见章节 3.3 和章节 3.4）。

由于资源观的三个分支间相互补充，各自强调某一方面，因此将其整合到一起对本书的研究而言是很合理的。它们都明确地区分了企业间资源禀赋的差异和多样化，以及企业如何获得、组合、应用和改进其资源存量来获得竞争优势。

最后，理论模型可以通过演化理论和资源观的整合来实现（图 13）。演化经济学可以用来解释结构维度上非研发企业多样化创新模式存在的原因。为了证实

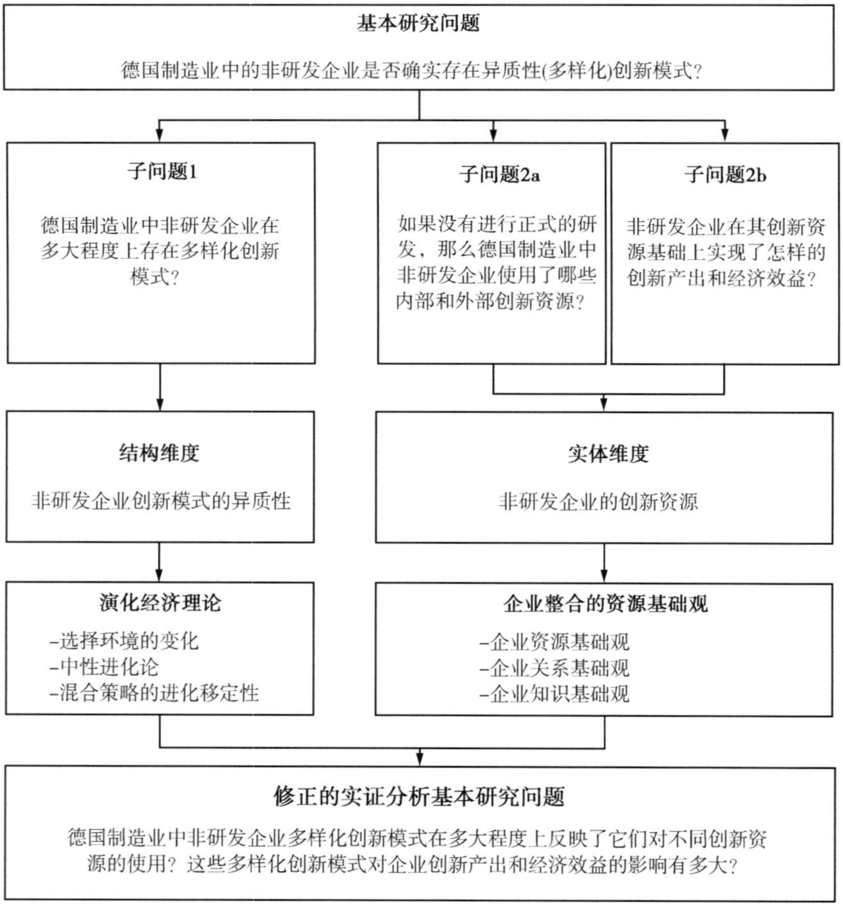

图 13　本书的整体分析框架

① 如 Kogut/Zander，1992；Grant，1996a；Spender，1996a；Nonaka，1994；Nonaka/Takeuchi，1995。

结构性多样化的存在，资源观可以用来识别非研发企业除了研发之外可能的创新资源。最后，两种理论一起为分析非研发企业多样化创新模式提供了可行的理论框架。基本研究就变为：

德国制造业中非研发企业多样化创新模式在多大程度上反映了它们对不同创新资源的使用？这些多样化创新模式对企业创新产出和经济效益的影响有多大？

正如上面提到的，演化理论和资源观都以 Penrose（1959）的理论为基础。简单地说，Penrose 将企业增长视为持续积累的“展开”过程，演化理论则可以看做是其动态方面，而资源观则更关注资源本身。此外，两种理论都根植于多样化是由于企业特定的、高度个体化的认知启发以及行为类型而导致的中心观点，尤其是动态能力的概念和演化理论有着紧密的联系。

尽管如此，演化理论和资源观两种理论还是有很大的不同。例如，如前所述，早期结构导向的资源观和演化理论就有很大不同，因为它是基于要素市场的一种均衡理解。此外，演化理论认为惯例是组织的“基因”，演化进程可以通过惯例复制和保存，而资源观只是将它们视为企业竞争优势的众多资源中的一种（无形）资源。

将这两种理论整合到同一个理论框架，并不意味着它们融合成为假设前提一致的单一理论。本书只是将它们整合在一起作为分析非研发企业创新模式在结构和内容维度的特征工具。

4.3 关键概念界定

基于概念框架的这些基石，需要明确核心构念是如何通过之前的讨论来界定的。所有界定都是为后续分析建立一个有共识的术语服务。因此，所有的定义都是名义上的，也就是说没有任何定义包含实证信息。所有被定义体（要被界定的词）的意义以一种同义反复的形式等同于一个或一组已知的词（Kromrey，1998)。因此，名义上的定义无所谓对错，只能根据其对于被定义体的解释是否合适来接受或拒绝。

4.3.1 非研发企业

根据之前的文献综述，到目前为止，对于非研发密集型企业（non-R&D-intensive firms）或非研发企业（non-R&D performing firms）仍没有统一的定义。大部分研究根据企业的行业归属来定义，也就是说根据 OECD（1994）或 Legler/Frietsch's（2007）的分类标准，将低技术或中低技术行业的企业定义为非研发密集型企业。

根据第 3 章关于演化理论和资源观的讨论，本书对非研发企业的定义落在能够最广泛地捕捉企业多样化的层面：企业层面。这样可以保证对企业多样化的分析不局限在非研发密集型或低技术行业。同样的，也不应该仅仅局限在已经有产品或工艺创新的企业。这样做会忽略掉一些没有或超越常规创新产出指标的创新模式。也有研究（Kirner et al.，2007，2009a，2009b）应用了这样的方法，将行业标准应用到企业层面，建立了基于个体企业研发投入占销售额比重的分类方式。

但是不论是行业层面的定义还是将行业标准应用到企业层面的定义，他们所说的非研发密集型企业可能仍然具有研发投入。这会被质疑研发投入强度为 2.5％的企业比研发投入强度为 3％的企业更为非研发密集这样的假设是否合理。这也得到了章节 2.6.4 中讨论结果的支持，即企业层面研发的某些主要决定因素是其高额的进入成本、最低的研发项目规模以及研发项目的高风险和不确定性。因此对于企业而言最重要的决策不是实际的研发强度（2.5％或 3％），而是是否进行正式的内部研发。所以，Rammer 等（2009）、Barge-Gil 等（2008）、Arundel 等（2008）以及 Huang 等（2010）决定在企业层面采用零研发标准来选择样本。这样做就区分了以下两种非研发企业。

（1）不进行内部研发但是进行外部研发（研发外包给其他外部企业或组织）的企业；

（2）既不进行内部研发也不进行外部研发的企业。

然而，章节 2.6.6 的讨论表明，大多数情况下，内部和外部研发会相互补充。大部分不进行固定内部研发的创新型企业会避免任何形式的研发活动（Rammer et al.，2009）。考虑到这点，本研究在定义非研发企业时，并不区分内部和外部研发投入。当然，实证部分会考虑除了直接购买现成的（ready-to-use）研发解决方案之外的与外部伙伴的研发合作或从外部研发组织获取知识的情况。

为了解决上述问题，本研究将非研发企业定义为：

制造业中的非研发企业是指不进行任何形式的内部或外部研发的企业。

4.3.2 创新

在资本主义市场经济中，竞争是实现经济秩序以及构筑社会结构的最基本原则（Burr，2004）。通过竞争，利润与收入和分配与绩效紧紧绑定在一起。表现更好的经济主体就会比表现不好的获得更多回报。这种绩效挂钩的分配机制还是二次再分配机制的基础。二次分配主要遵循需求原则，通常由政府和公共法律来执行。因此竞争的指导原则与一般意义上的社会和道德概念，诸如自由、民主、宪法、效率、社会福利和和平紧密相连。在竞争压力下，经济主体被迫开发新的产品、服务、制造工艺和组织理念来保持和提高竞争能力。市场竞争迫使企业发现和利用效率潜能，选择最优的投入要素和资源的组合。因此，在资本主义市场经济中，技术变革和创新是由竞争驱动的：

创新是有效竞争、经济发展以及社会转型重要来源的说法已经得到广泛认可（Freeman，2003）。

在19世纪，托克维尔预言资本主义竞争的变化会极大促进以商业回报为目的的创新活动的发展（Pavitt，2001b）。

实际上，18世纪以来的经济发展最终都应该归功于创新（Baumol，2002）。

创新可以通过多种途径来实现。最明显的，拥有新功能、新设计、更低价格、改进型定制或更高质量的新产品或服务能够帮助企业获取和保持市场份额。然而工艺创新也和产品创新一样重要。工艺创新展示的是企业以一种从来没有的方式进行生产（如精益生产、柔性生产）或用比别人做得好的方式生产（如价格、质量、定制）。基于市场竞争机制，创新活动变成了一种企业“核心商业流程”（Tidd/Bessant，2009），使得企业为了生存别无选择，只能进行创新。

尽管大部分学者认为创新比最初想象的要复杂得多，但是还是有人尝试对它进行了定义（Rogers，1998；Read，2000；Tether，2003）。尽管关于创新的相当部分研究基于许多不同的学科，但至今没有一个方法能够将他们整合在同一理论框架下。本研究选择沿用已有研究策略——依据其特定的研究兴趣点——从众多不同纬度基础上来定义创新（Vahs/Burmester，2002）。在这种情境下，首先要明确的是，“创新”这一术语如何与本研究的演化框架相对应以及创新的哪些维度将在后续的实证分析中被讨论。

考虑到本研究的研究目的，创新的概念必须符合以下要求：首先，它必须符合演化理论框架。其次，它必须能够明确地强调资源观，因为资源观可以用以分析非研发企业的创新模式。最后，它必须能够覆盖所有理论上可能的非研发企业的多样化创新活动。

从词源上来看，“创新”（innovation）一词表示“新的”（new）、“新颖的”（novelty）或“更新”（renewal）（Disselkamp，2005）。结果就是，创新经常被等同于发明（invention），也就是说新颖的部分代表了创新的所有部分（Kirner et al.，2006）。但根据Schumpeter（2006，2008）的原始定义，经济学研究应该严格区分这两个概念，因为发明一词不属于经济学概念。只有当发明被成功市场化以及被实现经济开发价值后才能被称为创新（Schumpeter，2006）。他认为创新包含两个维度，且必须与艺术、摄影或基础研究中的一般创造性活动区分开来。第一个要素是新颖性，也就是不考虑商业应用目的而进行新事物的开发或创造。然而，仅仅新颖性并不一定具有很大的经济价值。创新的第二个要素与新颖性的成功商业应用并最终帮助提高企业竞争优势和经济绩效紧密相连。

因此，创新是“发明”＋“经济开发”：发明过程创造了一个新点子并且实现它；开发过程则通过商业化手段拓展和传播创新为企业创造价值①。创新描述的是对全新的创造价值的解决方案有目的的开发和应用。OECD的《奥斯陆手册》中提到，企业创新的最终目的是提高绩效，因此对市场而言创新是不是新的并不重要。《奥斯陆手册》遵循的是“主观的”创新定义，“新”（new）也可以是“对企业而言是新的”。这一定义的含义是新颖性对于企业创新而言是必要而非充分条件。

但是随着企业内部正式的研发活动越来越制度化，熊彼特最初对于发明和创新之间区别的界定变得越来越模糊，因为两者都和应用性的工业研发紧密相关。不过即使抛开正式的研发，还是可以认为在企业层面创造新颖的产品或工艺流程通常是与解决具体的经济问题或任务有关的。因此，本研究并不区分发明和创新。

然而，创新并不是终点，也不应该仅仅局限于新的事物。鉴于此，本书将熊彼特的定义放在一个更一般的演化层面讨论，这样可以区分新颖性以及对企业经济绩效的影响两个维度，并且与之前提到的企业资源观联系起来。

熊彼特后来的研究也提出了一个更一般的观点，对创新和生产系统进行了类比。生产系统描述的是如何将不同资源或投入要素组合在一起生产某个商品的情况，类似地，创新描述的是资源或投入要素的新组合或重新组合，最终的成果就是全新或改进过的产品、生产工艺（Schumpeter，2008）。但是生产功能只是改变了给定资源或投入要素的数量，创新则改变了资源或投入要素的功能上的联系（Schumpeter，2008）。

从演化理论角度看，创新过程中这样的企业资源的新组合通过演化理论中的变异机制来呈现。根据章节3.1.1中的讨论，变异表示的是和企业现有生产实践的任何偏离（Alrdrich/Ruef，2006），目的是发现新的机会或解决问题。可以设想演化变异会影响资源及其组合方式。相反，环境选择机制更会影响经济效益而不是变异本身（参见章节3.1.2）。也就是说，市场选择不会影响创新——或者说资源及其组合的变异维度，而是会影响将企业和其竞争对手相区分的某些绩效特征等可见的经济效益。这样，根据熊彼特的理论，创新的两个维度——新颖性和经济影响——都可以在演化理论的变异和选择框架下被观测到。最后，这一观点还在概念上区分了企业对创新活动的投入和创新活动的产出（图14）②。

① 如Roberts，1988；Damanpour/Wischnevsky，2006；Vahs/Burmester，2002；Rogers，1998。

② 如Rogers，1998；Kirner et al.，2006；Tether，2003；OECD，2005。

此外，创新的演化理论解释通过把企业内部资源的新组合与经济效益联系起来还克服了资源观过分强调企业内部资源的问题（章节 3.3.4），而经济效益是受市场选择机制影响的。

新产品或新工艺的创造只有在被纳入企业生产时才能够看做创新，它不可以和企业核心活动相割裂。根据演化理论的基本假设，企业外部环境复杂多变，企业为了生存被迫不断适应外部环境。企业由于对现有的经济绩效不满足或为了适应变化的外部环境而经常尝试新事物（Winter，1975；Witt，1996）。由此，Tidd 等（2009）认为创新具有程序化和“一般化”的特征，不应该被视为在某一特定时间点有选择地发生的事务，而是一种保障企业生存和经济成功的“核心商业流程”。就这点上来说，创新表示的是在现有社会经济条件下为了实现和实践新的实用观点进行的管理活动。

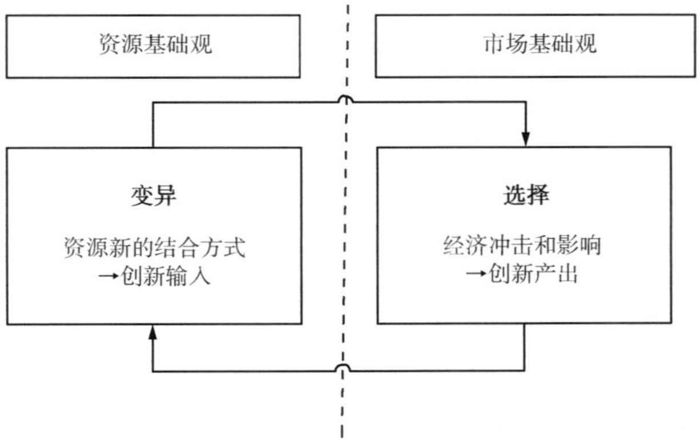

图 14 演化理论视角下的创新

在演化理论框架下，只要企业成功适应——至少最低限度地适应——多变环境的挑战，从而从市场竞争中存活，它就应该被视为是创新性的企业。在基于创新投入指标选择的实证分析中，企业创新活动被界定为至少采用一种创新资源或多种资源组合并且报告了一种或一种以上的创新产出和经济绩效指标。

将创新理解为企业对外部条件持续的适应过程，这体现了演化理论的“本质”观点，因为演化理论强调持续变化。乍一看分析非研发企业的创新模式和演化理论相悖，因为“模式”（pattern）一词描述的是某种结构规则，通常指的是“稳定”或“静止”的事物。这种观点深受传统或新古典经济学影响，将结构理解为由一些参数描述的稳态结果。这种结构极简主义既限制了支持均衡的发展过程也限制了打破均衡的发展过程（Herrmann-Pillath，2002）。根据以上结论，发展过程只是经济系统达到一种任何经济主体不愿意作出改变时的暂时现象。这种均衡状态造就了结构和模式。

相反，演化经济学对过程的理解完全不同。它并没有把过程当做克服经济不均衡的手段，而把它作为对于复杂环境的适应结果的呈现。这就是说结构或模式是通过持续、重复性的适应过程来实现的。只要过程被视为对动态外部环境的演化适应，就会被重复利用。因此，可行性包含了经济均衡和经济不均衡两种状态，因为不均衡也可能是可行的。也就是说，均衡用来解释静态系统，那么可行性就用来解释动态系统（Hermann-Pillath，2002）。在新古典经济学中，静态指的是不改变或无扰动，演化理论则将稳定性或结构视为正在进行的和复发性演变过程。总而言之，演化理论下的企业创新模式指的是企业为了在市场竞争中生存而进行的创新过程的常规性或规律性状态。

在得到演化理论和资源观下的创新定义后，为了计算创新活动的多样性，就有必要找到实证分析中应该涵盖的企业创新行为范围。

正如上面提到的，企业的创新过程包含所有能够提高企业竞争绩效的活动。以前研发中心论的实证研究区分了产品创新和技术工艺创新（Raymond/St-Pierre，2010）。《奥斯陆手册》将产品创新定义为新产品的推出，该产品的技术特征或特定用法和之前显著不同，或者性能得到极大地提高或升级；将工艺创新定义为技术层面新的或明显改进的生产方法的应用（OECD，2005）。根据之前的资源观，非研发企业的创新模式不仅仅是为了弥补缺失的研发强度，也致力于其他“非技术性”创新（Kirner et al.，2009a；Rammer et al.，2009），如与产品有关的服务创新或者组织概念的运用（Kinkel et al.，2004）。Womack 等（1990）通过分析著名的丰田生产系统表明，卓越的绩效还有可能基于企业内部工作和生产组织或人力资源管理的全新理念。

为了探究非研发企业的多样化创新模式，有必要提出一个更广泛、更整体的创新定义，不仅仅只考虑技术方面（很大程度上是研发导向的）的创新。Schumpeter（2006）提出过一个更为整体的定义，并包含非技术创新。他提出这一观点后就被学者们广泛讨论①。最新版本的《奥斯陆手册》（OECD，2005）也应用了这一观点并将创新定义为，“在商业实践中、工作组织中或外部关系中新的或明显改进的产品（商品或服务）或工艺，以及新的营销方法或组织方法的实现”。但是，这一定义会引起争议，因为它没有说明创新的“工艺流程”（process）维度是否包含非技术流程创新（non-technical process innovations），或者是否应被视为“组织方法”（organisational methods）的一部分。此外，这里所说的“产品”将新材料商品或产品的开发包含进了非物质的服务产品开发中。这样会引来质疑，因为从出现的方式和最终的效果看，两者的因果联系具有很大不同（Preissl，2000；Hipp，2000；Nijssen et al.，2006；Miles，2007）。例

① 如 Damanpour/Evan，1984；Bessant/Caffyn，1997；Piva/Vivarelli，2002；Totterdell et al.，2002；Tidd/Bessant，2009；Lam，2005；Hipp/Grupp，2005。

如，研发在新产品开发中起到重要作用，而服务则由其他部门负责，或来自客户的反馈。

鉴于此，本研究参考 Kinkel 等（2004），Dreher 等（2005a）和 Kirner 等（2009a）的定义，该定义专门为制造业企业构建。和《奥斯陆手册》类似，它也是基于创新的整体观点，在熊彼特观点的基础上对企业层面的创新分类稍作修改。它明确区分了产品和工艺创新，以及技术（如物质的）和非技术（如非物质性的）创新（图 15）。

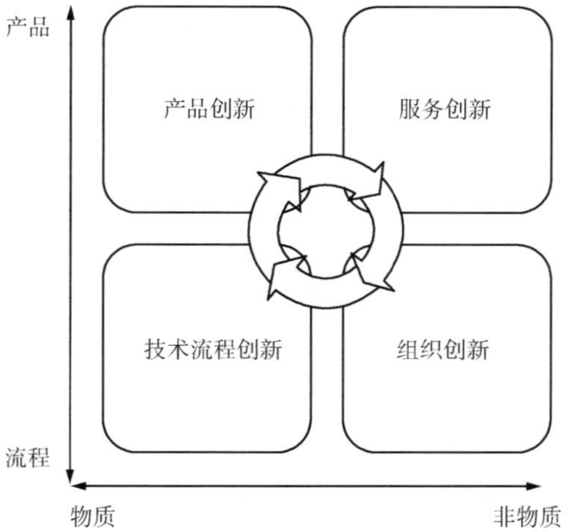

图 15 制造业企业创新活动分类

资料来源：Kinkel 等，2004；Dreher 等，2005a

对于制造业企业而言，产品创新可以由技术或非技术产品组成，工艺流程创新同样可以包括技术和组织部分。它们代表了工艺流程创新的有形和无形部分。每一种创新方式都可以作为独立的竞争优势来源。依据其独特的环境条件，可获得的资源以及能力，企业可以采取不同的创新战略。此外，图 15 还显示了几个领域之间的交集，因为在现实复杂环境下，某一领域的一种创新活动往往会触发相邻领域的创新活动，或者不总是容易区分产品和工艺创新。因为这一定义假设没有“最佳方式”，因此为多样化留下了空间，这一创新分类也和演化创新观点相一致。

所有需要界定的概念都已讨论完毕，本书对创新的定义如下：

创新是企业持续性、重复性开发新资源或投入组合的活动，其目的是为了提高企业的经济绩效或产出从而成功适应动态环境以确保企业的生存。这些活动包括技术的和非技术的，以及产品和工艺相关的创新。

创新模式指的是企业持续、一般性创新过程中各要素复现性的（recurrent）结构或规律。

4.4 对非研发企业创新模式实证分析的启示

有了这些理论观点，就可以引出实证分析的两个主要需求：

（1）最大限度地考虑非研发企业创新战略中的可能的多样性；

（2）最大限度地考虑企业内部和外部的创新资源。

因此，正是非研发企业行为的多样性激发了通过对这些活动进行分类而进行规律性和系统性的实证研究的动机。在演化情景下的“模式”指的是在演化以及环境适应过程中的复发性事务和可行的实践。因此，识别创新模式需要考虑企业间的多样化，还需要选择多样化发生的相应维度。为了最大限度地考虑非研发企业的多样性，不能使用任何行业分类或规模等结构变量对企业进行预选择或预分类。

一种方法是先收集重要的指标数据，然后通过描述性统计将它们联系起来。如果只考虑少数变量，这一方法是可行的。但是随着变量的增多，需要连接的点也越来越多，描述性方法就会遇到严重制约。本研究则将大量变量都包括进来，这样可以为非研发企业创新行为的不同纬度提供足够的实证。

为了将本研究的演化观点和现有的创新战略研究的实证方法保持一致，本研究将采用探索性聚类分析。该方法被称为是“从数据中寻找分类的艺术”，如组间天然差异较大而组内天然差异较小的情况（Kaufmann/Rousseeuw，1990；Bacher，2002；Kozelka，1982）。第一步，确定数据结构，分层聚类分析比较合适，因为它从多样化存在最广泛的层面开始，将每一个观测变量都视为一个类别（Bacher，2002），之后再进行聚类。第二步，结果可以通过非分层聚类分析筛选，提高组内的相似度，扩大组间的差异性。这种方法能够保证所有创新资源的维度都在结果中有所体现。

聚类分析所选择的变量应该能够最大限度地反映非研发企业的创新资源，因为资源维度是多样化存在最为广泛（变异）的维度，这一维度也最能够准确捕捉到除了研发之外的多种企业创新资源。不过根据本研究对创新的定义（参见章节 4.3.2），创新不能不包含其对于企业绩效的影响纬度。任何企业创新模式的分析都应该包含这两个维度。

因为对于创新过程的理解已经从线性的、可预测的发展到了更为复杂的周期模式（参见章节 2.6.5），很难再假设高水平的创新投入就会自动地导致高水平的创新产出，或者说高水平的特定创新资源就能相应地导致特定高水平的经济产出。鉴于创新投入和经济效益之间复杂的因果联系，显然任意一种创新活动可能都会影响其他方面的绩效，而这也可能被其他先前绩效所强化（图 16）（Richard et al.，2009；March/Sutton，1997）。

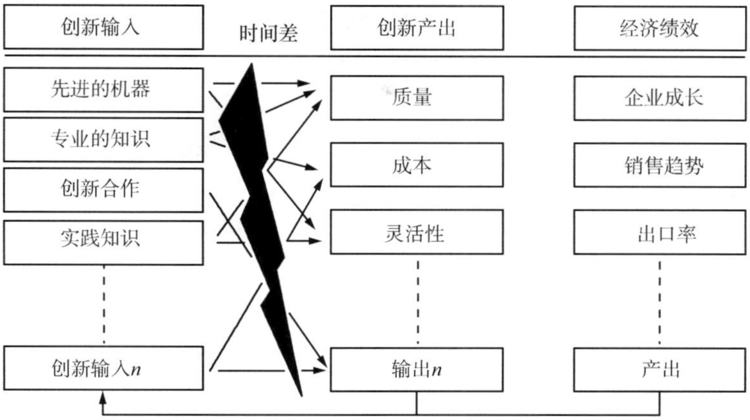

图 16 创新投入与产出之间的偶然性与时滞性

因此，组织绩效不再是一个单维度的理论构念，也不能通过单一指标来测量。所以有必要使用涵盖企业不同方面绩效的一系列指标来测量（Richard et al. ,2009）。

如前所述，由于偶发性和时滞性，企业创新资源的任何改变无法直接以可测量的形式反映到企业的经济绩效上。不同创新资源的时滞不同（Meadow Consortium，2010）。例如，采购现成的机器设备会比通过知识管理或参加创新合作实现的基于经验的知识存量积累在更短时间内为企业带来积极的经济效益。此外，除了创新投入和创新产出之间的时滞问题外，创新活动的短期效应和长期回报也会不同（March/Sutton，1997）。到目前为止，还没有找到对此问题的解决办法。对面板数据的研究是一个办法，但是关于企业创新行为的合适数据很稀少（Schnell et al. ，1995）。在使用跨行业数据研究企业创新绩效的时候应该考虑到这些方面。

基于以上讨论，本研究将会对创新投入维度进行聚类分析，然后结合相应绩效产出做交叉表格（cross-tabulates），因此，也不会使用任何创新绩效或经济产出指标对非研发企业进行预分类。

选择这一方法有以下三个原因：

（1）可以使创新模式识别更接近真实的创新行为而不仅仅关注有时间滞后偏差的绩效测度或者将资源和绩效混合在一起，因为它们同时发生；

（2）可以包含更广泛的多样性，因为它为偶然性留出了足够的空间，不同的创新投入可以导致类似的经济绩效；

（3）它解决了资源观忽略市场或绩效维度的问题，强调只有能够帮助企业获得竞争优势和经济上成功的资源才是有价值的资源这一事实（Porter，1996；Bowman/Ambrosini，2000；Priem/Butler，2001）。

非研发企业创新模式的分析模型见图17。

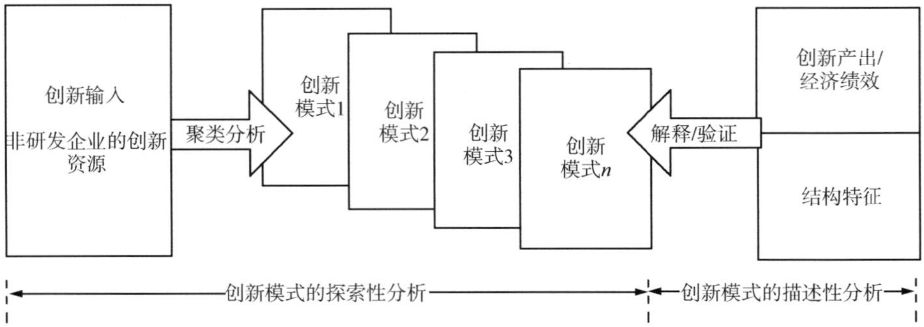

图17 实证分析框架

基于这一分析模型，实证分析的概念框架可以简单地分成三部分（Child，1972；Pugh et al.，1963）：

（1）配置变量（variables of configuration）：这一维度包括所有形成分析核心的构念、元素和测量指标。在本书中，配置变量表示的是非研发企业的创新资源，这些是基于单个企业的战略决策，在聚类分析中使用。

（2）情境变量（variables of context）：这一维度表示的是影响配置变量的测量指标，或者为了保证配置变量的结果能正确地被解释应该要考虑的指标。本研究中，这一维度是通过描述企业结构特征的变量来实现的，它们会被用作描述、解释和验证所识别的创新模式。

（3）成功变量（variables of success）：这一维度包括所有和配置变量或者情景与配置变量之间相互关系相关联的成功测量指标。本研究中，这一维度是指创新产出变量和企业整体经济绩效（产出），也会被用在创新模式的描述、解释和验证上。

Wolff（2008）建议探索性分析的概念模型还应该包含变量之间的因果链的某些估计。但是本研究主要着眼于非研发企业创新行为的一般结构模式，因此对识别变量之间的因果关系没有作出讨论。显然，配置变量（创新投入）和成功变量（创新产出和经济绩效）之间的基本关系在对创新进行定义时已经说明。此外，鉴于本研究遵循演化和资源观方法，情境变量（结构特征）的影响不是先验变量，但是会在事后进行检验。

4.5 企业创新资源的定量测量

鉴于其不可见性、复杂性以及隐含性，资源观的某些概念很难在实证研究中具有可操作性。只有最低层次的资源复杂性、具体有形资源层面或显性能力容易直接测度，但是更抽象、更复杂的概念，诸如惯例（routines）、组织文化或动态能力则由于其隐含性和不可见性不能直接被观测到，即使通过指标来测度也会有问题。首先，鉴于其复杂性，惯例或行为模式等理论构念无法以离散方式分离出来。因此，研究者不得不处理代表这些变量的不同指标的组内和组间的关系。其次，这些变量指标体系的准确构建往往需要平衡简单性、可行性以及是否准确反映变量复杂程度。因此，由于测量得较为表面和简单，这些指标只能对变量进行有限的解释。

在讨论测量可能性时要注意，资源观本身并不是一个可操作的理论概念。鉴于它对企业竞争和经济成功背后的驱动力量的假设来源于微观经济学，资源观更像是一种为企业层面研究奠基的元理论范式。

如前所述，资源观方法的不同核心概念的直接实证测量的方法也有很大不同，这跟他们的复杂程度以及可见性有关。因此实证调查，如欧洲创新计分板（European innovation scoreboard，EIS）、欧共体创新调查（Community innovation survey，CIS）更倾向于测量资源维度的财务或者人力资本变量：

研发支出；

创新支出（如创新项目中的财务支出）；

早期风险投资；

信息和通信技术支出；

制造系统现代化支出；

与技术相关的支出；

拥有的训练有素员工；

员工培训和资格认证支出；

其他。

尽管这些测量指标是最简单可靠的实证分析企业资源的方法之一，但它们也仅仅代表了资源观的一小部分。为了触及更多的隐性资源（如管理、组织资本或组织文化）和惯例，还需要更多能够描述具体情况的指标。有三种不同的方法可以借鉴。

第一种方法需要测量几个而非单一的能代表潜在的理论概念的不同要素（像企业外部导向、组织文化或组织架构）的独立变量。采用这种方法的有丹麦产业经济学研究组织（Danish Research Unit for Industrial Dynamics）。这些指标包括：

公司层级数；

正式的组织、结构特点；

客户/供应商关系；

参与合作与协作；

内部部门间的合作；

知识和信息的来源；

管理责任；

工作内容/工作组织内容；

决策特点；

其他。

第二种方法关注的是具体管理或生产相关概念的运用，因为这些被假设为代表潜在的惯例，行为模式和能力可见的、可测度的温度。丹麦创新系统比较研究项目（the Project Danish Innovation System in a Comparative Perspective，DISCO）、欧洲/德国制造业调查（EMS/GMS）采用这种方法，具体指标包括：

知识管理的概念；

全面质量管理的概念；

并行工程；

供应链管理；

即时生产（JIT）；

其他。

第三种方法认为惯例、资源或能力不存在，采用这种方法的有 DISCO、CIS 等。就是说被访者直接被询问他们认为什么是经济成功或创新能力的制约或障碍。可以认为被提到的变量在认知上最接近创新能力或企业成功，也可以假设这些变量的缺失会导致经济目标未能满足。这一方法的另一个优势是开放式问题，没有预设答案。Dreher 等（2005b）在创新的“时间驱动力”研究中采用了类似方法。这些时间驱动力反映了产品创新惯例是如何发生作用的。研究者通过让企业根据延迟的发生评价不同创新惯例的影响，从而测量这些指标。最后通过发生的频率和由于某种惯例功能失调而引起的延迟程度来判断某些惯例的重要性。基于理论推导得到的产品创新惯例，他们发现了以下几种潜在延迟条件：

项目开始阶段目标不明确；

产品特征不明确或发生了改变；

新技术应用困难；

员工缺乏技能；

其他。

以上介绍的指标和问题只是简单概括，还需要通过大量其他例子来完善。尽管已经有不少基于资源观的实证研究，但不可否认的是要分析的概念越是不可见，其操作性和测量就越困难。对标准化调查来说尤其如此，因为测量指标通常只能浅显地测量理论构念。

因为已获得的《德国制造业调查 2009》的数据库并没有包含非实体资源或

创新障碍等资源测量数据，本研究选择遵循上面提到的第一种和第二种测量方法。必要时非研发企业创新资源的无形、过程性维度通过用代理变量或不同的组织概念来估计。

4.6 实证研究的指导理论

因为本研究是探索性研究，因此不必要像验证性研究那样提出理论假设。但是为了保证统计模型的质量和聚类结果的有效性，一些学者①认为有必要提出一些聚类分析的可能结果。这些假设可用来测量后续类别的构念效度。

首先，由于创新被定义为企业持续性、重复性的开发新资源或投入组合的“核心”活动，其目的是为了提高企业的经济绩效或产出从而通过对动态环境的成功适应保证企业的生存，因此只要非研发企业利用可用的创新资源实现创新和经济成功，就认为他们是创新的。从演化理论角度看，所有被分析的企业只要在市场竞争中生存下来，多少都存在创新。可以预见由于资源使用的不同层次以及创新和经济成功的不同，非研发企业的创新模式会展现各种不同的创新性。

其次，本研究假设根据资源观得到的非研发企业可能的创新资源会以要素或模块形式构成它们的创新模式。这一假设得到了诸多过往实证研究（见章节 1.1 和 1.2）的支持：

（1）对除正式研发以外的企业内部创新资源的利用：用以提高工艺流程速度、质量或效率的技术和非技术概念的作用，以及人力资源管理的重要性等②。

（2）对外部创新资源的获取和利用：机器设备的获得和购买、吸收能力的作用，以及参与企业间协作、与外部研发伙伴间的合作③。

（3）对不同知识的利用和开发：顾客导向、基于经验的知识、“干中学”、“用中学”④。

再次，尽管对非研发密集型企业的某些研究达成了一些共识（如产品开发不那么重要、外部知识渠道更为重要等），但仍然有不少相反的结论（如更高或更低的合作倾向、技术工艺专家 VS 非技术创新者）。在演化理论看来，已有的实证研究并不相互矛盾，他们可能只是代表了多样化创新模式的不同要素或模块。所以另一个假设是，所有这些要素或模块可以在非研发企业的创新模式中多少会

---

① 如 Bacher，2002；Denz，1982；Holm，1970；Bagozzi，1982。

② 如 Bender，2006；Nascia/Perani，2002；Heidenreich，2009；Kirner et al.，2009a，2009b；Rammer et al.，2009；Barge-Gil et al.，2008。

③ 如 Bender，2006；Arundel et al.，2008；Santamar ÍA et al.，2009；Tsai/Wang，2009；Heidenreich，2009；Bender/Laestadius，2005；Bender，2008；Hirschkreinsen，2004，2008a。

④ 如 Heidenreich，2009；von Tunzelmann/Acha，2005；Hirsch-Kreinsen，2004，2008a，2008b；Sundbo，1996；Arundel et al.，2008。

再次发现。

最后，在演化理论看来非常重要的一点是每一个模块并未构成完全独特的模式。在同一类别中的大部分企业不会只依靠创新合作或先进技术的采用。相反，假设每个模块在每种类别中都存在，只是存在的程度或权重不同。例如，一个类别的特点是高外部导向（通过协作或外部知识源实现创新），但它仍然会利用先进生产技术。又如，另一个类别大量地使用先进生产技术，但有很低的合作倾向。因此假设所有这些要素（比如以往非研发企业的研究发现）构成了一个独特的类别，但并不是仅仅存在于这一个类别中。作为非研发企业的不同创新模式，以往研究中相悖的结论不再是问题。研究得到的创新模式将会为之前讨论的零散的定性和定量研究提供定量支持。

因此，对演化进程下经常性结构或模式的探索性分析以及由它们引起的多样性总会带来某种悖论。一方面，它试图发现规律并减少和解释实证的复杂性。另一方面，研究还是会回到单案例研究来验证多样性。因此，希望通过聚类分析得到的非研发企业的创新模式不再是仅有代表性的“理想类型”（按 Max Weber 的话来说），而是能够帮助发现和理解这些企业创新行为中的经常性结构。

5 德国制造业的非研发企业实证分析

本章包括德国制造业的非研发企业创新特点的描述性分析，以及用于探讨不同创新模式的聚类分析。首先，本章将介绍 2009 年的德国制造业调查的基准数据库，识别出非研发企业的子样本用以进一步分析。其次，根据理论讨论了指标和测度方法的选择。再次，描述性分析梳理了现有文献中的分析方法，为非研发企业的创新行为提供了第一个系统概述。最后，通过把这些结果与研发企业组进行对比，可以确定它们是否已经构建了一个非研发的特定创新模式。此外，描述性分析确保了确定的创新指标足以支持在深入的聚类分析之前很好地描述这些企业的创新行为，也阐述了这些创新特性是否以及如何构成非研发企业的不同的创新模式。

5.1 数 据 库

本章的分析是基于 2009 年的德国制造业调查（German Manufacturing Survey，GMS），此调查是由弗劳恩霍夫（Fraunhofer）系统与创新研究所（ISI）开展的，属于欧洲制造业调查（EMS）的德国分部。这个常规的问卷调查的目的是系统地监控德国制造业的发展。调查的目标企业是所有的员工人数在 20 人以上的制造类企业（Nace 15-37），主要针对的是它们的一般管理人员、工厂或制造经理。基于 46 000 家德国的制造业企业，2009 年的 GMS 调查随机选取了 15 580 家企业作为净样本进行问卷调查。在这些净样本中，1484 家企业提供了有效的回复。相当于 10%的回复率（Jaeger/Maloca，2009）。

在内容方面，GMS 问卷并不仅仅是为了分析企业的技术活动。相应的，企业竞争力的评定也不仅仅是通过其产品或服务的绩效，也包括一些制造和装配过程中的特点。在创新的投入方面，它不仅仅把焦点集中在创新型企业以及企业的研发活动，还包括有关于创新性制造技术的应用、组织创新、创新合作、创新知识来源、人力资源、产品开发、产品相关的服务等方面的问题。这些特征使得考虑除了研发活动之外的其他创新来源的作用成为可能。此外，由于这次调查包含了相当一部分的完全没有研发活动的企业，相对于标准的、关注于大量的高研发投入的企业，并可能因此带来偏差的数据库，GMS 问卷有自己的优势[①]。GMS

① 如 Santamaría et al.，2009；Bayona et al.，2001；Cassiman/Veugelers，2002；Tether，2002。

调查不存在这样的样本偏差，因而更适合检验非研发企业的创新行为，并与研发企业进行对比，以识别出非研发企业不同的创新模式。

在创新产出方面，GMS调查提供了关于企业创新活动的经济影响的足够信息。例如，新产品或新产品相关服务的销售额，以及过程相关的绩效指标，如响应市场时间、制造前置时间（manufacturing lead time）、生产效率或质量等。此外，还有一些指标用来评估长期的经济产出效果，如就业趋势、销售额的提升或者出口强度，以及用来获取企业的整体结构特点，如规模、行业从属关系、产品的复杂性，或制造的批量大小。

5.1.1 GMS 2009的样本数据与德国制造业的总体情况对比

在实证分析之前，首先来检验一下GMS 2009的样本结构与德国制造业整体的结构的吻合程度。这有助于分辨通过样本进行的实证分析的结果是否能够推广到全体，或者是分析结果是否具有结构性偏差，只能解释样本本身。

将GMS 2009样本特征与德国制造业整体[①]进行对比，发现GMS 2009的样本能够很好地代表德国制造业的一个截面。在企业规模上（图18），大小规模的企业都得到了较好的代表。员工人数少于100人的企业占了样本数量的几乎三分之二（63%）。尽管样本较好地代表了小规模的企业，仍然值得一提的是，微型企业在样本上还没有被很好地代表。这种问题不仅仅是存在于GMS的调查中，几乎所有这类上规模的专题调查都面临着这样的不足，微型企业不太愿意参与到调查中来。

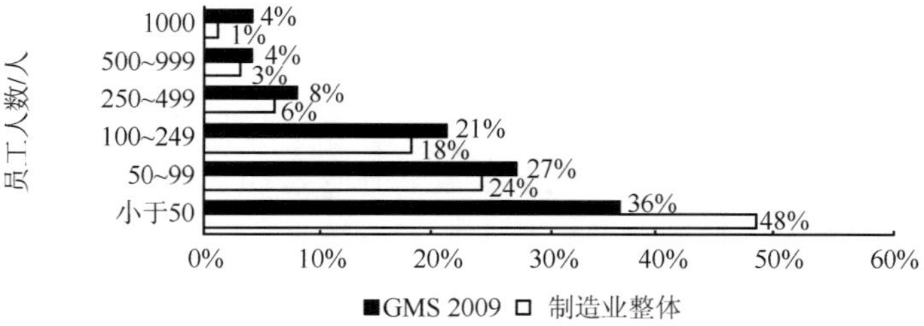

图18 GMS 2009与德国制造业整体的企业规模分布对比

资料来源：Fraunhofer ISI

应该这样理解，后面部分的实证研究结果可能会一定程度上低估了企业规模小于50个人的企业的作用。如果有必要，应该将不同规模的企业进行分类研究。

从图19中可以看出，GMS 2009的样本和整体在德国的地区分布上十分吻合。最严重的偏差出现在巴伐利亚（Bavaria）地区（稍微偏多）与北莱茵-威斯

① 数据来源于德国统计局（2008）专业出版物（“Fachserie”）4号，4.1.2卷。

特法伦州（North Rhine-Westphalia）地区（稍微偏少）。因此，可以说，实证结果不会因为地区因素引起偏差。

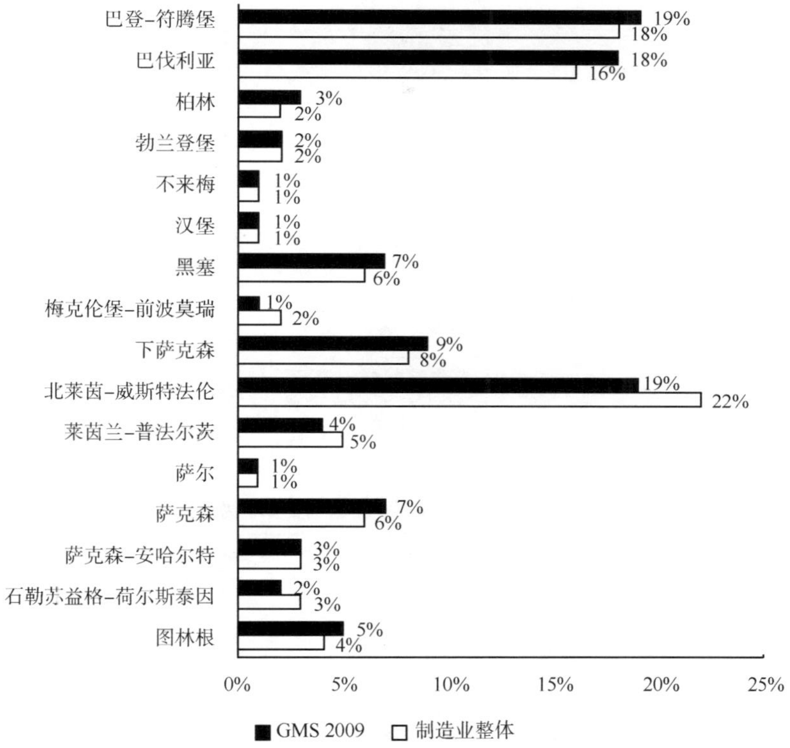

图 19　GMS 2009 与德国制造业整体的地区分布对比

资料来源：Fraunhofer ISI

最后，图 20 展示了 GMS 2009 样本的行业分布。很明显，在制造业的份额上，GMS 2009 和德国制造业整体之间表现出了较强的一致性。最大的差异出现在出版、印刷和存储媒体复制业，在 GMS 样本中的企业份额仅仅是整体份额的一半；在食品和饮料行业，GMS 2009 的份额比整体份额低 5%。

当然，这是很不理想的，因为这两个行业都是非研发密集型行业，研发密度比较低，有很多的非研发企业。联系到要进行的实证研究，这可能意味着研究结果只能部分地反映这两个行业的一些结构和特征。

从其他行业来看，GMS 2009 的样本和整体的一致性是较高的，说明 GMS 2009 在行业分布上能够较好地代表德国制造业。考虑到在企业规模和两个行业中存在的偏差，一个可能的做法是根据整体情况来为样本加权。本书没有这么做，主要有两个原因。第一，从演化的角度来讲，创新模式被认为是独立于行业结构的，这也就意味着，在一个或者两个行业存在着或多或少的偏差，在大范围

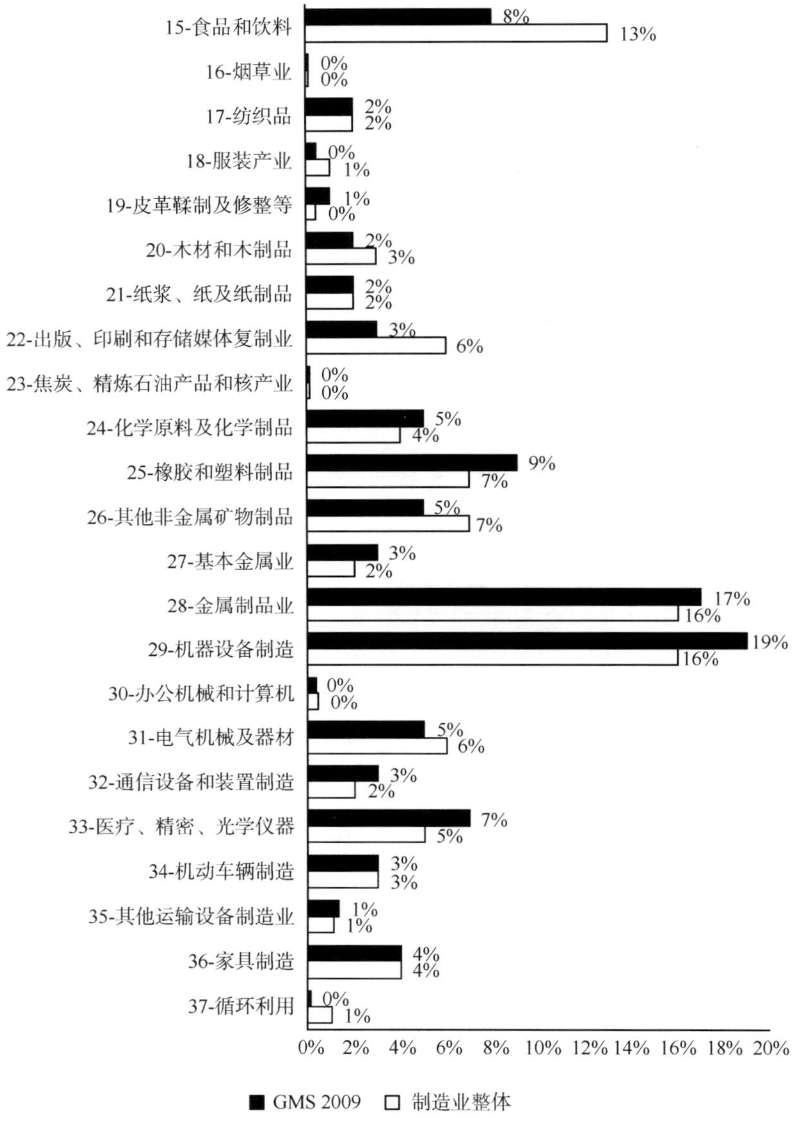

图 20　GMS 2009 样本和德国制造业整体的行业分布对比

资料来源：Fraunhofer ISI

上不会影响最终的结果。第二，样本加权可能会带来过分强调异常值的风险，这可能会比样本和整体结构的差异带来的不准确性更大。由于最大的差异也不是很大，而且理论也没有要求严格的行业结构一致，有理由认为之后实证分析的数据样本没有显著的偏差，可以较好地代表德国制造产业。

5.1.2　识别非研发企业子样本

由于不存在可以从中提取非研发企业子样本的整体样本，只能通过用 GMS 2009 中的研发支出指标来人为筛选出这些企业。基于第 4.3.1 节提出的非研发企业的定义，本书从中选取了 675 家企业。这些企业在调查期间没有在内部或者外部研发上花费任何资金，也就意味着它们的全部研发支出占销售额的比重为 0%（表 2）。由于这个子样本代表着几乎半数的 GMS 2009 样本，因此有足够的非研发企业有效样本来进行后面的分析。同时，GMS 2009 的样本几乎与德国整体的制造产业结构一致，这些大量的非研发企业的子样本可以突显这些企业的经济重要性。

表 2　非研发企业子样本

项目	样本数/家	占比/%	有效比例/%
非研发企业	675	45.5	46
研发企业	791	53.3	54
总体	1446	98.8	100
丢失	18	1.2	
全体	1484	100	

资料来源：GMS 2009

基于这个子样本，后面的部分首先对非研发企业的创新特性进行了描述性统计分析，揭示了这些特性是否与研发企业的特性有所不同。然后，正如分析框架中描述的，对于创新资源变量进行了聚类分析，识别了非研发企业的创新活动的几种创新模式。

5.2　测度方法和指标的选择

考虑到非研发企业创新模式的实证分析要求，本章变量和指标的选择必须考虑以下方面：

（1）最大限度地考虑非研发企业创新战略的异质性；

（2）最大限度地考虑不同的企业内外部创新资源。

如前所述，GMS 2009 提供了足够的测度方式和指标，足以用来评估满足需求的各种创新资源，以及分析非研发企业的创新产出和经济绩效的测度方式。当然，和所有二次分析一样，指标的选取受限于相关数据集的一些限制。一方面，这表示某些测度方式和指标比其他的更符合要求。然而另一方面，这表明并非所有人们想了解的方面在已有的数据中都有所涉及。以下的指标选择，至少在笔者看来，最接近计划要进行的分析。而且，这些被选取的指标与《奥斯陆手册》推荐的很接近（OECD，2005），或者说代表了手册中提到的内容经过轻微修饰后的结果，因为手册关注于更加细节的内容。后面简要描述了在 GMS 2009 问卷中选取了哪些测度方式和指标。

这组指标的附加备注很必要，因为有些指标被引用于非研发企业的情境下。

5.2.1 非研发企业的创新资源

基于概念框架，创新资源的水平反映的是非研发创新企业所能被观察到的多样化创新模式维度，这可以用演化理论的变异来解释。

根据资源观和由章节 4.3 推导出的基本定义，创新投入端的测度指标应该包含非研发企业创新资源的各种内部和外部、物质和非物质、产品和流程相关的维度，以下是选取的指标。

5.2.1.1 产品开发

能够自主开发自己的产品是制造性企业构建核心竞争力的主要前提条件。因此，问卷中包含了一个问被试企业是否在过去三年的时间内成功开发过新产品的问题。这个指标也经常被用作产品创新的产出指标。但是仅开发新产品并不能说明其真正的经济效益（如新产品的销售份额）。此外，本书并未将作为产品创新的重要输入因素的研发强度（OECD，2005）包含进来，因此这里的产品开发指标表示的是，某些非研发企业在没有任何正式研发投入的情况下是否成功地开发了新产品。类似的，这种做法被 Kirner 等（2009b）推荐。正如 Tidd 和 Bessant 所指出的，产品研发是一种重要的能力，它使企业有能力去应对持续变化的环境（例如，通过改变人们的信念、期望、想要的和所拥有的），以及对其市场地位构成威胁的竞争对手推出的新产品。

由于单单一个企业成功开发新产品的能力指标不能提供关于产品开发的过程或者惯例，本书引入了另外一个指标来测度新产品开发是如何进行的（如根据客户需求、标准化项目）。这个指标测度了产品开发的潜在的多样性和企业产品开发惯例的开放性。

另外，为了测度这些产品的技术水平，引入了第三个指标。用这个指标来捕捉产品中是否包含“高技术”元素，如微机械、电气、光学部件、高性能材料、基因工程、生物技术等。当然，这些更有可能出现在研发企业。但从企业关系的视角来看，这些高技术资源也可以从企业外部获得，因此非研发企业也有可能掌握这类高技术（Hirsch-Kreinsen，2008b ；Arundel et al.，2008）。

5.2.1.2 产品相关服务

新产品开发能力展示的是产品创新的物质层面，产品相关服务则展示的是非物质层面。产品相关服务意味着，制造型企业原来的产品组合正在逐渐开始附带一些新的服务内容（例如，从传统的安装和设置、技术文档化、保养和维修到先进的服务提供租赁、出租、融资或基于服务的业务模式），这使得企业能够从竞争中脱颖而出，增强与客户的联系（Mathieu，2001a，2001b；Baines et al.，2009）。已有文献将企业分为三类：第一类企业仅仅将服务附加到它们现有的产品组合上，而实际产品仍然是其核心业务；第二类企业拥有较为明显的产品相关服务，服务是其重要的竞争因素；第三类企业是制造性服务提供商，服务是其核心业务，而产品作为顾客特定问题解决方案的配置（Beckenbauer，2006）。基于这些特性，不同企业的服务方向可能会有很大不同。

一般来说，新产品的开发可能需要一些正式的研发活动，但开发和提供产品相关的服务就不太需要研发了，而往往可能发生在客户服务、市场营销或分销等领域。因此，有理由认为，产品相关的服务对于非研发企业提升竞争优势来说是一个很好的机会。然而，由于产品相关的服务往往和相应的新产品有很强的关联性，因而不进行研发的企业往往在这个领域的创新更少一些（Kirner et al.，2009a）。

关于产品相关的服务创新，用两个指标来测度。与产品开发类似，第一个指标测度企业在过去的三年内是否开发或提供过新的产品相关服务。第二个指标通过测度直接和间接与服务有关的开具发票的销售份额（不是绝对数量，绝对数量一般用作产出项的测度），来检测服务导向的强度。因此，可以认为，直接与服务有关的发票份额越大，对该公司的战略意义越大，公司的服务导向越明确（Gebauer，2004）。

5.2.1.3 先进制造技术的使用

根据创新的产品相关和工艺相关的分类，先进制造技术的使用应属于流程创新的一个实物资源。根据资源观，先进制造技术的使用既可以看做是实际投资，也可以看做是技术资源。已有研究表明，先进制造技术的使用是非研发企业获取生产中的高质量和成本效益的关键技术创新资源①。但是，目前有关非研发企业在何种程度上利用外部已有的先进制造技术，或者它们能否根据自己个性化的需求来改进或者修正先进制造技术都不甚清楚。

为了测度先进制造技术的使用，GMS 2009 的调查设计了非常详尽的变量。

---

① 如 Arundel et al.，2008；SantamarÍa et al.，2009；Bargegil et al.，2008；Tsai/Wang，2009。

变量不仅包含了企业在过去的三年内是否引入了新的先进制造技术，还调查了在自动化和联动、加工和生产技术、数字工厂/IT 交叉联系和能源效率领域的非常具体的制造技术。同时，被试还可以添加企业已经使用而未被列入问卷中的其他制造技术，并提供案例①。

此外，问卷还调查了相应的先进制造技术是何时首次引入的，引入这项技术的目的是什么，以及现在这项技术的使用频率。被试者被要求回答实际的使用率与最大可能的使用率相比的水平（低、中还是高）。测度先进制造技术的使用强度是有意义的，因为一般来说，对于形成生产和制造的结构和绩效来讲，使用多种不同的入门级的先进制造技术的作用不及广泛、高强度使用自动化系统或者工业机器人等的效果明显。

从资源观来看，分析企业对于机器设备的投资和企业是否购买已有的先进制造技术并自行改进是很有意义的。但是不幸的是，在 GMS 2009 的数据库中这两个指标都无法获得。

5.2.1.4 组织和管理理念的运用

与先进制造技术相反，组织和管理理念的运用代表了流程创新中的非物质部分。根据资源基础理论，设计和企业无形的内部流程、惯例特征是核心的创新资源，可以构成企业的竞争优势。

尤其是在非研发企业中，难以模仿的组织惯例和实践是竞争优势的重要因素，因为这些惯例和实践的开发和实施不局限于任何的研发（Kinkel et al.，2004）。这一观点也被其他几个重点研究非研发企业的组织和管理观念对竞争优势的正向影响的研究所支持（Rammer et al.，2009；Heidenreich，2009；Bargegil et al.，2008）。

但是，由于无形性和模糊性的特性，组织惯例和能力实际是很难测度的。因此，如前所述，本书用具体的组织理念和管理工具来近似测度这些无形的流程维度。与先进制造技术的维度类似，GMS 2009 设计了大量详细的题项来询问 16 种具体的组织理念和管理工具的使用，涉及组织工作、组织生产、标准化和知识管理、工作时间和支付计划、人力资源管理领域。同时，也设计了开放性问题来记录那些没有被包含进去的组织和管理理念②。

正如 Armbruster 等（2008）所述，用这样一些详细的问题来测度组织观念比仅仅问是否实施过“组织观念”，或者用一些模棱两可的词语比如“团队合作”

---

① 被试者在开放式问题中提出的附加信息由笔者单独审阅，并将其归类到先进制造技术中的某一领域。不能被明确归类的先进制造技术一起被归入“其他先进制造技术”中。

② 类似的，被试者在开放式问题中提出的附加信息由笔者单独审阅，并将其归类到组织和管理理念中的某一领域。不能被明确归类的先进制造技术一起被归入“其他组织和管理理念”中。

等要更好一些。

公司内部的组织流程经常被认为是要么存在要么不存在的因素。但事实上，与个人技能类似，新的组织技能的引入——改变或适应新的组织概念——是一个循环的过程，是新的行为不断加强的过程。这需要在一段时间内不断重复，才能使新的观念深入企业并见效（Essant et al.，2001）。因此，在实证中测度组织观念的扩散时，需要考虑不同的阶段，或者不同水平的强度（Armbruster et al.，2008）。实际上组织创新的实施的情况很大程度上取决于公司的管理，这是因为实施的过程往往没有明确的步骤和“正确”的方法。正是由于这个原因，后面的分析中包含了一个组织与管理观念的运用强度指标。

另外，关于组织与管理理念的引入还有一个问题。在新产品开发中，与新产品开发相关的服务或者先进制造技术的指标里，“在过去三年内的成功引入”这个指标背后往往意味着“最近的活动越多，则基于这种资源的创新活动越多”。然而在组织管理理念的使用上，这一点略有不同。应该认为，随着时间的推移，产品的新颖性或者先进制造技术会显著下降，这是因为先进制造技术开始逐渐在产业中扩散，或者新产品被竞争者所模仿。但是这对于组织理念的引入不太适用。从进化的角度来说，某种组织理念的引入是作为企业对环境的挑战和需求的一种适应性的响应。只要这些外部的环境因素依然存在，那么组织管理理念的预期作用和益处就会存在。这意味着，和产品创新或者先进制造技术有所不同，组织创新不太受时间因素的影响（Armbruster et al.，2008）。事实上，组织理念的实施往往意味着组织的结构和流程将有巨大的变化，而这将是一个耗时而又成本高的过程。

因此，本书仍有必要测度从组织管理理念的第一次引入开始的平均年限，但是应该有不同的解释方法。按照原来的解释，如果企业在过去三年内引入了新的组织管理理念，这意味着所有更早的引入组织管理理念的公司在组织管理理念的使用上更加不积极。但是，事实上相反的才是正确的。假定同样的使用率，那些更早的实施组织管理理念的公司可能更能获益，这是因为新的惯例和行为还没有完全内部化。

5.2.1.5　参与创新合作

按照企业的关系基础理论的观点，创新资源不一定要来源于企业内部。相反，企业间的合作和联盟为企业获取外部有价值的创新资源，或者通过与外部伙伴整合互补创新资源来创造有价值的创新资源提供了可能。由于企业外的这些有价值的资源也包括一些有价值的创新知识，因此创新合作的变量和创新知识来源的变量在一定程度上很相似。

然而，创新合作需要与外部伙伴有积极的合作。这不仅包含知识的交流，还要求企业具有社交网络能力和协作能力（Lorenzoni/Lipparini，1999；Duschek，1998；Simonin，1997），并且要求合作各方更大程度上的相互信任和相互依存。创新合作既可以发生在本企业与其他企业（如供应商、竞争者、服务提供商等）之间，也可以发生在本企业与外部的研发组织（如大学、研发实验室、非营利性研发组织等）之间。因此，与外部研发组织的创新合作不应该与外部研发混淆，因为合作的互惠互动（知识交流）远不仅仅是研发外包（用钱购买知识）这么简单。

GMS 2009 的调查提供了非常详尽的关于创新合作的变量的信息。它测度了企业是否参与过创新联盟、合作者是谁、频率如何。此外，还可以将这些指标按照四个创新的领域（新产品、新的先进制造技术、新的组织管理理念、新的产品相关服务）来划分。假使认为产品创新对非研发企业的作用较小，这些变量也使得人们能够观察在其他几个创新领域里创新合作的强度。

5.2.1.6 创新知识的来源

这个维度也与企业的外部创新资源有关。但是与创新合作相反，它不关注公司内部的资源的组合。相反，它调查企业所利用的创新知识的来源是什么，因而是基于企业资源观的。与此维度相关的企业创新活动可以来自于企业的内部和外部。因此，当人们将创新知识的来源视为企业重要的创新资源时，需要考虑到多方面的因素。

这些资源揭示了企业创新活动相关知识的一些特征。例如，如果企业自身的研发部门或者外部的研发组织是企业主要的知识来源，那么可以认为专家，或者是基于科学的知识对公司的创新活动起着决定性的作用。但是不进行正式研发的企业可能会更多地强调实践或者是基于经验的知识①。因此，研究非研发企业通过“干中学，用中学，互动中学，搜索中学”（Lundvall/Johnson，1994）来获取的知识是否与特定的知识来源（如公司内部的其他员工、顾客、供应商）有关是很有意义的。

创新知识的来源反映了企业的吸收能力（Cohen /Levinthal，1989，1990）的信息。正如在企业的动态能力情境下所描述的，吸收能力是指企业识别和评估外部的信息和知识，并加以实施和利用，使得企业获得更大的竞争优势的能力。由于这个概念最早是和企业的研发强度相联系的，也许可以假设非研发企业的吸收能力较为缺乏，因而更大程度上依赖内部的知识来源。由于它们不进行研发，缺乏一个非常重要的企业内部创新知识来源，因而可能更多地依赖企业外部的信息源，而这就需要企业有较高水平的吸收能力。

---

① 如 Heidenreich，2009；von Tunzelmann/Acha，2005；Hirsch-Kreinsen，2004，2008a，2008b；Sundbo，1996。

为了测度这些，GMS 2009 设置了变量来调查能够触发企业进行创新活动的最相关的信息源。这使得人们能够区分企业内部的知识源（如内部开发、企业内其他员工）和企业外部的知识源（如顾客、供应商、竞争者、研发组织，或者会议、展销会或其他的专业活动）。与创新合作指标类似，它也支持将不同的知识源归类到四个创新领域（新产品、新的先进制造技术、新的组织管理理念、新的产品相关服务）之中。这里需要指出的是，对于非研发企业来说，内部开发不应该作为企业的知识源。

5.2.1.7 人力资源

按照资源基础理论的观点，企业的一个重要的创新来源就是企业对于必要的人力资源的引入。尤其是根据知识基础观，企业的人力资源被视为显性知识和隐性知识的最重要的载体，而这些知识既可以通过正式的教育（也就是专家知识）获得，也可以通过日常的工作流程中的实践和经验（也就是实践知识）来获得。如前所述，非研发密集型企业往往具有低技术或者无技术人员比重高于平均水平的特点（Kirner et al.，2009b），因此它们往往更应该将基于经验的和实践的知识作为其内部的创新源①。

另外，非研发密集型企业的制造和生产往往具有劳动密集型的特征，这意味着这些企业往往更倾向于采用面向成本的创新战略（Heidenreich，2009；Hirsch-Kreinsen，2004）。因而可以引入一个变量来测度企业中某个特定的职能领域中的员工的比例。

在 GMS 2009 中，设置了两个变量来测度人力资源。第一个变量测度了企业员工的资质结构，询问被试者公司员工中高技术熟练工或者研究生、技师、熟练工人、低技术和无技术员工，以及学徒所占比例。第二个变量测度了不同职能领域（例如，研发、工程施工及设计、制造和装配或客户服务）中的员工分布。同样，对于非研发企业，可以预期研发领域的员工比例为 0。

表 3 GMS 2009 中筛选出的非研发企业的创新资源指标

项目	资源基础观	关系基础观	知识基础观
有价值资源的来源	内部	外部	内部（外部）
所有者/有价值资源的控制情况	独立公司	合作伙伴	个人（显性和隐性知识） 企业（共享的显性和隐性知识）
从 GMS2009 中筛选的指标			
过去三年中独立开发的产品	*X*		

---

① 如 Heidenreich，2009；von Tunzelmann/Acha，2005；Hirsch-Kreinsen，2004，2008b。

续表

项目	资源基础观	关系基础观	知识基础观
产品开发的类型	X		（X）
包含高技术元素的产品	X		（X）
过去三年内的产品相关服务	X		
直接或间接的产品相关服务的发票比例	X		
不同领域的先进制造技术的使用情况/强度	X		
不同领域的组织管理理念的使用情况/强度	X		
参与不同创新领域/与不同的外部合作伙伴进行创新合作		X	（X）
不同创新领域的创新知识源		（X）	X
员工的资质结构	（X）		X
在不同功能领域工作的员工比例	X		（X）

X 表示被对应的指标包含，（X）表示被对应的指标部分包含

资料来源：根据 GMS 2009 总结

表 3 总结了在资源基础视角下，用来阐述非研发企业的潜在创新资源的一系列指标。通过筛选的指标和变量，三种不同领域的基础资源观都被充分涉及，来获取企业物质和非物质、内部和外部、产品和流程相关的、显性和隐性的资源状况。当然，由于不同的资源基础理论有高度的相关性，有些指标同时涵盖了多个观点。在这种情况下，用（X）来标记。因此可以说，这一组指标为非研发企业的创新资源提供了密集的测度网络。

5.2.2 非研发企业的创新产出和经济绩效

根据概念框架中提出的理论观点，创新资源只有在产生经济效益之后才能真正称为创新。按照演化理论的观点，经济效益的水平与市场选择是相对应的，这是因为市场竞争会正向选择那些符合消费者需求的变化。

按照 4.3.2 节所定义的创新领域，创新产出的测度应该包含产品创新、技术流程创新、组织创新和与产品相关的服务创新等领域。除了这些创新资源对于创新产出的直接影响作用外，非研发企业长期的经济产出效果也应该被包含进去。

通过观察 GMS 2009 的调查会发现，里面有很多的指标用来测度创新产出和企业的整体经济表现。以下笔者将介绍选取了哪些指标和测度手段来进行本次研究分析。

5.2.2.1 创新产出

第一，在新产品这个产出维度中，对企业而言的新产品销售额和对市场而言的新产品的销售额是有所不同的。后者代表了市场上其他的企业尚未提供过的新产品，具有更高程度的新颖性（OECD，2005）。这种区分使得人们能够对产品新颖性的情况掌握得更加准确。

第二，与新产品的销售份额相似，产品相关服务的创新产出用过去三年内引入的新服务的销售比重来测度。

第三，尽管新产品或者新产品相关服务的销售份额能够作为直接货币手段来测度产品和服务创新的成功，但是那些技术或者非技术的流程创新的创新产出却不容易直接由某个特定的营业额来测度。

按照 Wheelwright（1984）、Wheelwright 和 Clark（1992）、Wildemann（1997）的观点，对企业来说，三个最重要的“竞争法宝”是速度、效率和质量。这些绩效指标可以作为流程创新的产出指标（Kirner et al.，2009a）。为了描述非研发企业的创新模式，GMS 2009 用七个指标来测度流程创新的产出：用新产品平均上市时间（time to market）、产品制造平均交货时间、平均配送时间来测度速度；用企业的劳动生产率（每名员工的增值）和全要素生产率（指劳动力和资本强度）来测度效率；用确定的交货日期的遵守情况、报废或者返工产品的比例来测度企业内部流程的质量。

5.2.2.2 经济成果

这个维度是用来描述由于某种创新资源的使用而带来的长期经济效益或者经济产出的。正如 2.6.5.2 章节中介绍的，产出主要是指雇用增长、销售额提高、出口强度这些方面。

和一般测度企业经济产出的方法类似，GMS 2009 中包含调查企业前几年的货币产出（销售额增长、销售回报率），雇用产出（雇用增长）和出口产品的份额指标。

5.2.3 非研发企业的结构特点

接下来的企业结构特点的测度主要是为了完成两个任务。第一，企业的结构特点应该作为控制变量。理论上来说，非研发企业的不同类型的创新模式应该独立于其结构特点，尤其是某些从属行业。因此，应该可以通过分析企业结构变量来证明企业层面的非研发者的异质性是否成立。第二，它们也用作解释和验证本书识别的创新模式。

GMS 2009 包含几个变量来描述企业的结构特征。这些变量不仅包含常规的企业规模或者从属行业，也调查了企业在产业价值链中的位置、其所有权结构、产品复杂性和批量制造的相关特点、实际净产出比、成立时间以及其最重要的竞争力因素，这些提供了企业的市场环境的信息。

5.3 德国制造业的非研发企业创新特点的描述性分析

描述性分析研究非研发企业的结构特征、创新资源、创新产出和经济产出。为了能更好地分析，研究中将非研发企业与研发企业进行了对比①。这里再强调一次：本章的主要目的不是检验在创新上非研发企业和研发企业哪个表现更好。相反，焦点在于更好地了解非研发企业的不同创新资源的特征和重要性，以探索其多样化创新模式。

5.3.1 非研发企业的结构特征

本部分首先分析非研发企业的子样本的基本结构特征。这使得人们可以初步判断非研发企业在从属行业中的异质性假设是否成立。此外，结构性特征的分析也能够帮人们评估创新资源和创新产出方面的结果。在假设企业规模对相应的变量有影响时，分析也应该根据企业规模大小，如微型企业（员工少于 50 人）、中小型企业（50～249 人）、大型企业（250 人以上）来分别进行。

表 4 展示了非研发企业在不同所属行业和企业规模分类下的分布情况。描述性分析表明，基于研发密度的产业分类（Legler/Frietsch，2007）只能部分反映企业实际的研发强度，可以看出，在部门研发强度的 3 个分类中都有非研发企业的存在。

不出所料，低技术行业中的非研发企业所占的比重是最大的（58%）。但值得一提的是，中等技术行业中的非研发企业占比为 27%，而高技术行业的未进行任何研发支出的非研发企业占了近 17%。这种不同行业的异质性在不同的制造性行业的分布状况同样存在。正如所预料的，典型的低技术行业（如食品和饮料、纺织品和皮革、造纸业）中非研发企业比重很高（70%～80%）。令人惊奇的是，有些高技术（医疗、精密和光学仪器）和研发密度高（机械及设备）的行业也包含了相当一部分的非研发企业（17%～28%）。因此，可以看出非研发企

① 为了检验非研发企业和研发企业的均值是否存在统计上的显著不同，本书用皮尔森卡方检验来检测名义级变量，采用非参数 Mann-Whitney 检测序次级变量，用 t 检验来检验刻度级变量。

业即使是在“高技术”的环境下，也是能够生存的。这些发现很好地支撑了非研发企业的不同分类下的异质性，并表明了按照这些行业分类来分析研究企业的创新行为可能不甚合适。

按照企业规模分类，非研发企业在中小企业中的比重是很大的。尤其是在员工人数不超过50人的微型企业里，非研发企业占据了主要地位（62%）。此外，中小企业中人数较多（50～249人）的企业中，非研发企业也占43%，但是250人以上的企业中只有16%左右不进行研发活动。

表4 研发企业与非研发企业在从属行业和企业规模上的对比

项目	研发企业（研发支出水平大于0%）	非研发企业（研发支出水平为0%）	合计
行业类别（LEGLER/FRIETSCH 2007）***	企业比重（%）		
低技术（研发支出<2.5%）	41.9	58.1	100.0（n=948）
中等技术（研发支出2.5%～7%）	73.0	27.0	100.0（n=363）
高技术（研发支出>7%）	83.2	16.8	100.0（n=155）
	（n=791）	（n=675）	（n=1466）
按制造业的类别划分（NACE 2-digit）***	企业比重（%）		
15-食品和饮料	27.0	73.0	100.0（n=122）
16-烟草业	100.0	0.0	100.0（n=1）
17-纺织品	48.3	51.7	100.0（n=29）
18-服装产业	42.9	57.1	100.0（n=7）
19-皮革鞣制及修整等	50.0	50.0	100.0（n=8）
20-木材和木制品	6.3	93.8	100.0（n=32）
21-纸浆、纸及纸制品	42.9	57.1	100.0（n=28）
22-出版、印刷和存储媒体复制业	8.2	91.8	100.0（n=49）
23-焦炭、精炼石油产品和核产业	100.0	0.0	100.0（n=2）
24-化学原料及化学制品	76.4	23.6	100.0（n=72）
25-橡胶和塑料制品	49.2	50.8	100.0（n=128）
26-其他非金属矿物制品	53.8	46.3	100.0（n=80）
27-基本金属业	53.3	46.7	100.0（n=45）
28-金属制品业	36.9	63.1	100.0（n=255）
29-机器设备制造	72.2	27.8	100.0（n=281）
30-办公机械和计算机	100.0	0.0	100.0（n=5）

续表

项目	研发企业（研发支出水平大于0%）	非研发企业（研发支出水平为0%）	合计
按制造业的类别划分（NACE 2-digit）***		企业比重（%）	
31-电气机械及器材	68.6	31.4	100.0（n=70）
32-通信设备和装置制造	87.2	12.8	100.0（n=39）
33-医疗、精密光学仪器	83.0	17.0	100.0（n=106）
34-机动车辆制造	70.5	29.5	100.0（n=44）
35-其他运输设备制造业	62.5	37.5	100.0（n=8）
36-家具制造	43.4	56.6	100.0（n=53）
37-循环利用	0.0	100.0	100.0（n=2）
	（n=791）	（n=675）	（n=1466）
企业规模***		企业比重（%）	
少于49人	37.9	62.1	100.0（n=533）
50～249人	56.6	43.4	100.0（n=707）
250人以上	83.6	16.4	100.0（n=226）
	（n=791）	（n=675）	（n=1466）

注：低技术、中等技术和高技术的分类按照NACE-3位的标准，所属制造业的行业按照NACE-2位的标准分类。*** 表示 $p<0.000$

资料来源：根据GMS 2009整理

这些发现验证了一个观点：非研发往往是那些由于受限于财政和人力资源而无法进行研发活动的中小企业的选择。由于研发项目往往需要企业达到某个最小规模才能进行，企业进行研发的壁垒主要包括高固定成本、高财务负担、研发失败带来的高风险。对于很多非研发的中小型企业来说，这些壁垒都存在着（Rammer et al.，2009）。然而，尽管非研发企业组和中小型企业组确实展示出了很高的一致性，但并不是每一个非研发企业都属于中小型企业，因为可以看到，在调查期间，有五分之一的企业规模超过250人的企业也没有进行任何的研发。

在产品复杂性方面（表5），非研发企业倾向于制造低复杂性（28%）或者中等复杂性（51%）的产品，仅有21%的非研发企业选择制造高复杂性的产品。这和研发企业形成了鲜明的对比。非研发企业中，仅有13%的企业制造简单产品，超过40%的企业选择制造复杂产品。因此，研发强度清晰地反映出产品复杂度。这些情况在不同的企业规模上也适用。然而，在实际净产出比上并没有反映出不同的产品复杂性来。研发和非研发企业的实际净产出比数值类似，也就是说两者的平均投入成本相当。

刚看到制造批量这个指标时，人们也许会认为低产品复杂性和制造的大批量应该一致。但结果并不完全是这样。所有的非研发企业样本中只有约三分之一（30%）进行大批量生产。而占主体地位的是中批量生产（49%），另有22%的非研发企业甚至进行的是单件生产。更令人惊奇的是，在制造批量上，非研发企业和研发企业几乎没有什么不同。相反，非研发企业的单件生产反而要比研发企业高一些（30% vs. 24%），同时，制造业非研发企业的大批量生产比例仅仅比研发企业高1%。当根据企业规模再去对两组进行细分时，最值得关注的是人员少于50人的微型企业的大批量生产情况，非研发企业中有14%，而研发企业仅有8%，这符合预期。

表5　研发企业和非研发企业的产品复杂性、批量大小、制造垂直范围和成立时间对比

项目	非研发企业（研发支出水平为0%）			
	20～49人	50～249人	250人以上	合计
产品复杂性***	公司比例（%）			
简单产品	31.2***	27.3***	13.5	28.4
中等复杂性产品	50.8	50.5	54.1	50.9
复杂产品	18.0	22.2	32.4	20.7
				100.0（n=641）
制造批量的大小				
单件生产	33.4	27.1+	21.6	29.9
小中批量生产	52.3	50.5	48.6	51.3
大批量生产	14.3	22.3	29.7	18.9
				100.0（n=636）
实际净产出比	（总销售额/投入成本）/销售总额			
	0.583	0.573	0.479	0.574（n=513）
成立时间	公司比例（%）			
1961年前	42.6***	46.9	59.5	45.5
1961～1970年	6	8.1	8.1	7.1
1971～1980年	11.5	6.2	5.4	8.7
1981～1990年	16.3	13.7	5.4	14.5
1991～2000年	21.1	20.5	18.9	20.7
2000年后	2.4	4.6	2.7	3.4
				100.0（n=673）

续表

项目	研发企业（研发支出水平大于0%）			
	20～49人	50～249人	250人以上	合计
产品复杂性	公司比例（%）			
简单产品	12.2	14.5	9.8	12.8
中等复杂性产品	44.7	50.6	39.7	46.5
复杂产品	43.1	34.9	50.5	40.7
				100.0（n=774）
制造批量的大小				
单件生产	33.5	22.1	17.5	23.9
小中批量生产	58.4	61.4	51.9	58.4
大批量生产	8.1	16.5	30.6	17.7
				100.0（n=769）
实际净产出比	（总销售额/投入成本）/销售总额			
	0.607	0.568	0.542	0.572（n=572）
成立时间	公司比例（%）			
1961年前	28.2	40.3	67.2	43.5
1961～1970年	8.4	8.8	8.5	8.6
1971～1980年	9.4	12.3	6.9	10.2
1981～1990年	20.3	15.8	7.4	14.9
1991～2000年	26.7	18.5	10.1	18.6
2000年后	6.9	4.5	0.0	4.0
				100.0（n=788）

*** 表示 $p<0.000$

资料来源：根据GMS 2009整理

在经济增长理论中，有一个观点是，非研发企业比进行研发活动的企业更不具竞争力，更容易在市场竞争中失败。企业的平均成立时间能够很好地表明非研发企业在市场竞争中成功地存活了多久。结果非常明显：近一半的非研发企业已经存活了超过50年。当然，只有面板数据才能够提供这些企业是否真的在发展过程中从来没进行过研发的信息。但是考虑到非研发行业的情况，可以认为，即使它们曾经进行过研发活动，研发支出的水平应该也比较低。这意味着，企业不通过或者仅通过偶尔的研发活动，也能够获得持续的竞争力。

同时，数据也表明，非研发活动在成立时间仅有10～20年的年轻企业中也有表现，这些企业可能还没建立较强的技术路径依赖性。因此，非研发企业不应该被认为是一种“逐步淘汰”的模型。

还有一个看起来很难解释的问题。近 43％的人员少于 50 人的微型非研发企业在 1961 年之前就成立了。从积极的方面来看，这可能意味着，由于具有一些竞争优势（如灵活性、速度），这个规模能够使企业在竞争中存活而没必要去扩大规模。而从消极的方面来看，这也许意味着这些企业由于竞争优势不足，正在逐渐衰落。同样，只有面板数据能够更好地解释这个问题。后面的这组样本的创新和经济效益的描述性分析也许能够提供进一步的见解。

表 6 展示了非研发企业的最重要的竞争因素。经济增长理论认为，不进行研发的企业主要依赖成本竞争，这是因为他们缺乏系统地通过研发和技术知识将生产提到更高水平的机会。然而，后面的结果与这种说法并不一致。确实有大概 23％的非研发企业表明，产品价格是它们唯一的销售手段，这个比例比研发企业要高大概 10％。但是有一般的非研发企业也提出，产品质量是他们用以与竞争对手实现差异化的最重要的竞争因素。其他非研发企业提出的相关因素还有产品定制（13％）和遵守交货时间（8％）。

表 6　非研发企业的竞争因素、在价值链中的位置和所有权结构

项目	研发企业（研发支出水平大于 0％）	非研发企业（研发支出水平为 0％）
最重要的竞争因素 ***	公司比例（％）	
产品价格	13.8	22.6
产品质量	43.3	49.7
创新型产品	18.8	4.6
根据客户需求定制	19.1	13.2
遵守（缩短）交货时间	3.3	7.9
产品相关服务	1.9	1.9
	100.0	100.0
	(n=701)	(n=569)
在价值链中的位置	公司比例（％）	
成品制造商	67.5	65.7
委托制造商	5.6	15.0
	(n=782)	(n=661)
如果是成品制造商[1]		
为顾客制造 ***	26.1	41.7
为行业制造 **	78.0	68.4
	(n=528)	(n=434)
如果不是成品制造商[2]		
系统的供应商 **	33.5	21.1
零件/组件供应商 *	68.1	55.9
	(n=254)	(n=227)

续表

项目	研发企业（研发支出水平大于0%）	非研发企业（研发支出水平为0%）
所有权结构***	公司比例（%）	
私人/家族	70.1	86.2
金融投资者（即创投）	4.9	1.5
其他企业（非金融投资）	16.6	8.0
基金	1.7	0.0
其他所有者	2.4	2.4
无主要所有者	4.4	1.8
	100.0	100.0
	(n=778)	(n=661)

*** 表示 $p<0.000$；** 表示 $p<0.005$；* 表示 $p<0.01$；1，2 表示比例大于 10%是因为问卷中允许多项选择

资料来源：根据 GMS 2009 整理

比较两组数据可以看出，和预期一致，研发企业更多地进行创新产品的开发（19%）。此外，产品的个性化定制在研发企业中似乎更明显。这是合理的，可以认为它们通过与顾客建立紧密的合作关系，来开发和改善相当复杂的产品（如机械和制造设备）。而非研发企业的个性化产品比例较低，可能是由这些企业的现行工艺的专业化导致的。

工艺专业化（process specialisation）的想法是基于非研发企业更频繁地充当最终产品供应商而非制造商这个假设。这个假设在上面提到的非研发企业制造的相对低复杂度的产品上也应该适用。

然而，表 6 的结果表明，实际情况并非如此。样本中有大约 66%的非研发企业表明它们是最终产品的生产者，而研发企业的这个数字为 68%。因此，一方面，非研发企业并不是其他（研发密集型）企业的主要供应商，另一方面，这意味着非研发企业也能够在最终产品市场上竞争成功，而不是仅仅拘泥于竞争不激烈的受保护的供应商群（supplier-niches）。非研发企业（42%）比研发企业（26%）在为顾客提供产品（“B2C”）这一指标上比例更大，而后者更多地为行业企业最终产品（78% vs 68%，“B2B”）。考虑到机械工程领域的企业经常作为“生产率提供商”给其他产业提供高效的制造设备（Kinkel /Som，2010），上述的情况就显得合情合理了。

此外，与其高产品复杂性相对应，研发企业（34%）比非研发企业（21%）更多地充当系统提供商的角色。相反，非研发企业中的委托制造商（15%），也就是作为其顾客的“扩展台”的角色，执行相当简单的制造任务（如焊接、涂装或研磨），比例要远超研发企业（6%）。这些委托制造商往往不开发自己的产品，

对其顾客的依赖程度很高，很符合人们对非研发企业的印象。

对于非研发企业的所有权结构可以作出两个假设。一方面，因为研发往往意味着高风险（Rammer et al.，2009），非研发企业往往对于金融投资者更具吸引力。这使得其他大企业愿意去购买这些非研发企业，以保证专业的中间产品的供应。另一方面，研发企业对于金融投资者和其他企业投资也很有吸引力，因为研发企业它们能够获得更多的技术知识。而且，如果研发成功的话，对研发密集型企业的金融投资的边际利润会更高。从数据上来看，第二个假设似乎更合适。非研发企业的所有权主要集中在私人或者家族（86%），大部分是创业企业家。这个结果也说明，大部分不进行研发的企业是中小型企业。有一部分的非研发企业（8%）是由其他非金融投资者的企业（如一个更大的公司的附属公司）占有的。最显著的差异是研发企业中被另外一个企业所拥有（17%），或被金融投资者占有（5%）的比例比非研发企业要高些。

简要总结一下，对德国制造业的非研发企业的结构性特征的分析结果支持了企业间异质性的假设。可以发现，在制造业的各个行业中都存在不进行研发的企业，即使是在研发密度比较高或者很高的行业中，非研发企业也占有相当的比例。考虑的大部分变量没有揭示一些“典型”的、非研发企业和研发企业的层次分明的同质性模式。研发企业和非研发企业的显著的不同主要有企业规模分布、产品复杂性、创新型产品和最重要的竞争因素。

5.3.2　创新资源

以下描述了有关非研发企业的内部和外部的创新资源的使用和重要性的研究发现。

5.3.2.1　产品开发

如前所述，新产品开发能力对于制造性企业的产品创新来说是一个重要的创新资源。由于这种能力往往与存在的正式研发相关，因此有观点认为非研发企业缺乏这种能力，无法成功地开发自己的产品。然而，实证结果表明，相当一部分不进行正式研发的企业也能够开发新产品。

表7表明，样本中多于三分之一（35%）的非研发企业已经成功地开发了自己的新产品。然而，这也从反面说明，有近三分之二的企业在过去的三年中没有开发新产品。那么这些企业要么是偶尔性开发新产品，要么不进行产品开发。这对于委托制造商来说尤其适用。研发企业中近77%的企业都在调查的时段内开发自己的新产品，与研发企业形成显著差异。这表明，进行研发活动的企业进行产品开发的倾向性明显更高。

进一步对进行产品开发的组进行细分发现，大部分的非研发企业（55%）根据客户的要求来开发产品。乍一看会认为这和他们的供应商地位有关系，但是按照上面的分析，研发企业比非研发企业更可能充当供应商。因此这种较高水平的产品个性化可以理解为知识和创新的刺激从顾客流转到企业的结果。因此，这些产品开发有可能是非常特殊的，因此需求和市场都是有限的。此外，有15%的非研发企业声称，他们从未开发过自己的产品。这和前面提到的委托制造商的情况非常相符。在研发企业组中，产品的个性化定制依然起着最重要的角色，尽管比例相对来说要低一些（46%）。在这一组中，有无可能事后定制的标准产品的开发的比例（分别是38% 和 15%）要比非研发企业组（19%和 11%）的高。

表 7 研发企业和非研发企业的产品开发

项目	研发企业（研发支出水平大于0%）	非研发企业（研发支出水平为0%）
自己开发新产品的企业比例	76.8	35.1***
	(n=789)	(n=670)
开发各类新产品企业的比例		
根据顾客的规格要求开发	46	54.8*
融入了顾客的个性化需求的标准化基本产品开发	37.7	19.0*
开发标准产品让顾客选购	14.7	10.8*
在企业中不存在	1.7	15.4*
	100	100
	(n=770)	(n=637)
高技术元素产品中包含了高技术元素的企业比例	32.4	7.3***
	(n=785)	(n=668)

*** 表示 $p<0.000$； ** 表示 $p<0.005$； * 表示 $p<0.01$

资料来源：根据 GMS 2009 整理

当被问及他们的产品中是否包含高技术元素（如微机械、微电子、微光学部件、高性能材料、基因或生物技术等元素）时，32%的研发企业作出肯定的答复，比较而言，非研发企业的这个比例仅有7%。由于这些高技术元素不太可能在非研发企业内部开发出来，而更可能从外部合作伙伴那里购买来，这意味着这7%的企业明显具有掌握和处理这次高技术元素的能力，而能够使得这些元素与它们现有的产品规格吻合。因此，非研发不一定意味着没有高技术。

5.3.2.2 产品相关服务

为了补充产品开发的非物质部分，提供产品相关的服务是非研发企业提升其竞争力的重要战略，因为产品相关的服务不一定要与研发活动相联系。

在产品相关服务领域近期的研发活动方面，表 8 表明，仅有很少一部分（12%）的非研发企业在过去的三年内提供了一种新的、或者比原来明显改善的产品相关服务。由于低复杂性的产品（例如一块金属部件）的相关服务空间不大，根据产品的复杂性来对产品相关服务进一步细分。结果表明，制造的产品的复杂度越高，企业在过去三年内推出的新的产品相关的服务比重越高。在非研发企业中，分别有10%、12%和17%提供简单产品、中等复杂度产品和复杂产品的企业在调查期间段内提供过新的产品相关服务。因此，有近五分之一的没有进行正式研发的企业已经意识到产品相关服务这种资源的竞争潜力。

进一步观察这些提供过新的产品相关服务的企业，可以明显发现产品相关服务的战略意义相当高。产品相关服务的战略意义可以通过直接开具发票的服务情况来反映。直接开具发票的服务营业额比例越高，企业从单纯的"商品制造商"到新的"生产服务提供商"的转变程度越高（Demus /Spath，2000；Ebauer，2004）。开具发票的产品相关服务的平均比例（8.3%）——也就是独特的非物质产品——比未开具发票的产品相关服务的比例（5.4%）明显高一些。这意味着非研发企业似乎有意为其产品组合提供相关的服务，提高产品相关服务的战略意义，这在生产复杂产品的非研发企业中特别明显。

表8 研发和非研发企业的产品相关服务的提供情况

项目	非研发企业（研发支出水平为0%）			
	简单产品	中等复杂度产品	复杂产品	总计
新产品相关服务				
提供新的产品相关服务的公司比例	9.7	12.2*	17.1+	12.5***（n=615）
直接开具发票的服务营业额比例	—	—	—	5.4（n=346）
未直接开具发票的服务营业额比例	—	—	—	8.3（n=326）
项目	研发企业（研发支出水平大于0%）			
	简单产品	中等复杂度产品	复杂产品	总计
新产品相关服务				
提供新的产品相关服务的公司比例	15.2	20.2	27.4	22.5（n=759）
直接开具发票的服务营业额比例	—	—	—	6.0（n=599）
未直接开具发票的服务营业额比例	—	—	—	7.0（n=583）

*** 表示 $p<0.000$； ** 表示 $p<0.005$； * 表示 $p<0.01$； + 表示 $p<0.1$

—表示由于没有足够的样本而留空

资料来源：GMS 2009

非研发企业的开具发票的产品相关服务的平均比例比研发企业（7.8%）还要稍高一些，而研发企业在未直接开具发票的服务上比例比较高（6%）。这些区别在统计意义上并不显著，只能解释为一种一般的倾向。此外，正如预期，由于研发企业的产品往往具有较高的复杂性，研发企业组中在过去三年内提供过新的产品相关服务的企业比例比较高（23%）。这些结果与 Irner 等（2009a）的观点一致，认为研发企业在产品相关服务的使用上更加积极，因为产品相关服务往往是伴随着新产品诞生的。

5.3.2.3 先进制造技术的使用

现有的实证研究表明，先进制造技术的使用对于非研发密集型企业来说是一个非常重要的创新资源①。先进制造技术的使用与企业规模有关，这是因为先进制造技术的投资需要财务资源。

表 9 表明，超过一半被调查的非研发企业使用至少一种先进制造技术，这和研发企业相应的比例（56%）差不多。然而，在实施时间上，仅有 29%的非研发企业在过去的三年内引入过先进制造技术，而研发企业的这一比例达到 42%。这意味着研发企业近期在先进制造技术上的创新活动要明显高于非研发企业，这也意味着研发企业所使用的先进制造技术比非研发企业的要更加先进②。企业规模与先进制造技术的使用并不成正相关关系，但是在 2006 年之后引入的先进制造技术拥有更多资源的大型企业比例要更高一些。

表 9 研发企业和非研发企业的先进制造技术的使用对比

项目	非研发企业（研发支出 0%）			
	20～49 人	50～249 人	250 人以上	合计
先进制造设备的使用				
使用至少一种先进制造技术的企业比例	52.5	57.0	47.1	54.3（$n=466$）
在过去三年内引入过先进制造技术的企业比例	22.7^{+}	33.2**	43.2	28.6***（$n=675$）
先进制造设备的使用领域				
自动化和联动	35.4	42.4	66.7^{+}	40.3^{+}（$n=663$）
加工和生产技术	24.0**	24.7***	30.6^{+}	24.7***（$n=649$）
数字工厂和 IT 交叉联动	36.3	48.9	30.8^{+}	42.1（$n=280$）
能源效率	44.9	45.9	55.6	46.2（$n=366$）
其他	—	—	—	8.8（$n=624$）

---

① 如 Arundel et al.，2008；Santamaría et al.，2009；Bargegil et al.，2008；Tsai/Wang，2009。

② 通过比较在德国制造业的研发密集型企业和非研发密集型企业的具体的先进制造技术的扩散情况，Kirner 等（2009b）发现非研发密集型企业的先进制造技术的扩散要比研发密集型企业的先进制造技术的扩散晚 3～5 年。这表明非研发密集型企业倾向于推迟先进制造技术的引进，以等待这些技术更加成熟，价格更加合理。

续表

项目	非研发企业（研发支出0%）			
	20～49人	50～249人	250人以上	合计
在以下领域使用强度较高的企业比例				
自动化和联动	19.3	34.9	48.6	28.0+ (n=675)
加工和生产技术	8.5+	12.1+	10.8+	10.2*** (n=675)
数字工厂和IT交叉联动	9.1	16.9+	37.8	14.2*** (n=675)
能源效率	14.8	20.5	35.1	18.5** (n=675)
项目	研发企业（研发支出水平大于0%）			
	20～49人	50～249人	250人以上	合计
先进制造设备的使用				
使用至少一种先进制造技术的企业比例	51.9	55.8	58.3	55.6 (n=682)
在过去三年内引入过先进制造技术的企业比例	31.7	44.0	48.1	41.8 (n=791)
先进制造设备的使用领域				
自动化和联动	39.6	48.4	45.7	45.5 (n=784)
加工和生产技术	36.1	39.9	51.1	41.6 (n=778)
数字工厂和IT交叉联动	40.2	41.2	54.7	45.4 (n=491)
能源效率	42.6	46.0	52.4	47.2 (n=513)
其他	—	—	—	11.2 (n=708)
在以下领域使用强度较高的企业比例				
自动化和联动	20.3	31.8	47.6	32.6 (n=791)
加工和生产技术	14.9	18.0	22.8	18.3 (n=791)
数字工厂和IT交叉联动	10.4	23.5	41.3	24.4 (n=791)
能源效率	18.3	25.3	32.3	25.2 (n=791)

*** 表示 $p<0.000$；** 表示 $p<0.005$；* 表示 $p<0.01$；+表示 $p<0.1$

—表示由于没有足够的样本而留空

资料来源：根据GMS 2009整理

将先进制造技术的使用按照不同的领域来划分可以发现，非研发企业的先进制造技术的使用主要集中在自动化和联动化（automation and linkage）（40%）、数字工厂和IT交联（42%）以及能源效率（46%）方面。尤其是在自动化和联动化方面，大型企业的使用率（67%）要比中小型企业（42%和35%）的使用率高一些。

非研发企业和研发企业的先进制造技术的使用只有几个指标有显著的差别：

非研发企业在加工和生产技术领域使用先进制造技术比例（25%）不如研发企业（42%）高。一方面，这看起来比较奇怪，因为这些企业经常引用的流程专业化应该与生产中高水平的先进制造技术有关。但另一方面，制造和装配类工作的员工比例越多（Irner et al.，2009b），先进制造技术在这一领域的使用率越低，这似乎能解释这种现象。人数超过 250 人的大型非研发企业中先进制造技术在自动化和联动化领域的使用率（67%）比研发企业相应的使用率要高（46%），这意味着非研发企业在先进制造技术的使用上有更多的成本导向性。

然而，考虑到先进制造技术引进的目标，很明显可以看出，两组企业中先进制造技术的引入主要是为了降低制造成本（非研发企业为 37%，研发企业为 42%），接着是提高质量（非研发企业为 26%，研发企业为 27%）、灵活性（非研发企业为 16%，研发企业为 19%）和推动产品创新（非研发企业为 8%，研发企业为 15%）。尽管先进制造技术的目标排序是一致的，这两个组之间有两点不同需要注意。第一，相对于研发企业，非研发企业更倾向于在成本上竞争的假设（Pavitt，1984）在这里是不成立的。第二，与预期一致，推动产品创新更多地被研发企业作为先进制造技术的使用目标而提及。

先进制造技术强度高的非研发企业的结果与前面关于先进制造技术的使用的研究发现情况是相吻合的。比例最多的领域是自动化和联动化（28%），紧接着是能源效率（大约 19%）。可以看到，这些比例随着企业规模的增大而快速增长。这也许可以解释为卷入以成本为中心的竞争中的非研发企业比例稍微多一些。尽管整体来说，使用度较高的非研发企业的比例不大（14%），然而仍然可以发现这些领域与规模大的企业（38%）的相关程度很高，仅有 9%～12%的不进行研发的企业表明在加工和生产技术上的使用强度很高。很明显，只有新的非研发企业可能较高强度地使用这种技术。

比较这两组数据可以发现，在各个领域，密集使用先进制造技术的研发企业的比例都要显著高一些。只有在自动化和联动这个领域两者的数量相当。因此，非研发企业似乎一般不会通过过度使用先进制造技术来过度地补偿它们所缺失的研发。非研发企业无论在先进制造技术的使用数量还是使用密集度上都和研发企业相似或者比研发企业更低。相反，尽管两组企业在先进制造技术的比例上相当，非研发企业似乎更加根据它们某种特定的需要来有选择性地引进先进制造技术。例如，自动化和联动化是在劳动密集的这样一个制造业结构情境下的选择。然而，由于使用强度是由被试者通过主观估计得到的，这些差异也可能是由于认知结构的不同所造成的。

总而言之，可以发现非研发企业也广泛地使用先进制造技术。然而，正如某些学者的观点①，非研发企业并没有通过高于平均水平的先进制造技术的使用来弥补它们所缺失的研发。与研发企业相比，在先进制造技术的使用上，非研发企业除了在生产技术（使用和强度）方面和数字工厂/ IT 交联（强度）方面略有不同，在其他方面都没有很大的差异。此外，在过去三年引入过先进制造技术的非研发企业要明显比研发企业多，但使用率相似，这说明非研发企业更倾向于扮演先进制造技术的追随者而不是第一推动者。

5.3.2.4 组织理念和管理工具的使用

根据资源观，企业内部无形的流程和惯例是解释企业的竞争优势的关键因素。已经有几个研究强调了不同的组织和管理理念的使用对于非研发企业的竞争优势有正向影响（Rammer et al.，2009；Eidenreich，2009；Barge-Gilet et al.，2008）。由于某种组织和管理理念的可行性（尤其是在工作和生产组织领域）很大程度上依赖于企业规模，因此将结果按照企业规模来分类。

表 10 表明，有 61％的非研发企业提到它们要么使用过列出的组织管理理念中的至少一种，要么在开放式分类中填写了未列出的组织管理理念。并且，不同规模的使用过组织管理理念的企业的比例基本相同。这意味着连人员不超过 50 人的小企业也在使用组织管理理念（58％）。这些情况在研发企业中也类似。

然而，只有 34％的非研发企业在过去三年内实施过组织管理理念。而剩下的非研发企业都是在更早的时间内使用过组织管理理念来提高其竞争优势。而在过去三年内引入过组织管理理念的研发企业的比例要高一些（51％）。考虑到组织管理理念不像新产品或者新的先进制造技术一样受到技术老化过程的影响，可以认为那些实施组织管理观念更早一些的企业可能会比“晚来者”获益更多，而晚来者由于刚刚引入一个新的组织管理理念，新的惯例和行为尚未完全内化（Armbruster et al.，2008）。

通过区分企业规模，发现在过去三年内引入组织管理理念的企业比例从 28％（49 人及以下）、39％（50～249 人）到 43％（250 人及以上）不等，随着企业规模而提高。因此，规模较大的非研发企业明显比小企业在近期的组织管理理念引入上更加积极。企业规模和组织管理理念的引入时间的相关关系对于研发企业依然适用，尽管研发企业的每个规模的比例都要更大一些②。

---

① 如 von Tunzelmann/Acha，2005；Arundel et al.，2008；Heidenreich，2009。

② 应该考虑到这些结果无法捕获现有的组织管理理念是否在过去的三年内有“更新”的版本。例如，已经引入很久的团队合作的概念有可能在过去的三年内进行了量化的修订，比如授权团队自主决策，但是可以得到的这些数据指标并没有区分组织管理理念的不同的量化阶段。因此，无法分析非研发企业是否比研发企业更加注重对已有的组织管理理念的修订。

表 10　研发企业和非研发企业的组织理念和管理工具的使用情况对比（%）

项目	非研发企业（研发支出 0%）			
	20～49 人	50～249 人	250 人以上	合计
组织理念和管理工具的使用				
使用至少一种组织理念和管理工具的企业比例	57.8	64.6^{+}	59.5	61.0（n=667）
在过去三年内引入过组织理念和管理工具的企业比例	27.2^{**+}	39.1**	43.2^{+}	33.5***（n=675）
组织理念和管理工具的使用领域				
工作组织	44.8	49.2*	62.2	47.7（n=666）
生产组织	19.8^{+}	27.6^{+}	35.1	24.2***（n=658）
标准化和知识管理	37.2***	52.5	62.2	45.5***（n=659）
工作时间和支付方案	30.1	43.3	33.3^{+}	36.5^{+}（n=490）
人力资源管理和领导力	33.1^{+}	42.9	43.2	38.1***（n=666）
其他	—	—	—	5.1***（n=651）
在以下领域使用强度较高的企业比例				
工作组织	22.7^{+}	29.3	40.5	26.7***（n=675）
生产组织	7.9	13.0**	24.3	11.1***（n=675）
标准化和知识管理	20.5*	31.3***	59.5	27.6***（n=675）
工作时间和支付方案	30.8	38.1	56.8	35.6**（n=675）
人力资源管理和领导力	7.3	16.9	27.0	12.7**（n=675）

项目	研发企业（研发支出水平大于 0%）			
	20～49 人	50～249 人	250 人以上	合计
组织理念和管理工具的使用				
使用至少一种组织理念和管理工具的企业比例	59.7	57.0	62.2	58.9（n=789）
在过去三年内引入过组织理念和管理工具的企业比例	39.6	52.0	62.4	51.3（n=791）
组织理念和管理工具的使用领域				
工作组织	46.5	59.9	68.8	58.6（n=785）
生产组织	28.3	36.7	43.2	36.1（n=775）
标准化和知识管理	57.1	53.9	56.7	55.4（n=782）
工作时间和支付方案	38.0	37.8	52.3	41.7（n=645）
人力资源管理和领导力	43.7	48.9	52.2	48.3（n=784）
其他	—	—	—	11.8（n=735）

续表

项目	研发企业（研发支出水平大于0%）			
	20～49人	50～249人	250人以上	合计
在以下领域使用强度较高的企业比例				
工作组织	32.7	35.0	42.3	36.2（n=791）
生产组织	11.4	21.3	34.9	22.0（n=791）
标准化和知识管理	31.2	44.5	55.0	43.6（n=791）
工作时间和支付方案	31.7	42.3	59.8	43.7（n=791）
人力资源管理和领导力	11.4	20.3	36.0	21.7（n=791）

*** 表示 $p<0.000$； ** 表示 $p<0.005$； * 表示 $p<0.01$； + 表示 $p<0.1$；

—表示由于没有足够的样本而留空

资料来源：根据 GMS 2009 整理

再看组织管理理念在不同领域的应用，结果表明非研发企业主要在工作组织（48%）和标准化与知识管理（46%）上部署组织管理理念，紧接着是人力资源管理和领导（38%）、工作时间和支付方案（payment schemes）（37%），而组织生产上最少，只有约24%。这和先进制造技术的使用情况很类似，生产技术对于非研发企业的重要性没那么高。然而，这个结果还是有些出乎意料的，正如Kirner等（2009b）的研究表明，非研发企业的制造和生产更加倾向于劳动密集型，因此这些公司的流程专长应该在于它们有较好的组织生产能力。但是，生产简单产品的非研发企业对于生产组织的选择可能与生产复杂产品的企业有所不同。

对所有领域来说，使用组织管理理念的倾向都随着企业规模增大而增大。尽管非研发企业在不同领域的组织管理理念的使用结构关系都与研发企业很类似，但非研发企业在这些领域的组织管理理念的使用率要明显低很多。只有当对企业规模再划分时才会发现在有些组织管理概念（如组织工作、标准化和知识管理）的使用上，研发和非研发企业的差别不大。当仔细看前面的组织管理理念的实施战略目标时，会发现和先进制造技术的情况非常类似。非研发企业样本中的大部分企业都表明它们的主要目的是降低成本（39%），其次是提高质量（32%），提高灵活性（29%），而推进新产品的开发的比例很小（4%）。两组企业的情况差别都不大。研发企业中比例最大（40%）的企业也表明，它们使用组织管理理念主要是为了降低成本。而这又与从前认为非研发创新企业比研发企业更加受到成本导向的竞争驱动的观点不一致。

因为在非研发企业中有很大一部分是在2006年之前实施了新的组织管理理念，可以推测，这些企业中，组织管理理念使用强度高的企业比例也比较大。但是，结果恰恰相反。在组织管理理念相关的各个领域，研发企业中使用强度高的比例都明显高于非研发企业。这个情况在不同的企业规模分类下也适用。一个可能的解释是，研发企业的高素质人才比例较大，这允许了更先进的工作组织形式，如责任制和对较低等级的控制等。在非研发企业中，使用强度最大的领域在灵活的工作时间和支付方案（36%），标准化和知识管理（28%）和工作组织（27%）上。尤其是第一个，可以由这类企业的劳动密集型的状况来解释。与其他公司相比，似乎使用灵活的工作时间和支付方案的企业在组织管理理念上强度较大。相反，面向产品的组织理念使用强度高的企业出现的很少（11%）。由于强度是根据被试者的估计作出的主观判断，因此这些差异也有可能是由于感知的不同带来的。

总结一下，非研发企业的组织管理理念的使用情况的结果是有些含糊和矛盾的。很大一部分非研发企业使用组织管理理念来增强其竞争优势，甚至在三年之前就开始引入这些理念。组织管理理念在除了组织生产的其他各个领域都得到广泛应用，尤其是在组织工作上。基于这种考虑，在使用组织管理理念上，不进行研发的企业可以被视为第一推动者。但这些非研发企业并没有用高强度的组织管理理念来弥补它们研发上的不足。尽管在每个强度高的领域的非研发企业数量不同，但总体的组织管理理念的使用强度仍然低于研发企业。

5.3.2.5 创新合作

由于非研发企业缺乏正式的研发活动，因此很多学者认为这些企业通过与外部伙伴在创新项目上进行更高强度的合作来弥补这一不足①。然而，也有相反的实证研究结果表明，不进行研发的企业比研发密集型企业在创新合作的参与上程度更低（Arundel et al.，2008；Sai/Wang，2009；Irner et al.，2009b）。由于参与企业的合作需要一定水平的人力资源，后面的分析依然将企业按照规模进行分类。

表 11 的上半部分表明，超过一半的非研发企业（53%）与外部伙伴进行过创新合作。正如人们所预期的，与外部合作的倾向和企业规模有很大关系，小型企业中有 47%与外部伙伴进行过创新项目合作，中型企业有 58%，大型企业有 76%。

创新合作的平均数量表明，多数非研发企业（23%）与外部合作者进行 3～5 个创新合作②，13%的非研发企业与外部合作者进行 2 个创新合作，12%的非研发企业与外部合作者进行 1 个创新合作。只有很少一部分非研发企业（4%）

---

① 如 Ender et al.，2005；Ender，2006；Reinsen，2004a，2008；AntamarÍa et al.，2009。

② 这个平均数是通过用一个计数变量统计在不同观察维度下所有回答是“是”的答案数量而得到的。因此，这个数量表示的是直接的创新合作，也就是只统计了和某个合作者在某个创新领域的第一次合作。也就是说，这个数量没有包含和同一个合作者在同一个领域进行多次合作的情况。

参与了 6 个或者更多的创新合作。这种关系趋势对于不同规模的企业都适用，但绝对数量随着企业规模变小而变小。这意味着，如果一个不进行研发的企业决定参与创新合作，那么它们最可能参与 3～5 个创新合作。

表 11　研发企业和非研发企业的参与创新合作的情况对比

项目	非研发企业（研发支出 0%）			
	20～49 人	50～249 人	250 人以上	合计
参与创新合作的企业比例（%）	46.7***	57.3***	75.7	53.2***（$n=660$）
创新合作（%）				
1 个创新合作	10.9***	12.7***	13.5**	11.9**
2 个创新合作	12.4	14.3	13.5	13.3
3～5 个创新合作	18.7	24.8	43.2	22.8
6 个及以上创新合作	3.3	4.6	5.4	4.0（$n=675$）
项目	研发企业（研发支出水平大于 0%）			
	20～49 人	50～249 人	250 人以上	合计
参与创新合作的企业比例（%）	74.0	76.9	86.7	78.5（$n=786$）
创新合作（%）				
1 个创新合作	12.4	6.5	5.3	7.7
2 个创新合作	20.3	17.5	13.8	17.3
3～5 个创新合作	30.7	42.0	40.2	38.7
6 个及以上创新合作	9.9	10.5	27.0	14.3（$n=791$）

*** 表示 $p<0.000$；** 表示 $p<0.005$；* 表示 $p<0.01$；+表示 $p<0.1$

资料来源：根据 GMS 2009 整理

比较两组数据发现，研发企业与外部伙伴进行创新合作的比例更高一些（79%）。更令人惊奇的是，这个比例在三个规模的研发企业组的数值大小很类似（74%的小型企业、77%的中型企业、87%的大型企业）。因此，研发企业比非研发企业更愿意参加创新合作，不管企业规模大小。仅仅考虑非研发企业可以发现，企业规模和参与创新合作的倾向性之间的相关关系更明显。这意味着非研发企业普遍更不情愿进行创新合作，这也支持了 Arundel 等（2008）、Tsai/Wang（2009）和 Irner 等（2009b）的观点。

研发企业除了更高的参与创新合作的倾向性，参与创新合作的情况与非研发企业很类似。多数的研发企业（无论是整体还是根据企业规模分类）都参与 3～5 个创新合作（31%～42%）。这也就意味着研发和非研发企业的主要区别在于决定是否参加创新合作。

表 12 展示了企业与不同创新领域的哪些伙伴进行合作。对于新产品和先进制造技术这种更加技术驱动的领域，供应商和顾客（后者主要是新产品）是非研

发企业目前最重要的合作者。非研发企业中有13%～14%表示它们也和外部的研发组织进行合作以获取专业知识。而对于非物质的维度，如组织管理观念和产品相关服务的情况就有所不同。对大部分非研发企业的组织管理理念引入的合作（57%）来说，服务提供商（如咨询公司）是一个重要的合作伙伴。而对于产品相关服务方面的合作，主要的合作伙伴是顾客（54%），然后是外部服务提供商（38%）。这里无法分辨这些服务提供商提供实际的服务还是仅仅作为咨询顾问支持非研发企业进行新的产品相关服务的实施。

表12 非研发企业和研发企业与不同创新领域的外部合作伙伴合作情况（%）

项目	非研发企业（研发支出0%）			
	新产品	新的先进制造技术	新的组织管理理念	新的产品相关服务
创新合作的合作伙伴				
顾客	61.1	21.0	22.1+	53.7+
供应商	48.9	66.1	19.7	23.1
竞争者	12.2	16.7***	11.5+	11.1+
服务提供商	13.3	15.5*	56.6+	38.0
外部研发组织	13.0***	13.7***	13.1***	3.7***
	(n=270)	(n=233)	(n=122)	(n=108)
项目	研发企业（研发支出水平大于0%）			
	新产品	新的先进制造技术	新的组织管理理念	新的产品相关服务
创新合作的合作伙伴				
顾客	64.8	17.7	13.0	65.8
供应商	47.0	64.1	14.6	26.1
竞争者	9.8	4.8	4.6	5.4
服务提供商	16.3	24.3	66.1	32.4
外部研发组织	53.5	42.3	30.1	16.2
	(n=559)	(n=440)	(n=239)	(n=222)

*** 表示 $p<0.000$；** 表示 $p<0.005$；* 表示 $p<0.01$；+表示 $p<0.1$；百分比和超出100%是由于有多选情况的存在

资料来源：根据GMS 2009整理

这种总体情况对于研发企业来说基本上也适用，不过两组企业之间有几个显著的差别。最显著的区别在于两者与外部研发组织的合作。例如，在产品开发领域，54%的研发企业参与了这种合作。在先进制造技术领域，43%的研发企业与外部研发机构进行合作，即使在组织管理理念和产品相关技术领域与外部研发机构合作的比例也分别为30%和16%。另外，研究发现非研发企业在与竞争者的创新合作上比例更高，尤其是在新进制造技术、组织管理，甚至是产品相关服务方面。目前无法提供更进一步的分析，这使得这个结果变得难以解释。一种可能的解释是，合作双方共同提供某个问题的基本解决方案，然后两者分别把这个基本的解决方案根据自己企业的实际情况进行修正。由于这种情况只可能发生在与基础技术资产或者核心业务无关的方面，可以推测这种与竞争者的创新合作更倾向于发生在边缘的业务上。另外一种可能的解释是，非研发企业作为供应商时，受到主要顾客的压力而与其竞争者进行合作，或者是它们试图通过与竞争者在某些领域的合作来提高与顾客的议价能力。这对于非研发企业来说是一个非常奇怪的现象，需要进一步的研究。

尽管有些学者（Pavitt，1984；Eidenreich，2009）认为，大部分的非研发企业的创新来源于供应商的设备和材料，然而目前的数据结果并不支持这一观点。研发企业和非研发企业在与供应商的任何领域的创新合作上都没有显著差异。相反，结果表明，非研发企业根据不同的创新领域会与各种不同的潜在合作者进行创新合作，甚至会利用到外部的研发机构。总之，这支持了内部和外部研发的互补性（见章节 2.6.6）以及正式研发和与外部研发组织合作的互补性。因此，基于这些发现，对于创新合作得到的外部研发知识的吸收能力与内部研发能力相关性很强。但是这并不是说自身不进行研发的企业可能无法从外部研发中获益（大约 13%的非研发企业明显已经获益）。总结来说，非研发企业并没有把它们的合作局限于特定的合作者。

5.3.2.6　创新知识

如前所述，非研发企业的创新往往被认为更多的是受与顾客相关、面向实践类的知识所驱动的[①]。然而，正如 Arundel 等（2008）指出的，由于缺乏正式的研发，非研发企业倾向于从另外的来源，如产品设计师，来获取创意。因此，对于研发企业，可以预期其主要是依赖正式的研发来获取创新相关的知识，而非研发企业主要依靠企业外部的、不基于研发的知识。

表 13 展示了研发企业和非研发企业所使用的不同的创新知识来源的结果。结果揭示了一个非常奇怪的发现：尽管对非研发企业的定义和取样都是根据其 0%的正式研发投入，有相当一部分的非研发企业声明它们“内部研发部门”是其创新知识的一个来源。例如，在产品创新领域，有 20%的非研发企业将内部研发作为其创新知识的来源，在先进制造技术上有 13%，甚至在组织管理理念上也有 14%。

一方面，可以认为这些企业是偶尔的研发者，而在调查的期间段内，并没有

---

① 如 Heidenreich，2009；von Tunzelmann/Acha，2005；Hirsch-K Reinsen，2004，2008a，2008b。

进行任何的研发，但是在更早的时间段内进行过研发。如果是这样的话，那么研发确实是创新知识的一个重要来源。另一方面，也有可能是这些企业内部有一些“部分”被当做功能上的研发部门。这可能意味着某些企业内部员工负责研发，或者将研发融入新的开发中。这又表现了在方法论上对研发构念的困难性，因为这涉及企业普遍是如何理解研发的，尤其是非研发企业。

尽管存在着这些可能的误解，这些企业仍将作为样本进行聚类分析。由于指标是基于被试者的关于创新知识来源的主观估计，它们确实是可能将某些员工的职能与一个组织性的研发部门相混淆。而且，如果一个企业真的是偶尔的研发者，那么将研发作为其重要的知识来源就很正当。由于这个指标无法用来分辨这些企业是否拥有一些有组织的、正式的研发，笔者并没有把这些企业排除在聚类分析之外，这是因为它们有可能会构成一种偶尔的研发者的模式。

表 13 还表明，在不同的创新领域，知识的来源也不尽相同。在新产品开发和产品相关服务方面，分别有 74％和 48％的非研发企业表明它们将顾客作为创新知识的相关来源。这与前面个性化定制在产品开发中扮演着重要角色的研究发现相一致。很明显，这种高度的定制不仅限于实际的产品，也应用于产品相关服务。

会议、展销会被非研发企业认为是先进制造技术（52％）和组织管理理念（42％）的最相关的创新知识来源。这可能意味着，非研发企业不太倾向于参与到特定的知识域和专家网络中，因为在这里它们不太能得到先进制造技术和组织管理理念的相关知识。会议、展销会和其他活动让它们以相对低的成本获取新的创新知识。可以看到，这个知识来源与企业的新产品（40％）和新的产品相关服务（26％）非常相关，这证实了笔者的推测，而非研发企业以外部研发组织作为知识来源的比率整体较低也说明了这一点。后者是新的组织管理理念（13％）和先进制造技术（11％）引入的最相关的创新知识来源。此外，竞争者（34％）又一次被非研发企业视为新产品领域的相关知识来源。这可以作为追随者战略的企业模仿竞争者的创新的一种参考。

令人惊奇的是，其他员工并没有作为非研发企业的一个突出的知识来源。在各个领域，只有 6％～18％的非研发企业认为它们从这个渠道获得了相关的创新知识。这与有些学者认为的员工的面向实践的、隐性知识对非研发创新起到重要作用的观点不一致①。

在供应商这方面，GMS 2009 的数据结果并没有展示出 Pavitt（1984）和 Heidenreich　（2009）提出的“供应商主导”现象。供应商只有在先进制造技术

① 如 Arundel et al.，2008；Ender，2006；Reinsen，2008b。

方面被规模较大的公司提及（46%）。这些观察结果在研发企业中的知识来源情况中也适用。非研发企业和研发企业的显著区别仅仅在新产品上，非研发企业（25%）在新产品上比研发企业（13%）更加依赖供应商的知识。

表 13　研发企业和非研发企业的不同创新领域的创新知识来源情况（%）

项目	非研发企业（研发支出水平为 0%）			
	新产品	新的先进制造技术	新的组织管理理念	新的产品相关服务
创新知识的来源				
自己的研发部门	20.1***	12.7***	14.1+	5.4***
其他员工	5.9	9.2**	17.3**	6.5*
顾客	73.6	14.1	13.6	48.0*
供应商	24.4***	45.8	12.6	13.7
竞争者	34.3	22.9***	15.2	20.3
外部研究机构	8.2***	10.5***	13.1***	2.5+
会议、展销会和其他专业活动	40.0**	51.8+	41.1*	26.1***
	(n=632)	(n=629)	(n=626)	(n=629)
项目	研发企业（研发支出水平大于 0%）			
	新产品	新的先进制造技术	新的组织管理理念	新的产品相关服务
创新知识的来源				
自己的研发部门	72.6	40.7	17.4	14.1
其他员工	5.7	15.1	24.3	10.6
顾客	77.3	15.1	14.5	56.3
供应商	12.7	42.7	11.4	10.8
竞争者	32.5	15.2	12.4	21.8
外部研究机构	22.3	27.8	20.0	4.3
会议、展销会和其他专业活动	31.8	46.6	33.8	17.9
	(n=785)	(n=783)	(n=775)	(n=771)

*** 表示 $p<0.000$；** 表示 $p<0.005$；* 表示 $p<0.01$；+表示 $p<0.1$；百分比和超出 100%是由于有多选情况的存在

资料来源：根据 GMS 2009 整理

正如预期，研发企业和非研发企业的主要区别出现在外部研发组织和会议、展销会所扮演的角色上。两者在外部研发上的区别与在创新合作商上的区别并不相同。这意味着，对于研发企业，研发知识更倾向于从内部获得，而与外部研发组织的合作主要用来实现一些具体的创新项目。因此，可以认为研发企业的创新水平（新颖性或者破坏性）更高一些。除此之外，提及外部研发作为其知识来源的非研发企业比例和与外部研发机构进行创新合作的非研发企业比例相当。

另外，相当一部分研发企业也提及了竞争者作为其相关的知识来源。它们的比例（12%～33%）与非研发企业比例相当（15%～34%），除在先进制造技术领域外，在这个领域，竞争者对非研发企业中起到的作用更重要。因此，追随者从竞争者那里获取创新知识进行模仿不仅仅出现在非研发企业中。

总结来说，很明显，仅仅根据提到的知识来源频率无法真正得到它们对企业竞争优势的定性贡献程度。然而，这些数据能够提供一些关于不同创新知识来源的感知上相关性的情况。它也揭示了哪个创新知识的来源被感知到是最重要的来源。分析表明，外部的研发知识对非研发企业来说仅仅起到了补充角色。相反，它们的吸收能力主要关注于其他企业（顾客、供应商、竞争者）和专业事件（会议、展销会），以获得相关的创新知识。令人惊奇的是，企业内部的员工并没有形成主要的知识源，这在某种程度上与现有的实证研究结果不一致。

在异质性上最重要的一点是，可以发现非研发企业几乎使用了所有可能的知识来源，而并不仅仅局限于个别团体，如供应商，所提供的创新知识。

5.3.2.7 人力资源

在描述性分析中本书考虑的最后一个创新资源是企业的人力。尤其是按照知识观的观点，人力资源被视为知识和在正式教育以及实践经验中获取的能力的主要承载者。按照目前得到的结果，非研发密集型企业往往拥有高于平均水平的低技术和无技术人员（Irner et al.，2009b），因此它们往往被建议将基于经验和实践形式的知识作为内部创新资源[①]。将不同的知识根据教育背景和职能领域进行分类，表 14 列出不同教育水平和不同职能领域的员工分布情况。

表 14 非研发企业的人力资源状况（%）

项目	研发企业（研发支出水平大于 0%）	非研发企业（研发支出水平为 0%）
平均比例		
研究生/高技能的员工	15.0	6.9***
技师、硕士	10.7	9.9
熟练技工、熟练工人	44.4	42.1+
低收入和不熟练的员工	22.2	31.8***

① 如 Heidenreich，2009；von Tunzelmann/Acha，2005；Hirsch-Kreinsen，2004，2008b。

续表

项目	研发企业 （研发支出水平大于0%）	非研发企业 （研发支出水平为0%）
学徒、培训生	7.7	9.3+
	100.0	100.0
	(n=791)	(n=675)
工作部门		
研发	7.5	1.9***
工程、设计和施工	7.8	5.3***
制造和组装	56.0	66.6***
客户服务	6.7	8.1+
其他	21.9	18.1***
	100.0	100.0
	(n=791)	(n=675)

*** 表示 $p<0.000$；** 表示 $p<0.005$；* 表示 $p<0.01$；+表示 $p<0.1$

资料来源：根据 GMS 2009 整理

很显然，非研发企业的主要员工集中在熟练技工（tradesmen）和熟练工人上（42%），和研发企业比较类似（44%）。更有意思的是，排名第二的是低技术和无技术员工，平均比例达到近 32%。尤其是与研发企业的这个比例（22%）进行对比，可以发现拥有很高比例的低技术和无技术员工似乎是很多非研发企业的一个明显特征。这也支持了笔者的假想，这些企业的中低复杂度的产品是用简单任务来完成的，而这些任务有可能就是由这些低技术和无技术员工完成的。

另外，研究生或者高技能的员工在研发企业中的比例（7%）也显著低于研发企业（15%）。这也和事实相符，大部分的高技能员工被安排作为产业研发部门的工程师或者科学家。令人惊奇的是，尽管非研发企业的高技能员工的比例相对较低，但它们报告员工中有 10%左右是硕士或者技师，仅仅比研发企业的这个比例（11%）稍低一些。这可能意味着实践的、基于经验的知识与非研发企业更加相关一些。最后，非研发企业的学徒和培训生（9%）要比研发企业的比例（8%）稍高一些。不过这个差异很小，不足以认为非研发企业更注重基于经验的知识。

通过整理企业的人力资源分布在哪些功能部门可以发现，在非研发企业中，员工比例最高的部分在制造和组装（67%）。这暗示了这些企业生产过程的劳动密集性。研发企业该比例（56%）比非研发企业明显低很多，这似乎是非研发企业的另外一个特点，与 Heidenreich（2009）和 Reinsen（2004）等的研究发现一致。因此，这些企业应该采取更多的面向成本的创新战略。

将两组人力资源变量放入一个相依表（contingency table）中，可以发现那些拥有最高比例的低技术或无技术员工的企业报告了它们的在制造和组装部门工作的员工比例也最高。因此，可以认为大部分的低技术或者无技术员工实际上被分配到简单的、劳动密集的生产任务中去。这个表格还表明，拥有最高比例的研究生员工的企业在工程、施工和研发部门的员工比例最高。

本书再次发现了一个没有预期到的结果。尽管对非研发企业的定义是没有任何研发支出的企业，但是这些企业中明显有做研发工作的员工。需要承认的是，虽然这个比例很低（2%），但是仍然很难解释其出现的原因，而且也许会为后面的聚类分析带来问题。不像知识来源的问题，这个问题会对非研发的定义提出挑战。首先，拥有明确的从事研发工作的人员正是有正式研发的一个关键的指标，这和主观的、模糊的或者基于过去的内部研发的具体货币维度不同。在OECD《弗拉斯卡蒂手册》（OECD，2002）中也将从事研发工作的人员作为研发强度的一个指标。因此，笔者最终选择了从样本中除去那些提到有从事研发的人员的企业来进行聚类分析，以保证只有“真正”的非研发企业（根据OECD的定义）被包含进来。

另外一个关于人力资源的发现是工程和建设施工的突出地位并没有展现出来，而这种突出地位是被很多学者的观点所支持的[①]，如在“构架创新”（architectural innovation）的情境下。非研发创新在这个领域工作的员工比例有约5%，而研发企业的平均比例为8%。两者在统计上是有显著差异的。当然，考虑到研发对非研发企业来说不是一个产品或者流程创新的重要来源，在工程和建设施工上的人员比例相对来说已经比较高了。

最后，还有一个有意思的现象是，非研发企业在客服工作的人员比例（8%）要显著高于研发企业（7%）。这和前面提到的研究结果一致，即产品的定制化的重要性、顾客作为非研发企业的一个相关知识来源、在开具发票的产品相关服务中直接服务比例较高。

总体来说，研发企业和非研发企业无论在资历结构上和不同职能领域（除研发外）的人员配置上都没有根本性差别。在有些员工相关的数值上也有一些差异，如研发企业的研究生或者高技能员工比例高一些，非研发企业的低技能或者无技能的员工比例高一些，而后者和这些企业内部从事制造和组装工作的员工比例很高有关系。

5.3.3　创新产出和经济效益

在充分研究过非研发企业的创新资源特征之后，本节主要考虑创新的产出和

① 如Evangelista et al.，2002；Nascia/Perani，2002；Irsch-Kreinsen，2004；Ender，2004。

效益。因此，后面通过实证结果讨论这些企业获取了哪些创新产出和经济效益。这里再次强调，本书的研究目的并不在于比较非研发企业是否比研发企业更好，而是描述与研发企业相比，非研发企业是否有明确的产出和效益特征。由于规模经济和范围经济的作用，创新产出和经济效益往往受到结构特征，尤其是企业规模的影响。因此所有的研究结果都区分了三种不同的企业规模，必要时区分了产品复杂度（如在流程相关的测度时用上市时间等）。此外，很多指标的测度并不相同，因此不能相互进行比较。

5.3.3.1　创新产出

通过产品创新的物质维度和非物质维度，表 15 总结了研发和非研发企业在产品和产品相关服务创新上的经济成果。

有约 35%的非研发企业在过去的三年内开发了新产品，而这些新产品带来的平均销售份额约为 5%。然而，可以清楚地看到，销售份额和企业规模有很大关系。在非研发企业的小企业组，新产品的销售额只占到 4.7%，而 250 人以上的大企业占到 8%左右。由于产品创新既包括对公司来说的新产品，也包括对市场来说的新产品，因此有必要明确地检验市场创新的子类，因为这些需要特别的创新努力。尽管市场创新的销售份额低于 3%，但是对于不进行正式研发的企业来说，在调查期间进行这样的市场创新还是很令人惊奇的。这个比例在规模较大的非研发企业中还达到了 4%。

这些比例在研发企业中要明显高很多，这也表明在研发企业中将研发作为产品，尤其是市场创新的驱动力。研发企业的平均产品创新的销售额比例达到 13%，比非研发企业的两倍还要多。更令人惊讶的是，研发企业中小型企业的这个比例（14%）仅仅稍微比大型企业低一些（15%）。这意味着，与非研发企业相比，企业规模对于产品创新产出的影响对研发企业来说要弱得多。正如预期，研发企业的市场创新的平均销售份额也要显著高一些（6%），尤其是小型的研发企业这个比例相当高。因此，研发企业能够从新产品开发中获取更多的经济利润，这和现有的研究结论是一致的。

表 15　研发企业和非研发企业在新产品开发和新产品相关服务方面的创新产出

项目	非研发企业（研发支出水平为 0%）			
	20～49 人	50～249 人	250 人以上	合计
产品创新的营业额				
新产品的平均销售份额（%）	4.7***	5.1***	8.1+	5.1***（$n=652$）
市场创新的营业额				
市场创新的平均销售份额（%）	2.5***	3.4+	3.8	3.0***（$n=230$）

续表

项目	非研发企业（研发支出水平为 0%）			
	20～49 人	50～249 人	250 人以上	合计
产品相关服务的营业额				
产品相关服务的平均销售份额（%）	7.5	6.0	2.7	6.4（$n=76$）
项目	**研发企业（研发支出水平大于 0%）**			
	20～49 人	50～249 人	250 人以上	合计
产品创新的营业额				
新产品的平均销售份额（%）	14.3	11.7	15.3	13.2（$n=758$）
市场创新的营业额				
市场创新的平均销售份额（%）	6.4	5.1	6.4	5.7（$n=589$）
产品相关服务的营业额				
产品相关服务的平均销售份额（%）	4.8	5.5	4.1	5.0（$n=175$）

*** 表示 $p<0.000$；** 表示 $p<0.005$；* 表示 $p<0.01$；+ 表示 $p<0.1$

资料来源：根据 GMS 2009 整理

当观察新的产品相关服务的平均份额时，就会发现不同的情况。回忆一下创新资源部分的分析，非研发企业比研发企业更加面向服务。这反映在它们的产品相关服务的平均比例（6.4%）比研发企业（5%）要高一些。这个情况对各个规模的企业都适用，尤其是中小型非研发企业，似乎从新的产品相关服务中受益更多。当考虑到非研发企业生产的产品复杂性较低，也无法像更复杂的产品那样提供产品相关服务的种类很多的时候，这些研究发现就更加令人印象深刻了。对产品复杂性的控制证实了这些结果。不考虑产品的复杂性，非研发企业比研发企业在产品相关服务上获得了更多的创新产出。然而，研发企业和非研发企业的这些差异在统计学上都不够显著。不过，还是可以肯定，非研发企业通过产品相关服务获取的创新产出要比新产品多一些。

再考虑创新产出的流程维度（表 16），非研发企业在技术（先进制造技术）和非技术（组织管理理念）的流程资源使用上都和研发企业很类似。但是非研发企业的流程专长并没有完全显示出来，需要对相应的产出维度进行分析。

表 16　研发和非研发企业在技术和非技术流程创新领域的创新产出

项目	非研发企业（研发支出水平为 0%）			
	20～49 人	50～249 人	250 人以上	合计
产品上市时间				
平均月数	10.7***	12.4***	17.0+	12.1***（$n=219$）

续表

项目	非研发企业（研发支出水平为0%）			
	20～49人	50～249人	250人以上	合计
制造前置时间				
平均工作天数	16.6***	30.6	19.3**	23.1**（n=609）
交货时间				
平均日历天数	24.2***	34.1*	35.1+	29.3***（n=641）
遵守交货日期情况				
按时交付订单的百分比	91.0	92.0	94.4	91.6+（n=641）
返工和报废率				
半成品或成品由于质量问题返工或报废比率	2.9	2.6	4.1	2.8（n=633）
劳动生产率				
（营业额输入）/员工人数［TSD欧元］	81.11+	97.37+	83.95	88.87***（n=675）
全要素生产率				
（营业额输入）/（摊销+人员费用）	1.81	1.93	1.77	1.86+（n=463）
项目	**研发企业（研发支出水平大于0%）**			
	20～49人	50～249人	250人以上	合计
产品上市时间				
平均月数	16.3	18.1	25.8	19.6（n=595）
制造前置时间				
平均工作天数	37.1	33.0	43.1	36.4（n=761）
交货时间				
平均日历天数	51.2	47.9	60.7	51.7（n=761）
遵守交货日期情况				
按时交付订单的百分比	88.8	90.5	91.2	90.3（n=761）
返工和报废率				
半成品或成品由于质量问题返工或报废比率	3.6	2.9	3.0	3.1（n=742）
劳动生产率				
（营业额输入）/员工人数［TSD欧元］	94.4	112.7	121.8	109.93（n=791）
全要素生产率				
（营业额输入）/（摊销+人员费用）	1.9	2.0	2.0	1.98（n=507）

*** 表示 $p<0.000$；** 表示 $p<0.005$；* 表示 $p<0.01$；+表示 $p<0.1$

资料来源：根据GMS 2009整理

首先来看关于速度的产出测度，非研发企业展示出了比研发企业显著好一些的结果。例如，准备上市的新产品上市时间在研发企业中平均要比非研发企业少

7 个月以上。这种情况在控制企业规模和控制产品的复杂性的情况下依然成立。在平均制造前置时间，即从订单到交货的平均时间上，这种情况也成立。非研发企业的提前期平均比研发企业要短 13 天。同样，这种情况对各种规模的企业都适用。

甚至是在复杂产品上，不进行正式研发活动的企业的制造前置时间也比研发企业平均短 5 天，不过在统计意义上不显著。再看测度速度的第三个变量，即平均交货时间，非研发企业再次比研发企业要显著短一些。在考虑产品复杂性的情况下，在简单产品上这些差异变小了。然而，在高复杂度的产品上，非研发企业有平均 30 天的交货时间的优势。这意味着这些非研发企业在速度上展示了其流程的专长，尤其是在高复杂性的产品上。

关于遵守交货日期情况，是测度流程质量的一个变量，非研发企业在这方面依然展示了一些优势，但是显著性水平比较低。当进一步区分企业规模和产品复杂性的时候，非研发企业的产出仍然存在，但是在统计上不明显。这可能是由这个变量的右尾分布和其方差较小的情况造成的。对于测度质量的第二个变量，即由于质量问题带来的返工率和报废率，情况也是一样的。同样，在几乎所有企业规模和不同产品复杂度上，不进行研发的企业比进行研发的企业的废品率更低。仅仅在 250 人以上的大型企业上研发企业的废品率比非研发企业更低一些。但是由于这个变量具有左尾分布的特征，这些差别在统计上都不够显著。

最后看一下创新产出的第三个变量“效率”，研究结果有些令人惊讶，与有些学者（Irner et al.，2009a）的实证研究结果的观点——认为研发强度低的企业能够和那些研发密集型企业取得类似的生产效率，不太一致①。当考虑生产效率时，一个企业是否进行研发似乎十分关键。观察劳动生产率的测度方法可以发现，非研发企业的流程优势在高效率方面并不能得到体现。样本中的研发企业的平均人均产出（110 000 欧元）明显比非研发企业（89 000 欧元）更高。然而，测度可能会受企业规模的影响而存在偏差（因为用劳动生产率因素计算时将员工人数作为分母），因此会忽视资本投资的强度。测度效率的第二个指标，即全要素生产率，考虑到了劳动力和资本强度。从全要素生产率来看，研发企业和非研发企业在效率上的区别变小了，这证实了资本投资对非研发企业的作用。然而，非研发企业的总的平均全要素生产率依然比研发企业低，但是这种区别的显著性水平较低。此外，对企业规模进行细分可以发现，中小规模的非研发企业的全要素生产率与对应的研发企业的数值几乎相等。

5.3.3.2 经济效益

作为非研发企业创新特征的描述性分析的最后一部分，表 17 展示了员工雇

---

① 但是他们的研究是以研发支出 2.5%为上限来界定的。

用增长、销售额增长、销售回报率和出口强度的情况。如 2.6.5.2 节中描述的，这些效益指标一般都和企业的研发强度正相关。

研究结果也证实了这些正相关关系。最显著的差异是研发企业的出口产品的平均份额是非研发企业的两倍（40% vs 20%）。因此，这里再次证明了高出口与基于研发的产品的相关性。通过总销售额增长和销售回报率这些财务指标，再次验证了企业正式的研发和经济效益之间的正相关关系。在两个指标中，研发企业都表现得更好。它们的销售增长率平均达到 11%，并且超过一半取得了 5%～10%或者更高的销售回报率。与之形成对比的是，非研发企业的平均销售增长率为 9%，而且超过 50%的非研发企业在销售回报率上未达到 5%。只有规模在 250 人以上的非研发企业比同规模的研发企业销售增长率略高一些，但在统计意义上并不显著。

表 17 研发和非研发企业的经济绩效

项目	非研发企业（研发支出水平为 0%）			
	20～49 人	50～249 人	250 人以上	合计
就业增长				
员工人数 2006～2008 年的年均变化（%）	3.3	5.6	6.5	4.6（n=627）
总销售额增长				
总销售额 2006～2008 年的年均变化（%）	7.9^{+}	9.8	10.4	8.9^{+}（n=609）
销售回报率（税前）				
负数	—	—	—	9.9
0～2%	—	—	—	16.5
>2%～5%	—	—	—	31.1
>5%～10%	—	—	—	29.0
>10%	—	—	—	13.5
				100.0**（n=563）
出口强度				
2008 年出口的产品平均比例（%）	15.0***	23.3***	33.1***	19.7***（n=614）

项目	研发企业（研发支出水平大于 0%）			
	20～49 人	50～249 人	250 人以上	合计
就业增长				
员工人数 2006～2008 年的年均变化（%）	4.0	5.1	4.7	4.7（n=741）
总销售额增长				
总销售额 2006～2008 年的年均变化（%）	11.6	11.4	9.9	11.1（n=725）

续表

项目	研发企业（研发支出水平大于 0%）			
	20～49 人	50～249 人	250 人以上	合计
销售回报率（税前）				
负数	—	—	—	8.1
0～2%	—	—	—	12.6
>2%～5%	—	—	—	26.9
>5%～10%	—	—	—	30.4
>10%	—	—	—	22.0
				100.0（n=665）
出口强度				
2008 年出口的产品平均比例（%）	31.6	38.6	54.3	40.4（n=739）

*** 表示 $p<0.000$；** 表示 $p<0.005$；* 表示 $p<0.01$；+ 表示 $p<0.1$；“—” 表示由于没有足够的样本而留空

资料来源：根据 GMS 2009 整理

然而，在员工雇用增长上，研发企业和非研发企业没有显著区别：两者都有 3%～7%的增长率，根据企业规模不同而不同。这种情况可能与非研发企业拥有更多的低技术或者无技术员工有关系。这使得非研发企业增加员工数量更容易和灵活一些，而相对来说，研发企业要招聘相当数量的高技能员工困难性要高一些。这个结果和前面的发现是一致的，都没有发现高研发强度与员工雇用数量之间的正向影响关系①。

尽管非研发企业在长期经济效益上表现都比较低，这些指标也表现出了异质性。例如，有 14%的非研发企业属于销售回报率最高的一类。此外，大型非研发企业的销售增长率达到 10%，20%的出口产品表明相当一部分非研发企业能够制造出能直接在国际市场竞争中取得成功的产品。

然而，仍需要指出的是，这些关于企业的长期表现的指标还受到很多除了创新之外的影响因素的影响，也和整体的经济动态有很大的关系。因此，这些指标只能指出正式研发或者非正式研发的经济产出的一个大体情况。

5.3.4 总结

在描述性分析部分本书的研究问题是，“什么资源（不是正式研发）对非研发企业在德国制造业中增强和保持竞争优势有贡献”。

上述关于非研发企业使用的不同创新资源的分析表明，在弥补其正式研发的

① 如 Hirsch-K Reinsen，2004；Ahn，2009；Andven et al.，2005；Ender，2006。

缺失上，非研发企业采用的模式不尽相同。一个相同点是，它们都通过广泛地使用先进制造技术、管理理念或者其他高于平均水平的非研发的知识资源，来弥补其研发知识的不足。但是并没有通过实证发现存在非研发企业用某种特定的创新资源来弥补其研发不足。因此，通过描述性结果，并未发现非研发企业的“典型”模式。这再次强调了这些企业的异质性。

观察不同的创新资源可以发现，这些除去正式研发以外的创新资源都被非研发企业有不同程度的利用。当然，通过描述性分析，也发现了某些普遍的趋势。第一，新产品开发似乎重要性不太高。第二，非研发企业制造的产品主要是中低复杂程度的产品。第三，非研发企业中的低技术或者无技术的人员比例较高，这和其制造和组装部门的员工比例较高相一致。第四，非研发企业参与创新合作的倾向性整体较低。

另外，也存在一些非研发企业是非常面向服务的，它们开发新产品甚至进行市场创新，制造高复杂度的产品，长期调研市场竞争情况，或者与外部研发机构进行合作。此外，不进行正式的研发活动不应该等同于缺乏技术或者技术知识，非研发企业中也有很大一部分使用先进制造技术，产品中含有高技术元素。此外，本书的数据并没有证实一些以前的研究发现，如非研发企业基于产品价格或者供应商主导地位的竞争更强烈一些。

相反，研发企业在财务方面的创新产出（如产品或市场创新的销售额）、经济效益（销售额增长、销售回报率）和出口强度较好的表现都通过实证进行了验证。相反，非研发企业在产品相关服务的销售额和流程的速度和质量上有优势。但是正如在创新资源里那样，也存在一些不进行正式研发的企业能够通过市场创新获得销售额，拥有高出口率，获得高销售增长，因此也能够获得和研发企业相当的绩效。因此，当再次思考“哪些创新产出和经济效益是由非研发企业通过创新资源获得的”这一问题时，答案是不明确的。一方面，非研发企业总体上表现出相当少的产品或者市场创新的创新产出，另一方面，这些企业又有较好的流程效益。因此，它们通过使用除正式研发以外的创新资源，保持竞争优势，在市场上取得成功。

总结来说，在这个论题的所有研究问题的情境下，上面进行的描述性分析在两个方面是非常有意义的：

第一，描述性分析支持了非研发企业间的异质性的概念，因为在描述性分析中并没有发现有主导性的、“典型”的创新模式的存在：结果清晰地表明了非研发企业并不是一个同质的类别。非研发企业的结构特征的描述性分析表明，这些企业的相关份额在德国制造业的各个部分都有所表现。非研发企业除了在所谓的中等技术产业（如机械及设备制造业）中占有相当的比例，它们甚至在研发密集型产业，如医疗设备、精密和光学仪器制造业中也存在。因此，在分析非研发企业的创新战略时，仅仅分析“低技术”产业部门是不够的，因为这会缩小它们的创新行为本来的范围。

第二，在创新资源的配置方面，描述性分析也展示了非研发企业可能的创新模式的不同：一方面，发现所有这些创新资源都可以作为非研发企业创新模式的不同元素，另一方面，它们重要性的不同程度暗示了哪些元素可能是不同创新模式的通用元素，而哪些元素可以作为创新模式的独特元素。例如，有些普遍较为稳定的特征，比如较高的低技术和无技术员工比例，或者以客户为导向，可能是各种不同创新模式都具有的通用特性。而有些仅仅被某些非研发企业使用的创新资源（如产品开发、和外部研发机构合作、先进制造技术的密集使用）可能在不同的创新模式下变化很大。

因此，后面的聚类分析探索了这些不同的非研发企业的创新资源如何归到不同的创新模式中。

5.4 德国制造业中的非研发企业的创新模式的聚类分析

在描述性分析之后，本章根据第 3 章提到的演化理论，将非研发企业的创新资源与不同的创新模式相联系，目的在于识别非研发企业的不同创新模式。这里明确一下这部分的要解决的主要问题：

德国制造业的非研发企业的创新模式反映在不同创新资源的使用上有多大程度的不同？这些异质的创新模式的创新产出和经济效益有哪些特点？

正如在 4.4 节中描述的，并没有事先对所属行业、创新产出或者企业规模进行筛选，以试图捕捉最广泛层面的异质性。企业仅仅根据在 5.2.1 节中描述的创新投入维度特征进行聚类。在聚类分析之后，对探索出来的每一类，都用 5.2.2 节和 5.2.3 节中的结构和创新绩效的指标集进行描述、解释和验证现实性。

在讨论聚类分析的几个方法论方面的内容之后，根据非研发企业的创新资源，下面部分描述了通过聚类分析识别出了哪些创新模式，以及这些创新模式如何根据企业的结构特征、创新产出和经济效益进行解释。

5.4.1 聚类分析的变量

根据资源基础理论的观点，非研发企业的创新活动依赖于一系列的创新资源，如技术和非技术性（如组织性的）的流程创新的实施、产品相关服务的开发、外部和内部的与创新相关的信息和知识源、创新项目合作以及人力资源管理（OECD，2005）。

不同的创新资源变量密切对应着相应的运作情境（见 5.2.1 节）。必要的时候，有些变量被分成几个虚拟变量（如分类变量）以协调其规模水平。此外，对有些变量进行了修正，以保证它们既适合作聚类分析，又能够保持其数值的信息价值。

第一，对于先进制造技术的使用和使用强度，使用均值为中心的指标（a mean value-centred index）（TECHPROC）来代表相应的数值。它包含：是否使用了某种先进制造技术，包括自动化和联动化、加工和生产技术、数字工厂/IT交叉联动、能源效率；由被试者基于他们公司能够对这种资源使用的最大可能性对现有的使用情况进行估计，并提出三点（低/中/高）量表的使用强度结果。此外，如前所述，被试者可以增加它们使用的其他未被包含进来的制造技术。根据先进制造技术的高使用强度会带来更强的经济影响这个观点，指标展示出高使用强度会带来高价值，也就是说，在一个领域的技术高强度使用会比两个或者三个领域的低强度使用的指标值要大。在将所有领域的先进制造技术的使用强度值相加之后，减去制造业整体的平均值，最终数值为－2～2。因此，这个数值表示一个企业与制造业先进制造技术使用强度的平均水平（0）相比是高（正值）还是低（负值）。

第二，相同的方法也用来处理不同的组织管理理念的应用，使得它可以用来进行聚类分析。非技术的流程维度通过均值为中心的指标（NONTECPROC）来测度组织理念在人力资源管理、工作组织、组织生产、创新合作方面的使用和强度。被试者同样被要求添加其他它们使用但未被包含进来的组织实践。因此，这个指标也表明了一个企业与制造业的平均使用水平相比在组织管理理念的使用上是更高（正值）还是更低（负值）。与先进制造技术使用强度指标类似，这个指标值域也为－2～2，0 表示的是制造业的平均水平。通过这样的处理，使得这两个指标能够提出关于先进制造技术和组织管理理念的更详细的信息，而不仅仅是原来两分法（是否）变量的简单结果。

第三，由于是否参与创新合作和参与的强度已经包含在非技术性流程创新里面，我们在聚类分析中用的合作变量主要关注不同创新合作所在的领域的数量（也就是广泛性）。

第四，由于原来表示创新知识的重要来源的变量允许多选，超过 90% 的非研发企业表示其他企业（如供应商或者竞争者）是其创新知识的重要来源。这些分类的区分度不大，因此从聚类分析中除去。相反，在聚类分析中关于知识创新来源的变量仅仅区分一个重要的创新知识来源是来自于企业内部（如自己的员工）还是企业外部的研发机构（如大学、研发实验室、非营利性研发组织）。表 18 展示了最终用于聚类分析的非研发企业的创新资源变量。检验表明，这些变量之间不存在内部相关关系[①]。

可以看出，所有在描述性分析中得到的与非研发企业的创新资源相关的变量都已经包含进的聚类分析之中。

表 18　聚类分析中的创新投入指标

创新投入指标	均值	标准差	单位	N
产品开发				
开发新产品 [ProdDev]	0.36	0.48	%×100	435
产品定制 [ProDev _ Cus]	0.57	0.50	%×100	435
高技术元素 [HighTech]	0.08	0.27	%×100	435
产品相关服务				
新产品相关服务 [NewPRS]	0.13	0.34	%×100	435
先进制造技术的使用				
技术性流程创新 [TechProc]	0.03	0.77	公制 (Metric)	435
组织和管理理念的使用				
组织创新 [NonTechProc]	0.02	0.75	公制 (Metric)	435
创新合作				
创新合作 [InnoCoop]	1.19	1.29	#	435
创新知识的来源				
企业内部创新知识 [Know _ Int]	0.50	0.50	%×100	435
企业外部创新知识 [Know _ ExtR&D]	0.26	0.44	%×100	435
人力资源管理				
制造和装配人员 [M&A _ Employ]	65.92	20.88	%	435
高技能 [HS _ employ]	7.06	7.80	%	435
低技术或无技术员工 [LS _ employ]	29.88	27.68	%	435

资料来源：根据 GMS 2009 整理

5.4.2　聚类分析的企业样本

正如前面章节中所定义的，非研发企业是指那些没有进行任何内部和外部（外包）研发活动的企业。在 GMS 2009 的数据集中，1484 个样本中有 675 家企业（占 45.5%）可以根据这个定义被定义为非研发企业。然而，由于创新资源的聚类变量存在缺失值，适合作聚类分析的非研发企业样本数从 675 家下降到

① 因此，通过因子分析对变量集进行预降维（如 Ollenstein，2002；Eiponen/Drejer，2007；Srholec/ Verspagen，2008 等研究中所建议的）在本书的研究中并不适用。

435 家。此外，在前面描述性分析中发现有些非研发企业中有从事研发工作的员工。尽管这个比例很低（2%），但它还是为聚类分析造成了一些困难，因为这挑战了非研发企业的定义。拥有从事研发工作的员工是正式研发的一个重要指标，因为它属于具体的财务维度。这也是为什么在《弗拉斯卡蒂手册》（OECD，2002）中将从事研发的员工数量作为研发强度的指标。因此，将这些拥有从事研发工作的员工的企业从样本中剔除，以保证只包含那些真正的非研发企业（根据 OECD 的定义）。

为了保证样本量的减少没有带来结构性偏差，表 19 比较了原来的 675 个非研发企业样本和用于聚类分析的 435 个样本的情况。

比较表明，减少了的 435 个非研发企业样本与原来的 675 个样本并没有很大的差别。因此，由于缺失值的存在而减少的样本量并没有带来显著的企业所属类别或者企业规模等结构性偏差。这是非常重要的，因为这确保了进行聚类分析的样本和原来进行描述性分析的样本具有同样水平的异质性，这符合理论对实证分析的要求。

表 19　非研发企业进行描述性分析和聚类分析的子样本比较

制造业分类（NACE-2 位）	非研发企业描述性统计样本（n=675）		非研发企业聚类分析样本（n=435）	
	占比（%）	n	占比（%）	n
15-食品和饮料	13.2	89	12.9	56
17-纺织品	2.2	15	2.1	9
18-服装产业	0.6	4	0.5	2
19-皮革鞣制及修整等	0.6	4	0.2	1
20-木材和木制品	4.4	30	4.1	18
21-纸浆、纸及纸制品	2.4	16	2.5	11
22-出版、印刷和存储媒体复制业	6.7	45	7.1	31
24-化学原料及化学制品	2.5	17	2.5	11
25-橡胶和塑料制品	9.6	65	10.3	45
26-其他非金属矿物制品	5.5	37	5.5	24
27-基本金属业	3.1	21	3.9	17
28-金属制品业	23.9	161	21.8	95
29-机器设备制造	11.6	78	11.5	50
31-电气机械及器材	3.3	22	3.0	13
32-通信设备和装置制造	0.7	5	0.9	4

续表

制造业分类（NACE-2 位）	非研发企业描述性统计样本（n=675）		非研发企业聚类分析样本（n=435）	
	占比（%）	n	占比（%）	n
33-医疗、精密、光学仪器	2.7	18	3.2	14
34-机动车辆制造	1.9	13	2.5	11
35-其他运输设备制造业	0.4	3	0.5	2
36-家具制造	4.4	30	4.6	20
37-循环利用	0.3	2	0.2	1
	100.0	675	100.0	435
企业规模				
少于 49 人	49.0	331	47.1	205
50～249 人	45.5	307	47.1	205
250 人以上	5.5	37	5.8	25
	100.0	675	100.0	435

资料来源：根据 GMS 2009 整理

5.4.3　用于聚类解释和验证的变量

简要来说，凡是前面在 GMS 2009 中提到的用于描述创新产出或者长期经济绩效的变量都将用于解释、标记和验证本书所识别的非研发企业的创新模式（表 20）。

在通过聚类分析识别出非研发企业的创新模式之后，它们将被进一步检查信度（plausibility），并用一些基本的结构变量描述其潜在特征。第一个检验是为了确定识别的分类是否主要是由单个行业因素所决定的，它们对应的制造业的程度如何。也会检验它们与不同行业分类（低技术、中等技术和高技术）的对应情况。第二，聚类会包含企业的平均规模特征，用以构成创新模式。然后用主要产品复杂性、制造批量、企业在价值链中的位置来描述类别特征。最后，企业还被要求从六个竞争因素中选择它们认为最重要的竞争因素（价格、质量、创新性、定制化程度、遵守交货时间/缩短交货时间、服务）。

表 20　创新产出和经济绩效的指标

创新产出的指标	单位
新产品	
对公司来说的新产品的平均销售额比例	%
对市场来说的新产品的平均销售额比例	%

续表

创新产出的指标	单位
新产品相关服务	
新产品相关服务的平均销售额比例	%
技术和非技术的流程创新	
产品平均上市时间（time to market）	月
平均制造前置时间	工作日（8小时/天）
平均交货时间	日
订单及时送货的平均比例	%
平均废品率和返工率	%
劳动生产率：营业额输入/员工人数	千欧元/雇员
全要素生产率：营业额输入/（摊销+人员费用）	—
整体经济表现的指标	
员工雇用增长（2006～2008年员工人数年均变化）	%
销售增长（2006～2008年总销售额年均变化）	%
出口强度（出口产品的平均比例）	%

资料来源：根据GMS 2009整理

5.4.4　聚类分析的方法和过程

根据实证分析的指导概念框架（见4.3节），提出了对非研发企业创新模式的两个主要要求：

（1）最大限度地考虑非研发企业创新战略的异质性；

（2）最大限度地考虑企业内部和外部的不同创新资源。

也正是非研发企业的多种多样的行为促使笔者通过建立分类来研究非研发企业的规律和系统的实证模式。在演化的情境下，“模式”意味着企业在演化和适应环境的过程中，经常性的、好的和可行的做法。因此，探索创新模式一方面让人们考虑企业间的异质性，另一方面也要求人们要对异质性发生的相关维度进行选择。

由于选择是基于资源基础理论的，在分析中选取了较多的变量，主要是为了获得较为充足的实证证据。因此，本书采用被称作“寻找数据的组别的艺术”的探索性聚类分析，使得样本中天然相关度比较高的企业归入同一个组，相关度低的归入不同组（Bacher，2002；Kozelka，1982）。因此，聚类分析通过探索具有高水平同质性的同组和高水平异质性的不同组，将同质性和异质性连接在一起。

一般来说，聚类分析是一种识别合理的、有用的或有见地的统计群体单位的探索性方法。严格来说，聚类分析的结果只适用于它分析的主体。但是，由于样本在某种程度上代表着其相关的整体，可以假定，聚类分析的结果也能够为整体提供一种描绘。

为了符合上面的要求，聚类分析通过分层（hierarchical）技术和不分层技术两步来完成（Milligan /Sokol，1980；Punj /Stewart，1983）。从最广泛层面的异质性开始，第一层，也就是凝聚性聚类分析，在进行后续更大的聚类之前，先将每一个样本归类到一个单独的聚类（Bacher，2002）。

在进行聚类分析之前，必须作出两个主要的决定。第一个是要采取哪种方法来测度两个个体特征之间的相对距离，第二个是采用哪个用来计算个体之间相似性或者不相似性的聚类算法。本研究用平方欧氏距离（squared euclidean distance）来计算相对距离。这是最常用的测度距离的办法之一，而且具有可以很好地分离异常值的优势，因此这种办法在较大差异上赋权值大，而在较小差异上赋权值小①。

$$QEUKLID_{g,g*} = \sum_{i}(X_{g,i} - X_{g*,i})^2 \tag{5.1}$$

正如公式所示，平方欧氏距离将任意两个个体（g，$g*$）之间的特征差异定义为所有对应特征的差平方相加。由于重点放在两个个体特征的差异性上，欧氏距离主要测度的是一种相异性②。严格来说，欧氏距离只适用于度量变量，因为它是基于对算术平均值的计算。但是选择的聚类变量还包括序次变量和名义变量，为了把这些变量也包含进来，把这些变量转换为二分虚拟变量（0/1），使得它们也可以被当做度量变量（Bacher，2002）。

最先使用 Ward 方法来进行分层分析，形成最初的方案。这种方法是基于平方欧氏距离，与其他聚类方法相比效果要更好一些（Milligan /Cooper，1987）。本书建立了同质组，在同一组内企业的距离达到最小，质心受到所有的个体均等的影响；同时不同分类组之间的距离达到最大。因此，Ward 方法更适合区分大小差不多的群体（Back-haus et al.，2006），与其他聚类方法相比要好一些（Milligan /Cooper，1987）。

聚类分析面临的主要问题是要确定要聚类的个数，一方面要能表现数据的特性，另一方面又要保持结果的可管理性。为了保证这种可管理性、合理解释性和分类的未来应用性，最初选择了 2～12 个小组，从而期待一个明确的切削点来定义聚类的数量。尽管几乎所有类似的分析将它们的结果限制在 2～6 个组内（De Jong/Marsili，2006；Evangelista，2000；Peneder，2002），但笔者仍然决定扩大一些范围来为最大的异质性留一些空间。

然而，从 Ward 的系统树图（图 21）中无法得到清晰的解释。相反，聚为 2 个、4 个、5 个、6 个群集的方案存在可能性。因此，为了从统计上识别合适的

① 如 Backhaus et al.，2006；Bacher，2002。

② 如果想了解更多的类似的测度方法，参见 Backhaus 等（2006）的相关文献。

聚类数量，采用 Calinski 和 Harabasz（1974）以及 Duda/Hart（1973） （Je（2）/Je（1）指标）两种停止规则来计算每一种聚类数量方案。对两个 Je 值来说，都是值越大表示需要越多的聚类数量。与 Duda-Hart 的 Je（2）/Je（1）值类似的还有伪 T 平方值（pseudo-T-squared values）。伪 T 平方值越小表示需要越多的聚类数量。Calinski /Harabasz 的伪 T 平方值建议聚类数量为 2，Duda-Hart 的方法得到的聚类数量为 5。

由于只聚两个类与理论预期的企业间异质性不太吻合，本书决定采用 Duda-Hart 方法建议的 5 类。考虑到相近的解决方案，Ward 方法得到的 4 类、5 类、6 类也被作为第二步的起始点，也就是非分层聚类分析，使用 k-means 算法和平方欧氏距离来衡量相异性。因此，对每一个 4～6 的组数（k），进行 k 均值非分层聚类分析，企业根据它们与 k 维初始点的距离进行迭代分类。尽管有些 k 均值法是随机选取初始点，本书选择的是初始分层解决方案的质心点。这种方法被认为在群组发现上更优秀，因而也被推荐[①]。

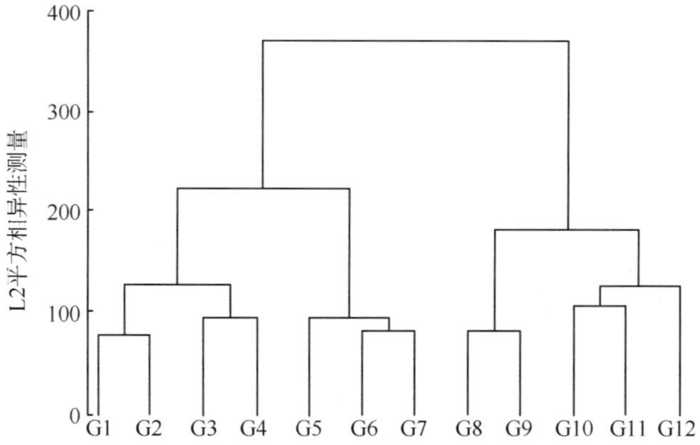

图 21 基于欧氏距离测度的 Ward 分层聚类分析的系统树图

注：G1～G12 指初始考虑的聚类最大数量；L2 平方差异性度量＝平方欧氏距离

资料来源：根据 GMS 2009 整理

此外，非分层聚类算法的优势是，企业不断被计算到类质心点之间的距离，而这个质心点是在再分配之后不断重新计算的。因此，与分层聚类不同，这种方法使得被分到一起的企业仍有可能改变它们的组别，直到聚类公式进展到它们与其中一个类最吻合为止[②]。

由于通过非分层 k 均值分析得到的选择分 4 类、5 类、6 类的聚类方式的基本结构都非常类似，本书用了三个标准来最终决定聚类数量：组内和组间差异关

---

① 如 Milligan / Sokol，1980；Punj /Stewart，1983。

② 如 De Jong/Marsili，2006；Leiponen/Drejer，2007。

系的统计性质、识别的类别的创新模式的合理性和可解释性、每组足够的企业数量①。由于第一个和第三个标准对所有的聚类方式都适用，聚 5 类的方案在合理性和可解释性上表现得更好。因此，k 均值最终确定了在分层聚类中聚 5 类的方案，提供了一个在统计学上令人满意的结果。通过 K-W 检验（Kruskal /Wallis，1952），每个聚类变量都在至少一个类上是构成性的和有所区分的②。更重要的是，聚类分析得到的 5 类可以被合理地解释为非研发企业的创新模式。

5.4.5 实证发现

接下来的部分将会描述、分析和证实本书所识别的非研发企业的创新模式。首先描述聚类分析识别出的结果，然后根据结构变量、创新产出和经济效益变量对结果进行解释和证实。

5.4.5.1 根据创新资源变量识别非研发企业的创新模式

聚类分析揭示了非研发企业的五种可区分的创新模式（表 21）。后面将详细说明这些聚类是否能够真正被解释为明确的非研发企业创新模式，从而证明本书所预期的理论上的异质性。

可以看出，非研发企业的确可以被描述为除正式研发之外的一系列的创新投入变量。子样本中所有的非研发企业都被成功地归入创新模式中。这与演化理论的观点一致，即分析的所有企业都多多少少可以被认为是具有创新性的，因为它们能够通过使用创新资源来适应外部环境的挑战和要求，从而成功地在竞争中存活（也就是被正向选择）。

表 21 聚类分析的结果——德国制造业非研发企业的五种创新模式

聚类变量	类别										合计	P 值
	I		II		III		IV					
	1		2		3		4		5			
	均值	标准差	均值	标准差	均值	标准差	均值	标准差	均值	标准差		
ProdDev	**0.94**	0.24	0.26	0.44	0.29	0.46	0.05	0.22	0.10	0.31	0.36	**0.001**[1]
ProdDev _ Cus	0.58	0.50	**0.92**	0.27	0.01	0.09	0.71	0.45	0.86	0.35	0.57	**0.001**
NewPRS	**0.29**	0.46	0.13	0.34	0.04	0.19	0.06	0.25	0.12	0.33	0.13	**0.001**
TechProc	0.25	0.78	**0.52**	0.74	−0.14	0.69	−0.44	0.59	−0.13	0.64	0.04	**0.001**

① 由于本书字数限制，这里不再详述。如果需要可以与作者联系。

② 由于变量的方差具有齐方差性，有必要进行一个非参数检验来验证显著性。使用的 K-W 检验与非参数的 M-W 检验类似，但是允许超过两个组进行比较。

续表

聚类变量	类别										合计	P 值
	I		II		III		IV					
	1		2		3		4		5			
	均值	标准差	均值	标准差	均值	标准差	均值	标准差	均值	标准差		
Non-TechProc	**0.54**	0.56	0.35	0.62	−0.19	0.70	−0.83	0.50	0.17	0.37	0.02	**0.001**
HighTech	**0.20**	0.40	0.05	0.23	0.05	0.23	0.01	0.11	0.03	0.18	0.08	**0.001**
InnoCoop	**1.81**	1.25	1.51	1.38	1.13	1.18	0.06	0.47	1.26	1.22	1.19	**0.001**
Know_Int	**0.71**	0.46	0.54	0.50	0.60	0.49	0.16	0.37	0.34	0.48	0.50	**0.001**
Know_ExtR&D	**0.41**	0.49	0.33	0.47	0.16	0.37	0.16	0.37	0.19	0.40	0.26	**0.001**
M&A_Employ	50.07	19.99	70.55	15.29	61.52	21.62	75.04	14.49	**81.03**	15.92	65.9	**0.001**
HS_Employ	**13.21**	9.99	5.56	3.15	5.63	5.89	7.35	8.95	1.66	2.54	7.06	**0.001**
LS_Employ	17.09	20.97	34.55	27.57	33.06	23.1	27.78	31.73	**40.24**	32.51	29.9	**0.001**
n	96		93		111		77		58		**435**	

注：聚类算法为根据前面的分层 Ward 分析得到的 $k=5$ 质点进行非分层 k 均值分析；相异性的测度为欧氏距离；变量范围为 0～1，除 NNCOOP（1～4）、TECHPROC 和 NON-TECHPROC（−2～+2），M&A_，HS_，和 LS_EMPLOY（0～100）；1 表示 F 检验，其他的变量由于不是齐方差，因此都使用的非参数 K-W 检验；字体加粗表示每个变量中最高的平均值或者百分比

资料来源：根据 GMS 数据分析

此外，正如理论所预期的，不同的创新资源在不同的创新模式中的使用程度不尽相同，没有一个创新模式是单纯地建立在单个创新资源上的。因此，目前为止的研究结果都与前面提出的理论假设一致。其中类别 1 和类别 2 使用了相对较大范围的创新资源，而类别 3～5 主要在几个创新资源上使用强度较高。

具体来说，聚类分析共识别出了以下 5 类德国制造业的非研发企业的创新模式：

1）创新模式 1：知识密集型产品开发者

这种模式是分析非研发企业的创新行为最没有预期到的一种创新模式，因为它和研发密集型高技术创新模式很类似。其主要的特征是这类企业大部分是产品开发者（大约 94%）。这类新产品往往伴随着产品相关服务，这也代表了这些企业的强烈的服务导向性。此外，高于平均水平（20%）的这类企业声明它们的产品中包含高技术元素，这表明这些企业主要生产能够与相关服务很好结合的复杂产品。为了开发新产品，这些企业会依赖多种知识源。一方面，这些企业中的大部分都声明它们依赖内部的创新知识作为知识来源（越 71%），这与它们平均

13％的高技能员工比例情况相一致。另一方面，大约41％的企业也提到外部的研发组织，如大学或者研发实验室，也是其创新知识的另外一个重要来源。这种同时依赖外部研发知识和内部员工知识的做法，构成了一种知识密集型的创新模式。在流程创新方面，这种模式具有高于平均水平的非技术性流程创新的特征，也就是说这些企业广泛、密集地使用组织和管理理念来进行工作组织、生产组织，同时这些企业还具有高强度的创新合作的特征。这种创新合作情况也反映在进行合作的创新领域数量是高于平均水平的，可以猜测这些合作主要发生在新产品开发中。总而言之，这一类企业代表了利用内部和外部知识，在产品、服务和组织创新上都有较高强度的创新模式。有96家非研发企业属于这种创新模式，是所有模式中数量第二多的一组。

2）创新模式2：客户驱动的技术性流程专家（customer-driven，technical process specialists）

第一，这种模式的主要特征是强烈的客户导向性。几乎所有的企业（92％）都提到它们根据客户需要或者具体规格来开发产品。第二，这些企业在先进制造技术的使用密度上明显超过了制造业的平均水平（0.52）。这种情况可以解读为，这些企业需要依靠先进制造设备或机器的使用来制造高度定制化的产品。为了实现这个目的，这些企业还拥有较高水平的进行制造和组装的员工，这些员工中很大一部分是低技术或者无技术的。尽管这些企业拥有相对较高水平的低技术员工（35％），它们中表明其员工是重要的创新来源的比例（54％）仍然超过了平均水平，这使得笔者猜测它们的知识存量中也包含一些在个性化定制产品制造过程中的经验知识。此外，这种模式中的企业从外部研发组织中得到创新知识的比例也高于平均水平（33％）。而且，这些企业似乎也很倾向于与外部伙伴进行合作，对此可以合理猜测为其主要是为了进行技术性流程创新。总结一下，这种创新模式展示了较高程度的定制化、技术性流程创新，在知识来源上根据需要依赖于多种内部经验知识和外部研发相关专业知识。共有93家企业被归入这种创新模式。

3）创新模式3：偶尔的B2C产品开发者

这种创新模式看起来很令人费解，因为与前两种模式相比，这种模式没有明显的创新资源的使用特征。但是仔细分析这类模式中的变量会发现，这种模式也是可以解释的。一方面，这一组中有相当数量的产品开发者（29％），表明至少这些企业会进行偶尔的新产品开发。另一方面，超过60％的企业表明它们与创新相关的知识主要来源于企业内部（也就是内部员工）。这是非常惊人的，因为它们高技能员工的平均比例是低于平均水平的。但是，（几乎）没有企业根据顾客特殊定制来开发新产品，而产品相关服务的重要性也很低。这表明这种创新模式主要是B2C的关系。在此背景下，考虑到这些企业的特征无法通过创新投入变量全面地展现出来，在分析中没有明确提到的一些创新维度（如创造力、设计或者市场）可能对这些企业更重要。在后面的描述中，笔者会尽量通过结构变量和创新产出变量来证实这种假设。这种追加的信息是非常有用的，尤其是这种创新模式又是非研发企业模式中最大的一组，共有 111 家企业。

4）创新模式 4：低创新性、劳动力密集型的制造商

这一类的重要特征是根据外部特殊需要来定制产品的企业比例超过了平均水平（71%）。但是与前三种创新模式不同是，它们几乎从来不自己开发新产品。而且，它们这种产品开发的缺失并未通过产品相关服务创新或者技术与非技术的流程创新来弥补。并不意外的是，它们也没有什么主要的创新知识来源，更没有进行太多的合作。最引人注意的是，这些企业有很高比例的员工（75%）从事制造和组装工作，表明它们生产劳动强度较高，但也同时报告了它们拥有相当比例的高技能员工。后者和笔者预期的不太相符。一种可能的解释是，这些高技能员工从事的主要是跨界者（boundary spanners）的角色（Kirner，2005），即作为与顾客的接口，将顾客的需求“翻译”为对企业可行的信息。另一种可能性是，这些企业在过去三年内的产品相关服务的活动性很低，在意识到这个问题之后，这些企业已经开始提供各种产品相关服务，而这需要服务方面的高技能。对这类企业的另一种解读是，这些企业可能是由委托加工商构成的，也就是某些企业将劳动密集型的生产任务外包形成的“扩展工作台”。总之，这类非研发企业是目前为止与人们印象中的“不进行研发活动”或者“低技术”的企业形象最接近的一类。但是需要指出的是，这种“低创新性”的解读仅仅适用于在分析中采用的创新投入变量。这意味着，如果将更多的投入变量包含进来，也许这些企业会变得更具创新性。

5）创新模式 5：灵活的专业供应商

最后一种创新模式和第四种有些类似，与前三种相比大部分的创新投入变量都没有表现出显著的价值，并且聚类的基本分布情况也比较类似。因此人们可能很容易将这一类企业也定义为“低创新性”企业，不过仔细分析之后，尤其是和第四种类型进行比较之后发现，这种简单的定义会低估这类企业的创新能力。第一，进行产品定制化的企业比例几乎与第 2 类企业相当（86%），这表明了这类企业很强的顾客导向。第二，这类企业与第 3 类、第 4 类以及所有样本相比，非技术性流程创新的水平更高。第三，与所有类别相比，这些企业从事制造和组装工作的员工比例最高，是目前为止拥有低技术和无技术员工比例最高（40%）的一组。因此，它们的高强度生产伴随着低技术和无技术员工的密集型劳动，这意味着制造和组装过程主要是由简单任务构成的。此外，这种较高比例的低技术和无技术人员的情况可以使得企业在应对变化的订单和市场占有率情况时有更高的

灵活性。这个假设是建立在这些企业使用灵活的工作时间等组织创新手段来创造价值的情况基础上的。此外，这种灵活性也通过雇佣合同工或临时工来实现。与第 4 类企业相比，第 5 类企业整体表现出更高水平的创新性，主要表现在产品开发者比例较高（10% vs 5%），产品相关服务提供者比例较高（12% vs 7%），内部知识作为创新知识源的相关性更高；有可能主要是基于经验的知识，因为这类企业中高技能员工的比例是所有类别中最低的。综合来看，这类企业表现出了以经验为知识来源、管理灵活、顾客定制化提供商的特征，整体创新强度处于中等水平。

到目前为止，本书识别出三种非研发创新的模式，它们基本上采用的是不同的战略。这几个模式分别用罗马数字 I、II、III 表示。相反，第 4 类与第 5 类企业在基本战略上有很高的一致性。它们都是生产或者劳动密集型制造商，面向顾客的独特需求和定制性很强。因此，用罗马数字 IV 来将这两组并为一个战略组，即非研发生产密集型制造商。但是正如创新投入变量所展示的，这两种模式在创新行为上有明显的区别。因此，在后面的机构和创新产出维度，笔者仍然将它们视为两个不同的非研发企业创新模式。

5.4.5.2 非研发企业创新模式的一般结构特点

在描述了聚类分析探索出的五种非研发企业的创新模式之后，本书继续分析这些模式的结构特征。

回顾演化理论的观点，即为什么即使在工业行业同样的选择标准下，仍然可以发现企业创新行为的相当强的异质性。如果是这样的话，演化理论下的假设就需要被重写了。此外，这意味着引入行业变量会带来类似的结果，因为某种创新资源的使用是具体到某个行业的。

第一，结果表明（表 22），没有一个制造行业是被一种创新模式所主导的。所有我们识别出的非研发企业的创新模式在所有行业中都占有一定的比例。这种德国制造业的非研发企业的创新模式的行业异质性还表现在一些典型的研发密集型产业（如医疗、精密和光学精密仪器）。此外，这也展示了非研发企业的战略适应能力，因为它们可以在这样高度研发密集型的行业内生存。反过来考虑也是正确的，没有一个创新模式是仅仅存在于个别制造业的。这些创新模式显然不是在所有的行业中平均分布的。根据 Legler 和 Frietsch（2007）的研发强度分类来比对创新模式可以发现，异质性再一次被证实。这清楚地表明，这样的分类不足以捕捉到非研发企业的整体创新的异质性。

表 22 不同德国制造业在非研发企业创新模式上的分布

从属行业	类别					合计
	I	II	III	IV		
	1	2	3	4	5	
制造业（NACE-2 位）***						
15/16-食品、饮料和烟草	21.4	16.1	**48.2**	10.7	3.6	100.0（n =56）
17-19-纺织品、纺织产品或皮革制造	**25.0**	8.3	**25.0**	16.7	**25.0**	100.0（n =12）
21/22-纸制品、出版或印刷	14.3	**33.3**	19.1	23.8	9.5	100.0（n =42）
24-工业化学	27.3	18.2	**36.4**	9.1	9.1	100.0（n =11）
25-橡胶和塑料制品	22.2	**35.6**	15.6	8.9	17.8	100.0（n =45）
27/28-基本金属及金属制品业	12.5	20.5	24.1	**28.6**	14.3	100.0（n =112）
29-机械及设备	**46.0**	14.0	8.0	10.0	22.0	100.0（n =50）
30-32-制造商电气和光学设备（不包括 NACE33）	**29.4**	17.7	11.8	17.7	23.5	100.0（n =17）
33-医疗、精密和光学仪器等	**57.1**	7.1	21.4	14.3	0.0	100.0（n =14）
34/35-交通运输设备	0.0	**38.5**	23.1	23.1	15.4	100.0（n =13）
其他（20/23/26/36/37）	19.1	19.1	**36.5**	14.3	11.1	100.0（n =63）
技术分类（LEGLER/FRIETSCH 2007）*						
低技术（研发支出＜2.5%）	18.1	22.1	**27.9**	18.4	13.5	100.0（n =348）
中技术（研发支出 2.5%～7%）	**35.3**	17.7	14.7	16.2	16.2	100.0（n =68）
高技术（研发支出＞7%）	**47.4**	21.1	21.1	10.5	0.0	100.0（n =19）
n	96	93	111	77	58	435

注：所有数值均表示非研发企业的百分比，加粗表示每个变量的最高平均值或者百分比；*** 表示 $p<0.001$、** 表示 $p<0.005$、* 表示 $p<0.01$；类别 1 为知识密集型产品开发者；类别 2 为客户驱动的技术流程专家；类别 3 为偶尔的 B2C 产品开发者；类别 4 为低创新、劳动力密集型的制造商；类别 5 为灵活的专业供应商

资料来源：根据 GMS 2009 整理

第二，表 23 表明绝大部分的非研发企业属于中小企业组（93%）。与普遍观点不同的是，它们主要的竞争因素不是价格或者成本，而是质量（50%）。除了价格之外（提及率为 21%），约 14%的企业认为产品的定制化是最重要的竞争维度。因此，非研发企业远不仅仅是生产简单产品（28%）。大部分企业（51%）表明它们生产中等复杂程度的产品，如多组件产品（如泵）。此外，值得注意的是，22%的非研发企业制造高复杂度的产品（如机械），而这往往是研发密集型或者高技术制造商制造的产品。这种情况也反映在非研发企业的平均制造批量上。共有约 18%的非研发企业会大批量制造产品。大部分企业（55%）在制造

产品时采用中批量，而大约三分之一（27%）的企业采用单件生产。最后，非研发企业中供应商（49%）和最终生产者（52%）的比例非常均衡，这表明非研发企业与研发企业一样在直接终端产品竞争中能够生存。

为了明确每种创新模式的特点，将主要描述每一种模式与其他模式相比的不同和独特性。不过所有的数据在表 23 中都有展示，读者可以独立进行更多的分析。

从第一类知识密集型产品开发者开始，可以发现，这类企业占据了研发密集型行业包括机械和设备制造（46%）、电气和光学设备（29%）、医疗精密和光学仪器（57%）中的非研发企业的最高份额。回忆前面提到的它们很高水平的创新性和知识源的密集性，它们似乎已经能够很好地适应所处的高技术环境。不过，四分之一的纺织业（低技术）的企业也属于这一类的创新模式。但是如果考虑到有些高技术的纺织企业会制造一些高技术的产品，如包含微型电子元件（例如脉冲或热传感器），纳米颗粒（如功能性纺织品）或超强类型的纤维的产品，就会认为这种情况也很合理了。另外，工业化学业这种研发密集型产业中也有很大一部分企业采用这种创新模式（27%）。尽管这些企业大部分是中小型企业，这些知识密集型产品开发者中 250 人以上的大型企业比例达到最高（10%）。与其他创新模式相比，这类企业中提及创新性（9%）和服务（4%）是其最重要的竞争因素的企业比例最高。这与这个模式中以单件生产的形式生产高复杂度产品的企业比例最高的情况相吻合，在上述描述的行业背景下是很有用的。总结来说，这些结构特征与这种“高技术”型（供应商和终端生产商）非研发企业的模式非常吻合。根据这些结果，可以预期这类非研发企业的创新绩效，例如新产品和产品相关服务的销售比重，会高于平均水平。

表 23　非研发企业创新模式的结构特征

结构特征	类别					合计
	I	II	III	IV		
	1	2	3	4	5	
企业规模**						
49 人及以下	42.7	30.1	55	**62.3**	46.6	47.1
50～249 人	46.9	**63.4**	40.5	33.8	51.7	47.1
250 人及以上	**10.4**	6.5	4.5	3.9	1.7	5.8
	100	100	100	100	100	(n=435)
最重要的竞争因素						
产品价格	14.4	22.1	21.7	19.7	**27.5**	20.5
产品质量	48.9	40.3	52.6	54.1	**54.9**	49.7

续表

结构特征	类别					合计
	I	II	III	IV		
	1	2	3	4	5	
创新型产品	**8.9**	5.2	5.2	1.6	0.0	4.8
根据顾客需求个性化定制	13.3	**22.1**	8.3	14.8	9.8	13.6
送货时间	10.0	9.1	**10.3**	8.2	5.9	9.0
产品相关服务	**4.4**	1.3	2.1	1.6	2.0	2.4
	100	100	100	100	100	(n=376)
产品复杂度***						
简单产品	14.7	26.1	**40.4**	30.3	22.8	27.5
中复杂度产品	52.6	53.3	44.0	42.1	**70.2**	51.1
复杂产品	**32.6**	20.7	15.6	27.6	7.0	21.5
	100.0	100.0	100.0	100.0	100.0	(n=429)
制造批量的大小**						
单件生产	33.7	24.2	19.1	**34.3**	28.6	27.3
小中批量生产	56.8	47.3	56.4	**58.9**	53.6	54.6
大批量生产	9.5	**28.6**	24.6	6.9	17.9	18.1
	100	100	100	100	100	(n=425)
在价值链中的位置**						
最终产品生产者	55.2	43.0	**66.4**	48.1	35.1	51.5
供应商	44.8	57.0	33.6	52.0	**64.9**	**48.5**
	100.0	100.0	100.0	100.0	100.0	(n=433)

注：所有数值均表示非研发企业的百分比，加粗表示每个变量的最高平均值或者百分比；*** 表示 $p<0.001$、** 表示 $p<0.005$、* 表示 $p<0.01$；类别 1 为知识密集型产品开发者；类别 2 为客户驱动的技术流程专家；类别 3 为偶尔的 B2C 产品开发者；类别 4 为低创新、劳动力密集型的制造商；类别 5 为灵活的专业供应商

资料来源：根据 GMS 2009 整理

第二类客户驱动的技术流程专家模式主要分布在纸制品、出版或印刷业（33%），橡胶和塑料制品（36%），以及交通运输设备（39%）上。考虑到这些行业的高强度的技术制造流程创新和产品定制化程度，以及掌握制造技术和忠诚于客户的特殊需求（例如，塑料、橡胶汽车零部件）对于竞争力的重要性，较高比例地使用这种模式也比较合理。与其他模式相比，这种模式中把定制化作为最

重要的竞争因素的企业比例最高（22%）。高水平的技术流程专业化使得它们能够更多地进行定制化产品的大批量生产（29%）。最后，这组企业中供应商的比例稍高（57%），也与之前描述的相一致。由于它们被定义为技术流程专家，可以预期它们在产品质量或制造速度上会表现出优势。

第三类创新模式在解释上有些困难。根据它们的偶尔的新产品开发行为、高技能员工比例较高和定制化产品的不重要性，本研究把这类企业称为偶尔的 B2C 产品开发者。你可能很好奇这种解释是否与这类企业的结构特征相符合。在行业结构上，这类企业主要分布在顾客导向的产业，如食品、饮料、烟草（48%），以及其他产业（37%），如木材业、玻璃制造、陶瓷、天然石材，以及家具制造、珠宝、乐器、体育器材和玩具。这些产业并不代表制造业的核心产业，因此这种关注于制造业而没有包含创造性、艺术工作、设计和市场等创新维度的调查可能无法反映这类企业的特征。考虑其他的结构变量，这些非研发企业将遵守（缩短）送货时间作为主要的竞争因素（10%），而产品定制化扮演了最不重要的角色（8%）。与其他模式相比，这个模式中生产简单产品的企业比例最高（40%）。最后，这类企业中有三分之二是终端生产者，这再次验证了这些企业主要从事 B2C 市场的假设。总之，这个类别是研究中最吸引人的一类，需要进一步的研究。这个模式也在化工行业中占有较高比重（36%），也是需要进一步研究才能解释的。在这种情况下，很难预期这种模式的创新绩效。

相反，第四类低创新性、劳动力密集型的制造商在所有的制造业中都有类似程度的存在。存在比例较高的行业是基本金属及金属制品业（29%），纸制品、印刷及出版（24%）和交通运输设备制造商（23%）。这是很合理的，因为前两个行业是典型的非研发密集型、“低技术”行业。而对于交通运输设备业，可以推测它们扮演的是委托制造商（即合同制造商）的角色，承接汽车企业外包的劳动密集性或者专业的工作任务。这也能够解释这个类别中单件生产的企业比例很高（34%），以及生产批量主要为中小批量（59%）的情况。然而产品复杂度变量的情况依然让人困惑，这个类别中有相对较高比例的企业生产简单产品（30%）和高复杂度产品（28%）。这表明这种创新模式内部仍有相当大的差异性。这些企业往往不超过 50 人（62%），这可以解释它们在先进制造技术或者组织理念使用上的不足，而后者尤其依赖于企业规模，因为很多组织理念无法在这种微型企业中合理地实施（例如有些工作或者生产组织需要一定数量的员工来保证合理实施）（Irner et al.，2009b）。总之，这些企业似乎能根据顾客要求的规格来生产，有很强的（隐性）制造技术。然而，结构性变量的情况仍然印证了这类企业低创新性的第一印象，因此合理地推测这类企业的创新产出会低于平均水平。

最后，第五类企业被理解为体量灵活的专业化供应商。如前所述，这个模式与第四种模式在基本战略导向上是相同的。不过，可以认为这种模式代表了第四种模式的“改进”版，因为它在各种创新投入维度上表现的价值更大一些。这种模式主要出现在纺织产品或皮革（25%）、制造及设备（22%）、电气和光学设备（24%）上，这也验证了前面的假设。因此，这些非研发企业在研发强度相对较高的行业也很活跃，这可能是它们较强的创新导向的结果。这类企业中供应商比例较高的假设得以验证，可以看到供应商比例达到 65%，而对这些企业来说，价格基本上为提及的最多的竞争因素（28%）。这也和这些企业中低技术或无技术的员工比例较高的情况吻合。综合这些情况，可以预期这类企业在制造速度、质量和交货时间上将会有突出的表现。

5.4.5.3 非研发企业创新模式的创新产出

本节主要分析前面聚类分析所识别的创新模式的创新产出和经济效益（表 24），然后对每种模式进行进一步的解释。由于存在缺失值，每个变量的样本数不同，因此对每个变量的样本数进行分别统计。

表 24 非研发企业创新模式的创新输出

创新产出	类别					合计
	I	II	III	IV		
	1	2	3	4	5	
产品和服务创新						
对公司来说的新产品的平均销售份额	**16.0**	3.4	4.8	0.3	1.3	5.5*** （n=424）
对市场来说的新产品的平均销售份额	**3.4**	0.5	0.8	0.0	0.0	1.1*** （n=434）
新的产品相关服务的平均销售份额	1.2	**1.3**	0.4	1.0	0.6	0.87（n=434）
技术和非技术的流程创新						
产品平均上市时间	13.0	14.0	**8.8**	13.0	15.0	12.0（n=147）
平均制造前置时间	29.0	22.0	**11.0**	43.0	16.0	24.0*** （n=404）
平均交货时间	37.0	33.0	**18.0**	34.0	25.0	29.0*** （n=421）
订单及时送货的平均比例	92.0	**95.0**	91.0	92.0	91.0	92.0（n=428）
平均废品率和返工率	2.8	**1.9**	2.4	3.5	2.5	2.6（n=420）
劳动生产率（K €/人）	**96.9**	84.1	96.6	76.9	74.6	84.4（n=341）
全要素生产率	1.83	1.81	**1.95**	1.86	1.78	1.85（n=309）

注：字体加粗表示每个变量的最高或者最好值；*** 表示 $p<0.001$、** 表示 $p<0.005$ 、* 表示 $p<0.01$；类别 1 为知识密集型产品开发者；类别 2 为客户驱动的技术流程专家；类别 3 为偶尔的 B2C 产品开发者；类别 4 为低创新、劳动力密集型的制造商；类别 5 为灵活的专业供应商

资料来源：根据 GMS 2009 整理

正如预期，第1类知识密集型产品开发者在对公司来说的新产品（16%）和对市场来说的新产品的销售份额的创新绩效上表现最好[①]。也就是说，这些企业甚至能够成功地进行市场创新并作为第一推动者在市场中进行应用，这是在考虑非研发密集型企业的创新绩效时所无法直观预期到的。这一类企业过去三年的产品相关服务的销售份额也是最高的，可以推断，这些企业同时也开发一些服务来匹配其新产品。不过，这些市场创新仅仅代表了新产品开发的一小部分。Kirner等（2009a，2009b）研究表明，进行研发活动的企业，尤其是研发强度高的企业，其市场创新或者产品相关服务带来的平均销售份额要更高一些。

这类企业还有一个非常明显的绩效特征：考虑到这些企业在所有类别中的平均产品复杂度是最高的，它们的产品上市平均时间（13个月）比其他生产复杂性相对较低产品的企业（类别2和类别5）的时间还要短。因此，高强度的非技术性组织流程创新显然使得这些企业能够使它们的生产创新流程更高效，并更好地利用内部和外部的知识。此外，这些企业的平均制造前置时间为29个工作日，与生产类似产品复杂度的第4类企业（43个工作日）相比要短很多，这也说明了这类企业的速度优势。最后，这类企业的高效率展现在优秀的劳动生产率上（97 K €/人），远超过总的平均值（84 K €）。此外，与劳动生产率水平类似的第3类企业相比，这类企业的平均员工数量要多一些。然而，这类企业由于高技能比例大带来的高员工成本也反映在全要素生产率上，其全要素生产率水平（1.83）要略低于所有企业的平均水平（1.85）。总结来说，这种创新模式的高创新投入强度在产品、市场和服务创新等方面都带来了较好的经济绩效，同时还带来了优异的流程速度和效率。

相反，第2类客户驱动的技术流程专家在创新产出上展示了另外一种情况。正如我们所预期的，先进制造技术和设备的密集使用带来了很好的按期交货率（95%）和最低的废品和返工率（1.9%）。因此，这些流程专家很善于处理制造流程，能够满足顾客对可靠性和质量的最高要求和期望。此外，它们的高度顾客导向性还表现在新产品相关服务的销售份额上。这个类别的企业中在过去三年内提供过新服务的企业比例是所有类别中最高的（1.3%），尽管在数量上类别1的企业是这个类别的两倍。这可能是因为，这些流程专家不仅进行制造任务，还提供工程服务，如仿真模拟、规划和设计制造工艺。总结来说，这类企业很好地掌握了制造过程，能够设计并执行高度特殊化和需求化的顾客任务，而这些任务往往是顾客无法自己实现的。因此，这类企业的有关效率的创新产出可能不一定比平均水平高。

---

① 这一组产品创新的平均销售份额（16%）甚至超过了前面描述性分析中研发企业的产品创新的平均销售份额（13%）。

第 3 类创新模式：偶尔的 B2C 产品开发者在速度这个创新产出维度上表现良好。与其他类相比，这类企业新产品上市时间是最短的（9 个月），生产提前期是最短的（11 个工作日），平均交货时间也是最短的（18 天），这和它们前面提到的“遵守/缩短交货期”是最重要的竞争因素的情况相吻合。但是这些结果要和这些企业的低产品复杂性的情况结合起来。考虑到这类企业的技术或非技术流程创新的水平是低于平均水平的，这种绩效特征就更让人惊奇了。如前所述，这可能是由于变量和指标并未完全反映这些企业的特征。此外，与第 2 类企业相比，尽管在新产品开发的水平上两者相当，但在新产品销售份额上，第 3 类企业（5%）超过了第 2 类企业（3%），但是仍然无法明确知道这种产品创新的绩效是由哪个创新投入所带来的。可以猜测，其他创新相关的内容，如创新性、艺术设计或者市场对这类企业起到了重要作用。最后，这类企业在全要素生产率水平上达到最高（1.95），劳动生产率（97K €/人）排名第二。除去无法提供的其他因素，这也可能是由它们相对较小的企业规模和在先进制造技术上较低水平的生产投入造成的。但是不幸的是，创新产出分析仍然无法进一步解释这类非研发企业的情况。

关于第 4 类低创新性、劳动力密集型的制造商，推测其相对较低的创新导向会在创新产出特征中有所体现。这类非研发企业产品创新（0.3%）和市场创新（0%）的销售份额都是最低的，平均制造前置时间（43 个工作日）和废品及返工率（4%）也是最差的。类似的，其他的绩效指标都是低于或者等于总体平均水平的。最令人注意的一个正向影响是其产品相关服务的销售份额（1%），与第 1 类和第 2 类企业相当（1.2 / 1.3）。考虑到这些企业中仅有 7%在 2006 年之后引入过新的产品相关服务，这验证了前面的假设，即这些企业中应该存在一些企业在 2006 年之前已经引入产品相关服务，这也能够解释相对较高水平的高技能员工比例的情况。这个假设还需要更多的深入研究。由于与其他类别相比，服务并不是这类企业的最重要的竞争因素，这些高技能员工的情况似乎还不足以把人们对这类企业的定位从低创新性变为“服务导向的制造商”。

最后，对于第 5 类灵活的专业供应商，预期其在制造速度、质量或交货时间上有更好的创新产出。然而，这个假设需要被收回，因为数据并没有明显展示企业的这种显著特征。但是也许这也没有必要，因为这些企业在没有什么特长的情况下，作为灵活的专业供应商成功地生存了下来。此外，应该记得这种创新模式在各制造业行业中都很普遍，并且主要生产中等复杂度的产品。在这种背景下，这些企业几乎所有的速度指标和准时交货指标（流程可靠性）都在平均水平之上。例如，它们的平均制造前置时间（16 天）排名第二。只有第 3 类这种生产简单产品的企业提前期比它更短（11 天）。平均交货时间也是一样（这组企业为

25 天，第 3 类企业为 18 天）。因此，考虑到结构特征，除去第 3 类企业这样比较特殊的情况，这一类企业在制造过程的速度和可靠性上是表现得最好的。这可能与他们较多地运用组织管理理念来优化工作流程有关。尽管它们也能够成功开发一些新产品，但这显然不是它们的核心业务，这一点在产品创新产出指标和新产品从开发到上市时间上得以印证。此外，它们也不属于最有效率的非研发创新企业。在劳动生产率和全要素生产率上，相比其他类，这类企业都显得逊色一些，这可能是由其高生产投入（原料、营运物资）造成的。总之，第 5 类企业的创新产出基本符合预期，也验证了这类企业的灵活的专业供应商的解读。此外，综合考虑创新投入和输入，也验证了关于这类企业比第 4 类企业更加创新导向一些的假设。

总之，这些结果表明，每种创新模式都在一定程度上带来了创新产出绩效。此外，可以发现一种创新产出维度可以由多种创新源触发，这也强化了前面的论证，即创新投入和输出之间不一定要有明确的单向关系。

5.4.5.4 非研发企业创新模式的一般经济效益

下面主要分析这些非研发企业的创新模式的经济效益（表 25），来进一步解读非研发企业的创新模式。

从收集的 2006～2008 年的数据来看，企业并未受到全球金融和经济危机的影响，这种影响似乎在 2009 年开始对德国制造业产生剧烈的负面影响。根据德国统计局的经济指标，进入德国的订单的变化是在 2008 年中间点左右发生的，而营业额是从 2008 年最后一个季度才开始大幅下降的。在这种情况下，所有的绩效指标都表现出正向的趋势就很正常了，因为德国制造业的经济情况在前些年一直是很好的。

不过，值得一提的是，所有的非研发企业都表现出了员工数量和总营业额的增长，这可能与预期不符，因为可能会预期某种非研发企业会表现出负向的员工雇用，因为低技术行业会倾向于把生产外包给低工资的国家（Lu，2007；Heidenreich，2009）。更让人惊奇的是，两类生产和劳动密集型供应商模式（类别 4 和类别 5）表现了最大幅度的员工增长。到目前为止来说这也是合理的，因为这些企业需要通过增加其主要生产要素——劳动力来适应增长的需求。另外，第 2 类模式中这类主要依赖于制造技术的客户驱动的技术流程专家，在员工增长比例上最低，因为它们需要适应更高的资本投资。

表 25 非研发企业创新模式的整体经济效益

经济效益变量	类别					合计
	I	II	III	IV		
	1	2	3	4	5	
员工增长						
2006～2008 年员工数量年均变化（%）	4.6	3.9	3.4	**7.8**	6.3	4.9（n=416）
总销售额增长						
2006～2008 年总销售额的年均变化（%）	9.5	8.2	7.0	8.7	**11.2**	8.7（n=402）
出口密度						
2008 年出口产品的平均份额（%）	27.1	20.8	16.7	15.6	**27.5**	21.1***（n=403）

注：字体加粗表示每个变量的最高或者最好值；*** 表示 $p<0.001$、** 表示 $p<0.005$、* 表示 $p<0.01$；类别 1 为知识密集型产品开发者；类别 2 为客户驱动的技术流程专家；类别 3 为偶尔的 B2C 产品开发者；类别 4 为低创新、劳动力密集型的制造商；类别 5 为灵活的专业供应商

资料来源：根据 GMS 2009 整理

第二，第 5 类灵活的专业供应商在总销售额增长上表现最好。如前所述，这类企业在机械和设备业（NACE29）或者电气和光学设备（NACE30-32）等代表着德国制造业的核心产业的行业中很普遍。因此它们在 2006～2008 年总销售额的增长可能反映了它们在这些行业中与终端生产者的紧密联系。此外，这类非研发企业是在行业范围上分布最为广泛的，因此，与那些专注于某些产业或者顾客市场的类型相比（例如，第 2 类和第 3 类），它们能够从更广泛的经济领域中获利。

最后，识别的不同非研发创新模式在出口产品比例上有很大不同。有意思的是，除去第 5 类，出口率基本上随着创新活动密度强度下降而下降。第 1 类企业有最高的创新强度，产品出口率达到 27%，第 2 类企业出口率为 21%，第 3 类大约为 17%，而低创新性的第 4 类仅有 16%。这和国际贸易理论的观点相一致①，认为知识密集型或者创新密集型产品更倾向于出口。但是考虑到第 5 类企业，这种解释并不合适。这类模式主要是由研发密集型行业，如机械和装备业的专业供应商构成，它们的高出口比例可能与这个行业内的国际顾客情况有关。要验证这种假设，需要进一步对这一组非研发企业进行投入产出分析②。

总结来说，整体的效益特征与人们对识别的非研发企业创新模式的解释相吻合。一方面，结果表明，即使是非研发企业也能够获得较好的经济效益，甚至在生产密集或者劳动密集型模式下，也能取得员工规模增长，这种增长不仅仅是那

① 如 Posner，1961；Hirsch，1965；Vernon，1966。

② 最近一个尝试做这种输入输出分析的研究是 Som 等（2010）的研究。

些高技能的增长，还包括低技能或者无技能员工的增长。另一方面，这些结果帮助人们强化了最初的假设和对原来聚类分析的初步解读。

此外，结果还表明，一方面，不同的创新投入模式可能会带来部分类似的经济效益（如创新模式 1 和创新模式 5 的出口率）。另一方面，每个绩效维度不一定要相互联系。例如，员工增长不一定伴随着成比例的营业额增长（见模式 1 和模式 4）。然而，每种模式显然代表了一种非研发企业在经济竞争中生存的明确的战略选择。在解释这些整体的经济效益变量时，还应该记得，这些变量与企业行为、结构或者创新以外的战略是高度相关的。因此，这些结果可能只能反映识别的非研发企业的创新模式和整体经济绩效之间的一个大概关系。

5.4.5.5　非研发企业创新模式的补充验证

在前面的非研发企业创新模式的描述和解读中，还存在一些问题尚未有明确的答案。因此，本节将提供一些补充验证，来强化识别的非研发企业的创新模式的解读和验证。

首先，目前的实证研究结果中最具争议的是非研发企业参加创新合作的倾向性。由于数据的可得性，可以得到非研发企业与不同合作伙伴的创新合作的强度和范围，因此对不同创新模式分别进行合作伙伴的分析将是很有意义的(表 26)。

表 26　不同类型的非研发创新企业参与不同的合作者的创新合作的情况

附加的描述性变量	类别					合计
	I	II	III	IV		
	1	2	3	4	5	
与不同创新组织进行创新合作的份额（%）						
顾客	**0.47**	0.41	0.24	0.26	0.36	0.31** （n=435）
消费者	**0.55**	0.44	0.41	0.01	0.38	0.38*** （n=435）
竞争者	0.08	0.15	**0.21**	0.00	0.12	0.12 （n=435）
服务提供商	**0.35**	0.25	0.19	0.00	0.16	0.20** （n=435）
外部研发组织	**0.27**	0.14	0.08	0.00	0.10	0.12*** （n=435）

注：字体加粗表示每个变量的最高或最好均值，百分比和超过 100%是因为存在多选情况；*** 表示 $p<0.001$、** 表示 $p<0.005$、* 表示 $p<0.01$；类别 1 为知识密集型产品开发者；类别 2 为客户驱动的技术流程专家；类别 3 为偶尔的 B2C 产品开发者；类别 4 为低创新、劳动力密集型的制造商；类别 5 为灵活的专业供应商

资料来源：根据 GMS 2009 整理

可以看出，第 1 类高知识密度的创新模式（知识密集型产品开发者）的解读得到了可观的数据支持。这类企业在与顾客、供应商、服务提供商和外部研发组织的合作上比重最高。尤其是最后一个与外部研发组织的合作，与这一组中将外

部研发机构作为相关创新知识源的企业比例很高的情况吻合。此外，还可以发现，通过创新合作来获取外部创新资源这种方式基本上不被低创新、劳动密集型的制造商所使用。如果他们进行创新合作的话，也只是和顾客进行合作。尽管这和它们高度的产品定制化相吻合，但这些企业对顾客的高度依赖性可能会成为其未来竞争力的一个主要挑战。

可以发现，通过另外一种对创新模式的分析，可以进一步了解非研发企业参与创新合作的倾向性。因此，发现的非研发企业的合作行为的不一致得到了解释，因为它们代表着不同的创新模式。有的非研发企业（第 1 类和第 2 类）确实在与不同的外部伙伴进行创新合作上有较高的倾向性，甚至与外部研发组织进行合作。类似的，也有一些非研发企业非常喜欢和供应商合作，这和 Pavitt（1984）与 Heidenreich（2009）的研究结果在一定程度上相符，还有一些企业不太倾向于参与创新合作（第 4 类），而另外一些企业与顾客和供应商的合作程度类似（第 5 类）。

在聚类分析中提到的另一个问题是，第 5 种创新模式（灵活的专业供应商）的这种灵活性是否真的植根于它们灵活工作时间的使用和临时工的雇佣上。

表 27 展示了相应的结果。初步看来，这些数据不太支持这个假设。在临时工雇佣上，第 1 种创新模式中雇佣临时工的企业比例最高（64%），而第 4 种模式的企业的临时工占总员工的平均比例最高（8%）。但是需要把这两个变量联系起来衡量临时工的实际使用强度。这样的话，第 5 种灵活的专业供应商模式组中，有 63%的企业雇佣临时工，而这些临时工占总员工的比例达到 7%，因此这类企业的临时工实际使用强度是最大的。也就是说，通过临时工的使用来实现灵活性的假设是合理的。此外，在灵活工作时间的安排上，第 5 类企业中进行这种安排的企业比例排名第二（与第 2 类并列）。尤其是与第 4 类低创新、劳动密集型供应商相比，这类企业展现了一种明确的、更先进的特征，尽管它们与第 4 类企业的基本战略导向是相同的。因此，可以看到对于第 5 类企业的“灵活性”的定义被这些补充结果所支持。

表 27　不同创新模式的非研发企业的临时工雇佣情况和灵活性工作时间的使用情况

附加的描述性变量	类别					合计
	I	II	III	IV		
	1	2	3	4	5	
临时工的雇佣情况						
企业雇用的临时工的比例（%）	**0.64**	0.58	0.50	0.54	0.63	0.57（n =418）
临时工占总人数平均份额	0.05	0.06	0.07	**0.08**	0.07	0.06（n =414）

续表

附加的描述性变量	类别					合计
	I	II	III	IV		
	1	2	3	4	5	
在××领域使用组织管理理念的企业比例						
灵活性工作时间的集体安排情况	**0.70**	0.67	0.54	0.44	0.67	0.60** （n =434）

注：字体加粗表示每个变量的最高或最好均值；*** 表示 $p<0.001$、** 表示 $p<0.005$ 、* 表示 $p<0.01$；类别 1 为知识密集型产品开发者；类别 2 为客户驱动的技术流程专家；类别 3 为偶尔的 B2C 产品开发者；类别 4 为低创新、劳动力密集型的制造商；类别 5 为灵活的专业供应商

资料来源：根据 GMS 2009 整理

第三个目前仍留下的问题是关于第 4 类创新模式的服务导向性。前面的分析表明，这一组低创新、劳动密集型的制造商拥有相对较高比例的高技能，这和它的其他特征不太符合。在这类企业高度的产品定制化的背景下，假设这些高技能员工是作为跨界工作者（Irner，2005），从事的是顾客和企业间的"解读"工作，将顾客的需求转换为合理可行的信息给企业。为了更多地了解这些企业的服务导向，表 28 展示了开具发票的产品相关服务的平均销售份额（作为确切的服务导向的指标）和在客服部门工作的平均员工比例的一些情况。

表 28　不同非研发企业的创新模式下的面向服务的情况

附加的描述性变量	类别					合计
	I	II	III	IV		
	1	2	3	4	5	
面向对象						
开具发票的产品相关服务的平均销售份额	6.0	5.6	3.9	5.0	**6.2**	5.4（n=243）
在客服部门工作的平均员工比例（%）	10.9	4.9	**13.1**	4.0	3.5	8.0 ***（n=435）

注：字体加粗表示每个变量的最高或最好均值；*** 表示 $p<0.001$、** 表示 $p<0.005$ 、* 表示 $p<0.01$；类别 1 为知识密集型产品开发者；类别 2 为客户驱动的技术流程专家；类别 3 为偶尔的 B2C 产品开发者；类别 4 为低创新、劳动力密集型的制造商；类别 5 为灵活的专业供应商

资料来源：根据 GMS 2009 整理

结果很明显：这类企业既没有表现出最高的开具发票的产品相关服务的平均销售份额，也没有表现出高于平均水平的在客服部门工作的平均员工比例。但是这并不意味着这些企业是非服务导向的。事实上，考虑到在客服部门工作的员工比例，它们的开具发票的产品相关服务的平均销售份额已经相当高了。但是，这些结果还不足以让人们认为，这些企业内的高技能员工一定是做客服工作的。此

外，根据可得的数据，也没有其他的实证证据证明较高比例的高技能员工和较高比例的客服人员有相关关系。因此，关于高技能员工在第4类企业中所扮演的角色问题，仍然无法提出确切答案。

然而，根据上面的分析，发现关于第5类中模式的服务导向的一些有意思的情况。正如人们所见，第5类灵活的专业供应商在所有模式中的服务导向性是最强的，它们开具发票的产品相关服务的平均销售份额超过6%，而在客服部门工作的员工比例最低（3.5%）。这意味着这些企业不仅在提供高度定制化的产品上很专业，而且很善于捆绑一些服务来保持和加强竞争优势。相反，第3类偶尔的B2C产品开发者在开具发票的产品相关服务的平均销售份额上最低（4%）。同时，这些企业在客服部门工作的员工比例最高（13%）。这两个数字都进一步确认了这些企业在顾客市场上很活跃的情况，验证了假设，即这些企业拥有一个密集、网络化的代理和销售人员从事现场服务工作。最后，第1类（知识密集型产品开发者）通过这两个变量所展示的高服务导向，一方面与聚类分析中分析的其服务创新性相符，另一方面，其生产的高复杂性的产品与这些服务相联系，使得它们可以为顾客提供创新产品服务组合。尽管第2类客户驱动的技术流程专家在产品相关服务的销售份额上最高，但它们并没有展现出最强的服务导向，因为它们的创新策略集中在制造和生产的技术专业化上。

最后，还有两个在对聚类进行解释的过程中出现的问题需要在后面的补充分析中回答。第一个问题是第4类（低创新、劳动密集型制造商）模式很可能是其顾客的委托或者合同加工商。第二个问题是，还没弄清楚对第3类企业的B2C的解读是否合适。虽然已经有很多证据证明这有可能是真的，但是鉴于GMS 2009提供了变量来给予更详细的解释，继续进行探究（表29）。

在第一个问题上，结果很好地印证了第4类企业相对其他类的高度顾客导向性。第4类中为顾客提供最终产品的终端生产者企业比例（43%）几乎是其他类别（9%～22%）的两倍。

类似的，第二个假设，即第4类（低创新、劳动密集型制造商）更倾向于由委托制造商构成，也得到了确认，因为这类企业中作为扩展工作台来完成其顾客外包的劳动密集或成本密集型生产任务的委托加工商的比例是最高的（23%）。不过，考虑到第5类（灵活的专业供应商）企业中委托制造商的比例也较高，这说明委托制造商不一定是低创新性的。这也再次验证了第4类企业和第5类企业采用的是类似的战略，而第5种模式是第4种模式的创新和改进的版本。

表 29 非研发企业的创新模式在产业价值链中的位置情况

附加的描述性变量	类别					总计
	I	II	III	IV		
	1	2	3	4	5	
为××提供成品的企业比例（%）						
顾客	0.22	0.18	**0.43**	0.18	0.09	0.24*** （n=433）
其他企业	**0.60**	0.45	0.43	0.51	0.42	0.48+ （n=433）
企业比例（%）						
系统提供商	**0.19**	0.17	0.05	0.09	0.16	0.13+ （n=433）
零部件提供商	0.26	**0.37**	0.20	0.31	0.35	0.29+ （n=433）
委托制造者	0.07	0.10	0.15	**0.23**	0.19	0.14+ （n=433）
企业成立的平均年份（年）	1960	1948	1952	1957	1969	1956+ （n=420）

注：字体加粗表示每个变量的最高或最好均值；*** 表示 $p<0.001$、** 表示 $p<0.005$ 、* 表示 $p<0.01$；类别 1 为知识密集型产品开发者；类别 2 为客户驱动的技术流程专家；类别 3 为偶尔的 B2C 产品开发者；类别 4 为低创新、劳动力密集型的制造商；类别 5 为灵活的专业供应商

资料来源：根据 GMS 2009 整理

再看余下的两类，对它们之前的解读和描述也再次得到了验证。例如，第 1 类（知识密集型产品开发者）中作为其他企业的终端生产者（B2B），或者是其顾客的系统提供商的企业比例是最高的，这也与它们生产相对复杂的产品的情况是吻合的。而第 2 类（客户驱动的技术流程专家）中零部件提供商的企业比例是最高的。

总结来说，上面的补充分析明确了两个重要的观点。第一，这些分析再次很好地印证了聚类分析中对创新模式的基本解读。第二，作为创新合作的再次验证，对于不同非研发企业的创新模式的思考，为人们了解其创新行为提供了更多的价值。

5.5 总结——非研发企业的 5 种创新模式

前面展示的研究结果证实了非研发企业创新行为的异质性这一理论假设。因此，可以认为，这种基于进化论的企业层面的研究方法是适合分析非研发企业的创新模式的。为了在理论上更好地了解非研发密集型企业可能的创新源的异质性，本书加入资源观的视角。这种视角与企业层面的演化理论框架很吻合，能够包含企业外部的资源，因此扩展了非研发企业除了研发之外可能利用的创新资源。通过资源观得到了一系列非研发企业可能的创新资源变量为本书分析企业的创新资源提供了有用的理论框架。

研究设计整体上符合熊彼特对企业层面的创新的定义和相关的理论框架，包括选择聚类分析作为探索非研发企业创新模式的方法。同时，在分析前，本书既没有对 435 个样本进行筛选，也没有按照行业或者其他的维度进行分类，这最大限度地保证了非研发企业样本的异质性。否则，企业异质性就会受到先验的限制。因此，聚类分析在最大限度地保证企业间的异质性和广泛的使用创新投入变量上是一个很有用的方法论工具。基于 GMS 2009 的数据，通过分层分析和非分层分析，得到了德国制造业的非研发企业的 5 种创新模式，在表 30 中进行了总结：

（1）知识密集型产品开发者；

（2）客户驱动的技术流程专家；

（3）偶尔的 B2C 产品开发者；

（4）低创新、劳动力密集型的制造商；

（5）灵活的专业化供应商。

结合演化理论的框架，这些创新模式涵盖了非研发企业在创新应用上的不同变化的范围。一方面，结果中存在一种知识密集型产品开发者模式：具有“以科学为基础”特征（Mowery/ Osenberg，1998），例如，专业知识对其很重要，拥有较高比例的高技能员工，生产高技术产品，而这些特征往往是在研发企业或者研发密集型产业中（Acobson /Musyck，2008）才能看到的。另一方面，还发现了一种低创新性、劳动密集型制造商的模式，其创新资源的使用强度在平均水平之下，在未来可能会由于仅仅将顾客作为其外部创新知识来源而失去其竞争优势。

在这两种极端模式中间，有一种非研发企业，通过使用纳入了其员工的实践经验的先进制造技术而获利。通过掌握这些技术，它们能够为顾客提供定制化的流程方案，从而在市场竞争中立足。此外，这些顾客驱动的技术性流程专家对其他创新知识来源也展示了一定的开放性，它们会偶尔和顾客以及供应商，或者与外部研发组织进行创新合作。另一种技术导向性略低一些的创新模式是灵活的专业化供应商，它们具有很高的产品定制化的能力。但是与前面的技术专家的创新模式相比，这些企业在组织生产的速度和灵活性上都更专业。关于非研发企业的一致性的一个引人注意的例子是第三种偶尔的 B2C 产品开发者模式。这类模式与其他模式不同，企业主要活跃在顾客市场，如食品、饮料、乐器、家具、运动设备或者珠宝业。因此，用于聚类分析的创新投入变量很难描述它们的特征，因为其他像创造力、市场或者包装设计等对这些企业来说也可能非常重要。通过其高度依赖企业内部的创新知识，以及与技术资源或者产品定制化的低相关性，可以推测这一点。

表 30　创新投入变量的聚类分析得出的非研发企业的创新模式总结

非研发企业的创新模式 I	非研发企业的创新模式 II	非研发企业的创新模式 III	非研发企业的创新模式 IV	
1	2	3	4	5
知识密集型产品开发者	客户驱动的技术流程专家	偶尔的 B2C 产品开发者	低创新性、劳动力密集型的制造商	灵活的专业化供应商
开发新产品的能力最高	面向顾客/定制的产品水平最高	开发新产品的能力较好	面向顾客/定制的产品水平较高	面向顾客/定制的产品水平高
产品相关的服务面向最强	创新的制造设备和技术的使用水平最高	没有产品定制	几乎不开发新产品	创新的组织理念和管理工具的使用较多
制造的先进产品中含有高科技元素	制造和装配类员工的比例高	产品相关服务不那么重要	产品相关服务非常不重要	制造和装配类员工的比例最高
内部和外部的创新知识来源有多种	低技术或者无技术的员工比例较多	将自己的员工视为创新知识的最重要来源	在技术和非技术的流程创新上较少，没有主要的创新知识来源	低技术或者无技术的员工比例最多
高技能员工的比例比平均水平高	将自己的员工视为创新知识的最重要来源	低技术和无技术员工的比例比平均水平高	参与创新合作的倾向性低	开发新产品的能力弱
参与与外部合作者的创新合作水平最高	偶尔会从外部研发组织中获取知识	假设：与创造性、设计和市场营销相关性很高	制造和装配类员工的比例很高	产品相关的服务面向较强
创新组织理念和管理工具的使用程度最高	参与与外部合作者的创新合作	—	高技能比例较高	参与与外部合作者的创新合作的倾向性高于平均水平

本书所识别的创新模式为已有的实证研究中的定性和定量研究结果提供了定量支持。非技术的组织流程创新（Rammer et al.，2009）对于某些创新模式来说，与先进制造技术的使用①，使用高技能或者外部研发组织的知识（Rammer et al.，2009；Santamaria et al.，2009），以及使用内部的基于经验或者客户相关

① 例如 Bender，2006；Arundel et al.，2008；Santamaria et al.，2009。

的知识存量①，是同等重要的。在创新合作上，本书发现在所识别的创新模式下，有些企业高强度地进行创新合作，而有些企业则强度很低。因此，这种与之前相反的研究发现得以解释，因为这些不同的行为是不同的非研发企业的创新模式下的选择。此外，识别的创新模式和可以与 Hirsch-K Reinsen（2007）的非研发企业创新测度的分类相联系。他提到的“问题解决者”存在于“知识密集型产品开发者”和“灵活的专业供应商”模式中，而“流程专家”显然与第 2 种模式“客户驱动的技术流程专家”相对应，“标准化产品生产者”可能与第 4 类“低创新性、劳动密集型制造商”最接近。

在市场选择的层面上，发现每种创新模式都带来了明确的经济产出。例如，第一种知识密集型产品开发者展示了较高的产品和市场创新产出，第二种顾客驱动的技术流程专家在流程质量上有较好的创新产出。因此，从进化论的视角，可以发现基于不同创新资源的模式都取得了一定程度的创新产出（例如，流程效率、到达市场的时间）。因此，正如进化论的观点，不存在一种对所有企业来说单一的、最好的办法来取得竞争优势。总结一下，通过考虑非研发企业间的异质性，本书的分析比那些只考虑非研发企业中最高层部分的研究更能够展示这些企业在创新战略和创新性上的情况。

作为实证分析基础，概念框架（见第 4 章）中提出了一些指导性命题（注意，不是假设）来验证识别的非研发企业的创新模式与基础理论相符。这些指导性命题是：

（1）通过整合的资源观识别的非研发企业的创新资源作为创新模式的元素或者组件；

（2）所有这些元素应该在非研发企业的明确的创新模式中或多或少地可识别；

（3）所有这些元素应该是某个模式中的重要部分，但是不仅仅限于这个模式。

此处不再进行详解，但是可以声明，这三个命题都被本书的研究结果所确认，或者情况更好，因为聚类分析的结果与前面根据概念框架构想出的命题相吻合，因此它们得以核实。本书基于整合资源观所关注的创新资源在探索和描述非研发企业的创新模式上是取得了很好的效果的。它为经济增长理论、正式研发或者基于市场的战略管理途径等仅仅关注创新的经济效益的方法扩展了创新投入维度。此外，这些通过基础的创新投入变量所识别的创新模式也被检验过，它们的一致性被多种结构变量、创新产出变量和经济绩效变量所支持。这对于基于资源的方法经常忽略创新资源对企业在竞争中存活的作用的情况提出挑战。

① 例如 Heidenreich，2009；von Tunzelmann/Acha，2005；Hirsch-Kreinsen，2008。

考虑第二个和第三个命题，研究发现每一种创新模式都是由多种创新资源构成的。一方面，所考虑的每一种创新资源——至少在一定程度上——在每一种创新模式中都有体现，是至少其中一种模式的组成元素。另一方面，没有一种创新模式仅仅用一种创新资源就能够解释。所有的模式都是由不同权重的创新投入构成的，并且都有一定程度的“剩余异质性”。因此，需要明确的是，本书探索和描述的非研发企业的创新模式，是一种代表或者“理想类型”，能够帮助人们识别这些企业创新行为的结构，同时也能够为 Arundel 等（2008）以及其他人提出的问题“不进行研发的企业如何创新?”的问题提供一些观点。考虑这些创新模式会比仅仅把这些非研发企业作为同质性的一类企业更好一些，能够提供一种更加详细和不同的画面。通过这种做法，为这些企业的创新行为提供了更多的探索性观点和细节分析（见 6.3 节）。

当然，这种分析也存在一些局限性，有必要扩大非研发企业的样本量和创新投入变量的数量。例如，在本书的分析中，没有关于非研发企业机械和设备的财务投资变量的存在。类似的，可能还需要增加一些每种创新模式最相关的知识类型（例如，竞争力相关的知识如何防止被模仿），或者用来区分外部知识源或者合作伙伴的变量，以修正目前得到的研究结果。最后，还需要进一步确认，第一种知识密集型产品开发者是否确实是一种非研发企业的创新模式，或者说它是否代表了一种偶尔的研发企业，而恰恰在调研的时间内没有任何的研发支出，而错误地被认为是非研发企业。如果是这样，那么就意味着这些企业仍然从过去的研发活动中获益。但遗憾的是，无法利用现有的数据变量来区分这种偶尔的研发企业和非研发企业。

6 结论与展望

首先，本章总结了前几章通过理论与实证分析得出的主要结论、实证结果和发现。其次，从学术创新研究、创新管理、创新政策的视角，对本书的主要成果和贡献进行了解释。最后，对未来可以进一步研究的问题进行了展望。

6.1 总　　结

过去几十年来，为了试图解释创新能力和产业及企业竞争力，研发（R&D）活动成为了创新研究的主要支柱。至今，学术创新研究和创新政策文件几乎都主要关注研发，而忽略了企业创新的其他方法。不进行正式研发的企业在很大程度上被学术研究和创新政策制定部门所忽视，因为研发中心论常忽视了一个重要的基本事实：企业创新的主要部分并没有必然源于制度化的研发活动。

基于这个原因，本书聚焦于那些缺乏研发经费资源且不进行研发的制造企业。在对现有相关文献进行系统综述的基础上，本书首先通过观察几个有关非研发创新企业创新战略的实证研究，得到了一些零散的、不完整的，有时甚至是不一致的初步印象。尽管这些研究在某些方面有些共识，如非研发创新往往与实践性、基于经验的知识比较相关，大多涉及工艺流程创新，或大多具有相对较高的劳动密集度等，但对于非研发创新企业究竟是不是技术性或非技术性工艺流程创新驱动的，以及是否这些企业有更高或更低的比例去参与创新合作等问题，还存在截然相反的观点。这主要是由于这些研究对于如何界定非研发密集型或“低技术”（low-tech）企业有不同的具体标准。但最重要的共同点是，绝大多数现有研究都假定：非研发密集型企业都属于低技术企业范畴，或都缺少同一种创新资源——研发。

本书的核心问题是，非研发型制造企业是否有独特、多样化的创新方式。为了强调这一点，该问题被分为两部分：是否以及为什么非研发创新企业的创新方式具有多样性；这些不同的创新方式属于哪些维度。

第 2 章对创新研究中盛行的研发中心论的理论渊源进行了探究，详尽介绍了经济发展理论以及在企业层面上研发活动对企业创新性和经济绩效的影响。过去的研究表明，研发仍是企业赢得竞争优势、获得更好经济绩效的最重要决定因素之一。然而，最近的 OECD 的数据证明，尽管非研发密集型产业与研发密集型产业相比，通常在绩效方面表现略为逊色[①]，但从绝对数量上看，没有理由认为德国非研发密集型产业经济表现下滑。相反，有数据表明，今后几年非研发密集型产业的经济地位甚至会提升[②]。通过讨论线性创新模型和对研发的定义与测度，本章在宏观经济增长和微观企业层面研发之间搭建了一个桥梁。这为第 3 章中构建出能够解释不进行正式研发的企业的创新行为理论框架奠定了基础。

基于演化创新理论，第 3 章中首先提出一个理论论证，用以解释为什么在低技术行业及非研发密集型企业各自演化的子集下，仍存在企业间（inter-firm）创新战略的多样化。不同于文献，本研究并没有参照多样性的事后表现来阐释论点（例如企业的某些特定行为源于演化过程），而是依据演化机制中的变异和选择之间的相互作用来解释为什么企业间的多样性是经济演化的结构性特征。有三个原因可以解释为何市场选择没能清除变异造成的多样性。第一，作为企业环境的一部分，外部选择标准也可能是高度变化的。第二，选择源于变异的结果或具体的效果，而不是源于变异本身。第三，与生物进化相似，演化理论认为，在一个给定的群体中，只有多种子战略构成的混合战略才是一种稳定演化战略。因此，演化理论提供了许多有力证据来解释为什么即使在相似的条件下（对于相似的选择条件而言），企业创新行为也可能具有多样性。

第 3 章采用与企业层面演化框架相契合的拓展的资源观（extended resource-based perspective），目的是为了发现非研发型企业创新行为可能存在的维度。这里的资源包括企业内部及外部资源，扩大了非研发型企业除内部研发以外的潜在资源范围。其中最重要的是，尽管（或因为）非研发型企业缺少特定的研发资源，但是它们却能利用其他创新投入来增强并保持自己的创新力和竞争优势，如技术性/非技术性、实体的/非实体的、企业内部/外部创新资源，以及不同类型的知识等。因此，可以确定的是，非研发型企业的多样化创新模式能够通过不同的创新和竞争力资源来表达。

第 4 章将这些理论上的探索性发现整合成概念框架供实证分析。演化经济学和整合资源观的理论方法很好地解释了内外部创新资源和知识的独特作用，也为理解企业间的多样性及其所需的创新资源提供了丰富的理论。依据这些理论，该部分提出了“非研发型企业”、“创新”和“创新模式”等基本概念。与之前研究不同的是，本研究中严格规定，只有那些没有内部或外部研发支出的企业才能称为“非研发型企业”。此外，本章还以一种更广的、“熊彼特式”的方式来理解创新，这种创新不仅包括企业层面的产品和工艺创新维度，还涵盖了技术和非技术维度，因此更好地捕捉了正式研发活动之外的创新来源。

① 至今尚未有专门针对非研发企业的统计数据。因此，本书只能以非研发密集部门作为代表，研究非研发企业的经济贡献。

② 案例参见 Gehrke/Legler（2010），Som et al.（2010）。

更重要的是，本章在严格遵循理论要求的前提下对实证分析进行了研究设计。通过聚焦创新资源来识别企业演化阶段变异过程中的创新模式，以尽可能挖掘非研发型企业的多样性创新行为。这意味着，本研究并不是通过部门的联盟关系或其他结构化或绩效的维度来预先选定创新模式，而是使用结构变量、创新产出及经济绩效的测度方式来理解并验证那些识别出的创新模式。

本研究的主要目标是通过实证研究的方法来识别和探究非研发型企业的创新模式。第5章通过以下方式完成了这一目标：研究数据源于弗劳恩霍夫系统与创新研究所（ISI）开展的德国制造业调查（2009），该调查提供了德国制造行业中企业创新行为较为全面的信息。首先，以描述性统计的方式对非研发型企业的创新来源、创新产出和经济绩效的特征进行了系统性地概述，用定量数据补充了现有的定性研究。另外，因为出自资源观的创新资源维度可以作为描述非研发型企业创新行为的基础，因此可以将这些维度用于聚类分析。同时，因为在所有制造行业的部门中都识别到非研发型企业（也包括那些拥有较高研发密度的部门和高技术行业），所假定的企业间多样性也得到了支持。由此，按部门对研发密度进行划分未必能很好地描绘德国制造业非研发型企业的真实分布情况，所以本书通过描述性统计来识别创新行为类型。

针对上述情况，对创新资源变量采取 Ward's 方法的分层聚类分析，识别出了五种不同的创新模式，这些模式在非分层聚类 K-means 检验下加以确定。作为本书的核心研究成果，德国制造业中非研发型企业的五种创新模式为：

（1）知识密集型产品开发者；

（2）客户驱动的技术流程专家；

（3）偶尔的 B2C 产品开发者；

（4）低创新性、劳动力密集型的制造商；

（5）灵活的专业化供应商。

因此，尽管上述五种创新模式的共同之处是都没有正式研发（R&D），但是演化选择机制仍然使这些企业间存在大量异质性，这正符合了之前的演化论证。这些创新模式几乎涉及从低到高各种不同的创新强度。一方面，存在一群知识密集、高度创新型企业会采用“基于科学的创新模式”，如重视专业知识、大量高技能员工和生产高技术产品等，这类创新通常发生在研发型企业或研发密集部门。另一方面，也有一群企业会采用某些理想化的低创新策略，即那些低技术企业。最后，这些创新都可以通过测度创新产出、经济绩效和结构特征被合理地理解、证实和支持。当然这也说明，除研发之外，还存在很多其他的创新来源使企业获得竞争优势和经济成功。创新投入的多样性说明了一点：即使在非研发型企业中，也不仅仅存在一条获得竞争优势的最佳创新路线。

这些识别出的创新模式十分符合现有的实证研究，对已有的定性、定量研究提供了新的定量支持。非技术性、组织化的流程创新对某些创新模式也同样重要，主要是由于采用了先进制造技术①，寻找与利用高技能员工或外部研发知识等形式的专业知识②，或者是内部的、基于经验的或用户相关的知识存量等③。

有时创新合作会产生互相矛盾的结果，而通过这些创新模式可以发现，一些企业非常依靠创新合作，而其他企业则并不遵循这一做法，或者没有类似的合作强度。本书探究非研发型企业如何将这些已有模式整合成不同的、多样化的创新模式，由此，之前的矛盾似乎就不成问题了。

概括地说，本书对非研发型企业的创新行为提供了一个全面的、新颖的理论框架和实证视角，尤其针对德国制造行业。以宏观经济增长理论为视角，本书首先研究了企业层面的研发活动及其对企业创新力和竞争力的影响。随后，利用演化的、资源观的视角建立起本研究的理论框架，阐述非研发型企业创新模式的多样性，并制定探索性案例的研究纲要和方法问题。通过分层（hierarchical）和非分层聚类分析的方法设计、实现了这些“研究计划”，尤其是企业间多样性的最大化。另外，通过描述性分析的方式，构建了对德国制造业非研发型企业的创新行为的系统性概括。最后，识别非研发型企业多样化的创新模式，迈出了创新战略研究中定量化的一步。

6.2 对结果的解释

依据介绍部分的描述，本书从创新研究、创新管理和创新策略的角度进一步解释非研发型企业的创新行为。下面从上述三个角度对本书的主要结论进行归纳。

6.2.1 基于创新研究的视角

主流创新理论认为，研发强度是构成制造业企业创新力和竞争力的要素，而那些不投资正式研发活动的企业则是对这一观点的挑战。与目前大多数关于非研发密集型或非研发型企业的研究相似，本书也提供了实证依据证明企业能够利用正式研发之外的创新资源成功地实现创新力与竞争力。因此，本书的发现有助于进一步全面、系统化地理解创新过程，这正是 Freeman 和 Soete（2009）之前提出的“21 世纪创新范式”。

依据这一范式，企业是创新的社会经济体系中的一部分。认为创新仅存在于

---

① 参见 Bender，2006；Arundel et al.，2008；Santamaría et al.，2009 的相关文献。

② 参见 Rammer et al.，2009；Santamaría et al.，2009 的相关文献。

③ 参见 Heidenreich，2009；von Tunzelmann/Acha，2005；Hirsch-Kreinsen，2008 的相关文献。

企业内部（甚至是封闭的研发部门）的观点已经过时。取而代之的是，企业创新与其他企业、组织、机构及社会实体等都存在着合作和相互依赖的关系，它们通过合作及战略联盟共同利用周围的环境及外部研发资源。而在企业内部，创新资源也不仅限于研发知识，还包括管理、设计、生产和分销等活动，以及新技术和资本投资等过程中的知识获取。所以，本书得到的五种创新模式很好地反映了这一现象，换句话说，缺少研发并不意味着缺少知识。

然而需要强调的是，这一观点并不意味着研发对于企业创新力已不再重要。研发依赖于那些能被记录并在个体之间相互传递的科学方法，因此研发是显性知识的主要来源。从资源理论的角度考虑，研发符合重要资源的标准，因为研发过程中必备的流程、惯例和技能很难被其他企业所模仿。因此，具有企业特点的研发过程抑制了模仿：当研发过程包含了重要的隐喻或无形的成分，从公司外部就很难复制这一过程（Helfat 1994）。研发不同于产品和服务生产中的经济约束(economic constraints)，这种从事探索性活动的能力并不一定出现在日常的商业生活中，尽管它是企业知识进步的重要因素。从资源观视角可以得出，在企业的各种竞争优势资源中，公司层面的创新仅仅是一方面资源，有时甚至不是最重要的。

在这样的背景下，非研发型企业成为“21 世纪创新范式”的理想研究对象，因为这类企业善于利用其他资源进行创新，而非依靠研发活动，同时由于其自主控制环境，能使创新产出的效果不受研发的影响。但是，这些非研发型企业的创新模式表明，即使这些企业都处于非研发密集型的低技术部门，或它们都缺少同样的研发创新资源，研究者在研究此类企业时也不能指望有很多同类的群体。目前有一些批评试图推翻线性研发范式的研究，但它们都基于一个隐含的假设，即整体上缺少研发资源的企业一定会表现出相同的创新行为来代替研发资源。一方面，这似乎是一个与最初批判的线性研发范式相反的观点。另一方面，基于同质观点的实证结果很可能存在明显的不一致或自相矛盾的现象。但本书研究显示，这种不一致可以有效地整合成为一个更全面的框架，提供更多不同的视角。这些视角揭示了不同类型的非研发创新模式，不仅仅局限于创新资源的视角，还与创新产出和经济成功相关。

本书的另一个结论是，创新研究需要考虑企业间的异质性，尤其是在“21 世纪创新范式”的背景下，创新和竞争优势的来源十分多样化，因此需要对企业创新行为有一个更广的理解。尽管这一见解在创新理论中得到了一定的传播，但由于正式研发缺乏更多的指标和测量方式，相关的实证研究依然停留在一个相对狭隘的、以研发为中心的范围内。正如本书 2.6.7 章节提及的那样，研发指标在衡量企业创新力的问题上存在不足之处。一方面，现有指标仅关注创新投入，在很大程度上忽略了研发的创新产出。另一方面，由于中小型企业缺乏对研发的明确界定，常常无法有效地记录研发。在那些不具备正式研发部门或全职研究人员的企业中，经理人常常需要决定什么是或什么不是研发，因此在很多重要数据中不会发布企业的专项研发投入。

因此，未来创新研究的一个主要挑战就是，开发、改进合适的测量方式和指标来评估正式研发或非研发的创新资源。在最近的 CIS 调查中使用了一个较为合适的方法，即渐渐用更加广泛的“创新支出”概念来代替“研发支出”。“创新支出”是指在调查期内，企业投入该创新项目的所有支出，包括获取机器设备、工程（engineering）、产品设计、营销、取得许可证和专利及员工培训等费用。

然而在本书的 4.5 章节提到，在一些较为潜在的、通常是非技术创新资源（比如“惯例”或“能力”等）的情况下，开发新的创新指标并不容易。

概括地说，基于本研究的发现和 21 世纪的环境，笔者认同许多学者的观点[①]，即企业的创新性不应该过多地同发现新技术的能力相联系，而应该注重系统化地利用组合效应，利用企业现有的知识储备，有目的地使用企业内外部知识来源的能力（如果现有知识无法解决问题的话）。通过关注以上问题，本书发现，这些能力都是企业形成多样化创新模式的基本要素。因此，尽管演化经济理论及整合的资源观仍有一些有待解决的缺陷，但它们依旧是今后研究的一个重要起点。由此，在 21 世纪创新范式的大环境下，本研究可以算是在研究企业多样化创新资源问题上迈出探索性的一步，为理论见解和实证知识提供了一定的思路。

6.2.2 基于创新管理的视角

本部分介绍了研究结论可能对管理问题产生的影响，包括制造业中的非研发型企业以及拥有正式研发的企业。

从制造企业的角度来说，本研究的有关发现很好地解释了非研发活动有助于理解企业的创新过程，这一观点也为研发和非研发创新之间搭建了一座桥梁。在以往的创新实证研究中，研发基本占据主导地位，各种证据显示研发是制造企业的驱动力，所以许多企业在进行战略创新管理时选择了这种狭隘的、基于研发的观点。因此，就像一些企业决策者凭直觉认为裁员一定能降低制造成本一样，很多企业以为研发就是增强创新力的最好方式。然而对于企业而言，研发代价大、不确定性强，需要特定的、高昂的投资，所以过于强调以研发为创新来源可能会不利于企业尝试创新。

从长期角度来看，两种情况都有可能带来“锁定”效应（lock-in effect）。在第一种情况下，这种“锁定”效应使得企业被困于研发创新模式之中，集中所有

---

① 如 David/Foray，1995；Bender，2004；Hirschkreinsen，2008；Freeman/Soete，2009；Arundel，2007。

创新努力来实现一个不确定且有风险的产品研发，却忽略了其他风险较低的机会来实现创新。在第二种情况下，如果缺少创新活动，那么企业就很难不断更新和补充内部知识库，这也会造成“锁定”效应。不论是哪种情况，都可能会造成企业失去快速灵活地适应环境变化的能力，从演化角度而言，这是因为它们失去了产生“变异”的能力。因此，企业在市场竞争中长期存活的能力也就降低了。依据实证研究，这种冒着“锁定”风险的非研发型企业最可能出现在第四种创新模式中（即低创新性的劳动密集型生产商），因为他们既没有重要的内部知识来源，也没有高度的创新合作倾向。

然而，本书的实证结果与整合资源观表明，研发之外的创新活动或许更贴近日常工作，也可能成为创新来源。因此可以得到的是，大多数企业都应该拓宽创新机会的空间，如利用员工形成的现有知识存量，或者通过合作和战略联盟来获取外部知识和资源等等。另外，正如本书提及的五种创新模式，创新性并不局限于技术维度。相反，通过利用组织理念和管理工具，或是提供与产品有关的服务等非技术工艺及产品创新，也有助于保持和提升企业的创新力和竞争优势。

对于制造企业来说，存在许多除了正式研发之外的方式来实现创新力和竞争力。研究结果并没有表明任何创新路径优于其他路径，因此，那些致力于提升企业创新绩效的经理人应该明白，是否采取研发并不是唯一的重要决策，还有许多其他行动或资源都能产生理想的创新产出。概括地讲，缺少研发并不意味着缺少创新或竞争优势。

如果进一步观察非研发型企业，本研究还有另一个贡献。由市场基础观（market-based perspective）可知，非研发型企业的战略选择通常局限于成本或价格驱动的市场竞争，这也是它们的唯一选择。这一观点同样植根于增长理论。那些没有正式研发的企业通常被认为在创新性产品、质量和灵活性等方面无法保持优越的绩效，就因为它们没有正式的研发活动。因此，人们通常认为非研发型企业及其产品仅限于传统市场，在这些市场中产量不变，但价格竞争迫使它们只能不断降低成本或价格。

但是，依据本书所描述的非研发型企业及其创新模式，这种观点未必是对的。在德国制造业，成本对于研发和非研发型企业并不是一个竞争性因素，非研发型企业的创新模式也并未显示出成本导向差异的非研发创新类型。因此，从德国制造业的实证分析可以得出，一些非研发型企业（至少包括本研究中的样本企业）能够占有有利的市场地位，并且拥有优质的工艺技术、优等的质量、速度和灵活性，因此能够在市场竞争中生存（最典型的模式为用户驱动型的技术流程专家或灵活的专业化供应商）。

对于非研发型企业的经理人和决策者而言，他们很高兴地发现，基于非研发的竞争战略不只局限于“低端路线”（low road，Brödner/Latniak，2004）——

即通过裁员或外包来减少雇员和工资以降低成本。相反，本书的实证研究表明，非研发型企业也能采取“高端路线”的竞争战略（high road，Brödner/Latniak，2004）——质量竞争和市场与服务的拓展。这种战略主要是在有效的组织结构下，进一步使用现有的企业能力和人力资源。战略的目标主要是挖掘新的业务领域而非减少成本，通过增长企业内部知识存量和能力，同时利用工作流程的重组以便在质量、速度和效率方面获得更高的流程绩效。简言之，制造企业中缺少正式研发并不等同于使用成本导向的竞争战略。

6.2.3 基于创新政策的视角

本书中第2章提到，内生增长理论（Romer，1986，1990）的研究者利用企业技术进步过程中的自主研发活动来解释经济增长。因此技术进步与经济增长之间的关系常被认为是线性的、稳定的增长，仅需要转动研发流程的“开关”（Verspagen 2005）就能够很轻易地进行调整。这种基于研发的创新模式观点广为流传。当考虑研发资金的分配问题时，会给管理者和代理者带来一种方向感（Godin，2006a）。正如在科学和经济政策的议题中，技术进步和创新被视为经济增长的决定性因素，同样，因为研发包含了新产品和技术工艺的开发，已有的研发数据则被认为是有效衡量技术创新的一种方式。很长时间以来，由于经济研究、统计和方法规律等原因，研发模型一直扎根于政治及公共话题之中。直到今天，线性研发创新模型已成为一种“社会现实”（social fact）。

正是由于这些原因，政策制定者对研发创新模型和经济增长很感兴趣[①]。从政治科学的角度而言，一项政策的合理性（legitimacy）可以从两方面评估。一方面，投入合理性（input legitimacy）维度意味着一项政策与人们的意识形态、价值观和行为标准高度相符。就这一点而言，线性模型提供了一种容易理解的、合理的因果关系模型，因为几乎没有人能够否认一个事实，那些源于基础研发或产业研发活动的新技术方案有利于解决现代发达社会的重大挑战。另一方面，产出合理性维度意味着这一政策达到了预想的目的和积极作用。换言之，产出合理性来源于政策真正的效果和影响力。在这种情况下，大量的创新和经济实证研究表明了研发的可预测性、事前可计算性（ex-ante calculable）及积极效果，同时验证了研发产出合理性的问题。相反，如果了解21世纪创新范式中复杂的、系统的及相互交织的现代创新方法，那么政策制定者会偏好线性研发的现象也就不足为奇了。进一步说，研发和创新与经济增长的正向关系是无法否认的事实，因

---

① 2004～2006年，Anthony Arundel及其同事就创新指标的使用和需求采访了67位政界成员，其中55位来自15个欧洲国家，12位来自加拿大、日本、澳大利亚和新西兰。其中运用最广和被认为最有价值的是研发指标。相反，只有少量受访者提到了CIS或类似的创新研究调查中的政策制定指标（Arundel，2007）。

此，研发很好地支撑了政策制定者利用统计和实证研究数据来证明标准化政治目标的合理性。

但是正如笔者在本书中提到的那样，过去许多年这种对线性化研发创新模式的偏好逐渐变成了“高技术痴迷”（high-tech obsession）（Hirsch-Kreinsen，2008b），或者说，是对“竞争力的痴迷”（Godin，2004）。欧洲创新政策中对供给方研发支持为主导的计划很好地反映了这一发展。例如，欧洲里斯本议程（EU Lisbon Agenda）旨在使欧共体转变为更具竞争力的知识化经济体①；巴塞罗那欧洲理事会试图在2010年将研发强度增长到3%的GDP；德国政府提出“高技术战略”来确保未来德国产业的国际竞争力提升。这类创新政策的共同特点多多少少包含着激励企业研发活动，却忽视了研发并不是唯一创新资源的问题。

尽管对“高技术痴迷”的诊断可能仍存在争议，但本书从实证研究的角度表明，仅仅关注研发的创新政策未必包含了产业中那些复杂的、多层次的创新活动，因此为了紧密结合这一实际，可以从创新政策的视角作出以下总结。

第一，依据研发密度将企业划分为高、中、低技术等级的方式，仅仅是按统计数据或经济研究来区分这些实体，并未真正地反映现实情况。事实上，并没有什么真正的“非研发密集行业”，观察到大量的“非研发密集型”或“非研发型”企业广泛渗透于不同层面的高技术研发行业。因此，非研发型企业从直接和间接的角度对德国经济的国际竞争力起到了推动作用。除了成功出口大量产品的直接贡献之外，非研发型企业也为研发密集型企业提供中间或最终产品作出了间接贡献。因此，德国高技术行业强大的国际竞争力也部分归功于非研发型企业。此外，通过获取先进的制造技术，非研发型企业也常常是自动化系统和工业机器等高技术产品的消费者，同样间接地激励了这些“高技术企业”的创新活动。

第二，正如之前所提到的，缺乏研发并不意味着缺少知识、创新和竞争优势。非研发型企业通过多种方式来开发技术/非技术的、产品/工艺相关的、企业内部/外部的创新与知识存储。总而言之，这种做法使得企业不必追求成本和价格驱动的策略而能在市场竞争中成功存活。因此，一种仅仅激励研发活动的创新策略往往忽视了企业的某些优势，迫使它们去适应那些不适合自己情况的创新方式。由此看来，创新战略的重要任务就是要对创新有一个更全面的理解，明确创新能力并不完全等同于研发活动。同时，还要通过一些活动和评价方式来提高非研发密集型企业的意识，依据它们在功能上的区别及产业价值链上的相互关系确

① 然而，里斯本议程（EU Lisbon Agenda）的根本理论原理和计量策略还是与研发密度紧密相关（Hahn，2007；Hirsch-Kreinsen，2008b）。

定具体的创新需求和定位。可以在聚焦研发的政策基础上进一步提供政策工具，以便更好地支持正式研发之外的创新活动（例如支持企业间或企业与研发机构之间的技术扩散；支持管理、营销、设计等方面的能力培养；推动产品服务或组织理念、管理工具等非技术创新的发展等）①。另外，本书的描述性分析表明，这些创新模式并不只是针对非研发型企业，研发企业也可以使用，甚至具有更高的程度。所以说，企业创新策略应该在能够提供有利于两者（研发与非研发创新模式）发展的政策工具，或许还应逐渐推动其富有成效的作用机制②。

第三，仅以是否采取研发活动作为分类来统计企业数量的做法并不周全。现有结果表明，不以研发为创新方式的企业应当进一步划分，那些政策制定者不应当将“非研发密集型”和“非研发型”企业视为同一组别。如果以“一刀切”（one size fits all）的创新方式来激励这类企业的创新活动很有可能适得其反。相反，这种详细的说明有利于政策分析者识别出非研发型企业的创新弱势，并且制定相关政策鼓励其巩固创新能力。举个例子，第一类创新模式——“知识密集型的产品开发者”——最好通过支持与外部研发组织进行创新合作的有关政策得到促进，而第三类“偶尔的 B2C 产品开发者”则未必适合该种政策，需要增强营销能力和设计能力的政策支持。

第四，研究结果表明，一些非研发型企业的创新模式具有劳动密集度高、低技能和无技能员工数量多的特点。一方面，与员工雇用策略不同，这种高度劳动密集的方式也许比那些研发型企业带来更多积极影响。另一方面，由于需要雇佣大量低技术员工，这种非研发型企业成为德国制造业中最后能为该层次人群提供大量且具有吸引力的工作的组织。

综上所述，如果仅仅依赖于一种线性的、基于研发的创新模式，那么政策制定者很容易忽略一部分相当重要的企业。在 21 世纪，随着产业知识库渐渐分布于高度交互的多因素创新系统之中，那些仅关注研发这一创新资源的创新战略，往往忽视了能够促成研发或非研发型企业成功创新的其他战略，也因此低估了长期过程中经济竞争力和经济增长的其他潜能。所以，21 世纪创新范式与技术战略应当支持整体创新能力而非只注重研发密集型企业和部门。对于这种战略的必要性，往往取决于那些未来能给决策者提供非研发创新科学视角的研究，以及通过评价方式和指数来识别所需何种创新政策并控制政策的作用效果。

---

① 最近的欧盟 2020 战略，试图将欧洲创新政策从仅基于研发的观点拓展到更广的创新背景下：显然，结合研发和创新的两方面能够得到一个更宽意义上的支出，这与商业运作和生产驱动更有关系。委员会提议，以 3% 为目标，形成一个能够反映研发和创新密度的指标。

② 政策建议见 Som 等（2010）和 Rammer 等（2011）的研究。

6.3 研究局限和展望

在本书的最后，提出该研究中存在的局限，旨在为今后的研究提供可能的思路。

第一，尽管本书通过结构特征、创新产出和经济绩效的测度方式，提出、解释并验证了五种创新模式，但这些成果目前仍限于浅层的探究。这些模式是非研发型企业创新行为中的一些较为高级、反复的结构和规律，使得这些创新模式得以广泛运用，而这也是本书的主要目标。然而正如结果显示的一样，创新模式中存在其他的多样性模式也并不奇怪。只有通过案例研究才可能最终解决企业间的这种演化多样性。

第二，本研究首次揭示了某些创新模式的演化问题，为未来更加详尽的聚类研究提供了思路。例如，用户驱动型的技术流程专家（模式二）如何识别、适应并运用其先进的吸收能力就是一个很有意思的问题。如果是这样的话，这种吸收能力如何与 Cohen 和 Levinthal（1989，1990）提出的传统含义（即内部研发决定了技术吸收能力）相适应。另外，随着产品和工艺的高度定制化水平的发展，是否需要购买现成的（ready-to-use）生产机械和设备，还是基于自己的需求和目的让它们自主改进市场中可用的技术。

还有一个例子就是，对于第三种创新模式——偶尔的 B2C 产品开发者，假定创造性、设计和营销作为本类非研发型企业所需的附加创新资源，仍需要进一步阐述。在聚类描述中已提到，与其他中小型复杂产品“B2B”（business-to-business）市场中作为供应商或生产者的非研发型企业相比，这类企业具有一定的特殊性，不能完全嵌入这一框架之中。因此，对于这种企业，如乐器、家具、时尚品和珠宝等生产或销售企业在消费市场中的创新策略仍需要进一步研究。最后，第一种创新模式（知识密集型的产品开发者）是否与其他非研发模式具有明显的区别也值得探讨。很有可能的是，一些在调查期内未记录任何研发支出的研发企业偶然地被视为非研发型企业，从而被归入了这一类型，这意味着其仍受益于过去的研发活动，所以对这种创新模式的理解需要再次全面地考虑。

第三，本研究开创性地强调了非研发型企业创新模式的多样化，但是需要获得更多非研发型企业的样本以及在聚类分析时纳入更多的创新投入指数，从而进一步明确和阐明这一问题。虽然“2009 德国制造业调查”具有很多优点和高度的适用性，但在某种程度上还是受到了数据库的限制，如无法区分那些一般不采取正式研发的“习惯性非研发型企业”（habitually non-R&D-performers）和采取正式研发的“偶然性非研发型企业”（habitually non-R&D-performers）。这种区别可能会从根本上改变第一种创新模式的结论及理解，因此这也是当前有待解决的首要问题。另一个缺陷就是缺少“创新支出”的相关指标。利用这一指标能够得到企业在更广的创新背景下所产生的财务支出信息（如许可支出、专利、员工培训费等），因此十分具有实际价值。同样，这一指标还包含机械设备投资方面与创新维度有关的详细内容，且不仅仅适用于第二种创新模式。

同样，纳入评价方式有助于提供聚类的知识基础，比如竞争性知识与模仿之间的相关性。另外，按照技术/非技术工艺创新来细分指标能够获得更多该创新维度的详细信息。但由于现有的样本数量不足，因此无法完成这一设想。如果条件允许，可以进一步区分外部知识来源或合作伙伴（如供应商、消费者和竞争者等）及其地理分布，以调整创新模式在区域、国家或跨国创新系统中的社会经济嵌入性（socio-economic embeddedness）。此外，推荐采用更为定性的指标以获取那些潜在的、基于资源的变量（如吸收能力、某些日常惯例和能力），以及能评估实用或经验知识存量的指标。

本研究的另一缺陷在于，目前这一发现仅适用于德国制造业，因此今后可以研究这些创新模式是否能同样运用到欧洲或国际制造业，或者这仅是德国制造业的一种特别现象。当然，这并不是说非研发型企业在其他国家会形成同质化的组合，但很有可能在不同环境下创新模式的形成需要依赖不同的资源维度。进行跨国研究对于数据库的要求很高，如创新资源的覆盖范围和产出，以及足够多的跨国比较案例。目前唯一可能达到这些标准的就是欧盟的 CIS 调查。

第四，也是本研究的探索性特征之一，即这些基于特定资源的创新模式与其相应的创新产出和经济绩效之间的关系仅仅是具有相关性质。因此，需要通过建立和检验多元模型，进一步研究创新模式和其创新绩效之间的因果关系，很有可能同种创新资源在不同的创新模式下会造成不同的创新产出及经济作用，或者某种创新资源仅在特定的创新模式下才能解释某种产出。所以，依据创新投入产出间的因果关系来分析非研发型企业模式组合的调节作用，有助于明确战略导向带来的影响。

第五，由于这些非研发型企业创新模式代表了某一时点的静态现象，所以正如前文所提到的，这种静态化应被理解为一种均衡，而无法说明任何潜在的动态演化。如果能从演化（如动态模型）或管理的视角出发，在调节创新资源的同时，研究可能推动创新模式组合改变的动力，也是一个很有意思的方向。在此利用第四种创新模式（低创新性的劳动密集型生产商）来作出解释。由于它们很少使用创新资源，这类企业很容易失去适应环境挑战和变化的能力，因此在市场竞争中被消极地选择。但由于它们同第五类模式（灵活的专业化供应商）的战略导向类似，所以这类企业有可能通过适当调整创新资源的搜寻空间（search space）来提高创新力（如增强合作导向或利用企业内部现有的知识存量）。因此，创新模式之间可能存在战略演化路径，那些战略决策者和经理人可能会有意选择这种模式间的演化。这些模式随时间发展的轨迹也很有意义，如哪种模式更有活力或更容易消失，甚至创造出一种新的模式等。

尽管以上不足有待进一步研究，但本书利用定量数据提供了一个全新的实证研究，证明了对于低技术行业或非研发型企业而言，同质化企业的观点已过时。或者说，本书至少揭示出：在 21 世纪，创新来源多种多样，并不一定与正式的研发相关。在当今面对全球化挑战的环境下，一个很明显的问题是，是否还要继续仅仅关注多种创新方式中的一种。

参考文献

A

AAKER, D. A. (1989): Managing Assets and Skills: The Key to Sustainable Competitive Advantage. In: California Management Review, Vol. 31 (2), pp. 91-106.

ABERNATHY, W. J., UTTERBACK, J. M. (1978): Patterns of Industrial Innovation. In: Technology Review, Vol. 80, pp. 41-47.

ABRAMOVSKY, L., KREMP, E., LóPEZ, A., SCHMIDT, T., SIMPSON, H. (2009): Understanding Co-operative Innovative Activity: evidence from four European Countries. In: Economics of Innovation and New Technology, Vol. 18 (3), pp. 243-265.

ACS, Z. J., AUDRETSCH, D. B. (1987): Innovation, Market Structure and Firm Size. In: The Review of Economics and Statistics, Vol. 71, pp. 567-574.

ACS, Z. J., AUDRETSCH, D. B. (1988): Innovation in Large and Small Firms: an empirical analysis. In: American Economic Review, Vol. 78 (4), pp. 678-690.

ACS, Z. J., AUDRETSCH, D. B. (1991A): Innovation and Technological Change: An International Comparison. Ann Arbor, University of Michigan Press.

ACS, Z. J., AUDRETSCH, D. B. (1991B): R&D Firm Size and Innovative Activity. In: Acs, J. Z., Audretsch, D. B. (eds.): Innovation and Technological Change: An International Comparison. Ann Arbor, University of Michigan Press.

ACS, Z. J., AUDRETSCH, D. B. (1993): Small Firms and Entrepreneurship: An East-West Perspective. Cambridge (UK), Cambridge University Press.

AGHION, P., BLOOM, N., BLUNDELL, R., GRIFFITH, R., HOWITT, P. (2005): Competition and Innovation: An inverted-U Relationship. In: Quarterly Journal of Economics, Vol. 120, 701-728.

AGHION, P., HOWITT, P. (1992): A Model of Growth Through Creative Destruction. In: Econometrica, Vol. 60, pp. 323-351.

AGHION, P., HOWITT, P. (1998): Endogenous Growth Theory, Cambridge: MIT Press.

AGHION, P., HOWITT, P. (2006): Joseph Schumpeter Lecture-Appropriate Growth Policy: A Unifying Framework. In: Journal of the European Economic Association, Vol. 4, pp. 269-314.

AHUJA, G. (2000): The Duality of Collaboration: Inducements and Opportunities in the Formation of Interfirm Linkages. In: Strategic Management Journal, Vol. 21, pp. 317-343.

AL-LAHAM, A. (2004): Wettbewerbsvorteile aus Wissen? Was leistet der wissensbasierte Ansatz für die strategische Unternehmensführung? In: Die Unternehmung, Vol. 58 (6), pp. 405-433.

ALCHIAN, A. A. (1950): Uncertainty, Evolution, and Economic Theory. In: Journal of Political Economy, Vol. 58, pp. 211-221.

ALDRICH, H. E., RUEF, M. (2006): Organisations Evolving. 2nd Edition, London, Sage Publications.

ALFRANCA, O., RAMA, R., VON TUNZELMANN, N. (2004): Innovation Spells in the Multinational Agri-Food Sector. In: Technovation, Vol. 24, pp. 599-614.

AMIT, R., SHOEMAKER, P. J. H. (1993): Strategic Assets and Organisational Rent. In: Strategic Management Journal, Vol. 14, pp. 33-46.

ANDERSON, E. S. (2009): Schumpeter's Evolutionary Economics. A Theoretical, Historical and Statistical Analysis of the Engine of Capitalism. London, New York, Anthem Press.

ANDREWS, K. (1980): The Concept of Corporate Strategy. Homewood (ILL), Richard D. Irwin.

ARBUSSA, A., COENDERS, G. (2007): Innovation Activities, Use of Appropriation Instruments and Absorptive Capacity: Evidence from Spanish Firms. In: Research Policy, Vol. 36, pp. 1545-1558.

ARCHIBUGI, D. (1988A): In Search of a Useful Measure of Technological Innovation. In: Technological

Forecasting and Social Change, Vol. 34, pp. 253-277.

ARCHIBUGI, D. (1988B): The Inter-Industry Distribution of Technological Capabilities. A case study in the application of the Italian patenting in the USA. In: Technovadon, Vol. 7 (3), pp. 259-274.

ARCHIBUGI, D. (2001): Pavitt's taxonomy sixteen years on: A review article. In: Economics of Innovation and New Technology, Vol. 10, pp. 415-425.

ARGYRIS, C., SCHÖN, D. A. (1978): Organisational Learning: A Theory of Action Perspective. Reading, Massachusetts, Addison-Wesley.

ARMBRUSTER, H., BIKFALVI, A., KINKEL, S., LAY, G. (2008): Organisational Innovation: The challenge of measuring non-technical innovation in large-scale surveys. In: Technovation, Vol. 28, pp. 644-657.

ARNOLD, J. M. HUSSINGER, K. (2005): Export Behavior and Firm Productivity in German Manufacturing. A Firm level Analysis. In: Review of World Economics, Vol. 141 (2), pp. 219-243.

ARNOLD, L. (1997): Wachstumstheorie. München, Franz Vahlen Verlag.

ARNOLD, L. (1998): Growth, Welfare, and Trade in an Integrated Model of Human-Capital Accumulation and Research. In: Journal of Macroeconomics, Vol. 20 (1), pp. 81-105.

ARORA, A., GAMBARDELLA, A. (1994): Evaluating Technological Information and Utilizing It. Scientific Knowledge, Technological Capability, and External Linkages in Biotechnology. In: Journal of Economic Behavior and Organisation, Vol. 24 (1), pp. 91-114.

ARROW, K. J. (1962A): Economic Welfare and the Allocation of Resources for Invention. In: Nelson, R. R. (ed.): The Rate and Direction of Incentive Activity: Economic and Social Factors. Princeton, Princeton University Press.

ARROW K. J. (1962B): The Economic Implications of Learning by Doing. In: Review of Economic Studies, Vol. 29, pp. 155-173.

ARUNDEL, A., (1997): Why Innovation Measurement Matters. In: Arundel, A., Garrelfs, R. (eds.): Innovation Measurement and Policies. Luxemburg, EU, EIMS 94/197.

ARUNDEL, A., HOLLANDERS, H. (2004): European Innovation Scoreboard-EXIS: An Exploratory Approach to Innovation Scoreboards. European Commission, Brussels.

ARUNDEL, A. (2007): Innovation Survey Indicators: What Impact on Innovation Policy? In: Science, Technology and Innovation Indicators in a Changing World: Responding to Policy Needs. Paris, OECD publishing, pp. 49-64.

ARUNDEL, A, BORDOY C, MOHNEN P, SMITH, K. (2007): Innovation Surveys and Policy: Lessons from the CIS. In: Nauwelaers, C. Wintjes, R. (eds.): Innovation Policy in Europe. Cheltenham, Edward Elgar, pp. 3-28.

ARUNDEL, A., BORDOY, C., KANERVA, M. (2008): Neglected Innovators: How Do Innovative Firms That Do Not Perform R&D Innovate?. Results of an analysis of the Innobarometer 2007 survey No. 215. INNO-Metrics Thematic Paper.

ASHEIM, B. T., ISAKSEN, A. (1997): Location, Agglomeration and Innovation: Towards Regional Innovation Systems in Norway. In: European Planning Studies, Vol. 5 (3), pp. 299-330.

AUNGER, R. (2002): The Electric Meme: A New Theory of How We Think. Free Press, New York.

AW, B. Y, ROBERTS, M. J., WINSTON, T. (2005): The Complementary Role of Exports and R&D Investments as Sources of Productivity Growth. NBER Working Paper #11774.

AW, B. Y., ROBERTS, M. J., WINSTON, T. (2007): Export market participation, investments in R&D and worker training, and the evolution of firm productivity. In: The World Economy, Vol. 30 (1), p. 83.

B

BACHER, J. (2002): Clusteranalyse. Eine anwendungsorientierte Einführung. 2nd Completed Edition, München, Wien, R. Oldenbourg Verlag.

BACKHAUS, K., ERICHSON, B., PLINKE, W., WEIBER, R. (2006): Multivariate Analysemethoden.

Eine anwendungsorientierte Einführung. 11th fully revised and completed edition, Berlin, Heidelberg, New York, Springer-Verlag.

BAGOZZI, R. P. (1982): The Role of Measurement in Theory Construction and Hypothesis Testing: Toward a Holistic Model. In: Fornell, C. (ed.): A Second Generation of Multivariate Analysis, Vol. 2, New York, Praeger, pp. 5-23.

BAIN, J. S. (1956): Barriers to New Competition. Cambridge (MA), Harvard University Press.

BAIN, J. S. (1968): Industrial Organisation. 2nd Edition, New York, John Wiley & Sons.

BAINES, T. S., LIGHTFOOT, H. W., BENEDETTI, O., KAY, J. M. (2009): The Servitization of Manufacturing. A Review of Literature and Reflection on Future Challenges. In: Journal of Manufacturing Technology Management, Vol. 20 (5), pp. 547-567.

BALDWIN, J. R., HANEL, P. (2003): Innovation and Knowledge Creation in an Open Economy: Canadian Industry and International Implications. Cambridge (UK), Cambridge University Press.

BALTER, M. (2000): Genetics. Was Lamarck just a little bit right? In: Science, Vol. 288 (5463), p. 38.

BAMBERGER, I., WRONA, T. (1996a): Der Ressourcenansatz und seine Bedeutung für die strategische Unternehmensführung. In: Zeitschrift für betriebswirtschaftliche Forschung (ZfbF), Vol. 48 (2), pp. 130-153.

BAMBERGER, I., WRONA, T. (1996b): Der Ressourcenansatz im Rahmen des Strategischen Managements. In: Zeitschrift für betriebswirtschaftliche Forschung (ZfbF), Vol. 25 (8), 386-391.

BARGE-GIL, A., NIETO, M. J., SANTAMARíA, L. (2008): Hidden Innovators: The role of non-R&D activities. Paper presented at the 25th Celebration Conference 2008 on Entrepreneurship and Innovation-Organisations, Institutions, Systems and Regions. Copenhagen, CBS, Denmark, June 17-20, 2008, available at: http: //www2. druid. dk/conferences/viewpaper. php? id=3352&cf=29 (last accessed on 10th of June 2010).

BARGE-GIL. A. (2010): Cooperation-based Innovators and Peripheral Cooperators: An empirical analysis of their characteristics and behavior. In: Technovation, Vol. 30, pp. 195-206.

BARKEMA, H., SHENKAR, O., VERMEULEN, F., BELL, J. (1997): Working Abroad, Working With Others: how firms learn to operate international joint ventures. In: Academy of Management Journal, Vol. 40 (2), pp. 426-442.

BARNEY, J. B. (1986a): Strategic Factor Markets: Expectations, Luck, and Business Strategy. In: Management Science, Vol. 32 (10), pp. 1231-1241.

BARNEY, J. B. (1986b): Organisational Culture: Can It Be a Source of Sustained Competitive Advantage? In: Academy of Management Review, Vol. 11, pp. 656-665.

BARNEY, J. B. (1989): Asset Stocks and Sustained Competitive Advantage: A comment. In: Management Science, Vol. 35, pp. 1511-1513.

BARNEY, J. B. (1991a): Firm Resources and Sustained Competitive Advantage. In: Journal of Management, Vol. 17, pp. 99-120.

BARNEY, J. B. (1991b): The Resource Based View of Strategy: Origins, Implications, and Prospects. In: Journal of Management, Vol. 17, pp. 97-211.

BARNEY, J. B. (1997): Gaining and Sustaining Competitive Advantage. New York, Prentice Hall.

BARNEY, J. B. (2001): Is The Resource-Based "View" A Useful Perspective For Strategic Management Research? Yes. In: Academy of Management Review, Vol. 26 (1), pp. 41-56.

BARNEY, J. B., WRIGHT, M., KETCHEN, D. J. (2001): The resource-based view of the firm: Ten years after 1991. In: Journal of Management, Vol. 27, pp. 625-641.

BARNEY, J. B., CLARK, D. N. (2007): Resource-Based Theory. Creating and Sustaining Competitive Advantage. Oxford, University Press.

BARRO, R. J. (1990): Government Spending in a Simple Model of Endogenous Growth. In: Journal of Political Economy, Vol. 98 (5), pp. 103-125.

BAUMOL, W. J. (2002): The Free-Market Machine: Analyzing the Growth Miracle of Capitalism. Princeton, Princeton University Press.

BAYONA, C., GARCíA-MARCO, T., HUERTA, E. (2001): Firms Motivations For Cooperative R&D: an empirical analysis of Spanish firms. In: Research Policy, Vol. 30, pp. 1289-1307.

BECK, T. C. (1998): Kosteneffiziente Netzwerkkooperationen: Optimierung komplexer Partnerschaften zwischen Unternehmen. Wiesbaden.

BECHEIKH, N., LANDRY, R., NABIL, A. (2006): Lessons from Innovation Empirical Studies in the Manufacturing Sector: A Systematic Review of the Literature from 1993-2003. In: Technovation, Vol. 26, pp. 644-664.

BECKENBAUER, B. (2006): Internationales Management industrieller Dienstleistungen. Dissertation Nr. 3153, Bamberg, Difo-Druck GmbH.

BECKER, A., BRAUNER, E., DUSCHEK, S. (2006): Transaktives Wissen, Kompetenzen und Wettbewerbsvorteile: Der Akteur als strategischer Faktor. In: Schreyögg, G., Conrad, P. (eds.): Management von Kompetenz. Managementforschung, Vol. 16, Wiesbaden, Gabler Verlag, pp. 201-230.

BECKER, M. C. (2001): The role of routines in organisations-an empirical and taxonomic investigation. PhD Thesis, Judge Institute of Management, University of Cambridge.

BECKER, M. C. (2004): The Concept of Routines Twenty Years after Nelson and Winter (1982): A review of the Literature. In: Industrial and Corporate Change, Vol. 13 (4), pp. 643-677.

BECKER, M. C. (2005): The Concept of Routines: Some Clarifications. In: Cambridge Journal of Economics, Vol. 29, pp. 249-262.

BECKER, M. C., ZIRPOLI, F. (2006): Innovation Routines. Exploring the Role of Routines for Innovation. Paper presented at the International Schumpeter Society Conference, Sophia-Antipolis, 21-24 June 2006.

BECKER, A., BRAUNER, E., DUSCHEK, S. (2006): Transaktives Wissen, Kompetenzen und Wettbewerbsvorteile: Der Akteur als strategischer Faktor. In: Schreyögg, G., Conrad, P. (eds.): Management von Kompetenz. Wiesbaden, Gabler, pp. 201-230.

BECKER, S. O., EGGER, P. H. (2009): Endogenous product versus process innovation and a firm's propensity to export. In: Empirical Economics, DOI 10. 1007/s00181-009-0322-6 (forthcoming).

BECKER, W., DIETZ, J. (2004): R&D Cooperation and Innovation Activities of Firms-Evidence for the German Manufacturing Industry. In: Research Policy, Vol. 33, pp. 209-223.

BECKER, W., PETERS, J. (2000): Technological Opportunities, Absorptive Capacities, and Innovation. In: Volkswirtschaftliche Diskussionsreihe der Universit. t Augsburg No. 195.

BEHRENS, G. (1993): Wissenschaftstheorie und Betriebswirtschaftslehre. In: Wittman, W. (ed.): Handwörterbuch der Betriebswirtschaft. 5. Auflage, Stuttgart, pp. 4763-4772.

BELDERBOS, R., CARREE, M., LOKSHIN, B. (2004): Cooperative R&D and Firm Performance. In: Research Policy, Vol. 33, pp. 1477-1492.

BELITZ, H., CLEMENS, M., GORNIG, M., SCHIERSCH, A., SCHUMCHER, D. (2010): Wirtschaftsstrukturen, Produktivität und Außenhandel im internationalen Vergleich. Berlin, Expertenkomission für Forschung und Innovation (EFI).

BENDER, G. (2004): Innovation in Low-Tech-Considerations based on a few case studies in eleven European Countries. Soziologisches Arbeitspapier Nr. 6/2004, Universität Dortmund.

BENDER, G., LAESTADIUS, S. (2005): Non-Science Based Innovativeness. On Capabilities Relevant to Generate Profitable Novelty. In: Journal of Mental Changes, Vol. 11 (1-2), pp. 123-170.

BENDER, G., JACOBSON, D., ROBERTSON, P. L. (2005): Non-Research-Intensive Industries in the Knowledge Economy. Perspectives on Economic, Political and Social Integration. Special Issue I, Catholic University Lublin.

BENDER, G. (2006): Peculiarities and Relevance of Non-Research-Intensive Industries in the Knowledge-Based Economy. Final Report of the Project "Policy and Innovation in Low-Tech-Knowl-edge Formation, Employment & Growth Contributions of the 'Old Economy' Industries in Europe -PILOT", Technische Universit. t Dortmund.

BENDER, G., LAESTADIUS, S. (2007): Innovationen ohne Wissenschaft und Forschung? Erfahrungen aus. Lowtech-Unternehmen ". In: Abel, J., Hirsch-Kreinsen, H. (eds.): Lowtech-Unternehmen am

Hightech-Standort. Berlin, edition sigma, pp. 193-228.

BENDER, G. (2008): How to Grasp Innovativeness of Organisations: outline of a conceptual tool. In: Hirsch-Kreinsen, H., Jacobson, D. (eds.): Innovation in Low-Tech Firms and Industries. Cheltenham, Northampton, Edward Elgar, pp. 25-42.

BENEITO, P. (2002): Technological Patterns Among Spanish Manufacturing Firms. In: Entrepreneurship & Regional Development, Vol. 14, pp. 89-115.

BENEITO, P. (2006): The Innovative Performance of In-house and Contracted R&D in Terms of Patents and Utility Models. In: Research Policy, Vol. 35, pp. 502-517.

BERGSTROM, C. T. GODFREY-SMITH, P. (1998): On the Evolution of Behavioral Heterogeneity in Individuals and Populations. In: Biology and Philosophy, Vol. 13, pp. 205-231.

BERMAN, S. L., DOWN, J., HILL, C. W. L. (2002): Tacit Knowledge as a Source of Competitive Advantage in the National Basketball Association. In: Academy of Management Journal, Vol. 45, pp. 13-31.

BERTSCHEK, I., ENTORF, H. (1996): On Nonparametric Estimation of the Schumpetrian Link Between Innovation and Firm Size: evidence from Belgium, France and Germany. In: Empirical Economics, Vol. 21, pp. 401-426.

BESSANT, J., CAFFYN, S. (1997): High-Involvement Innovation Through Continuous Improvement. In: International Journal of Technology Management, Vol. 14 (1), pp. 7-28.

BESSANT, J., CAFFYN, S., GALLAGHER, M. (2001): An Evolutionary Model of Continuous Improvement Behaviour. In: Technovation, Vol. 21, 67-77.

BHATT, G. D. (2001): Knowledge Management in Organisations: Examining the Interaction Between Technologies, Techniques, and People. In: Journal of Knowledge Management, Vol. 5 (1), pp. 68-75.

BIRCHALL, D. W., CHANARON, J. J., SODERQUIST, K. (1996): Managing Innovation in SMEs: a comparison of companies in the UK, France and Portugal. In: International Journal of Technology Management, Vol. 12 (3), pp. 291-305.

BLACK, S., LYNCH, L. (2000): What's Driving the New Economy: The benefits of workplace innovation. NBER Working Paper No. 7479.

BLACKLER, F. (1995): Knowledge, knowledge work and organisations: an overview and interpretation. In: Organisation Studies, Vol. 16 (60), pp. 1021-1046.

BLANCHARD, O. J. (1999): Macroeconomics. Second Edition, Upper Saddle River, New Jersey, Prentice Hall.

BLOCH, C. (2005): R&D Investment and Internal Finance: The cash flow effect. In: Economics of Innovation and New Technologies, Vol. 14, pp. 213-223.

BOLLMANN, P. (1990): Technischer Fortschritt und wirtschaftlicher Wandel. Heidelberg, Physica-Verlag.

BOSCHMA, R. A. (2005): Proximity and Innovation: a Critical Assessment. In: Regional Studies, Vol. 39, pp. 61-74.

BOUGRAIN, F., HAUDEVILLE, B. (2002): Innovation, Collaboration and SMEs' Internal Research Capacities. In: Research Policy, Vol. 31, pp. 735-747.

BOUND, J., CUMMINS, C., GRILICHES, Z., HALL, B., JAFFE, A. (1984): Who Does R&D and Who Patents? In: Griliches, Z. (ed.): R&D, Patents, and Productivity. Chicago (IL), University of Chicago Press, pp. 21-54.

BOWMAN C, AMBROSINI V. (2000): Value Creation Versus Value Capture: Towards a Coherent Definition of Value in Strategy. In: British Journal of Management, Vol. 11 (1), pp. 1-15.

BRESNAHAN, T. F., BRYNJOLFSSON, E., HITT, L. M. (2002): Information Technolgy, Workplace Organisation and the Demand for Skilled Labor: Firm level evidence. In: Quarterly Journal of Economics, Vol. 177, pp. 339-376.

BRETSCHGER, L. (2004): Wachstumstheorie. 2. durchgesehenen Auflage, München, Wien, Oldenbourg.

BRÖDNER, P., LATNIAK, E. (2004): Recent Findings on Organisational Changes in German Capital Goods Producing Industry. In: Journal of Manufacturing Technology Management, Vol. 15 (4), pp.

360-368.

BRONWYN, H. H., MAIRESSE, J., MOHNEN, P. (2010): Measuring the Returns to R&D. UNU-MERIT Working Paper No. 2010-006, available at: www. merit. unu. edu/publications/wp. php? year _ id=2010 (last access on 8th of June 2010).

BROUWER, E., KLEINKNECHT, A. (1993): Technology and a firms export intensity: the need for adequate innovation measurement. In: Konjunkturpolitik, Vol. 39 (5), pp. 315-325.

BROUWER, E., KLEINKNECHT, A. (1996): Firm Size, Small Business Presence and Sales of Innovative Products: A micro-econometric analysis. In: Small Business Economics, Vol. 8, pp. 189-201.

BROUWER, E., KLEINKNECHT, A., REIJNEN, J. O. N. (1993): Employment Growth and Innovation at the Firm Level: An empirical study. In: Journal of Evolutionary Economics, Vol. 3 (2), pp. 153-159.

BROWN, J. S., DUGUID, P. (1991): Organisational Learning and Communities-of-Practice: Toward a Unified View of Working, Learning and Innovation. In: Organisation Science, Vol. 2, pp. 40-57.

BROWN, J. S., DUGUID P. (2001): Knowledge and Organisation: A Social-Practice Perspective. In: Organisation Science, Vol. 12, pp. 198-213.

BROWN, J. S., EISENHARDT, K. M. (1995): Product development: past research, present findings and future directions, Academy of Management Review, Vol. 20 (2), pp. 343-378.

BRULAND, K., MOWERY, D. C. (2005): Innovation Through Time. In: Fagerberg, J., Mowery, D. C., Nelson, R. R. (eds.): The Oxford Handbook of Innovation. New York, Oxford University Press, pp. 349-379. 2.

BRUMAGIM, A. L. (1994): A Hierarchy of Corporate Resources. In: Shrivastava, P., Huff, A. S., Dutton, J. E. (eds.): Advances in Strategic Management. Greenwich (CT), London, JAI Press, pp. 81-112.

BRUNSSON, N. (1985): The irrational Organisation. New York, John Wiley.

BURR, W. (2004): Innovationen in Organisationen. Stuttgart, Kohlhammer Verlag.

BURR, W., STEPHAN, M., SOPPE, B., WEISHEIT, S. (2007): Patentmanagement. Strategischer Einsatz undökonomische Bewertung von technologischen Schutzrechten. Stuttgart, Schäffer-Poeschel Verlag.

BURT, R. (2003): The Social Structure of Competition. In: Ostrom, E.; Ahn, T. K. (eds.): Foundations of Social Capital. Cheltenham, Edward Elgar, pp. 197-219.

C

CALINSKI, T., HARABASZ, J. (1974): A Dendrite Method for Cluster Analysis. In: Communications in Statistics, Vol. 3, pp. 1-27.

CAMPBELL, D. T. (1965): Variation, Selection and Retention in Sociocultural Evolution. In: Barringer, H. R., Blanksten, G. I., Mack, R. W. (eds.): Social Change in Developing Areas: A Reinterpretation of Evolutionary Theory. Schenkman, Cambridge (MA), pp. 19-49.

CAMPBELL, D. T. (1994): How individual and face-to-face group selection undermine firm selection in organisational evolution. In: Baum, J. A., Singh, J. V. (eds.): Evolutionary dynamics of organisations, Oxford, Oxford University Press, pp. 23-38.

CAMPBELL, A., GOOLD, M., ALEXANDER, M. (1995): Corporate Strategy: The Quest for Parenting Advantage. In: Harvard Business Review, Vol. March-April, pp. 120-132.

CANTNER, U., HANUSCH, H., PYKA, A. (1996): Routinized Innovations-Dynamic Capabilities in a Simultation Study. In: Volkswirtschaftliche Diskussionsreihe, Beitrag No. 148, Institut für Volkswirtschaftslehre der Universität Augsburg.

CANTNER, U., HANUSCH, H. (1998): Industrie-Evolution. In: Schweitzer U., G. Silverberg (eds.): Selbstorganisation. Jahrb. Bd. 9, Evolution und Selbstorganisation in derökonomie, Berlin, Duncker&Humblot, pp. 265-293.

CAPUTO, A., PALUMBO, M. (2005): Manufacturing Re-Insourcing in the Textile Industry: A case study. In: Industrial Management and Data Systems, Vol. 105 (2), pp. 193-207.

CARAYANNOPOULOS, S., AUSTER, E. R. (2010): External Knowledge Sourcing in Biotechnology through Acquisition Versus Alliance. In: Research Policy, Vol. 39, pp. 254-267.

CASSIMAN, B., VEUGELERS, R. (2002): R&D Cooperation and Spillovers: some empirical evidence from Belgium. In: American Economic Review, Vol. 92 (4), pp. 1169-1184.

CASSIMAN, B., GOLOVKO, E. (2007): Innovation and the Export-productivity Link. CEPR Discussion Papers 6411.

CASSIMAN, B., MARTINEZ-ROS, E. (2007): Product Innovation and Exports. IESE working paper, mimeo.

CASTANIAS, R. P., HELFAT, C. E. (1991): Managerial Resources and Rents. In: Journal of Management, Vol. 17 (1), pp. 155-171.

CASTELLACCI, F. (2008a): Innovation and the Competitiveness of Industries: Comparing the Mainstream and the Evolutionary Approaches. In: Technological Forecasting & Social Change, Vol. 75, pp. 984-1006.

CASTELLACCI, F. (2008b): Technological paradigms, regimes and trajectories: manufacturing and service industries in a new taxonomy of sectoral patterns of innovation. In: Research Policy, Vol. 39, pp. 1139-1158.

CESARATTO, S., MANGANO, S. (1993): Technological profiles and economic performance in the Italian manufacturing sector. In: Economics of Innovation and New Technology, Vol. 2, pp. 237-256.

CHAMBERLIN, T., DOUTRIAUX, J. (2010): Sourcing Knowledge and Innovation in a Low-Technology Industry. In: Industry and Innovation, Vol. 17 (5), pp. 487-510.

CHANDLER, A. D. (1962): Strategy and Structure: Chapters in the History of the American Industrial Enterprise. Cambridge (MA), MIT Press.

CHANDLER, A. D. (1984): Comparative Business History. In: Coleman, D. C., Mathias, P. (eds.): Enterprise and History. Essays in Honor of Charles Wilson. Cambridge, Cambridge University Press, pp. 3-26.

CHEN, C. J., HUANG, J. W. (2009): Strategic Human Resources Practices and Innovation Performance-The Mediating Role of Knowledge Management Capacity. In: Journal of Business Research, Vol. 62, pp. 104-114.

CHENNELLS, L., VAN REENEN, J. (2002): The Effects of Technical Change on Skills, Wages and Employment: A survey of the microeconomic evidence. In: Greenan, N., L'Horty, Y., Mairesse, J. (eds.): Productivity, Inequality and the Digital Economy. Cambridge, London, MIT Press, pp. 172-223.

CHESBROUGH, H. W. (2003): Open Innovation: The New Imperative for Creating and Profiting from Technology. Cambridge (MA), Harvard Business School Publishing.

CHESBROUGH, H. W. (2007): Why Companies Should Have Open Business Models. In: Sloan Management Review, Vol. 48 (2), pp. 22-28.

CHIAROMONTE, F., DOSI, G. (1993): Heterogeneity, Competition, and Macroeconomic Dynamics. In: Structural Change and Economic Dynamics, Vol. 4, pp. 39-63.

CHILD, J. (1972): Organisational Structure, Environment and Performance-The Role of Strategic Choice. In: Sociology, Vol. 6 (1), pp. 1-22.

CHMIELEWICZ, K. (1993): Forschungskonzeptionen der Wirtschaftswissenschaft. 3. Auflage, Stuttgart.

CHRISTENSEN, J. F. (2002): Corporate strategy and the management of innovation and technology. In: Industrial and Corporate Change, Vol. 11 (2), pp. 263-288.

CHRISTENSEN, J. F., OLESEN, M. H., KJAER, J. S. (2005): The Industrial Dynamics of Open Innovation-evidence from the transformation of consumer electronics. In: Research Policy, Vol. 34 (10), pp. 1533-1549.

CHRISTENSEN, J. L. (2010): Joint Competition: The World Dominance of Danish Fur Production. Paper to be presented at the International Schumpeter Society Conference 2010 on Innovation, Organisation, Sustainability and Crisis. Aalborg, June 21-24, 2010. (available on request by the author).

CHRISTIAANS, T. (2004a): Neoklassische Wachstumstheorie. Darstellung, Kritik, Erweiterung.

Norderstedt, Books on Demand.

CHRISTIAANS, T. (2004b): Types of Balanced Growth. In: Economic Letters, Vol. 82 (2), pp. 253-258.

CHUDNOVSKY, D., LóPEZ, A., PUPATO, G. (2006): Innovation and Productivity in Developing Countries: A Study of Argentine Manufacturing Firms' Behaviour (1992-2001). In: Research Policy, Vol. 35, pp. 266-288.

CINCERA, M., KEMPEN, L., VAN POTTELSBERGHE, B., VEUGELERS, R., VILLEGAS, C. (2003): Productivity Growth, R&D and the Role of International Collaborative Agreements: Some evidence from Belgium manufacturing companies. In: Brussels Economic Review, Vol. 46 (3), pp. 107-140.

COASE, R. H. (1960): The Problem of Social Cost. In: Journal of Law and Economics, Vol. 1, pp. 3-44.

COASE, R. H. (1974): The Lighthouse in Economics. In: Journal of Law and Economics, Vol. 17 (22), pp. 357-376.

COBB, C. W., DOUGLAS, P. H. (1928): A Theory of Production. In: American Economic Review, Vol. 18, (1), pp. 139-165.

COCKBURN, I. M., HENDERSON, R. M., STERN, S. (2000): Untangling the Origins of Competitive Advantage. In: Strategic Management Journal, Vol. 21, (10/11), pp. 1123-1145.

COHEN, B. (1993): Analogy, Homology, and Metaphor in Interactions between the Natural Sciences and the Social Sciences, especially Economics. In: History of the Political Economy, Vol. 25, Annual Supplement: Non-Natural Social Science (ed. by N. Marchi), pp. 7-44.

COHEN, W. M., RICHARD C. L., MOWERY, D. (1987): Firm Size and R&D intensity: A Re-Examination. In: Journal of Industrial Economics, Vol. 35, pp. 543-563.

COHEN, W. M., LEVINTHAL, D. A. (1989): Innovation and Learning: the Two Faces of R&D. In: Economic Journal, Vol. 99, pp. 569-596.

COHEN, W. M., LEVINTHAL, D. A. (1990): Absorptive Capacity: A New Perspective On Learning and Innovation. In: Administrative Science Quarterly, Vol. 35, pp. 128-152.

COHEN, W. M., KLEPPER, S. (1996a): A Reprise of Size and R&D. In: Economic Journal, Vol. 106, pp. 925-951.

COHEN, W. M., KLEPPER, S. (1996b): Firm size and the Nature of Innovation within Industries: The case of process and product R&D. In: The Review of Economics and Statistics, Vol. 78, pp. 232-243.

COHEN, W. M., GOTO, A., NAGATA, A., NELSON, R. R., WALSH, J. (2002): R&D Spillovers, Patents and the Incentives to Innovate in Japan and the Unites States. In: Research Policy, Vol. 31, pp. 1349-1367.

COLLIS, D. J. (1991): A Resource-Based Abalysis of Global Competition: The Case of the Bearings Industry. In: Strategic management Journal, Vol. 12 (special issue), pp. 49-68.

COLLIS, D. J. (1994): Research Note: How Valuable are Organisational Capabilities? In: Strategic Management Journal, Vol. 15, pp. 143-152.

COLLIS, D. J. (1996): Organisational Capability as a Source of Profit. In: Moingeon, B., Edmondson, A. (eds.): Organisational Learning and Competitive Advantage. London, Sage, pp. 139-163.

COLLIS, D. J., MONTGOMERY, C. A. (1995): Competing on Resources. In: Harvard Business Review, Vol. 73, pp. 118-128.

COLLIS, D. J., MONTGOMERY, C. A. (1998): Corporate Strategy. A Resource-Based Approach. Boston (MA), Irwin/McGraw-Hill.

COLOMBO, M. G., GRILLI, L., PIVA, E. (2006): In Search of Complementary Assets: The Determinants of Alliance Formation of High-tech Start-ups. In: Research Policy, Vol. 35 (8), pp. 1166-1199.

CONNOR, K. R. (1991): A Historical Comparison of Resource-Based Theory and Five Schools of Thought Within Industrial Organisation Economics: Do We Have a new Theory of the Firm? In: Journal of Management, Vol. 17 (1), pp. 121-154.

CONNOR, K. R., PRAHALAD, C. K. (1996): A Resource-Based Theory of the Firm. Knowledge Versus

Opportunism. In: Organisation Science, Vol. 7, pp. 477-501.

CONTRACTOR, F. J., LORANGE, P. (2002): The Growth of Alliances in the Knowledge-Based Economy. In: International Business Review, Vol. 11 (4), pp. 485-502.

COOK, S. D. N., BROWN, J. S. (1999): Bridging Epistemologies: The Generative Dance Between Organisational knowledge and Organisational Knowing. In: Organisation Science, Vol. 10 (4), pp. 381-400.

CORBETT, L. M. (2008): Manufacturing strategy, the business environment, and operations performance in small low-tech firms. In: International Journal of Production Research, Vol. 46 (20), pp. 5491-5513.

CORNES, R., SANDLER, T. (1986): The Theory of Externalities. Public Goods, and Club Goods. Cambridge, Cambridge University Press.

CORNWALL, J. (1976): Diffusion, Convergence and Kaldor's Law. In: Economic Journal, Vol. 85, pp. 307-314.

CORNWALL, J. (1977): Modern Capitalism. Its Growth and Transformation.

COWAN, R., FORAY, D. (1997): The Economics of Codification and the Diffusion of Knowledge. In: Industrial and Corporate Change, Vol. 6 (3), pp. 595-622.

COWAN, R., VAN DE PAAL, G. (2000): Innovation Policy in the Knowledge-Based Economy. Brussels, European Commission, DG Enterprise.

COX, H., FRENZ, M., PREVEZER, M. (2002): Patterns of Innovation in UK industry: Exploring the CIS Data to Contrast High and Low Technology Industries. In: The Journal of Interdisciplinary Economics, Vol. 13, pp. 267-304.

COZZI, G., SPINESI, L. (2006): How Much Horizontal Innovation is Consistent With Vertical Integration? In: Research in Economics, Vol. 60 (1), pp. 47-53.

CROSBY, P. B. (1979): Quality is Free: The Art of Making Quality Certain. New York, McGraw-Hill.

CROSBY, P. B. (1984): Quality Without Tears: The Art of Hassle-Free Management. New York, McGraw-Hill.

CUERVO-CAZURRA, A., UN, C. A. (2010): Why Some Firms Never Invest In Formal R&D. In: Strategic Management Journal, Vol. 31 (7), pp. 759-779.

CYERT, R. M., MARCH, J. G (1992): A Behavioral Theory of the Firm. (2nd Edition, Malden (MA), Oxford, Carlton: Blackwell Publishing.

CZARNITZKI, D. (2006): Research and Development in Small and Medium-sized Enterprises: The role of financial constraints and public funding. In: Scottish Journal of Political Economy, Vol. 53, pp. 257-335.

CZARNITZKI, D., WASTYN, A. (2009): Does Professional Knowledge Management Improve Innovation Performance at the Firm Level? ZEW Discussion Paper No. 09-067, Centre for European Economic Research, available at: ftp: //ftp. zew. de/pub/zew-docs/dp/dp09067. pdf (last access on 07 | 04 | 2010).

CZIKO, G. (1995): Without Miracles. Universal Selection Theory and the Second Darwinian Revolution. Cambridge (MA), London.

D

D'AVENI, R. A. (1995): Hyperwettbewerb: Strategien für die neue Dynamik der Märkte. Frankfurt a. Main, New York, Campus Verlag.

DAMANPOUR, F. (1992): Organisational Size and Innovation. In: Organisation Studies, Vol. 13 (3), pp. 375-402.

DAMANPOUR, F. (1996): Organisational Complexity and Innovation: Developing and Testing Multiple Contingency Models. In: Management Science, Vol. 42 (5), pp. 693-716.

DAMANPOUR, F., EVAN, W. M. (1984): Organisational innovation and performance: the problem of "Organisational Lag". In: Administrative Science Quarterly, Vol. 29, pp. 392-409.

DAMANPOUR, F., WISCHNEVSKY, J. D. (2006): Research On Innovation in Organisations: Distinguishing Innovation-generating From Innovation-Adopting Organisations. In: Journal of Engineering and Technology

Management, Vol. 23, pp. 269-291.

DARROCH J. (2005): Knowledge Management, Innovation and Firm Performance. In: Journal of Knowledge Management, Vol. 9 (3), pp. 101-115.

DAS, T. K., TENG, B. S. (2000): A Resource-based Theory of Strategic Alliances. In: Journal of Management, Vol. 26 (1), pp. 31-60.

DAS, T. K., TENG, B. S. (2002): Alliance Constellations: A Social Exchange Perspective. In: Academy of Management Review, Vol. 27 (3), pp. 445-456.

DAS, T. K., TENG, B. S. (2003): Partner Analysis and Alliance Performance. In: Scandinavian Journal of Management, Vol. 19, pp. 279-308.

DASGUPTA, P., STIGLITZ, J. (1980): Uncertainty, Industrial Structure and the Speed of R&D. In: Bell Journal of Economics, Vol. 11, pp. 1-28.

DASGUPTA, P., MASKIN, E. S. (1987): The Simple Economics of Research Portfolios. In: Economic Journal, Vol. 97, pp. 581-595.

DAVID, P. (1996): Science Reorganized? Postmodern Visions of Research and the Curse of Success. MERIT Research Memoranda, No. 2-96-002, available at: http://www.merit.unu.edu/publications/rmpdf/1996/rm1996-002.pdf (last access on 13th of June 2010).

DAVID, P., FORAY, D. (1995): Accessing and Expanding the Science and Technology Knowledge Base. In: STI Review, Vol. 16, pp. 16-38.

DAWKINS, R. (1976): The Selfish Gene. Oxford University Press, Oxford.

DAWKINS, R. (1983): Universal Darwinism. In: Bendall, D. S. (ed.): Evolution from Molecules to Man. Cambridge University Press, Cambridge (MA), pp. 403-425.

DEBACKERE, K., CLARYSSE, B., RAPPA, M. A. (1996): Dismantling the Ivory Tower: The Influence of Networks on Innovative Output in Emerging Technologies. In: Technological Forecasting and Social Change, Vol. 53, pp. 139-154.

DECAROLIS, D. M., DEEDS, D. L. (1999): The Impact of Stocks and Flows of Organisational Knowledge on Firm Performance: an Empirical Investigation of the Biotechnology Industry. In: Strategic Management Journal, Vol. 20, pp. 953-968.

DE GEUS, A. (1988): Planning as Learning. In: Harvard Business Review, Vol. 66 (2), pp. 70-74.

DE JONG, J. P. J., MARSILI, O. (2006): The fruit flies of innovations: a taxonomy of innovative small firms. In: Research Policy, Vol. 35 (2), pp. 213-229.

DE JONG, J. P. J., VERMEULEN, P. A. M. (2006): Determinants of Product Innovation in Small Firms. In: International Small Business Journal, Vol. 24 (6), pp. 587-609.

DE TONI, A., TONCHIA, S. (2003): Strategic Planning and Firms' Competencies-Traditional Approaches and New Perspectives. In: International Journal of Operations & Production Management, Vol. 23, (9), pp. 947-976.

DE WIT, B., MEYER, R. (2004): Strategy, Process, Content, Context-An International Perspective. 3rd Edition, London, Thomson Business Press.

DEMING, W. E. (1982): Quality, Productivity, and Competitive Position. Massachusetts Institute of Technology, Center for Advanced Engineering Study. Cambridge (MA), West Publishing.

DEMING, W. E. (1986): Out of the Crisis. Cambridge (MA), MIT Press.

DEMSETZ, H. (1973): Industry Structure, Market Rivalry, and Public Policy. In: Journal of Law and Economics, Vol. 16, pp. 1-9.

DEMSETZ, H. (1988): The Theory of the Firm Revisited. In: Journal of Law, Economics, and Organisation, Vol. 4 (1), pp. 141-161.

DEMSETZ, H. (1991): The Theory of the Firm Revisited. In: Williamson, O., Winter, S. G. (eds.): The Nature of the Firm-Origin, Evolution and Development. Oxford, Blackwell, pp. 159-178.

DENZ, H. (1982): Analyse latenter Strukturen. München, Francke.

DEPEW, D., WEBER, B. (1995): Darwinian Evolving. Cambridge (MA), London, MIT Press.

DEPEW, D., WEBER, B. (1996): Natural Selection and Self-Organisation. In: Biology and Philosophy,

Vol. 11, pp. 33-65.

DIERICKX, I., COOL, K. (1989): Asset Stock Accumulation and Sustainability of Competitive Advantage. In: Management Science, Vol. 25, pp. 1504-1511.

DIERKES, M., ANTAL, A. B., CHILD, J., NONAKA, I. (2001): Handbook of Organisational Learning and Knowledge. Oxford, Oxford University Press.

DIJK, VAN B., DEN HERTOG, R., MENKVELD, B., THURIK, R. (1997): Some New Evidence on the Determi-nants of Large and Small-Firm Innovation. In: Small Business Economics, Vol. 9, pp. 335-343.

DISSELKAMP, M. (2005): Innovationsmanagement. Instrumente und Methoden zur Umsetzung im Unternehmen, Wiesbaden, Gabler.

DIXIT, A. K., STIGLITZ, J. E. (1977): Monopolistic Competition and Optimum Product Diversity. In: American Economic Review, Vol. 67, pp. 297-308.

DJELLAL, F., FRANCOZ., D., GALLOUJ, C., GALLOUJ, F., JACQUIN, Y. (2003): Revising the Definition of Research and Development in the Light of the Specificities of Services. In: Science and Public Policy, Vol. 30 (6), pp. 415-429.

DODGSON, M., ROTHWELL, M. (1994): The Handbook of Industrial Innovation. Aldershot, Edward Elgar Publishing.

DODGSON, M. (2000): The Management of Technological Innovation. Oxford, Oxford University Press.

DODGSON, M., GANN, D., SALTER, A. (2005): Think, Play, Do. Technology, Innovation, and Organisation. Oxford.

DODGSON, M., GANN, D., SALTER, A. (2008): The Management of Technological Innovation. Completely revised and updated edition, Oxford, Oxford University Press.

DOMAR, E. D. (1946): Capital Expansion, Rate of Growth and Employment. In: Econometrica, Vol. 14, pp. 137-147.

DOMAR, E. D. (1957): Essays in the Theory of Economic Growth. Oxford: Oxford University Press.

DOMS, M., DUNNE, T., ROBERTS, M. J. (1995): The Role of Technology Use in the Survival and Growth of Manufacturing Plants. In: International Journal of Industrial Organisation, Vol. 13 (4), pp. 523-542.

DOSI, G. (1982): Technological Paradigms and Technological Trajectories: A Suggested Interpretation of the Determinants and Directions of Technical Change. In: Research Policy, Vol. 11, pp. 147-162.

DOSI, G. (1988a): Sources, Procedures and Microeconomic Effects of Innovation. In: Journal of Economic Literature, Vol. 25, pp. 1120-1171.

DOSI, G. (1988b): The Nature of Innovation Processes. In: Dosi, G., Freeman, C., Nelson, R. R., Silverberg, G., Soete, L. (eds.): Technical Change and Economic Theory. London, New York, Pinter, pp. 221-238.

DOSI, G., TEECE, D. J., CHYTRY, J. (1998): Technology, Organisation, and Competitiveness. Perspectives on Industria. and Corporate Change. Oxford, Oxford University Press.

DOSI, G., PAVITT, K., SOETE, L. (1990): The Economics of Technical Change and International Trade. Brighton, Wheatsheaf.

DOSI, G., MARENGO, L. (1994): Some elements of an Evolutionary Theory of Organisational Competencies. In: England, R. W. (ed.): Evolutionary Concepts in Contemporary Economics. University of Michigan Press, Ann Arbour.

DOSI, G., ORSENIGO, L. (1994): Macrodynamics and Microfoundations: an Evolutionary Perspective. In: Granstrand, O. (ed.): Economics of Technology. Amsterdam, Elsevier North Holland, pp. 91-123.

DOSI, G., NELSON, R. R., WINTER, S. G. (2000): The Nature and Dynamics of Organisational Capabilities. Oxford, Oxford University Press.

DREHER, C., LAY, G. (1992): Diversity On Firm Level. Different Modes of Usage of NC/CNC-Machine Tools in German Mechanical Engineering. In: Revue d'économie Industrielle, Vol. 59 (1), pp. 86-98.

DREHER, C. (1997): Technologiepolitik und Technikdiffusion. Auswahl und Einsatz von Förderinstrumenten am Beispiel der Fertigungstechnik. Baden-Baden, Nomos Verlagsgesellschaft.

DREHER, C., EGGERS, T., KINKEL, S., MALOCA, S. (2005a): Gesamtwirtschaftlicher Innovationswettbewerb und betriebliche Innovationsfähigkeit. In: Bullinger, H. J. (ed.): Fokus Innovation. Kräfte bündeln, Prozesse beschleunigen. Stuttgart, Hanser, pp. 1-28.

DREHER, C., KIRNER, E., MALOCA, S. (2005b): Möglichkeiten zur Innovationsbeschleunigung aus Sicht der Unternehmen. In: Bullinger, H. J. (ed.): Fokus Innovation. Kräfte bündeln, Prozesse beschleunigen. Stuttgart, Hanser, pp. 137-158.

DUDA, R. O., HART, P. E. (1973): Pattern Classification and Scene Analysis. New York, Wiley.

DUSCHEK, S. (1998): Kooperative Kernkompetenzen-Zum Management einzigartiger Netzwerkresourcen. In: Zeitschrift Führung und Organisation, Vol. 68 (4), pp. 230-236.

DUSCHEK, S. (2002): Innovation in Netzwerken: Renten-Relationen-Regeln. Wiesbaden, Gabler.

DUSCHEK, S., SYDOW, J. (2002): Ressourcenorientierte Ansätze des Strategischen Managements: Zwei Perspektiven auf Unternehmungskooperation. In: Wirtschaftswissenschaftliches Studium, Vol. 8, pp. 426-431.

DYER, J. H. (1996): Does Governance Matter? Keiretsu Alliances and Asset Specificity as Sources of Japanese Competitive Advantage. In: Organisation Science, Vol. 7, pp. 649-666.

DYER, J. H. (1997): Effective Interfirm Collaboration: How Firms Minimize Transaction Costs and Maximize Transaction Value. In: Strategic Management Journal, Vol. 18, pp. 553-556.

DYER, J. H., SINGH, H. (1998): The Relational View: Cooperative Strategy and Sources of Interorganisa-tional Competitive Advantage. In: Academy of Management Review, Vol. 23 (4), pp. 660-679.

DYER, J. H., NOBEOKA, K. (2000): Creating and Managing a High-Performance Knowledge Sharing Network: The Toyota Case. In: Strategic Management Journal, Vol. 21, pp. 345-367.

DYER, J. H., HATCH, N. W. (2006): Relation-Specific Capabilities and Barriers to Knowledge-Transfers: Creating Advantage Through Network Relationships. In: Strategic Management Journal, Vol. 27, pp. 701-719.

DYER, J. H., SINGH, H., KALE, P. (2008): Splitting the Pie: Rent Distribution in Alliances and Networks. In: Managerial and Decision Economics, Vol. 29, pp. 137-148.

E

EASTERLY, W., REBELO, S. (1993): Fiscal Policy and Economic Growth: An Empirical Investigation. In: Journal of Monetary Economics, Vol. 32 (3), pp. 417-458.

EDQUIST, C. (1997): Systems of Innovation: Technologies, Institutions and Organisations. London, Pinter.

EDQUIST, C., TEXIER, F. (1998): Innovations, Systems and European Integration (ISE). Link. ping, Lin-köping University.

EGGERS, T., ENGELBRECHT, A. (2005): Kooperation-Gründe und Typologisierung. In: Wiendahl, H. P., Dreher, C., Engelbrecht, A. (eds.): Erfolgreich kooperieren. Best-Practice-Beispiele ausgezeichneter Zusammenarbeit. Heidelberg, Physica-Verlag, pp. 1-12.

EISELE, J. (1995): Erfolgsfaktoren des Joint-Venture-Management. Wiesbaden.

EISENHARDT, K. M., GALUNIC, D. C. (2000): Coevolving: At Last, a Way to Make Synergies Work. In: Harvard Business Review, Vol. 87 (1), pp. 91-101.

EISENHARDT, K. M., MARTIN, J. A. (2000): Dynamic Capabilities. What are they? In: Strategic Manage-ment Journal, Vol. 21, pp. 1105-1121.

EISENHARDT, K. M., SANTOS, F. M. (2002): Knowledge-Based View: A New Theory of Strategy? In: Pet-tigrew, A., Thomas, H., Whittington, R. (eds.): Handbook of Strategy & Management. London, Sage, pp. 139-164.

ENDRES, E., WEHNER, T. (1995): Störungen zwischenbetrieblicher Kooperation-Eine Fallstudie zum Grenzstellenmanagement in der Automobilindustrie. In: Schreyögg, G., Sydow, J. (eds.): Managementforschung, Vol. 5, Berlin, New York, Walter de Gruyter, pp. 1-45.

ENKEL, E., GASSMANN, O., CHESBROUGH, H. (2009): Open R&D and Open Innovation: exploring the phenomenon. In: R&D Management, Vol. 39 (4), pp. 311-316.

ENTORF, H., POHLMEIER, W. (1990): Employment, Innovation and Export Activity: Evidence from firm level data. In: Florens, J. P., Ivaldi, M, Laffont, J. J., Laisney, F. (eds.): Microeconometrics: Sur-veys and Applications. Oxford, Basil Blackwell, pp. 394-415.

ESCRIBANO, A., FOSFURI, A., TRIBó, J. A. (2009): Managing External Knowledge Flows: The moderating role of absorptive capacity. In: Research Policy, Vol. 38, pp. 96-105.

ESSLETZBICHLER, J., RIGBY, D. L. (2005): Technological evolution as creative destruction of process heterogeneity: evidence from US plant-level data. In: Economic Systems Research, Vol. 17. pp. 25-45.

ETHIER, W. J. (1979): Internationally Decreasing Costs and World Trade. In: Journal of International Economics, Vol. 9, pp. 1-24.

EUROPEAN COMMISSION (2010): Europe 2020 -A strategy for smart, sustainable and inclusive growth. European Commission, Brussels, available at: http://ec. europa. eu/eu2020/pdf/COMPLET%20EN%20BARROSO%20%20%20007%20-%20Europe%202020%20-%20EN%20version. pdf (last accessed on 17th of August 2010).

EVANGELISTA, R., SANDVEN, T., SIRILLI, G., SMITH, K. (1998): Measuring innovation in European Indus-try. In: International Journal of the Economics of Business, Vol. 5 (3), pp. 311-333.

EVANGELISTA, R. (1999): Knowledge and Investment: The Sources of Innovation in Industry. Chelten-ham (UK), Edward Elgar.

EVANGELISTA, R. (2000): Sectoral Patterns of Technological Change in Services. In: Economics of Innovation and New Technology, Vol. 9, 183-221.

EVANGELISTA, R., IAMMARINO, S., MASTROSTEFANO, V., SILVANI, A. (2002): Looking for regional systems of innovation: Evidence from the Italian innovation Survey. In: Regional Studies, Vol. 36 (2), pp. 173-186.

F

FAEMS, D., VAN LOOY, B., DEBACKERE, K. (2005): The Role of Inter-Organisational Collaboration within Innovation Strategies: towards a portfolio approach. In: Journal of Product Innovation Manage-ment, Vol. 22, pp. 238-251.

FAGERBERG, J. (1987): A Technology Gap Approach to Why Growth Rates Differ. In: Research Policy, Vol. 16, pp. 87-99.

FAGERBERG, J. (1988): Why Growth Rates Differ. In: Dosi, G., Freeman, C., Nelson, R., Silverberg, G., Soete, L. (eds.): Technical Change and Economic Theory. London, Pinter Publishers, pp. 432-457.

FAGERBERG, J. (1991): Innovation, Catching Up and Growth. In: OECD, Technology and Productivity: The Challenge for Economic Policy. OECD, Paris.

FAGERBERG, J. (1994): Technology and International Differences in Growth Rates. In: Journal of Eco-nomic Literature, Vol. 32, pp. 1147-1175.

FAGERBERG, J. (2003): Schumpeter and the revival of evolutionary economics: an appraisal of the literature. In: Journal of Evolutionary Economics, Vol. 13, pp. 125-159.

FAGERBERG, J. (2005): Innovation: A Guide to the Literature. In: Fagerberg, J., Mowery, D., Nelson, R. R., (eds.): The Oxford Handbook of Innovation, Oxford University Press, pp. 1-27.

FAGERBERG, J., GODINHO, M. M. (2005): Innovation and Catching-Up. In: Fagerberg, J., Mowery, D. C., Nelson, R. R. (eds.): The Oxford Handbook of Innovation. New York, Oxford University Press, pp. 514-542.

FAGERBERG, J., SRHOLEC, M., VERSPAGEN, B. (2009): Innovation and Economic Development. UNU-Merit, Working Paper # 2009-032, Maastricht, United Nations University, (available at: http://www. merit. unu. edu/publications/wppdf/2009/wp2009-032. pdf, last accessed on 8th of Au-gust 2010).

FALK, M. (2009): High-tech Exports and Economic Growth in Industrialized Countries. In: Applied Eco-nomic Letters, Vol. 16 (10), pp. 1025-1028.

FEDERATION OF BRITISH INDUSTRIES (1947): Scientific and Technical Research in British Industry. Lon-don, FBI.

FEDERATION OF BRITISH INDUSTRIES (1961): Industrial Research in Manufacturing Industry. London, FBI.

FEIGENBAUM, A. V. (1983): Quality Control. 3rd Edition, New York, McGraw-Hill.

FELIN, T., HESTERLY, W. S. (2007): The Knowledge-based View, Nested Heterogeneity, and the New Value Creation: Philosohpical Considerations on the Locus of Knowledge. In: Academy of Man-agement Review, Vol. 32 (1), pp. 195-218.

FILATOTCHEV, I., PIESSE, J. (2009): R&D, Internationalization and Growth of Newly Listed Firms: Euro-pean Evidence. In: Journal of International Business Studies, Vol. 40 (8), pp. 1260-1276.

FILIPPAIOS, F., PAPANASTASSIOU, M., PEARCE, R., RAMA, R. (2009): New forms of organisation and R&D internationalisation among the world's 100 largest food and beverages multinationals. In; Re-search Policy, Vol. 38, pp. 1032-1043.

FINANCIAL TIMES (2008): The Nuts and Bolts of Innovation. Financial Times, 5th of March 2008.

FISHER, F. M., TEMIN, P. (1973): Returns to Scale in Research and Development: what does the Schumpeterian hypothesis imply? In: Journal of Political Economy, Vol. 81, pp. 56-70.

FLEMMING, J., GöTZ, G. (1993): Externalitäten, Nichtkonvexitäten und endogener technischer Fort-schritt: Ein Einblick in die Funktionsweise der. neuen " Wachstumstheorie. In: Jahrbuch für Sozialwissenschaft, Vol. 44, G. ttingen, Vandenhoeck & Ruprecht, pp. 203-215.

FLOR, M. L., OLTRA, M. J. (2004): Identification of Innovating Firms Through Technological Innovation Indicators: An Application to the Spanish Ceramic Tile Industry. In: Research Policy, Vol. 33, pp. 323-336.

FORAY, D. (1998): The Economics of Knowledge Openness: Emergence, Persistence and Change of Conventions in the Knowledge Systems. In: Lazaric, N., Lorenz, E. (eds.): Trust in Economic Learning, London, Edward Elgar, pp. 162-189.

FORAY, D. (2006): The Economics of Knowledge. Cambridge (MA), London, The MIT Press.

FOSFURI, A., TRIBO, J. A. (2008): Exploring the Antecedents of Potential Absorptive Capacity and its Impact on Innovation Performance. In: Omega, Vol. 36, pp. 173-187.

FOSS, N. J., KNUDSEN, C., MONTGOMERY, C. A. (1995): An Exploration of Common Ground: Integrating Evolutionary and Strategic Theories of the Firm. In: Montgomery, C. A. (ed.): Resource-Based and Evolutionary Theories of the Firm: Towards a Synthesis. Boston, Dordrecht, London, Klu-wer Academic Publishers, pp. 1-18.

FOSS, N. J. (1996): Knowledge-based Approaches to the Theory of the Firm: Some Critical Comments. In: Organisation Science, Vol. 7 (5), pp. 470-476.

FOSS, N. J. (1997a): The Resource-based Perspective: An Assessment and Diagnosis of Problems. DRUID Working Paper No. 97-1, Danish Research Unit for Industrial Dynamics.

FOSS, N. J. (1997b): Equilibrium vs. Evolution in the Resource-based Perspective: The Conflicting Legacies of Demsetz and Penrose. DRUID Working Paper No. 97-10, Danish Research Unit for Industrial Dynamics.

FOSS, N. J. (1997c): Resources and Strategy: Problems, Open Issues, and Ways Ahead. In: Foss, N. J. (ed.): Resources, Firms, and Strategies. Oxford, Oxford University Press, pp. 345-365.

FOSS, N. J. (1998): The New Growth Theory: Some Intellectual Growth Accounting. In: Journal of Eco-nomic Methodology, Vol. 5 (2), pp. 223-246.

FOSS, N. J. (2002): Edith Penrose: Economics and Strategic Management. In: Pitelis, C. (ed.): The Growth of the Firm; The Legacy of Edith Penrose. Oxford, Oxford University Press, pp. 147-164.

FOSS, N. J., KNUDSEN, T. (2003): The Resource-Based Tangle: Towards a Sustainable Explanation of Competitive Advantage. In: Managerial and Decision Economics, Vol. 24, pp. 291-307.

FOSS, K., FOSS, N. J. (2004): The Next Step in the Evolution of the RBV: Integration with Transaction Cost Economics. In: Management Revue, Vol. 15 (1), pp. 107-121.

FOSTER, J. (2000): Competitive Selection, self-organisation and Joseph A. Schumpeter. In: Journal of Evolutionary Economics, Vol. 10, pp. 311-328.

FREDDI, D. (2009): The integration of old and new technological paradigms in low-and medium-tech sectors: The Case of Mechatronics. In: Research Policy, Vol. 38, pp. 548-558.

FREEL, M. S. (2000a): Do Small Innovating Firms Outperform Noninnovators? In: Small Business Economics, Vol. 14, pp. 195-210.

FREEL, M. S. (2000b): Strategy and Structure in Innovative Manufacturing SMEs: The case of an Eng-lish region. In: Small Business Economics, Vol. 15, pp. 27-45.

FREEMAN, C, FULLER, J. K., YOUNG, A. J. (1963): The Plastics Industry: A comparative study of research and innovation. In: National Institute Economic Review, Vol. 26, pp. 22-62.

FREEMAN, C. (1974): The Economics of Industrial Innovation. Harmondsworth, England, Penguin.

FREEMAN, C. (1982): The Economics of Industrial Innovation. 2nd Edition, London.

FREEMAN, C. (1987a): Output Measurement in Science and Technology, Amsterdam, North-Holland.

FREEMAN, C. (1987b): Technology Policy and Economic Performance: Lessons from Japan, London, Frances Pinter.

FREEMAN, C. (1988): Introduction. In: Dosi, G., Freeman, C., Nelson, R. R., Silverberg, G., Soete, L. (eds.): Technical Change and Economic Theory. London, New York, pp. 1-8.

FREEMAN, C. (1990): Schumpeter's Business Cycles' Revisited. In: Heertje, A., Perlmann, M. (eds.): Evolving Technology and Market Structure. Studies in Schumpeterian Economics. Ann Arbor, The University of Michigan Press, pp. 17-38.

FREEMAN, C. (1994a): The Economic of Technical Change. In: Cambridge Journal of Economics, Vol. 18 (5), pp. 463-514.

FREEMAN, C. (1994b): Innovation and Growth. In: Dodgson, M., Rothwell, R. (eds.): The Handbook of Industrial Innovation. Gower House et al., Edward Elgar, pp. 78-93.

FREEMAN, C. (2003): A Schumpeterian Renaissance? In: SPRU Electronic Working Paper Series, No. 102, Falmer, Brighton, University of Sussex, available at: http: //www. sussex. ac. uk/spru/documents/sewp102 (last accessed on 12th of august 2010).

FREEMAN, C., SOETE, L. (1997): The Economics of Industrial Innovation. 3rd Edition, Cambridge (MA), MIT Press.

FREEMAN, C., SOETE, L. (2009): Developing Science, Technology and Innovation Indicators: What We Can Learn from the Past. In: Research Policy, Vol. 38, 583-589.

FREILING, J. (2001): Resource-Based View undökonomische Theorie-Grundlagen und Positionierung des Ressourcenansatzes. Wiesbaden, Gabler.

FREILING, J. (2004): A Competence-Based Theory of the Firm. In: Croucher, R., Kabst, R., Kellerman, R., Matiaske, W. (eds.): Management Revue. The International Review of Management Studies. Special issue: Beyond Resource Based View (edited by Manfred Moldaschl), Vol. 14 (1), pp. 27-52.

FREILING, J., GERSCH, M., GOEKE, C. (2006): Eine "Competence-based Theory of the Firm" als markt-prozesstheoretischer Ansatz. In: Schreyögg, G., Conrad, P. (eds.): Managementforschung 16 (2006). Wiesbaden, Gabler, pp. 37-82.

FRENKEL, M., HEMMER, H. R. (1999): Grundlagen der Wachstumstheorie. Vahlen, München.

FRIED, A. (2007): Was erklärt die Resource-based View of the Firm? In: Moldaschl, M. (ed.): Immaterielle Ressourcen. Nachhaltigkeit von Unternehmensführung und Arbeit I, 2nd Edition, Mering, Hampp Verlag, pp. 185-218.

FRIEDMAN, M. (1953): Essays in Positive Economics, Chicago, University of Chicago Press.

G

GAITANIDES, M. (2007): Prozessorganisation: Entwicklung, Ansätze und Programme des Managements von Geschäftsprozessen. 2. Edition, München, Vahlen

GALBRAITH, J. K. (1952): American Capitalism. The concept of countervailing power. Boston, Houghton

Mifflin.

GALENDE, J., SUAREZ, I. (1999): A resource-based analysis of the factors determining a firm's R&D activities. In: Research Policy, Vol. 28, pp. 891-905.

GALLIE, E. P., ROUX, P. (2008): Forms and Determinants of R&D Collaborations. New Evidence from French Data. DRUID Working Paper No. 08-15, available at: www3. druid. dk/wp/20080015. pdf (last access on 4th of June 2010).

GALUNIC, D. C., RODAN, S. (1998): Resource Recombinations in the Firm: Knowledge Structures and the Potential for Schumpeterian Innovation. In: Strategic Management Journal, Vol. 19, pp. 1193-1201.

GALUNIC, D. C., EISENHARDT, K. M. (2001): Architectural Innovation and Modular Corporate Forms. In: Academy of Management Journal, Vol. 44 (6), pp. 1229-1249.

GAVETTI, G. (2005): Cognition and Hierarchy: Rethinking the Microfoundations of Capabilities' Development. In: Organisation Science, Vol. 16, pp. 599-617.

GEBAUER, H. (2004): Die Transformation vom Produzenten zum produzierenden Dienstleister. Dissertation Nr. 2873, Bamberg, Difo-Druck GmbH.

GEHRKE, B., KRAWCZYK, O., LEGLER, H. (2007): Forschungs-und wissensintensive Wirtschaftszweige in Deutschland: Außenhandel, Spezialisierung, Beschäftigung und Qualifikationserfordernisse. Aktualisierung und überarbeitung unter Berücksichtigung der NIW/ISI-Listen 2006. In: Bundesministerium für Bildung und Forschung (BMBF) (ed.): Studien zum deutschen Innovationssystem, Nr. 17-2007, Berlin.

GEHRKE, B., LEGLER, H. (2010): Forschungs-und Wissensintensive Wirtschaftszweige-Außenhandel, Spezialisierung, Produktion, Beschäftigung und Qualifikationserfordernisse in Deutschland, Studien zum deutschen Innovationssystem Nr. 04-2010, Hannover.

GEISENDORF, S. (2004): Der. konomische Evolutionsbegriff: Selbstorganisation und Selektion. In: Lehmann-Waffenschmidt, M., Ebner, A., Forndahl, D. (eds): Institutioneller Wandel, Marktprozesse und dynamische Wirtschaftspolitik. Perspektiven der Evolutorischenökonomik. Marburg, Metropolis, pp. 79-96.

GEORGESCU-ROEGEN, N. (1971): The Entropy Law and the Economic Process. Cambridge (MA), Harvard University Press.

GEROSKI, P. (1995): Markets for Technology: Knowledge, Innovation, and Appropriability. In: Stoneman, P. (ed.): Handbook of the Economics of Innovation and Technological Change. Oxford, Blackwell, pp. 89-131.

GERSCH, M. (1998): Vernetze Geschäftsbeziehungen: die Nutzung von EDI als Instrument des Geschäftsbeziehungsmanagement. Wiesbaden, Gabler.

GERSCH, M., FREILING, M., GOEKE, C. (2005): Grundlagen einer "Competence-based Theory of the Firm". Die Chance zur Schließung einer "Realisierungslücke" innerhalb der Marktprozesstheorie. Arbeitsbericht Nr. 100, Institut für Unternehmensführung, Ruhr-Universität Bochum.

GERYBADZE, A. (1982): Innovation, Wettbewerb und Evolution. Tübingen, JCB Mohr.

GIDDENS, A. (1976): New Rules of Sociological Method: A Positive Criticism of Interpretative Sociologies. London, Hutchinson.

GIDDENS, A., (1984): The Constitution of Society: Outline of the Theory of Structuration. Cambridge, London, Polity Press.

GIRMA, S., GREENAWAY, D., KNELLER. R. (2004): Entry to export markets and productivity. Amicroeconometric analysis of matched firms. In: Review of International Economics, Vol. 12, pp. 855-866.

GIRMA, S., GöRG, H., HANLEY, A. (2008): R&D and Exporting: A Comparison of British and Irish Firms. In: Review of World Economics, Vol. 144 (4), pp. 750-773.

GLASERSFELD, E. V. (1987): Wissen, Sprache und Wirklichkeit. Arbeiten zum Konstruktivismus. Braunschweig, Wiesbaden, Vieweg.

GODFREY-SMITH, P. (2000): The Replicator in Retrospect. In: Biology and Philosophy, Vol.

15, pp. 403-423.

GODIN, B. (2001a): Defining R&D: Is Research Always Systematic? Project on the History and Sociology of S&T Statistics. Paper No. 7, Montreal, Canada, available at www. csiic. ca (last access on 1st of June 2010).

GODIN, B. (2001b): The Emergence of Science and Technology Indicators: Why Did Governments Supplements Statistics With Indicators? Project on the History and Sociology of S&T Statistics, Paper No. 8, Montreal, Canada, available at: www. csiic. ca (last access on 1st of June 2010).

GODIN, B. (2001c): Tradition and Innovation: The Historical Contingency of R&D Statistical Classifications. Project on the History and Sociology of S&T Statistics. Working Paper No. 11, Montreal, Canada.

GODIN, B. (2004): The Obsession for Competitiveness and its Impact on Statistics: the Construction of High-Technology Indicators. Working Paper No. 25, Project on the History and Sociology of S&T Statistics, Montréal, Canadian Science and Innovation Indicators Consortium (CSIIC).

GODIN, B. (2006a): The linear model of innovation: The historical construction of an analytical framework. Project on the history and sociology of S&T statistics. In: Science, Technology, and Human Values, Vol. 31 (6), pp. 639-667.

GODIN, B. (2006b): Research and Development: How the D got into R&D. In: Science and Public Policy, Vol. 33 (1), pp. 59-76.

GOMULKA, S. (1971): Inventive Activity, Diffusion and Stages of Economic Growth. Skrifter fra Aarhus Universitets Okonomiske institute, Vol. 24, Aarhuis.

GORDON, R. A., HOWELL, J. E. (1959): Higher Education for Business. New York, Columbia University Press.

GOSHAL, S., HAHN, M., MORAN, P. (2002): Management Competence, Firm Growth and Economic Progress. In: Pitelis, C. (ed.): The Growth of the Firm; The Legacy of Edith Penrose. Oxford University Press, pp. 279-309.

GOTO, A., SUZUKI, K. (1989): R&D Capital, Rate of Return on R&D Investment and Spillover of R&D in Japanese Manufacturing Industries. In: The Review of Economics and Statistics, Vol. 71, pp. 555-564.

GOULD, S. (2002): The Structure of Evolutionary Theory. Cambridge, MA, London.

GOURLAY, S. (2006): Conceptualizing Knowledge Creation: A Criticism of Nonaka's Theory. In: Journal of Management Studies, Vol. 43 (7), pp. 1415-1436.

GRANT, R. M. (1991): The Resource-Based Theory of Competitive Advantage: Implications for Strategy Formulation. In: California Management Review, Vol. 33 (3), pp. 114-135.

GRANT, R. M. (1996a): Towards a Knowledge-Based Theory of the Firm. In: Strategic Management Journal, Vol. 17 (Special Issue), pp. 109-122.

GRANT, R. M. (1996b): Prospering in Dynamically-Competitive Environments: Organisational Capability as Knowledge Integration. In: Organisation Science, Vol. 7, pp. 375-387.

GRANT, R. M. (2002): The Knowledge-Based View of the Firm. In: Choo, C. W., Bontis, N. (eds.): The Strategic Management of Intellectual Capital and Organisational Knowledge: A Collection of Readings. Oxford, Oxford University Press, pp. 133-148.

GRANT, K. A. (2007): Tacit Knowledge Revisited-We Can Still Learn from Polanyi. In: The Electronic Journal of Knowledge Management, Vol. 5 (2), pp. 173-180, available online at www. ejkm. com (last access on 29th of March 2010).

GRAVES, S. B., LANGOWITZ, N. S. (1996): R&D Productivity: a Global Multi-Industry Comparison. In: Technological Forecasting and Social Change, Vol. 53, 125-137.

GREENAN, N., GUELLEC, D. (2000): Technological Innovation and Employment Reallocation. In: Labour, Vol. 14 (4), pp. 547-590.

GREENAWAY, D. KNELLER, R. (2007): Firm heterogeneity, exporting and foreign direct investment: A survey. In: The Economic Journal, Vol. 117, pp. F134-F161.

GREENLEE, P., CASSIMAN, B. (1999): Product Market Objectives and the Formation of Research Joint

Ventures. In: Managerial and Decision Economics, Vol. 20 (3), pp. 115-130.
GRIEBEN, W. H. (2001): Paul Michael Romer. Die neue Wachstumstheorie und die Aufgaben moderner Wirtschaftspolitik. Mimeo.
GRILLICHES, Z. (1957): Hybrid Corn: An Exploration in the Economics of Technological Change. In: Econometrica, Vol. 25, pp. 501-522.
GRILICHES Z. (1958): Research Cost and Social Return: Hybrid Corn and Related Innovations. In: Journal of Political Economy, Vol. 66 (5), pp. 419-31.
GRILICHES Z. (1964): Research Expenditures, Education and the Aggregate Agricultural Production Function. In: American Economic Review, Vol. 54 (6), pp. 961-74.
GRILICHES Z. (1979): Issues in Assessing the Contribution of R&D to Productivity Growth. In: Bell Journal of Economics, Vol. 10 (1), pp. 92-116.
GRILICHES Z. (1986): Productivity, R&D and Basic Research at the Firm Level in the 1970s. In: American Economic Review, Vol. 76 (1), pp. 143-154.
GRILICHES, Z. (1984): R&D, Patents and Productivity, Chicago, Chicago University Press.
GRILICHES Z. (1988): Productivity Puzzles and R&D: Another Nonexplanation, In: Journal of Economic Perspectives, Vol. 2 (4), pp. 9-21.
GRILICHES, Z. (1990): Patent Statistics as Economic Indicators: A survey. In: Journal of Economic Literature, Vol. 28 (4), pp. 1661-1707.
GRILICHES, Z. (1991): The Search for R&D Spillovers. NBER Working Paper Series, Working Paper No. 3768, Cambridge (MA), National Bureau of Economic Research.
GRILICHES, Z. (1995): R&D and Productivity: Econometric results and measurement issues. In: Stoneman, P. (ed.): Handbook of the Economics of Innovation and Technological Change. Oxford (UK), Cambridge (MA), Blackwell, pp. 53-89.
GRILICHES Z., MAIRESSE, J. (1984): Productivity and R&D at the Firm Level. In: Griliches, Z. (ed.): R&D, Patents and Productivity, Chicago: University of Chicago Press, pp. 339-374.
GRIMPKE, C., SOFKA, W. (2009): Search Patterns and Absorptive Capacity: Low-and High-Technology Sectors in European Countries. In: Research Policy, Vol. 38, pp. 495-506.
GROCHLA, E. (1978): Einführung in die Organisationstheorie. Stuttgart, Poeschel.
GROSSEKETTLER, H. (1985): Wettbewerbstheorie. In: Borchert, M., Grossekettler, H. (eds.): Preis- und Wettbewerbstheorie. Marktprozesse als analytisches Problem und ordnungspolitische Gestaltungsaufgabe. Stuttgart, Verlag W. Kohlhammer, pp. 113-335.
GROSSMAN, G. M., HELPMAN, E. (1990): Comparative Advantage and Long-Run Growth. In: American Economic Review, Vol. 80 (4), pp. 796-815.
GROSSMAN, G. M., HELPMAN, E. (1991a): Innovation and Growth in the Global Economy. Cambridge, MIT-Press.
GROSSMAN, G. M., HELPMAN, E. (1991b): Quality Ladders in the Theory of Growth. In: Review of Economic Studies, Vol. LVIII, pp. 43-61.
GROSSMAN, G. M., HELPMAN, E. (1994): Endogenous Innovation in the Theory of Growth. In: Journal of Economic Perspectives, Vol. 8, pp. 23-44.
GROTH, C., SCHOU, P. (2002): Can Non-Renewable Resources Alleviate the Knife-Edge-Character of Endogenous Growth? In: Oxford Economic Papers, Vol. 54 (3), pp. 386-411.
GRUNFELD, L. A. (2004): The Multiple Faces of R&D: Absorptive capacity effects and Different sources of spillovers. Norwegian Institute of International Affairs.
GRUPP, H. (1992): Dynamics of Science-Based Innovation, Berlin, Springer-Verlag.
GRUPP, H. (1997): Messung und Erklärung des technischen Wandels. Grundzüge einer empirischen Innovationsökonomik. Berlin, Heidelberg, New York, Springer.
GRUPP, H. (2008): Critical comments on the 'moral economy of technology indicators'. In: Hirsch-Kreinsen, H., Jacobson, D. (eds.): Innovation in Low-Tech Firms and Industries. Cheltenham (UK), Northampton (MA), Edwaed Elgar, pp. 85-90.

GULATI, R. (1998): Alliances and Networks. In: Strategic Management Journal, Vol. 19 (4), pp. 293-317.

GULATI R, NOHRIA N, ZAHEER A. (2000): Strategic networks. In: Strategic Management Journal, Vol. 21, pp. 203-215.

GUPTA, A. K., GOVINDARAJAN, V. (2000): Knowledge Flow Within Multinational Corporations. In: Strategic Management Journal, Vol. 21, pp. 473-496.

H

HAAS, M., HANSEN, M. T. (2005): When Using Knowledge Can Hurt Performance: The Value of Organisational Capabilities in a Management Consulting Company. In: Strategic Management Journal, Vol. 26 (1), pp. 1-24.

HA, J., HOWITT, P. (2007): Accounting for Trends in Productivity and R&D: A Schumpetrian Criticism of Semi-Endogenous Growth Theory. In: Journal of Money, Credit and Banking, Vol. 39 (4), pp. 733-774.

HABAKKUK, H. J. (1962): American and British Technology in the Nineteenth Century. Cambrige, Cambridge University Press.

HAHN, K. (2007): Der Lissabon-Prozess: Das Innovationskonzept und die Auswirkungen auf die Politikgestaltung. Soziologisches Arbeitspapier Nr. 20/2007, Technische Universität Dortmund.

HAHN, K. (2009): Der Lissabon-Prozess: Warum eine Hightech-Strategie zur Innovationsfö-rderung nicht ausreicht. In: WSI Mitteilungen, Vol. 6/2009, pp. 302-308.

HALL B. H. (1993): Industrial Research during the 1980s: Did the Rate of Return Fall? In: Brookings Paper on Economic Activity, Microeconomics, 1993 (2), pp. 289-330.

HALL, B. H. (2002): The Financing of Research and Development. In: Oxford Review of Economic Policy, Vol. 18, pp. 35-51.

HALL, B. H., MAIRESSE, J. (1995): Exploring the Relationship Between R&D and Productivity in French Manufacturing Firms. In: Journal of Econometrics, Vol. 65, pp. 263-293.

HALL, L. A., BAGCHI-SEN, S. (2002): A Study of R&D, Innovation and Business Performance in the Canadian Biotechnology Industry. In: Technovation, Vol. 22, pp. 231-244.

HALL, B. H., LOTTI, F., MAIRESSE, J. (2009): Innovation and Productivity in SMEs: Empirical Evidence for Italy. in: Small Business Economics, Vol. 33, pp. 13-33.

HALL, B. H., MAIRESSE, J., MOHNEN, P. (2010): Measuring the Returns to R&D. UNU-MERIT Working Papers, No. 2010006, available at: www. merit. unu. edu/publications/wppdf/2010/wp2010-006. pdf (last access on 2nd of June 2010).

HAMEL, G. (1991): Competition for Competence and Interpartner Learning within International Strategic Alliances. In: Strategic Management Journal, Vol. 12, Special Issue, Summer, pp. 83-104.

HAMEL, G., PRAHALAD, C. K. (1997): Wettlauf um die Zukunft. Wie Sie mit bahnbrechenden Strategien die Kontrolle über Ihre Branche gewinnen und die M. rkte von morgen schaffen. 2nd Edition, Wien, Wirtschaftsverlag Carl Ueberreuter.

HAMMANN, P., FREILING, J. (2000): Die Ressourcen-und Kompetenzperspektive des Strategischen Managements. Wiesbaden, Gabler.

HANNAN, M. T., FREEMAN, J. (1984): Structural inertia and organisational change. In: American Sociology Review, Vol. 49, pp. 149-164.

HANSEN, G. S., WERNERFEL T, B. (1989): Determinants of Firm Performance: The Relative Importance of Economics and Organisational Factors. In: Strategic Management Journal, Vol. 10, pp. 399-411.

HANSEN, M., HOSKISSON, B., BARNEY, J. (1997): Trustworthiness: A Cooperative Resource. Working Paper, Brigham Young University, Provo, UT.

HANSEN, P. A., SERIN, G. (1997): Will Low Technology Products Disappear? The Hidden Innovation Process in Low Technology Industries. In: Technology Forecasting and Social Change, Vol. 55 (2), pp. 179-191.

HANSEN, M. T., NOHRIA N., TIERNEY T. (1999): What's Your Strategy for Managing Knowledge? In: Harvard Business Review, Vol. 77 (2), pp. 106-116.

HANUSCH, H., CANTNER, U. (1993): Neuere Ansätze in der Innovationstheorie und der Theorie des Technischen Wandels-Konsequenzen für eine Industrie-und Technologiepolitik. In: Meyer-Krahmer, F. (ed.): Innovations-und Technologiepolitik. Forschungsansätze und politische Konsequenzen. Schriftenreihe des Fraunhofer-Instituts für Systemtechnik und Innovationsforschung (ISI), Heidelberg, Physica-Verlag, pp. 11-46.

HARHOFF, D. (1998): R&D and Productivity in German Manufacturing Firms. In: Economic of Innovation and New Technology, Vol. 6, pp. 29-49.

HARRIS, R., LI, Q. C. (2009): Exporting, R&D, and Absorptive Capacity in UK Establishments. In: Oxford Economic Papers-New Series, Vol. 61 (1), pp. 74-103.

HARROD. R. F. (1954): Towards a Dynamic Economics. London.

HAUKNES, J., KNELL, M. (2009): Embodied knowledge and sectoral linkages: An input-output approach to the interaction of high-and low-tech industries. In: Research Policy, Vol. 38, pp. 459-469.

HECKMAN, J. J. (1976): A Life-Cycle Model of Earnings, Learning, and Consumption. In: Journal of Political Economy, Vol. 84 (4), pp. 11-44.

HECKSCHER, E. F. (1919): The Effect of Foreign Trade on the Distribution of Income. Originally in: Ekonomisk Tidskrift, Vol. 21 (2), pp. 1-32, reprinted in: AEA (1950): Readings in the Theory of International Trade. Philadelphia, Blakiston Co, p. 272-300.

HEIDENREICH, M. (2009): Innovation patterns and location of European low-and medium-technology industries. In: Research Policy, Vol. 38, pp. 483-494.

HELFAT, C. E. (1994): Firm-specificity in Corporate Applied R&D. In: Organisation Science, Vol. 5 (2), pp. 173-184.

HELFAT, C. E., PETERAF, M. A. (2003): The Dynamic Resource-Based View. Capability Lifecycles. In: Strategic Management Journal, Vol. 24, pp. 997-1010.

HELFAT, C. E., PETERAF, M. A. (2009): Understanding Dynamic Capabilities: Progress Along a Developmental Path. In: Strategic Organisation, Vol. 7, pp. 91-102.

HELFAT, C. E., FINKELSTEIN, S., MITCHELL, W., PETERAF, M. A., SINGH, H., TEECE, D. J., WINTER, S. G. (2007): Dynamic Capabilities. Understanding Change in Organisations. Oxford: Blackwell.

HELLELOID, D. A., SIMONIN, B. L. (1994): Organisation Learning and a Firm's Core Competence. In: Hamel, G., Heene, A. (eds.): Competence-based Competition. Chichester, New York, John Wiley & Sons, pp. 213-239.

HELPMAN, E. (1994): Technical Progress and Economic Calculus. In: Pasinetti, L. L., Solow, M. (eds.): Economic Growth and the Structure of Long-Term Development. London, Macmillan Press, pp. 369-372.

HENDERSON, R. M., CLARK, K. B. (1990): Architectural Innovation: The Reconfiguration of Existing Product Technologies and the Failure of Established Firms. In: Administrative Science Quartely, Vol. 35 (1), pp. 9-30.

HERRMAN-PILLATH, C. (2002): Grundriss der Evolutionsökonomik. München, Wilhelm Fink Verlag.

HESSELS, S. J. A. (2007): Innovation and international involvement of Dutch SMEs. In: International Journal of Entrepreneurship and Small Business, Vol. 4 (3), pp. 234-255.

HILL, C. W. L., JONES, G. R. (1992): Strategic Management Theory: An Integrated Approach. Boston, Houghton, Mifflin.

HIPP, C. (2000): Information Flows and Knowledge Creation in Knowledge-Intensive Business Services: Scheme for a Conceptualization. In: Metcalfe, J. S., Miles, I. (eds.): Innovation Systems in the Service Economy, Kluwer Academic Publishers, Boston, Dordrecht, London, pp. 149-167.

HIPP, C., GRUPP, H. (2005): Innovation in the service sector: The demand for service-specific innovation measurement concepts and typologies. In: Research Policy, Vol. 34 (4), pp. 517-535.

HIPPEL, E., VON (1988): The Sources of Innovation. New York, Oxford University Press.

HIRSCH, S. (1965): The United States Electronics Industry in International Trade. In: National Institute Economic Review, November, pp. 39-60.

HIRSCH, S., BIJAOUI, I. (1985): R&D intensity and Export Performance: A micro view. In: Weltwirtschaftliches Archiv, Vol. 121 (2), pp. 238-251.

HIRSCH-KREINSEN, H. (2004): " Low-Technology" -Ein innovationspolitisch vergessener Sektor. In: Hirsch-Kreinsen, H., Weyer, J. (eds.): Soziologisches Arbeitspapier Nr. 2/2004, Technische Universität Dortmund.

HIRSCH-KREINSEN, H. (2007): "Lowtech ". Innovationsmuster und Entwicklungschancen. In: Abel, J., Hirsch-Kreinsen, H. (eds.): Lowtech-Unternehmen am Hightech-Standort. Berlin, edition sigma, pp. 253-280.

HIRSCH-KREINSEN, H. (2008a): "Low-Tech " Innovations. In: Industry and Innovation, Vol. 15 (1), pp. 19-43.

HIRSCH-KREINSEN, H. (2008b): Innovationspolitik: Die Hightech-Obsession. In: Hirsch-Kreinsen, H., Weyer, J. (eds.): Soziologisches Arbeitspapier Nr. 22/2008, Technische Universität Dortmund.

HIRSCH-KREINSEN, H., JACOBSON, D., LAESTADIUS, S., SMITH, K. (2003): Low-Tech Industries and the Knowledge Economy. State of the Art and Research Challenges. EU 5th Framework project "Pilot: Policy and Innovation in Low-tech".

HIRSCH-KREINSEN, H., JACOBSON, D., LAESTADIUS, S., SMITH, K. (2005): Low-Tech Industries in the Knowledge Economy. The Analytical Isssues. In: Hirsch-Kreinsen, H., Jacobson, D., Laestadius, S. (eds.): Low-tech Innovation in the Knowledge Economy. Frankfurt a. M., Peter Lang, pp. 11-31.

HIRSCH-KREINSEN, H., JACOBSON, D., ROBERTSON, P. L. (2006): 'Low-Tech' Industries: Innovativeness and Development Perspectives-A Summary of a European Research Project. In: Prometheus, Vol. 24 (1), pp. 3-21.

HITT, M. A., IRELAND, R. D. (1985): Corporate Distinctive Competence , Strategy, Industry and Performance. In: Strategic Management Journal, Vol. 6 (3), pp. 273-293.

HITT, M. A., IRLELAND, R. D. (1986): Relationships among Corporate Level Distinctive Competencies, Diversification Strategy, Corporate Strategy and Performance. In: Journal of Management Studies, Vol. 23, pp. 401-416.

HITT, M. A., IRELAND, R. D., HOSKISSON, R. E. (1997): Strategic Management: Competitiveness and Globalization. 2nd Edition, New York, West.

HODGSON, G. M. (1993): Economics and evolution. Bringing life back into economics. Cambridge UK, Polity Press.

HODGSON, G. M. (1995): The Evolution of Evolutionary Economics. In: Scottish Journal of Political Economy, Vol. 42, pp. 469-488.

HODGSON, G. M. (1996): The Challenge of Evolutionary Economics. In: Journal of Institutional and Theoretical Economics, Vol. 152, pp. 697-706.

HODGSON, G. M. (1997): The Evolutionary and non-Darwinian economics of Joseph Schumpeter. In: Journal of Evolutionary Economics, Vol. 7, pp. 131-145.

HODGSON, G. M. (2002): Darwinism in economics: from analogy to ontology. In: Journal of Evolutionary Economics, Vol. 12, pp. 259-281.

HODGSON, G. M. (2004a): The Evolution of Institutional Economics: Agency, Structure and Darwinism in American Institutionalism. London, New York, Routledge.

HODGSON, G. M. (2004b): Darwinian Economic Evolution and the Concept of the Routine. In: Lehmann-Waffenschmidt, M., Ebner, A., Forndahl, D. (eds.): Institutioneller Wandel, Marktprozesse und dynamische Wirtschaftspolitik. Metropolis-Verlag, Marburg, pp. 53-78.

HODGSON, G. M., KNUDSEN, T. (2006): Why we need a generalized Darwinism, and why generalized Darwinism is not enough. In: Journal of Economic Behaviour and Organisation, Vol. 61, pp. 1-19.

HOLLANDERS, H. (1965): The Sources of Increased Efficiency: A Study of the Du Pont Rayon Plants. Cambridge (MA), MIT Press.

HOLLENSTEIN, H. (2002): Innovation Modes in the Swiss Service Sector: a Cluster Analysis Based on Firm level Data. In: Research Policy, Vol. 32 (5), pp. 715-885.

HOLLENSTEIN, H. (2003): Innovation modes in the Swiss service sector: a cluster analysis based on firm level data. In: Research Policy, Vol. 32, pp. 845-863.

HOLM, K. (1970): Gültigkeit von Skalen und Indizes. In: K. lner Zeitschrift für Soziologie und Sozialpsychologie, Vol. 22, pp. 693-714.

HOLMSTROM, B. (1989): Agency Costs and Innovation. In: Journal of Economic Behavior and Organisation, Vol. 12, pp. 305-327.

HOSKISSON, R., HITT, M., WAN, W., YIU, D. (1999): Theory and Research in Strategic Management: Swings of A Pendulum. In: Journal of Management, Vol. 25 (3), pp. 417-456.

HOUNSHELL, D. A. (2000): The Medium is the Message, or How Context Matters: The RAND Corporation Builds an Economics of Innovation, 1946-1962. In Hughes, T. P., Hughes, A. (eds.): Systems, Experts, and Computers. The Systems Approach in Management and Engineering. Cambridge (Mass.), MIT Press, pp. 255-310.

HREBINIAK, L. G., SNOW, C. C. (1982): Top-Management Agreement and Organisational Performance. In: Human Relations, Vol. 35 (12), pp. 1139-1157.

HUANG, Y. A., CHUNG, H. J., LIN, C. (2009): R&D Sourcing Strategies: Determinants and consequences. In: Technovation, Vol. 29, pp. 155-169.

HUANG, C., ARUNDEL, A., HOLLANDERS, H. (2010): How Firms Innovate: R&D, Non-R&D, and Technology Adoption. UNU-Merit Working Paper #2010-027. Maastricht, United Nations University, available at: http: //www. merit. unu. edu/publications/wppdf/2010/wp2010-027. pdf (last accessed on 23th of July 2010).

HUBER, G. P. (1991): Organisational Learning: the Contributing Processes and Literatures. In: Organisation Science, Vol. 2, pp. 88-115.

HüBNER, H. (2002): Integratives Innovationsmanagement: Nachhaltigkeit als Herausforderung für ganzheitliche Erneuerungsprozesse. Berlin, Erich Schmidt Verlag.

HULL, D. L. (1988): Science as a Process: An Evolutionary Account of the Social and Conceptual Development of Science. University of Chicago Press, Chicago.

HUMPHREYS, J. (1996): Lamarck and the general theory of evolution. In: Journal of Biological Education, Vol. 30 (4), pp. 295-303.

HUNT, S. D. (2000): A General Theory of Competition: Resources, Competences, Productivity, Economic Growth. London, Thousand Oaks.

I

IIZUKA, M. (2009): "Low-Tech" industry: a new path for development? The case of the salmon farming industry in Chile. In: Malerba, F., Mani, S. (eds.): Sectoral Systems of Innovation and Production in Developing Countries. Actors, Structure and Evolution. Cheltenham, Northampton, Edward Elgar, pp. 232-258.

INADA, K. I. (1963): On a Two-Sector Model of Economic Growth: Comments and a Generalization ". In: Review of Economic Studies, Vol. 30, pp. 119-127.

IMAI, M. (1986): Kaizen: The Key to Japan's Competitive Success. New York, Random House.

INKPEN, A. (2000): Learning Through Joint Ventures: a Framework of Knowledge Acquisition. In: Journal of Management Studies, Vol. 37 (7), pp. 1019-1043.

INKPEN, A. C., CURRALL, S. C. (2004): The Coevolution of Trust, Control, and Learning in Joint Ventures. In: Organisation Science, Vol. 15 (5), pp. 586-599.

ISHIKAWA, K. (1985): What is Total Quality Control? The Japanese Way. Englewood Cliffs (NJ), Prentice-Hall.

ITAMI, H. (1987): Mobilizing Invisible Assets. Cambridge (MA), Harvard University Press.
IWAI, K. (2000): A Contribution to the Evolutionary Theory of Innovation, Imitation and Growth. In: Journal of Economic Behavior & Organisation, Vol. 43, pp. 167-168.

J

JACOBSON, D., MUSYCK, B. (2008): LMT innovations in a high-tech environment: human factor "tools" for the airline industry. In: Hirsch-Kreinsen, H., Jacobson, D. (eds.): Innovation in Low-Tech Firms and Industries. Cheltenham (UK), Northampton (MA), Edward Elgar, pp. 118-139.
JAEGER, A., MALOCA, S. (2009): Dokumentation der Umfrage Modernisierung der Produktion 2009 des Fraunhofer-Instituts für System-und Innovationsforschung. Karlsruhe. Available on request at: www. isi. fraunhofer. de/isi-en/i/projekte/erhebung _ pi2. php.
JANZ, N., LöF, H., PETERS, B. (2003): Firm Level Innovation and Productivity-is there a common story across countries? Mannheim: ZEW-Working Paper dp0326.
JENSEN, M., JOHNSON, B., LORENZ, E., LUNDVALL, B. A. (2007): Forms of knowledge and modes of innovation. In: Research Policy, Vol. 36, pp. 680-693.
JIRJAHN, U., KRAFT, K. (2006): Do Spillovers Stimulate Incremental or Drastic Product Innovations? Hypotheses and evidence from German establishment data. ZEW Discussion Paper No. 06-023.
JONES, C. I. (1995a): Time Series Tests of Endogenous Growth Models. In: The Quarterly Journal of Economics, Vol. 110, pp. 495-525.
JONES, C. I. (1995b): R&D-based Models of Economic Growth. In: The Journal of Political Economy, Vol. 103, pp. 759-784.
JURAN, J. M. (1988): Juran on Planning for Quality. New York, The Free Press.
JURAN, J. M., GYRNA, F. M. (1993): Quality Planning for Analysis: From Product Development Through Use. New York, McGraw-Hill.

K

KALDOR, N. (1957): A model of Economic Growth. In: Economic Journal, Vol. 67, pp. 591-624.
KALDOR, N., MIRRLEES, J. (1962): A New Model of Economic Growth. In: Review of Economic Studies, Vol. 29 (3), pp. 174-192.
KALE, P., DYER, J. H., SINGH, H. (2002): Alliance Capability, Stock Market Response, and Long Term Alliance Success: The role of alliance function. In: Strategic Management Journal, Vol. 23 (8), pp. 747-767.
KAMIEN, M. I., SCHWARTZ, N. L. (1982): Market Structure and Innovation. Cambridge (Mass.).
KANTZENBACH, E. (1967): Die Funktionsfähigkeit des Wettbewerbs. 2. Auflage, Göttingen.
KATSOULACOS, Y. S. (1986): The Employment Effect of Technical Change. University of Nebraska Press.
KATSOULAKOS, Y., ULPH, D. (1998): Endogenous Spillovers and the Performance of Research Joint Ventures. In: Journal of Industrial Economics, Vol. 46, pp. 333-354.
KAY, J. (1996): Oh Professor Porter, Whatever Did You Do? In: Financial Times, No. 10, May, 17.
KEIZER, J. A., DIJKSTRA, L., HALMAN, J. I. M. (2002): Explaining Innovative Efforts of SMEs. An exploratory survey among SMEs in the mechanical and electrical engineering sector in the Netherlands. In: Technovation, Vol. 22, pp. 1-13.
KEMP, R. G. M., FOLKERINGA, M., DE JONG, J. P. J., WUBBEN, E. F. M. (2003): Innovation and Firm Performance: Scientific Analysis of Entrepreneurship and SMEs (SCALES). Research Report H200207: EIM, Zoetermeer.
KEYNES, J. M. (1923): A Tract on Monetary Reform. London, Macmillan.
KEYNES, J. M. (1936): The General Theory of Employment, Interest and Money. London, Macmillan
KEYNES, J. M. (1937): The General Theory of Employment. In: The Quartely Journal of Economics, Vol. 51 (2), pp. 209-223.

KEYNES, J. M. (1939): Relative Movements of Real Wages and Output. In: Economic Journal, Vol. 49 (193), pp. 34-51.

KHANDWALLA, P. N. (1977): The design of organisations. New York, Harcourt Brace Jovanivich.

KIM, H. E., PENNINGS, J. M. (2009): Innovation and Strategic Renewal in Mature Markets: A Study of the Tennis Racket Industry. In: Organisation Science, Vol. 20 (2), pp. 368-383.

KIM, L., NELSON, R. R. (2000): Technology, Learning and Innovation: Experiences of Newly Industrialized Economies. Cambridge, Cambridge University Press.

KIMURA, M. (1983): The Neutral Theory of Molecular Evolution. Cambridge University Press, Cambridge.

KING, R. G., REBELO, S. (1987): Business Cycles with Endogenous Growth. Working Paper, Rochester, New York, University of Rochester.

KING, A. W., ZEITHAML, C. P. (2001): Competencies and Firm Performance: Examining the Causal Ambiguity Paradox. In: Strategic Management Journal, Vol. 22 (1), pp. 75-99.

KINKEL, S., LAY, G., WENGEL, J. (2004): Innovation: Mehr als Forschung und Entwicklung. Mitteilungen aus der Produktionsinnovationserhebung, Nr. 33, Fraunhofer ISI, Karlsruhe.

KINKEL, S., SOM, O. (2010): Internal and External R&D Collaboration as Drivers oft he Product Innovativeness oft he German Mechanical Engineering Industry. In: International Journal of Product Development, Vol. 12 (1), pp. 6-20.

KIRNER, E. (2005): Arbeit in neuen Unternehmensstrukturen. Eine empirische Untersuchung zu Arbeit in Kooperationen produzierender Unternehmen unter besonderer Berücksichtigung von "Boundary Spanners". Stuttgart, Fraunhofer Verlag (IRB).

KIRNER, E., SOM, O., DREHER, C., WIESENMAIER, V. (2006): Innovation in KMU. Der ganzheitliche Innovationsansatz und die Bedeutung von Innovationsroutinen für den Innovationsprozess. Karlsruhe, Fraunhofer Institut für System-und Innovationsforschung.

KIRNER, E., KINKEL, S., JÄGER, A. (2007): Innovationspfade von Low-, Medium-und High-Tech-Unternehmen in der deutschen Industrie. In: Abel, J., Hirsch-Kreinsen, H. (eds.): Lowtech, Unternehmen am Hightech-Standort. Berlin, Sigma, pp. 165-192.

KIRNER, E., LAY, G., KINKEL, S. (2008): The relevance of services for high-, medium-and low-tech firms-an empirical analysis in German industry. In: Hirsch-Kreinsen, H., Jacobson, D. (eds.): Innovation in Low-Tech Firms and Industries. Cheltenham, Northampton, Edward Elgar, pp. 175-198.

KIRNER, E., KINKEL, S., JAEGER, A. (2009a): Innovation Paths and the Innovation Performance of Low-Technology Firms-An Empirical Analysis of German Industry. In: Research Policy, Vol. 38, pp. 447-458.

KIRNER, E., SOM, O., JÄGER, A. (2009b): Vernetzungsmuster und Innovationsverhalten von nicht forschungsintensiven Betrieben. Empirische Ergebnisse aus der deutschen Industrie. Stuttgart, Karlsruhe, Fraunhofer-Verlag.

KITCH, E. (1977): The Nature and Function of the Patent System. In: Journal of Law and Economics, Vol. 20, pp. 265-290.

KLEIN, B., CRAWFORD, R. G., ALCHIAN, A. A. (1978): Vertical Integration, Appropriable Rents and the Competitive Contracting Process. In: Journal of Law and Economics, Vol. 21, pp. 297-328.

KLEINKNECHT, A. (1987): Measuring R&D in Small Firms: How Much Are We Missing? In: The Journal of Industrial Economic, Vol. 36 (2), pp. 253-256.

KLEINKNECHT, A. (1989): Firm Size and Innovation. Observations in Dutch manufacturing Industries. In: Small Business Economics, Vol. 1, pp. 215-222.

KLEINKNECHT, A. (1996): Determinants of Innovation, Macmillan Press, London.

KLEINKNECHT, A., VAN MONTFORT, K., BROUWER, E. (2002): The Non-Trivial Choice Between Innovation Indicators. In: Economics of Innovation and New Technology, Vol. 11 (2), pp. 109-121.

KLEPPER, S. (1997): Industry Life Cycles. In: Industrial and Corporate Change, Vol. 6 (1), pp. 145-182.

KLETTE T. J., GRILICHES, Z. (1998): Empirical Patterns of Firm Growth and R&D Investment: A quality ladder model interpretation. In: Economic Journal, Vol. 110 (463), pp. 363-387.

KLETTE, T. J., JOHANSEN, F. (1998): Accumulation of R&D Capital and Dynamic Firm Performance: A Not-So-Fixed Effect Model. In: Annales de Economie et de Statistique, Vol. 49/50, pp. 389-419.

KLETTE, T. J., KORTUM, S. (2004): Innovating Firms and Aggregate Innovation. In: Journal of Political Economy, Vol. 112 (5), pp. 986-1018.

KLINE, S. J., ROSENBERG, N. (1986): An Overview of Innovation. In: Landau, R., Rosenberg, N., (eds.): The Positive Sum Strategy. Harnessing Technology for Economic Growth. Washington D. C., National Academy Press, pp. 275-305.

KLODT, H. (1990): Technologietransfer und internationale Wettbewerbsfähigkeit. In: Auß-enwirtschaft, Vol. 45 (1), pp. 57-79.

KNAESE, B. (1996): Kernkompetenzen im strategischen Management von Banken. Wiesbaden, Gabler.

KNUDSEN, T. (2001): Nesting Lamarckism with Darwinian Explanations: Necessity in Economics and Possibility in Biology? In: Laurent, J., Nightingale, J. (eds.): Darwinism and Evolutionary Economics. Cheltenham, Northampton (MA), pp. 121-159.

KNUDSEN, T. (2002): Economic Selection Theory. In: Journal of Evolutionary Economics, Vol. 12, pp. 443-470.

KöHLER, H. D. (2008): Profit and Innovation Strategies in Low-Tech Firms. In: Estudios De Economía Aplicada, Vol. 26 (3), pp. 73-88.

KöNIG, H., BUSCHER, H. S., LICHT, G. (1995): Employment, Investment and Innovation at the Firm Level. In: OECD (ed.): The OECD Jobs Study: Evidence and explanations. Paris, OECD, pp. 57-80.

KOGUT, B. (1987): Country Patterns in International Competition: Appropriability and Oligopolistic Agreement. In: Hood, N., Vahlne, J. (eds.): Strategies in Global Competition. London, Croom-Helm, pp. 315-340.

KOGUT, B. (1988): Joint Ventures: theoretical and empirical perspectives. In: Strategic Management Journal, Vol. 9, pp. 319-332.

KOGUT, B. (1989): The Stability of Joint Ventures: reciprocity and competitive rivalry. In: The Journal of Industrial Economics, Vol. 38 (2), pp. 183-198.

KOGUT, B., ZANDER, U. (1992): Knowledge of the Firm, Combinative Capabilities, and the Replication of Technology. In: Organisation Science, Vol. 3, pp. 383-397.

KOGUT, B., ZANDER, U. (1993): Knowledge of the Firm and the Evolutionary Theory of the Multinational Corporation. In: Journal of International Business Studies, Vol. 4, pp. 625-645.

KOGUT, B., ZANDER, U. (1996): What Firms Do? Coordination, Identity, and Learning. In: Organisation Science, Vol. 7, pp. 502-518.

KOKA, B. R.; PRESCOTT, J. (2001): Strategic Alliances as Social Capital. In: Strategic Management Journal, Vol. 22, pp. 795-816.

KOOTHS, S. (2004): Wachstum durch Wissenschaft? In: Dettling, D., Prechtl, Ch. (eds.): Weißbuch Bildung-Für ein dynamisches Deutschland. Wiesbaden, Verlag für Sozialwissenschaften, pp. 31-41.

KOSCHATZKY, K., BROSS, U., STANOVNIK, P. (2001): Development and Innovation Potential in the Slovene Manufacturing Industry: Analysis of an Industrial Innovation Survey. In: Technovation, Vol. 21, pp. 311-324.

KOZA, M. P., LEWIN, A. Y. (2000): The Co-Evaluation of Strategic Alliances. In: Organisational Science, Vol. 9, pp. 255-265.

KOZELKA, R. M. (1982): How to Work Through a Clustering Problem. In: Hudson, H. C. (ed.): Classifying Social Data. San-Francisco, Washington, Londen, Jossey-Bass Publishers, pp. 1-12.

KRETSCHMANN, J. (1990): Die Diffusion des Kritischen Rationalismus in der Betriebswirtschaftslehre. Stuttgart, Peschel.

KROMREY, H. (1998): Empirische Sozialforschung. 8. Auflage, Opladen, Leske+Budrich.

KRüGER, W., HOMP, C. (1997): Kernkompetenzen. In: Wirtschaftswissenschaftliches Studium (WiSt), Vol. 27 (10), pp. 529-531.

KRUGMAN, P. R. (1990): The Age of Diminished Expectations. Cambridge, MIT Press.

KRUSKAL, W. H., WALLIS, W. A. (1952): Use of Ranks in One-Criterion Variance Analysis. In: Journal of the American Statistical Association, Vol. 47, pp. 583-621.

KUBICEK, H. (1977): Heuristische Bezugsrahmen und heuristisch angelegte Forschungsdesigns als Elemente einer Konstruktionsstrategie empirischer Forschung. In: Köhler, R. (ed.): Empirische und handlungstheoretische Forschungskonzeption in der Betriebswirtschaftslehre. Stuttgart, Poeschel, pp. 3-36.

KUMAR, N., SIDDHARTHAN, N. S. (1994): Technology, firm size and export behaviour in developing countries: the case of Indian enterprises. In: Journal of Development Studies, Vol. 31 (2), pp. 289-309.

KUMAR, S., RUSSELL, R. R. (2002): Technological change, technological catch-up, and capital deepening: relative contributions to growth and convergence. In: American Economic Review, Vol. 92, pp. 527-548.

KURUKAWA, S. (1997): Make-or-Buy Decisions in R&D: Small Technology Based Firms in the United States and Japan. In: Transactions on Engineering Management, Vol. 44 (2), 124-134.

KUZNETS, S. (1959): Economic Change: Selected essays in business cycles, national income and economic growth. London, Heineman.

KUZNETS, S. (1973): Modern Economic Growth: Findings and Reflections. In: American Economic Review, Vol. 63, pp. 247-258.

L

LACHENMAIER, S. (2007): Effects Of Innovation on Firm Performance. ifo Beiträge zur Wirtschaftsforschung. München, ifo Institut für Wirtschaftsforschung.

LAESTADIUS, S. (2007): Empirisches Wissen in einem Lowtech-Unternehmen. In: Abel, J., Hirsch-Kreinsen, H. (eds.): Lowtech-Unternehmen am Hightech-Standort. Berlin, edition sigma, pp. 57-68.

LAM, A. (2005): Organisational innovation. In: Fagerberg, J., Mowery, D. C., Nelson, R. R. (eds.): The Oxford Handbook of Innovation. Oxford University Press, Oxford, pp. 115-147.

LANDES, D. (1970): The Unbound Prometheus. London, Cambridge University Press.

LANDRY, R., AMARA, N., LAMARI, M. (2002): Does Social Capital Determine Innovation? To What Extent? In: Technological Forecasting and Social Change, Vol. 69, pp. 681-701.

LANGLOIS, R. N., ROBERTSON, P. L. (1995): Firms, Markets, and Economic Change: A Dynamic Theory of Business Institutions. London, Routledge.

LANGLOIS, R. N., ROBERTSON, P. L. (1996): Stop Crying over Split Knowledge: A Critical Look at the Theory of Spillovers and Technical Change. Economic Working Papers, Vol. 1996-06, University of Connecticut.

LAVIE, D. (2006): The Competitive Advantage of Interconnected Firms: an Extension of the Resourcebased View. In: Academy of Management Review, Vol. 31 (3), pp. 638-65.

LAWRENCE, P. R., LORSCH, J. W. (1967): Organisation and Environment. Managing, Differentiation, and Integration. Boston: Harvard Business School Press.

LEARNED, E. P., CHRISTENSEN, C. R., ANDREW, K. R., GUTH, W. (1969): Business Policy. Homewood (ILL.), Irwin.

LEE, J. (1995): Small Firms' Innovation in Two Technological Settings. In: Research Policy, Vol. 24, pp. 391-401.

LEE, C. (2004): The Determinants of Innovation in the Malaysian Manufacturing Sector. In: ASEAN Economic Bulletin, Vol. 21 (3), pp. 319-329.

LEE, J. D., PARK, C. (2006): Research and Development Linkages in a National Innovation System: Factors affecting Success and Failure in Korea. In: Technovation, Vol. 26, pp. 1045-1054.

LEE, C. Y. (2002): Industry R&D intensity Distributions: Regularities and underlying determinants. In: Journal of Evolutionary Economics, Vol. 12, pp. 307-341.

LEFEBVRE, É., LEFEBVRE, L. A., BOURGAULT, M. (1998): R&D-Related Capabilities as

Determinants of Export Performance. In: Small Business Economics, Vol. 10 (4), pp. 365-377.

LEGLER, H., FRIETSCH, R. (2007): Neuabgrenzung der Wissenswirtschaft-forschungsintensive Industrien und wissensintensive Dienstleistungen (NIW/ISI-Listen 2006) (= Studien zum deutschen Innovationssystem Nr. 22-2007). NIW, Fraunhofer ISI. Hannover, Karlsruhe.

LEI, D., HITT, M. A., BETTIS, R. (1996): Dynamic Core Competencies Through Meta-Learning and Strategy. In: Journal of Management, Vol. 22 (4), pp. 549-569.

LEIPONEN, A. (2005): Organisation of knowledge and innovation: The case of Finnish business services. In: Industry and Innovation, Vol. 12 (2), pp. 185-203.

LEIPONEN, A., DREJER, I. (2007): What exactly are technological regimes? Intra-Industry Heterogeneity in the Organisation of Innovation Activities. In: Research Policy, Vol. 36, pp. 1221-1238.

LEONARD-BARTON, D. (1992): Core Capabilities and Core Rigidities. A Paradox in Managing New Product Development. In: Strategic Management Journal, Vol. 13, pp. 111-126.

LEONARD-BARTON, D. (1995): Wellsprings of Knowledge: Building and Sustaining the Sources of Innovation. Boston (MA), Harvard Business School Press.

LEVIN R. C., REISS, P. C. (1984): Tests of a Schumpeterian Model of R&D and Market Structure. In: Griliches Z. (ed.): R&D, Patents, and Productivity. Chicago, London: University of Chicago Press.

LEVIN, R. C., KLEVORICK, A. K., NELSON, R. R., WINTER, S. G., GILBERT, R., GRILICHES, Z. (1987): Appropriating the Returns from Industrial Research and Development. In: Brookings Papers on Economic Activity, Vol. 3, Special Issue On Microeconomics, pp. 783-831.

LEVIN, R. C., REISS, P. C. (1988): Cost-Reducing and Demand-Creating R&D with Spillovers. In: The RAND Journal of Economics, Vol. 19 (4), pp. 538-556.

LEVINE, R., RENELT, D. (1992): A Sensitivity Analysis of Cross-Country Growth Regressions. In: American Economic Review, Vol. 82, pp. 942-963.

LEVITT, B., MARCH, J. G. (1988): Organisational Learning. In: Annual Review of Sociology, Vol. 14, pp. 319-340.

LHUILLERY, S., PFISTER, E. (2009): R&D Cooperation and Failures in Innovation Projects: Empirical Evidence from French CIS data. In: Research Policy, Vol. 38, pp. 45-57.

LI, C. W. (2000): Endogenous vs. Semi-Endogenous Growth in a Two-R&D-Sector Model. In: Economic Journal, Vol. 110 (462), pp. c109-c122.

LI, M., SIMERLY, R. L. (2002): Environmental Dynamism, Capital Structure and Innovation: an empirical test. In: International Journal of Organisational Analysis, Vol. 10 (2), pp. 156-171.

LICHTENBERG, F. R., SIEGEL, D. (1991): The Impact of R&D Investment on Productivity: New Evidence Using Linked R&D-LRD data. In: Economic Enquiry, Vol. 29, pp. 203-228.

LICHTENTHALER, U. (2009): The role of corporate technology strategy and patent portfolios in low-, medium-and high-technology firms. In: Research Policy, Vol. 38, pp. 559-569.

LIEBESKIND, J. P. (1996): Knowledge, Strategy and the Theory of the Firm. In: Strategic Management Journal, Vol. 17 (2), pp. 93-108.

LIPPMAN, S. A., RUMELT, R. P. (1982): Uncertain Imitability: An Analysis of Interfirm Differences in Efficiency Under Competition. In: The Bell Journal of Economics, Vol. 13, pp. 418-438.

LIPSETT, M. S., LIPSEY, R. G. (1995): Benchmarks, Yardsticks and New Places to Look for Industrial Innovation and Growth. In: Science and Public Policy, Vol. 22 (4), pp. 259-265.

LIST, F. (1841): Das nationale System der Politischenökonomie, Erster Band: der internationale Handel, die Handelspolitik und die deutsche Zollunion. Stuttgart, Tübingen.

LöF, H., HESHMATI, A. (2006): On the Relationship Between Innovation and Performance: A sensitivity analysis. In: Economics of Innovation and New Technology, Vol. 15 (4-5), pp. 317-344.

LOOSE, A., SYDOW, J. (1994): Vertrauen in ökonomie und Netzwerkbeziehungen-Strukturationstheoretische Betrachtungen. In: Sydow, J., Windeler, A. (eds.): Management interorganisationaler Beziehungen. Opladen, Westdeutscher Verlag, pp. 160-193.

LóPEZ, R. A., (2005): Trade and growth: Reconciling the macroeconomic and microeconomic evidence. In:

Journal of Economic Surveys, Vol. 19 (4), pp. 623.

LORENZONI, G., LIPPARINI, A. (1999): The Leveraging of Interfirm Relationships as a Distinctive Organisational Capability: A Longitudinal Study. In: Strategic Management Journal, Vol. 20 (4), pp. 317-338.

LOVE, J. H., ROPER, S. (1999): R&D, Technology Transfer and Networking Effects On Innovation Intensity. In: Review of Industrial Organisation, Vol. 15 (1), pp. 43-64.

LOVE, J. H., ROPER, S. (2001): Location and Network Effects on Innovation Success: evidence for UK, German and Irish manufacturing plants. In: Research Policy, Vol. 30 (4), pp. 643-661.

LU, C. H. (2007): Moving up or moving out? A Unified Theory of R&D, FDI, and Trade. In: Journal of International Economics, Vol. 71, pp. 324-343.

LUCAS, R. E. (1972): Expectations and the Neutrality of Money. In: Journal of Economic Theory, Vol. 4, pp. 103-124.

LUCAS, R. E. (1988): On the Mechanics of Economic Development. In: Journal of Monetary Economics, Vol. 22, pp. 3-42.

LUNDVALL, B. Ā. (1985): Product Innovation and User-Producer Interaction. In: Industrial Development Research Series, Vol. 31, Aalborg, Aalborg University Press.

LUNDVALL, B. A. (1988): Innovation as an Interactive Process-from User-Producer Interaction to the National System of Innovation. In: Dosi, G., Freeman, C., Nelson R., Silverberg, G., Soete, L. (eds.): Technical Change and Economic Theory. London, pp. 349-369. Lundvall, B. Ā (1992): National Systems of Innovation: Towards a Theory of Innovation and Interactive Learning. London, Pinter.

LUNDVALL, B. Ā. (1992): National Systems of Innovation. Towards a Theory of Innovation and Interactive Learning. London, Pinter Publishers.

LUNDVALL, B. Á., JOHNSON, B. (1994): The Learning Economy. In: Journal of Industry Studies, Vol. 1 (2), pp. 23-42.

M

MACKEY, A. (2006): Dynamics in Executive Labor Markets: CEO Effects, Executive-firm Matching, and Rent Sharing. The Ohio State University: Unpublished doctoral dissertation, available at: http: //etd. ohiolink. edu/send-pdf. cgi/Mackey%20Alison. pdf? osu1148305593 (last accessed on 20th of August 2010).

MACPHERSON, A. (1997): The Contribution of External Service Inputs to the Product Development Efforts of Small Manufacturing Firms. In: R&D Management, Vol. 27 (2), pp. 127-144.

MADSEN, J. B. (2008): Semi-Endogenous Growth Versus Schumpeterian Growth Models: Testing the Knowledge Production Function Using International Data. In: Journal of Economic Growth, Vol. 13 (1), pp. 1-26.

MAHONEY, J. T., PANDIAN, J. R. (1992): The Resource-Based View Within The Conversation of Strategic Management. In: Strategic Management Journal, Vol. 13, pp. 363-380.

MAHONEY, J. T. (1993): Strategic Management and Determinism: Sustaining the Conversation. In: Journal of Management Studies, Vol. 30 (1), pp. 173-191.

MAHONEY, J. T. (1995): The Management of Resources and the Resource of Management. In: Journal of Business Research, Vol. 33, pp. 91-101.

MAIRESSE J. (1990): Time-Series and Cross-National Estimates on Panel Data: Why Are They Different and Why Should They Be Equal? In: Hartog, J., Ridder, G., Theeuwes, J. (eds.): Panel Data and Labour Market Studies. Amsterdam, North-Holland, pp. 81-95.

MAIRESSE J. SASSENOU, M. (1991): R&D and Productivity: A Survey of Econometric Studies at the Firm Level. In: Science-Technology-Industry Review, OECD, Vol. 8, pp. 9-43.

MAIRESSE, J., HALL, B. (1996): Estimating the Productivity of Research and Development: An Exploration of GMM Methods Using Data on French and United States Manufacturing Firms. NBER

Working Paper No. 5501.
MAJUMDAR, S. K. (1995): The Determinants of Investment in New Technology: an Examination of Alternative Hypothesis. In: Technological Forecasting and Social Change, Vol. 50, pp. 153-165.
MAKADOK, R. (2001): Towards a Synthesis of the Resource-Based and Dynamic-Capability Views of Rent Creation. In: Strategic Management Journal, Vol. 22, pp. 387-401.
MALERBA, F., ORSENIGO, L. (1995): Schumpeterian patterns of innovation. In: Cambridge Journal of Economics, Vol. 19, pp. 47-65.
MALERBA, F., ORSENIGO, L. (1996): Schumpeterian Patterns of Innovation are Technology specific. In: Research Policy, Vol. 25, pp. 451-478.
MALERBA, F., NELSON, R. R., ORSENIGO, L., WINTER, S., (1999): "History-Friendly" Models of Industry Evolution: The Computer Industry. In: Industrial and Corporate Change, Vol. 8, pp. 3-40.
MALTHUS, T. R. (1986): An Essay on the Principle of Population. Original 1798, reprint: Pickering, London.
MANSFIELD E. (1961): Technical Change and the Rate of Imitation. In: Econometrica, Vol. 29 (4), pp. 741-66.
MANSFIELD, E. (1962): Entry, Gibrat's Law, Innovation and Firm Growth. In: Journal of Financial Economics, Vol. 40, pp. 3-29.
MANSFIELD E. (1965): Rates of Return from Industrial R&D. In: American Economic Review, Vol. 55 (2), pp. 310-22.
MANSFIELD, E. (1968a): Industrial Research and Technological Innovation. New York, Norton.
MANSFIELD, E. (1968b): The Economics of Technological Change. New York, Norton.
MANSFIELD, E. (1984): R&D and Innovation: Some empirical findings. In: Griliches, Z. (ed.): R&D, Patents and Productivity, Chicago, Chicago University Press, pp. 127-154.
MARCH, J. G., SIMON, H. A. (1958): Organisations. New York, John Wiley & Sons.
MARCH, J. G. (1981): Footnotes to Organisational Change. In: Administrative Science Quarterly, Vol. 26 (2), pp. 563-577.
MARCH, J. G. (1991): Exploration and Exploitation in Organisational Learning. In; Organisation Science, Vol. 2 (1), pp. 71-87.
MARCH, J. G. (1994): A Primer on decision making: How decisions happen. New York, Free Press.
MARCH, J. G., SUTTON, R. I. (1997): Organisational Performance as a Dependent Variable. In: Organisation Science, Vol. 8 (6), pp. 698-706.
MARCH, J. (1999): The evolution of evolution. In: March, J. G. (ed.): The pursuit of organisational intelligence. Malden. MA, Blackwell, pp. 100-113.
MARGLIN, S. A. (1984): Growth, Distribution, and Prices. Cambridge (MA), Harvard University Press.
MARSILI, O. (2001): The Anatomy and Evolution of Industries. Technological Change and Industrial Dynamics. Cheltenham, Edward Elgar.
MARSILI, O., VERSPAGEN, B. (2002): Technology and the dynamics of industrial structures: an empirical mapping of Dutch manufacturing. In: Industrial and Corporate Change, Vol. 11, pp. 791-815.
MARSHALL, A. (1920): Principles of Economics. 8th Edition, London, Macmillan Press.
MARTIN, A. (1989): Die empirische Forschung in der Betriebswirtschaftslehre. Stuttgart, SchäfferPoeschel.
MARTIN, S. (1994): Industrial Economics. Economic Analysis and Public Policy. Englewood Cliffs, NJ.
MARX, K. (1987): Das Kapital. Band I-II (Originals 1867, 1885 und 1894), reprint: Dietz, Berlin.
MASKELL, P. (1998): Low-Tech Competitive Advantages and the Role of Proximity: The Danish Wooden Furniture Industry. In: European Urban and Regional Studies, Vol. 5 (2), pp. 99-118.
MASSINI, S., LEWIN, A. Y., GREVE, H. R. (2005): Innovators and imitators: Organisational reference groups and adoption or organisational routines. In: Research Policy, Vol. 34, pp. 1550-1569.
MATHEWS, J. A. (2006): Catch-Up Strategies and the Latecomer Effect in Industrial Development. In: New Political Economy, Vol. 11 (3), pp. 313-335.
MATHIEU, V. (2001a): Product Services: From a Service Supporting the Product to a Service Supporting

the Client. In: Journal of Business and Industrial Marketing, Vol. 16 (1), pp. 39-58.

MATHIEU, V. (2001b): Service Strategies Within the Manufacturing Sector: Benefits, Costs and Partnership. In: International Journal of Service Industry Management, Vol. 12 (5), pp. 451-475.

MAYR, E. (1972): Lamarck Revisited. In: Journal of the History of Biology, Vol. 5 (1), pp. 55-94.

MAYR, E. (1991): Eine neue Philosophie der Biologie. München, Zürich, Piper.

MEADE, J. E. (1961): A Neo-Classical Theory of Economic Growth. London, Allen & Unwin.

MEADOW CONSORTIUM (2010): The MEADOW Guidelines, Project funded within the 6th Framework Programme of the European Commission's DG Research, Grigny, France, http://www.meadowproject.eu/index.php?/Article-du-site/Guidelines.html.

MEDCOF, J. W. (2000): Dynamic Capabilities: A Neo-Contingency Theory? Working Paper No. 96, Management of Innovation and New Technology Research Centre, The Michael G. DeGroote School of Business, McMaster University, Hamilton (Canada).

MEISTER, C., VERSPAGEN, B. (2004): European Productivity Gaps: Is R&D the Solution? Oslo, University of Oslo Centre for Technology, Innovation and Culture.

MENDON. A, S. (2009): Brave Old World: Accounting for 'High-Tech' Knowledge in 'Low-Tech' Industries. In: Research Policy, Vol. 38, pp. 470-482.

MESSMAN, K. (1977): A study of key concepts and norms for the international collection and presentation of science statistics. Paris, UNESCO.

METCALFE, J. S. (1994): Competition, Fisher's Principle and Increasing Returns in the Selection process. In: Journal of Evolutionary Economics, Vol. 4, pp. 327-346.

METCALFE, J. S. (1995): The Economic Foundations of Technology Policy: Equilibrium and Evolutionary Perspectives. In: Stoneman, P. (ed.): Handbook of the Economics of Innovation and Technical Change. Oxford, Cambridge (MA), pp. 409-512.

METCALFE, J. (1998): Evolutionary Economics and Creative Destruction. London, New York.

MICHIE, J. (1998): Introduction. The Internationalisation of the Innovation Process. In: International Journal of the Economics of Business, Vol. 5 (3), pp. 261-277.

MIKIC, S., WHITE, G. R. T., RAZAK, A. A. (2009): A Knowledge Review: Implications for Future Research and Practical Application. In: International Journal of Business and Management, Vol. 4 (1), pp. 26-31.

MILES, I. (2007): Research and development beyond manufacturing: the strange case of service R&D. In: R&D Management, Vol. 37, (3), pp. 249-268.

MILLER, A. G., MAIR, D. (1991): A modern guide to economic thought. Aldershot, Edgar Miller.

MILLIGAN, G. W., SOKOL, L. M. (1980): A Two-Stage Clustering Algorithm With Robust Recovery Characteristics. In: Educational and Psychological Measurement, Vol. 40, pp. 755-759.

MILLIGAN, G. W., COOPER, M. C. (1987): Methodology Review: Clustering Methods. In: Applied Psychological Measurement, Vol 11 (4), pp. 329-354.

MINTZBERG, H. (1994): The Decline and Fall of Strategic Planning. New York, Prentice-Hall.

M. LLER, K. (2006): Unternehmensnetzwerke und Erfolg-Eine empirische Analyse von Einfluss-und Gestaltungsfaktoren. In: Zeitschrift für betriebswirtschaftliche Forschung (zfbf), Vol. 58, pp. 1051-1076.

MOLDASCHL, M., FISCHER, D. (2004): Beyond the management view. A Resource-Centered Socio-Economic Perspective. In: Croucher, R., Kabst, R., Kellerman, R., Matiaske, W. (eds): Management Revue. The international review of management studies. Special issue: Beyond resource based View (edited by Manfred Moldaschl), Vol. 14 (1), pp. 122-151.

MOLDASCHL, M. (2006): Innovationsfähigkeit, Zukunftsfähigkeit, Dynamic Capabilities. Moderne Fähigkeitsmystik und eine Alternative. In: Schreyögg, G., Conrad, P. (eds.): Management von Kompetenz. Managementforschung, Vol. 16, Wiesbaden, Gabler Verlag, pp. 1-36.

MONTGOMERY, C. A. (1995): Of Diamonds and Rust: A New Look at Resources. In: Montgomery, C. A. (ed.): Resource-Based and Evolutionary Theories of the Firm: Towards a Synthesis. Boston, Kluwer

Academic Publishers, pp. 251-268.

MORAN, P., GHOSHAL, S. (1999): Markets, Firms, and the Process of Economic Development, in: Academy of Management Review, Vol. 24, pp. 390-412.

MOWERY, D. C. (1983a): Economic Theory and Government Technology Policy. In: Policy Sciences, Vol. 16, pp. 27-43.

MOWERY, D. C. (1983b): The Relationship between Intrafirm and Contractual Forms of Industrial Research in American Manufacturing, 1900-1940. In: Explorations in Economic History, Vol. 20 (4), pp. 351-374.

MOWERY, D. C., ROSENBERG, N. (1989): Technology and the Pursuit of Economic Growth. Cambridge (UK), Cambridge University Press.

MOWERY, D. C., ROSENBERG, N: (1998): Paths of Innovation. Cambridge (MA), Cambridge University Press.

MüNT, G. (1996): Dynamik von Innovation und Außenhandel-Entwicklungen technologischer und wirtschaftlicher Spezialisierungsmuster. Band 21 der Schriftenreihe Technik, Wirtschaft und Politik des Fraunhofer-Instituts für Systemtechnik und Innovationsforschung (ISI). Heidelberg.

MUROVEC, N., PRODAN, I. (2009): Absorptive Capacity, Its Determinants, and Influence on Innovation Output: Cross-cultural validation of the structural model. In: Technovation, Vol. 29, pp. 859-872.

MYERS, S., MARQUIS. D. G. (1969): Successful Industrial Innovations: A study of factors underlying innovation in selected firms. NSF 69-17. Washington, DC: National Science Foundation.

N

NAHAPIET, J., GHOSHAL, S. (1998): Social Capital, Intellectual Capital, and the Organisational Advantage. In: Academy of Management Review, Vol. 23, pp. 242-266.

NAKAMURA, M. (2003): Research Alliances and Collaborations: introduction to the special issue. In: Managerial and Decision Economics, Vol. 24, pp. 47-49.

NASCIA, L., PERANI, G. (2002): Diversity of Innovation in Europe. In. International Review of Applied Economics, Vol. 16 (3), pp. 277-293.

NELSON, R. R. (1973): Recent Exercises in Growth Accounting: New Understanding or Dead End? In: American Economic Review, Vol. 63 (3), pp. 462-468.

NELSON, R. R. (1990): Capitalism as an Engine of Progress. In: Research Policy, Vol. 19 (3), pp. 193-214.

NELSON, R. R. (1991): Why Firms Differ, and How Does It Matter?. In: Strategic Management Journal, Vol. 12, pp. 61-74.

NELSON, R. R. (1993): National Systems of Innovation: A Comparative Study. Oxford, Oxford University Press.

NELSON, R. R. (1994): An Agenda for Formal Growth Theory. Working Paper 94-85 (September 1994), International Institute for Applied Systems Analysis IIASA, Laxenburg, Austria, available at: http: // www. iiasa. ac. at/Admin/PUB/Documents/WP-94-085. pdf (last access on 10th of September 2009).

NELSON, R. R. (2000): National Innovation Systems. In: Acs, Z. J. (ed.): Regional Innovation, Knowledge and Global Change. London, New York, Pinter Publishers, pp. 11-26.

NELSON, R. R. (2006): Economic development from the perspective of economic theory, The other Canon Foundation and Tallin University of Technology, Working Papers in Technology Governance and Economic Dynamics 02, TTU Institute of Humanities and Social Science.

NELSON, R. R., WINTER, S. G. (1974): Neoclassical vs. Evolutionary Theories of Economic Growth: Criticism and Prospectus. In: Economic Journal, Vol. 84, pp. 886-905.

NELSON, R. R., WINTER S. G. (1982): An Evolutionary Theory of Economic Change. Cambridge (MA.), Belknap Press.

NEUWEG, G. H. (1999): K. nnerschaft und implizites Wissen. Münster, Waxmann.

NICKERSON, J. A., ZENGER, T. R. (2004): A Knowledge-Based Theory of the Firm-The Problem-

Solving Perspective. In: Organisation Science, Vol. 15 (6), pp. 617-632.

NIELSEN, R. N., CHRISTENSEN, J. L., DAHL, M. S., ELIASEN, S., ØSTERGAARD, C. R. (2008): Innovation in Agricultural, Forest and Fishery. Paper for the DRUID Summer Conference 2008, "Entrepreneurship and Innovation", Copenhagen, CBS, Denmark, June 17-20, 2008.

NIJSSEN, E. J., HILLEBRAND, B., VERMEULEN, P. A. M., KEMP, R. G. M. (2006): Exploring product and service innovation similarities and differences. In: International Journal of Research in Marketing, Vol. 23, pp. 241-251.

NOLTE, H. (1998): Aspekte ressourcenorientierter Unternehmensführung. München, Mering.

NONAKA, I. (1991): The Knowledge Creating Company. In: Harvard Business Review, Vol. 69 (6), pp. 96-104.

NONAKA, I. (1994): A Dynamic Theory of Organisational Knowledge Creation. In: Organisation Science, Vol. 5, pp. 14-37.

NONAKA, I., TAKEUCHI, H. (1995): The Knowledge Creating Company. New York, Oxford University Press.

NONAKA, I., KONNO, N. (1998): The Concept of "Ba": Building a Foundation for Knowledge Creation. In: California Management Review, Vol. 40 (3), pp. 40-54.

NONAKA, I., TOYAMA, R. (2003): The Knowledge-creating Theory Revisited: Knowledge Creation as a Synthesizing Process. In: Knowledge Management Research & Practice, Vol. 1, pp. 2-10.

NOOTEBOOM, B. (1991): Entry, spending and firm size in a stochastic R&D race. In: Small Business Economics, Vol. 3, pp. 103-120.

NOOTEBOOM, B. (1992): Towards a Dynamic Theory of Transactions. In: Journal of Evolutionary Economics, Vol. 2, pp. 281-299.

NOOTEBOOM, B. (1999): Innovation and Inter-Firm Linkages: new implications for policy. In: Research Policy, Vol. 28 (8), pp. 793-805.

NOOTEBOOM, B. (2000): Learning and Innovation in Organisations and Economies. Oxford, Oxford University Press.

NOOTEBOOM, B. (2009): A Cognitive Theory of the Firm. Learning, Governance and Dynamic Capabilities. Northampton (MA.), Edward Elgar.

NORTH, D. C. (1981): Structure and Change in Economic History. New York, Norton.

NORTH, D. C. (1990): Institutions, Institutional Change and Economic Performance. New York, Cambridge University Press.

O

OECD (1963): The Measurement of Scientific and Technical Activities: Proposed Standard Practice for Surveys of R&D. Paris, OECD Publications.

OECD (1976): Science and Technology Indicators. DSTI/SPR/76. 43.

OECD (1992): OSLO Manual: Proposed Guidelines for Collecting and Interpreting Technological Innovation Data. 1st Edition, Paris, OECD Publications.

OECD (1993): The Measurement of Scientific and Technical Activities: Proposed Standard Practice for Surveys of Research and Development. Paris, OECD Publications.

OECD (1994): Science and Technology Policy: Review and Outlook. Paris, OECD Publications.

OECD (1997): OSLO Manual: Proposed Guidelines for Collecting and Interpreting Technological Innovation Data. 2nd Edition, Paris, OECD Publications.

OECD (1999): Science, Technology and Industry Scoreboard 1999: Benchmarking Knowledge-Based Economies, Paris, OECD Publications.

OECD (2002): The Measurement of Scientific and Technical Activities: Proposed Standard Practice for Surveys of Research and Development. Paris, OECD Publications.

OECD (2005): OSLO Manual: Guidelines for Collecting and Interpreting Innovation Data. 3rd Edition, Paris, OECD Publications.

OECD (2009): Innovation in Firms. A microeconomic perspective. Paris, OECD Publications.

OELSNITZ, VON DER, D., GRAF, A. (2006): Inhalt und Aufbau interorganisationaler Kooperationskompetenz-Eine Konstruktbestimmung. In: Schrey. gg, G., Conrad, P. (eds.): Management von Kompetenz. Managementforschung, Vol. 16, Wiesbaden, Gabler Verlag, pp. 83-120.

OERLEMANS, L. A. G., MEEUS, M. T. H., BOEKEMA, F. W. M. (1998): Do Networks Matter for Innovation: The usefulness of the economic network approach in analysing innovation. In: Journal of Economic and Social Geography, Vol. 89 (3), pp. 298-309.

OHLIN, B. (1933): Interregional and International Trade. Cambridge, Harvard University Press (revised edition 1967).

OKAMURO, H. (2007): Determinants of Successful R&D Cooperation in Japanese Small Businesses: the impact of organisational and contractual characteristics. In: Research Policy, Vol. 36 (10), pp. 1529-1544.

OLTRA, M., FLOR, M. (2003): The Impact of Technological Opportunities and Innovative Capabilities on Firms' Output Innovation. In: Creativity and Innovation Management, Vol. 12, pp. 137-144.

P

PARISI, M. L. (2001): Essays on Innovation, R&D Investment, and Productivity. Ph. D. Dissertation, Boston College.

PARUCHURI, S., NERKAR, A., HAMBRICK, D. C. (2006): Acquisition Integration and Productivity Losses in the Technical Core: Disruption of Inventors in Acquired Companies. In: Organisation Science, Vol. 17 (5), pp. 545-562.

PASINETTI, L. L. (1994): The Structure of Long-Term Development: Concluding Comments. In: Pasinetti, L. L.; Solow, R. M. (eds.): Economic Growth and the Structure of Long-Term Development. Proceedings of the IEA Conference held in Varenna, Italy. International Economic Association, St. Martin's Press, pp. 353-362.

PATEL, P., SOETE, L. (1988): Measuring the Economic Effects of Technology. In: STI Review, Vol. 4, pp. 121-66.

PAUTZKE, G. (1989): Die Evolution der organisatorischen Wissensbasis. Herrsching, Barbara Kirsch.

PAVITT, K. (1984): Sectoral patterns of technical change: towards a taxonomy and a theory. In: Research Policy, Vol. 13, pp. 343-373.

PAVITT, K., ROBSON, M., TOWNSEND, J. (1987): The Size Distribution of Innovating Firms in the UK: 1945-83'. In: The Journal of Industrial Economics, Vol. 35 (3), pp. 297-316.

PAVITT, K. (1991): Key Characteristics of the Large Innovating Firm. In: British Journal of Management, Vol. 2, pp. 41-50.

PAVITT, K. (1993): What Do Firms Learn from Basic Research? In: Foray, D., Freeman, C. (eds.): Technology and the Wealth of Nations. London, Pinter, pp. 29-40.

PAVITT, K. (2001a): Public Policies to Support Basic Research: What the rest of the world can learn from US theory and practice? (And what they should not learn). In: Industrial and Corporate Change, Vol. 10 (3), pp. 761-779.

PAVITT, K. (2001b): Research and development in organisations. In: Smelser, N. J., Baltes, P. B. (eds.): International Encyclopedia of the Social and Behavioral Sciences. Vol. 19; Amsterdam, Oxford, Elsevier, pp. 13220-13224.

PEDERSEN, T. E. (2005): Two types of "Low-Tech" Sophistication: Production Techniques, Product Design and Formal Competence in Norwegian Mechanical Engineering. In: Hirsch-Kreinsen, H., Jacobson, D., Laestadius, S. (eds.): Low-Tech Innovation in the Knowledge Economy. Frankfurt a. Main, Berlin, New York, Peter Lang, pp. 253-284.

PEITZ, U. (2002): Struktur und Entwicklung von Beziehungen in Unternehmensnetzwerken. Wiesbaden.

PENEDER, M. (2001): Entrepreneurial Competition and Industrial Location. Cheltenham (UK), Edward Elgar.

PENEDER, M. (2002): Intangible Investment and Human Resources. In: Journal of Evolutionary Economics, Vol. 12, pp. 107-134.

PENEDER, M. (2003): Industry classifications. Aim, scope and techniques. In: Journal of Industry, Competition and Trade, Vol. 3 (1-2), pp. 109-129.

PENEDER, M. (2010): Technological regimes and the variety of innovation behaviour: Creating integrated taxonomies of firms and sectors. In: Research Policy, Vol. 39, pp. 323-334.

PENROSE, E. T. (1959): The Theory of the Growth of the Firm. New York, John Wiley & Sons.

PENROSE, E. T. (1985): The Theory of the Growth of the Firm Twenty-Five Years After. Acta Universitatis Upsaliensis, Studia Oeconomiae Negotiorum, Vol. 20, Uppsala.

PENTLAND, B. T., HAEREM, T., HILLISON, D. (2010): Comparing Organisational Routines as Recurrent Patterns of Action. In: Organisation Studies, Vol. 31 (7), pp. 917-940.

PESSOA, A. (2010): R&D and Economic Growth: How strong is the link? In: Economic Letters, Vol. 107, pp. 152-154.

PERETTO, P. (1998): Technological Change and Population Growth. In: Journal of Economic Growth, Vol. 3 (4), pp. 283-311.

PETERAF, M. A. (1993): The Cornerstones of Competitive Advantage. A Resource-Based View. In: Strategic Management Journal, Vol. 14, pp. 179-191.

PETERS, B. (2004): Employment Effects of Different Innovation Activities: Microeconomic evidence. ZEW Discussion Paper 04-73, Mannhein, Zentrum für Europäische Wirtschaftsforschung.

PHELPS, E. (1961): The Golden Rule of Accumulation: A Fable for Growthmen. In: American Economic Review, Vol. 51, pp. 638-643.

PIANTA. M. (2005): Innovation and Employment, In: Fagerberg, J., Mowery, D. C., Nelson, R. R. (eds.): The Oxford Handbook of Innovation. New York, Pxford University Press, pp. 568-598.

PICOT, A., REICHWALD, R., WIGAND, R. (2001): Die grenzenlose Unternehmung. Information, Organisation und Management, 4. Auflage, Wiesbaden, Gabler.

PIERSON, E. C. (1959): The Education of American Businessmen: A Study of University-College Programs in Business Administration. New York, McGraw-Hill.

PISANO, G. P., SHAN, W., TEECE, D. J. (1988): Joint Ventures and Collaboration in the Biotechnology Industry. In: Mowery, D. (ed.): International Collaborative Ventures in US Manufacturing. Cambridge (MA), Ballinger Publishing Co., pp. 183-222.

PISANO, G. (1990): The R&D boundaries of the Firm: an empirical analysis. In: Administrative Science Quarterly, Vol. 35, pp. 153-176.

PITELIS, C. (2002): The Growth of the Firm; The Legacy of Edith Penrose. Oxford, Oxford University Press.

PITTAWAY, L., ROBERTSON, M., MUNIR, K., DENYER, D., NEELY, A. (2004): Networking and innovation: a systematic review of the evidence. In: International Journal of Management Reviews, Vol. 5/6 (3&4), pp. 137-168.

PIVA, M., VIVARELLI, M. (2002): The skill bias: comparative evidence and an econometric test. In: International Review of Applied Economics, Vol. 16 (3), pp. 347-358.

PIVA, M., VIVARELLI, M. (2004): Technological Change and Employment: Some micro evidence from Italy. In: Applied Economics Letters, Vol. 11 (6), pp. 373-376.

PIVA, M., VIVARELLI, M. (2005): Innovation and Employment: Evidence from Italian microdata. In: Journal of Economics, Vol. 86 (1), pp. 65-83.

PLEHN-DUJOWICH, J. (2007): Innovation, Firm Size, and RDSearch. In: Economics Bulletin, Vol. 12 (17), pp. 1-8.

PLESCHAK, F., SABISCH, H. (1996): Innovationsmanagement, Stuttgart, Schäffer-Poeschel.

POLANYI, M. (1958): Personal Knowledge: Towards a Post-Critical Philosophy. Chicago, University of Chicago Press.

POLANYI, M. (1966): The Tacit Dimension. New York, Anchor Day.

PORTER, M. E. (1979): How Competitive Forces Shape Strategy. In: Harvard Business Review, Vol. March/April, pp. 137-156.

PORTER, M. E. (1980): Competitive Strategy: Techniques for Analyzing Industries and Competitors. New York, Free Press.

PORTER, M. E. (1981): The Contributions of Industrial Organisation to Strategic Management. In: Academy of Management Review, Vol. 6 (4), pp. 609-620.

PORTER, M. E. (1985): Competitive Advantage: Creating and Sustaining Superior Performance. New York, Free Press.

PORTER, M. (1987): From Competitive Strategy to Cooperative Strategy. In: Harvard Business Review, Vol. 65 (3), pp. 43-59.

PORTER, M. E. (1990): The Competitive Advantage of Nations. New York, The Free Press.

PORTER, M. E. (1991): Towards a Dynamic Theory of Strategy. In: Strategic Management Journal, Vol. 12, pp. 95-117.

PORTER, M. E. (1996): What is strategy? In: Harvard Business Review, November-December, pp. 61-78.

PORTER, M. E. (1997): Wettbewerbsstrategie (Competitive Strategy). Methoden zur Analyse von Branchen und Konkurrenten. Frankfurt, Campus Verlag.

PORTER, M. E. (1999): Wettbewerbsstrategien. 10th edition, Frankfurt a. Main, Campus Verlag.

POSNER, M. V. (1961): International Trade and Technical Change. In: Oxford Economic Papers, Vol. 13, pp. 323-341.

PRAHALAD, C. K., BETTIS, R. A. (1986): The Dominant Logic: A New Linkage Between Diversity and Performance. In: Strategic Management Journal, Vol. 7, pp. 485-501.

PRAHALAD, C. K., HAMEL, G. (1990): The Core Competence of the Corporation. In: Harvard Business Review, Vol. 68 (3), pp. 79-91.

PREISSL, B. (2000): Service Innovation: What Makes it Different? In: Metcalfe, J. S., Miles, I. (eds.): Innovation Systems in the Service Economy. Kluwer Academic Publishers, Boston, Dordrecht, London, pp. 125-148.

PRICE, W. J., BASS, L. W. (1969): Scientific research and the innovative process. In: Science, Vol. 164 (3881): pp. 802-806.

PRIEM, R. L., BUTLER, J. E. (2001a): Tautology in the Resource-Based View and the Implications of Externally Determined Resource Value. Further comments. In: Academy of Management Review, Vol. 26 (1), pp. 57-66.

PRIEM, R. L., BUTLER, J. E. (2001b): Is the Resource-Based "View" a Useful Perspective for Strategic Management Research. In: Academy of Management Review, Vol. 26 (1), pp. 22-40.

PUGH, D. S., HICKSON, D. J., HININGS, C. R., MACDONALD, K. M., TURNER, C., LUPTON, T. (1963): A Conceptual Scheme for Organisational Analysis. In: Administrative Science Quarterly, Vol. 8 (3), pp. 289-315.

PUNJ, G., STEWART, D. W. (1983): Cluster Analysis in Marketing Research: Review and Suggestions For Application. In: Journal of Marketing Research, Vol. 20, pp. 134-148.

Q

QUINN, J. B. (2000): Outsourcing Innovation: The New Engine of Growth. In: Sloan Management Review, Vol. 41 (4), pp. 13-28.

R

RAA (TEN), T.; MOHNEN, P. (2008): Competition and Performance: The Different Roles of Capital and Labor. In: Journal of Economic Behavior & Organisation, Vol. 65, pp. 573-584.

RAHMEYER, F. (1993): Technischer Wandel und sektorales Produktivitätswachstum. Jahrbuch für Nationalökonomie und Statistik, Vol. 211 (3-4), pp. 259-285.

RAHMEYER, F. (2005): Wirtschaftliche Entwicklung oder evolutorischer Wandel. Ein integrativer Versuch zur Fundierung der evolutorischen. Ökonomik. Volkswirtschaftliche Diskussionsreihe, Beitrag Nr. 282, Dezember 2005, Universit. t Augsburg.

RAMMER, C., CZARNITZKI, D., SPIELKAMP, A. (2009): Innovation Success of Non-R&D-Performers: Substituting Technology by Management in SMEs. In: Small Business Economics, Vol. 33, pp. 35-58.

RAMMER, C., KÖHLER, C., MURMANN, M., PESAU, A., SCHWIEBACHER, F., KINKEL, S., KIRNER, E., SCHUBERT, T., SOM, O. (2011): Innovation ohne Forschung und Entwicklung. Eine Untersuchung zu Unternehmen, die ohne eigene FuE-Tä-tigkeit neue Produkte und Prozesse einführen. Studien zum deutschen Innovationssystem, Nr. 15-2011, Mannheim und Karlsruhe.

RASCHE, C. (1994): Wettbewerbsvorteile durch Kernkompetenzen. Ein ressourcenorientierter Ansatz. Wiesbaden.

RAYMOND, L., ST-PIERRE, J. (2010): R&D as a Determinant of Innovation in Manufacturing SMEs: An attempt at empirical clarification. In: Technovation, Vol. 30, pp. 48-56.

READ, A. (2000): Determinants of Successful Organisational Innovation: A Review of Current Research. In: Journal of Management Practice, Vol. 3 (1), pp. 95-119.

REBER, G. (1992): Organisationales Lernen. In: Freese, E. (ed.): Handwörterbuch der Organisation. 3rd Edition, Stuttgart, Poeschel, pp. 1240-1255.

REBELO, S. (1991): Long-Run Policy Analysis and Long-Run Growth. In: Journal of Political Economy, Vol. 99, pp. 500-521.

REED, R., DE FILIPPI, R. (1990): Casual Ambiguity, Barriers to Imitation and Sustainable Competitive Advantage. In: Academy of Management Journal, Vol. 15 (1), pp. 88-102.

REHME, G. (2007): Wissen und Neue Wachstumstheorie: Die Rolle von fachspezifischem Humankapital. Arbeitspapiere des Instituts für Volkswirtschaftslehre, Nr. 189, Technische Universität Darmstadt.

REINGANUM, J. F. (1981): Dynamic Games of Innovation. In: Journal of Economic Theory, Vol. 25, pp. 21-41.

REINGANUM, J. F. (1982): A Dynamic Game of R and D: Patent Protection and Competitive Behaviour. In: Econometrica, Vol. 50 (3), pp. 671-688.

REUER, J., ZOLLO, M. (2005): Termination Outcomes of Research Alliances. In: Research Policy, Vol. 34 (1), pp. 101-115.

RICARDO, D. (1951): On the principles of Political Economy and Taxation. Original 1817, reprint: Cambridge University Press, Cambridge.

RICHARD, P. J., DEVINNEY, T. M., YIP, G. S., JOHNSON, G. (2009): Measuring Organisational Performance: Towards Methodological Best Practice. In: Journal of Management, Vol. 35 (3), pp. 718-804.

RICHERSON, P. J., BETTINGER, R. L., BOYD, R. (2005): Evolution on a Restless Planet: Were Environmental Variability and Environmental Change Major Drivers of Human Evolution? In: Wuketits, F. M., Ayala, F. J: (eds): Handbook of Evolution, Vol. 2, The Evolution of Living Systems (including Hominids). Wiley-VCH, pp. 223-242.

RIGBY, D., ZOOK, D. (2002): Open-Market Innovation. In: Harvard Business Review, Vol. 80 (10), pp. 80-89.

ROBERTS, E. B., (1988): Managing Invention and Innovation. In: Research Management, Vol. 31, pp. 11-29.

ROBERTSON, P. L., PATEL, P. R. (2007): New wine in old bottles: technological diffusion in developed economies. In: Research Policy, Vol. 36, pp. 708-721.

ROBERTSON, P. L., SMITH, K. (2008): Distributed knowledge bases in low-and medium-technology industries. In: Hirsch-Kreinsen, H., Jacobson, D. (eds.): Innovation in Low-Tech Firms and Industries. Cheltenham (UK), Northampton (MA), Edward Elgar, pp. 93-117.

ROBSON, M. J. (2002): Partner Selection in Successful International Strategic Alliances: The Role of Co-Operation. In: Journal of General Management, Vol. 28 (1), pp. 1-15.

RöPKE, J., STILLER, O. (2006): Einführung zum Nachdruck der 1. Auflage Joseph A. Schumpeters. Theorie der wirtschaftlichen Entwicklung ". In: Röpke, J., Stiller, O. (eds.): Joseph Schumpeter. Theorie der wirtschaftlichen Entwicklung. Nachdruck der 1. Auflage von 1912. Berlin, Duncker & Humblot, Berlin, pp. V-XLI.

RöTHELI, T. F. (1993): Exogenes und endogenes Wachstum: ein Streifzug. In: Duwendag, D., Rose, K., Wille, E. (eds.): Jahrbuch für Sozialwissenschaft. Zeitschrift für Wirtschaftswissenschaften, Vol. 44, Göttingen, Vanderhoeck & Ruprecht, pp. 1-10.

ROGERS, M. (1998): The Definition and Measurement of Innovation. Working Paper No. 19/98, Melbourne, Melbourne Institute of Applied Economic and Social Research, available at: http://melbourneinstitute. com/wp/wp1998n10. pdf (last access on 30th of June 2010).

ROGERS, M. (2004): Networks, Firm Size and Innovation. In: Small Business Economics, Vol. 22, pp. 141-153.

ROMER, P. M. (1986): Increasing Returns and Long-Run Growth. In: Journal of Political Economy, Vol. 94 (5), pp. 1002-1037.

ROMER, P. M. (1990): Endogenous Technological Change. In: Journal of Political Economy, Vol. 98 (5), pp. 71-102.

ROMER, P. M. (1994): The Origins of Endogenous Growth. In: Journal of Economic Perspectives, Vol. 8 (1), pp. 3-22.

ROPER, S. (1999): Underreporting of R&D in Small Firms: The Impact on International R&D Comparisons. In: Small Business Economics, Vol. 12, pp. 131-135.

ROPER, S., LOVE, J. H. (2002): Innovation and export performance: evidence from the UK and German manufacturing plants. In: Research Policy, Vol. 31 (7), pp. 1087-1102.

ROSA, J. M. (2004): Importance of Research and Development in the Business Services Sector. In: Innovation Analysis Bulletin (Statistics Canada), Vol. 6 (2), pp. 11-13.

ROSEN, S. (1976): A Theory of Life Earnings. In: Journal of Political Economy, Vol. 84 (4), pp. 45-67.

ROSENBERG, N. (1972): Technology and American Economic Growth. White Plains, New York, Sharpe.

ROSENBERG, N., BIRDZELL, L. E. (1986): How The West Grew Rich: The Economic Transformation Of The Industrial World. New York, Basic Books, Inc. Publishers.

ROSENBERG, N. (1990): Why do firms basic research (with their own money). In: Research Policy, Vol. 19, pp. 165-174.

ROSENBERG, N. (1994): Exploring the Black Box: Technology, Economics, and History. New York, Cambridge University Press.

ROSENTHAL, S. R. (1992): Effective Product Design and Development. Homewood (IL), Irwin.

ROTHWELL, R. (1992): Successful Industrial Innovation: Critical Factors for the 1990's. In: R&D Management, Vol. 22 (3), pp. 221-239.

ROTHWELL, R. (2003): Towards the Fifth-Generation Innovation Process. In: Jones, O., Tilley, F. (eds.): Competitive Advantage in SMEs. Organising for Innovation and Change. Chichester, John Wiley & Sons, pp. 115-135.

RUMELT, R. P (1984): Towards a strategic theory of the firm. In: Lamb, B. (ed.): Competitive strategic management. Englewood Cliffs, NJ: Prentice Hall, pp. 556-570.

RUMELT, R. P. (1987): Theory, Strategy, and Entrepreneurship. In: Teece, D. (ed.): The Competitive Challenge. Cambridge (MA), Ballinger, pp. 137-158.

RUMELT, R. P. (1991): How Much Does Industry Matter? In: Strategic Management Journal, Vol. 12, pp. 167-185.

RUMELT, R. P. (1994): Foreword. In: Hamel, G., Heene, A. (eds.): Competence-Based Competition. Chichester, John Wiley & Sons, pp. XV-XIX.

RYTTER, N. G., BOER, H., KOCH, C. (2007): Conceptualizing operations strategy processes. In: International Journal of Operations & Production Management, Vol. 27 (20), pp. 1093-1114.

S

SALA-I-MARTIN, X. (1990a): Lecture Notes on Economic Growth (I): Introduction to the Literature and Neoclassical Models. NBER Working Paper No. 3563.

SALA-I-MARTIN, X. X. (1990b): Lecture Notes on Economic Growth (II): Five Prototype Models of Endogenous Growth. NBER Working Paper No. 3564.

SALA-I-MARTIN, X. X. (1997): I Just Ran Two Million Regressions. In: American Economic Review, Vol. 87, pp. 178-183.

SAMSON, D., TERZIOVSKI, M. (1999): The Relationship between Total Quality Management Practices and Operational Performance. In: Journal of Operations Management, Vol. 17, pp. 393-409.

SAMUELSON, P. A., NORDHAUS, W. D. (1987): Volkswirtschaftslehre. Grundlagen der Makro-und Mikro-ökonomie. Vol. 2, 8th basically revised Edition (German), Köln, Bund-Verlag.

SANCHEZ, R. (1993): Strategic Flexibility, Firm Organisation, and Managerial Work in Dynamic Markets: A Strategic Options Perspectives. In: Shrivastava, P., Huff, A. S., Dutton, J. E. (eds.): Advances in Strategic Management. Vol. 9, Greenwich (CT), London, JAI Press, pp. 251-291.

SANCHEZ, R. (2001): Knowledge Management and Organisational Competence. Oxford, New York, Oxford University Press.

SANCHEZ, R. (1997): Strategic Management at the Point of Inflection: Systems, Complexity and Competence Theory. In: Long Range Planning, Vol. 30, pp. 939-946.

SANCHEZ, R. (2001): Building Blocks for Strategy Theory: Resources, Dynamic Capabilities and Competences. In: Volberda, H. W., Elfring, T. (eds.): Rethinking Strategy. London, Sage Publications, pp. 143-157.

SANCHEZ, R., HEENE, A. (1996): A Systems View of the Firm in Competence-Based Competition. In: Sanchez, R., Heene, A., Thomas, H. (eds.): Dynamics of Competence-based Competition: Theory and Practice in the New Strategic Management. Oxford, Elsevier, pp. 39-62.

SANCHEZ, R., HEENE, A. (2004): The New Strategic Management. New York, John Wiley & Sons.

SANCHEZ, R., HEENE, A., THOMAS, H. (1996): Introduction: Towards the Theory and Practice of Competence Based Competition. In: Sanchez, R., Heene, A., Thomas, H. (eds.): Dynamics of Competence-based Competition: Theory and Practice in the New Strategic Management. Oxford, Elsevier, pp. 1-35.

SANDVEN, T., SMITH, K., KALOUDIS, A. (2005): Structural Change, Growth and Innovation: The Roles of Medium and Low Tech Industries, 1980-2000. In: Hirsch-Kreinsen, H., Jacobson, D., Laestadius, S. (eds.): Low-Tech Innovation in the Knowledge Economy. Frankfurt a. M., Peter Lang, pp. 31-59.

SANTAMARíA, L., NIETO, M. J., BARGE-GIL, A. (2009): Beyond formal R&D: Taking advantage of other sources of innovation in low-and medium technology industries. In: Research Policy, Vol. 38, pp. 507-517.

SANTARELLI, E., STERLACCHINI, A. (1990): Innovation, Formal vs. Informal R&D, and Firm Size: some evidence from Italian manufacturing firms. In: Small Business Economics, Vol. 2, pp. 223-228.

SARGENT, T. J., WALLACE, N. (1976): Rational Expectations and the Theory of Economic Policy. In: Journal of Monetary Economies, Vol. 2, pp. 169-183.

SAVIOTTI, P. P., METCALFE, J. (1991): Present Development and Trends in Evolutionary Economics. In: ibid. (eds.): Evolutionary Theories of Economics and Technological Change, pp. 1-30.

SAVIOTTI, P. P., NOTEBOOM, B. (2000): Technology and Knowledge: From the Firm to Innovation Systems. Edward Elgar, Cheltenham.

SCHEIRER, W. (1991): Firm Size and Innovation: a comment. In: Small Business Economics, Vol. 3 (2), pp. 155-156.

SCHENDEL, D. (1996): Introduction to the Winter 1996 Special Issue on 'Knowledge and the Firm'. In: Strategic Management Journal, Vol. 17 (Winter Special Issue), pp. 1-4.

SCHERER, F. M. (1967): Research and Development Resource Allocation under Rivalry. In: Quarterly

Journal of Economics, Vol. 81, pp. 359-394.

SCHMIDT, A. (2009): Relational View. In: Zeitschrift für Planung & Unternehmenssteuerung, Vol. 20, pp. 129-137.

SCHMIDT, T. (2005): What Determines Absorptive Capacity. In: DRUID Summer Conference 2005 on Dynamics of Industry and Innovation: Organisations, Networks and Systems. Copenhagen, Danish Research Unit For Industrial Dynamics

SCHMIEDEBERG. C. (2008): Complementarities of Innovation Activities: An empirical analysis of the German manufacturing sector. In: Research Policy, Vol. 37, pp. 1492-1503.

SCHMIERL, K., KÖHLER, H. D. (2007): Organisationslernen in Lowtech-und Medium-Lowtech-Unternehmen. Wissens-und Personalmanagement. In: Abel, J., Hirsch-Kreinsen, H. (eds.): Lowtech-Unternehmen am Hightech-Standort. Berlin, edition sigma, pp. 21-56.

SCHMOOKLER, (1965): Technological Change and Economic Theory. In: American Economic Review, Vol. 55, pp. 333-341.

SCHMOOKLER, J. (1966): Invention and Economic Growth. Cambridge (MA), Harvard University Press.

SCHNEIDER, J. (1995): What's new and What's Old in New Growth Theory: Endogenous Technology, Microfoundation and Growth R. In: Zeitschrift für Wirtschafts-und Sozialwissenschaften, Vol. 115 (3), pp. 429-472.

SCHNEIDER, D. (1998): Vorl. ufer der Lehre von den Kernkompetenzen: von Xenophons Kyrupaedie über Babbage's Prinzip zu List's "Gesetz der Kr. ftevereinigung". In: Glaser, H., Schröder, E., Werder, A. v. (eds.): Organisation im Wandel der Märkte. Wiesbaden, pp. 343-358.

SCHNELL, R., HILL, P. B., ESSER, E. (1995): Methoden der empirischen Sozialforschung. 5th Completed and Extended Edition, München, Wien, R. Oldenbourg Verlag.

SCHREYÖGG, G. (1999): Strategisches Management-Entwicklungstendenzen und Zukunftsperspektiven. In: Die Unternehmung, Vol. 53 (6), pp. 387-407.

SCHREYÖGG, G., KLIESCH, M. (2005a): Dynamic Capabilities and the Development of Organisational Competencies. Diskussionsbeitrag No. 25/05 des Instituts für Management. Berlin: Freie Universität.

SCHREYÖGG, G., KLIESCH, M. (2005b): Individuelle und organisationale Kompetenzen im Rahmen des strategischen Managements. QUEM-Report, Schriften zur beruflichen Weiterbildung, No. 94, pp. 3-49.

SCHUH, G., FRIEDLI, T., KURR, M. A. (2005): Kooperationsmanagement. München, Hanser Verlag.

SCHUMPETER, J. A. (1942): Geschichte der ökonomischen Analyse. Göttingen, Vandenhoeck & Ruprecht.

SCHUMPETER, J. A. (2006): Theorie der wirtschaftlichen Entwicklung. Reprint of the original first edition from 1912, edited and introduced by Jochen Röpke and Olaf Stiller, Berlin, Duncker & Humblot.

SCHUMPETER, J. A. (2008a): Konjunkturzyklen. German reprint of. the original edition of "Business Cycles. A Theoretical, Historical, and Statistical Analysis of the Capitalist Process" from 1939, Göttingen, Vandenhoeck & Ruprecht.

SCHUMPETER, J. A. (2008b): Capitalism, Socialism and Democracy. Reprint of the original first edition from 1942, extended by amendments of the 2nd (1947) and 3rd (1950) edition, introduced by Thomas K. McGraw, New York, Harper Perennial.

SCHWEBER, S. (1985): The Wider British Context in Darwin's Theorizing. In: Kohn, D. (ed.): The Darwinian Heritage. Princeton (NJ), pp. 35-69.

SCHWITALLA, B. (1993): Messung und Erklärung industrieller Innovationsaktivitäten mit einer empirischen Analyse für die westdeutsche Industrie. Heidelberg, Physica-Verlag.

SCOTT, M. F. G. (1989): A New View Of Economic Growth. Oxford, Clarendon Press.

SEGERSTROM, P. S. (1991): Innovation, Imitation and Economic growth. In: Journal of Political Economy 99 (4), pp. 807-827.

SELZNICK, P. (1957): Leadership in Administration. New York, Harper and Row.

SERTI, F., TOMASI, C. (2008): Self-Selection and Post-Entry Effects of Exports: Evidence from Italian Manufacturing Firms. In: Review of World Economics, Vol. 144 (4), pp. 660-694.

SHAPIRO, C., VARIAN, H. (1999): Information Rules. A Strategic Guide to the Network Economy. Boston, Harvard Business School Press.

SHEFER, D., FRENKEL, A. (2005): R&D, Firm Size and Innovation: an empirical analysis. In: Technovation, Vol. 25, pp. 25-32.

SIEG, G. (2007): Volkswirtschaftslehre. München, Wien, Oldenbourg.

SILVERBERG, G., VERSPAGEN, B. (1994): Learning, Innovation and Economic Growth: A Long Run Model of Industrial Dynamics. In: Industrial and Corporate Change, Vol. 3, pp. 199-223.

SIMON, H. A. (1991): Bounded Rationality and Organisational Learning. In: Organisation Science, Vol. 2, pp. 125-134.

SIMONIN, B. L. (1997): The Importance of Collaborative Know-how: An Empirical Test of the Learning Organisation. In: Academy of Management Journal, Vol. 40 (5), pp. 1150-1174.

SIMONIN, B. L. (1999): Ambiguity and the Process of Knowledge Transfer in Strategic Alliances. In: Strategic Management Journal, Vol. 20, pp. 595-623.

SIRILLI G. (1987): Patents and Inventors: An empirical study. In: Research Policy, Vol. 16, (2-4), pp. 157-74.

SITKIN, S. B. (1992): Learning Through Failure: The Strategy of Small Losses. In: Staw, B., Cummings, L. L. (eds.): Research in Organisational Behaviour, Vol. 14, Greenwich, JAI Press, pp. 231-266.

SKINNER, W. (1984): Operations Technology: Blind Spot in Strategic Management. In: Interfaces, Vol. 14 (1), pp. 116-125.

SMITH, A. (1937): An Inquiry into the Nature and the Causes of the Wealth of Nations. Original 1776, reprint: Random House. New York.

SMITH, K. (2005): Measuring Innovation. In: Fagerberg, J., Mowery, D., Nelson, R. R. (eds.): The Oxford Handbook of Innovation. Oxford University Press, pp. 148-177.

SMOLNY, W. (1998): Innovation, Prices and Employment: A Theoretical Model and an Application for West German Manufacturing Firms. In: Journal of Industrial Economics, Vol. 46, pp. 359-381.

SMOLNY, W. (2000): Endogenous Innovations and Knowledge Spillovers. A Theoretical and Empirical Analysis. Heidelberg, Physica-Verlag.

SNOW, C. C., HREBINIAK, L. G. (1980): Strategy, Distinctive Competence, and Organisational Performance. In: Administrative Science Quarterly, Vol. 25, pp. 317-336.

SNOWDON, B., VANE, H. R. (1999): Paul M. Romer. In: Conversations with Leading Economists. Interpreting Modern Macroeconomics. Edward Elgar, pp. 292-313.

SOETE, L. (1978): Inventive Activity, Industrial Organisation and International Trade, PhD thesis, University of Sussex.

SOLOW, R. M. (1956): A Contribution to the Theory of Economic Growth. In: Quarterly Journal of Economics, Vol. 70, pp. 65-94.

SOLOW, R. M. (1957): Technical Change and the Aggregate Production Function. In: Review of Economics and Statistics, Vol. 39, pp. 312-320.

SOLOW, R. M. (1959): Investment and Technical Progress. In: Arrow, K. J., Karlin, S., Suppes, P. (eds.): Mathematical Methods in the Social Sciences, Proceedings of the First Stanford Symposium 1959, Stanford, pp. 89-105.

SOLOW, R. M. (1994a): Perspectives on Growth Theory. In: Journal of Economic Perspectives, Vol. 8, pp. 45-54.

SOLOW, R. M. (1994b): Concluding Comments. In: Pasinetti, L. L.; Solow, R. M. (eds.): Economic Growth and the Structure of Long-Term Development. Proceedings of the IEA Conference held in Varenna, Italy. International Economic Association, St. Martin's Press, pp. 376-379.

SOM, O., KINKEL, S., KIRNER, E., BUSCHAK, D., FRIETSCH, R., JÄGER, A., NEUHÄUSLER, P., NUSSER, M., WYDRA, S. (2010): Zukunftspotenziale und Strategien von nichtforschungsintensiven Industrien in Deutschland-Auswirkungen auf Wettbewerbsfähigkeit und Beschäftigung. Innovationsreport Nr. 140, Büro für Technikfolgen-Absch. tzung beim Deutschen

Bundestag, Berlin.
SOMMERLATTE, T. (1997): Die Evolution des Innovationsmanagements. In: Management von Innovation und Wachstum, Arthur D. Little (ed.), Wiesbaden: Gabler, pp. 155-162.
SORENSON, O., RIVKIN, J. W., FLEMING, L. (2006): Complexity, Networks and Knowledge Flow. In: Research Policy, Vol. 35 (7), pp. 994-1017.
SOUITARIS, V. (2002): Firm-specific Competencies Determining Technological Innovation: A survey in Greece. In: R&D Management, Vol. 32, pp. 61-77.
SPECHT, G., BECKMANN, C., AMELINGMEYER, J. (2002): F&E-Management. Kompetenz im Innovationsmanagement. 2nd edition. Stuttgart, Schäffer-Poeschel Verlag.
SPENCE, M. E. (1976): Product Selection, Fixed Costs, and Monopolistic Competition. In. Review of Economic Studies, Vol. 43, pp. 217-236.
SPENDER, J. C. (1989): Industry Recipes: The Nature and Sources of Managerial Judgment. Oxford, Blackwell.
SPENDER, J. C. (1996a): Making Knowledge the Basis of a Dynamic Theory of the Firm. In: Strategic Management Journal, Vol. 17 (special issue), pp. 45-62.
SPENDER, J. C. (1996b): Competitive Advantage from Tacit Knowledge? Unpacking the Concept and his Strategic Implications. In: Moingeon, B., Edmondson, A. (eds.): Organisational Learning and Competitive Advantage. London, Sage Publications, pp. 56-73.
SPENDER, J. C., GRANT, R. M. (1996): Knowledge and the Firm: Overview. In: Strategic Management Journal, Vol. 17 (Special Issue), pp. 5-9.
SPERBER, D. (2000): An Objection to the Memetic Approach to Culture. In: Aunger, R. (ed.): Darwinizing Culture: The Status of Memetics as a Science. Oxford University Press, Oxford and New York, pp. 162-173.
SPITHOVEN, A., CLARYSSE, B., KNOCKAERT, M. (2010): Building Absorptive Capacity to Organise Inbound Open Innovation in Traditional Industries. In: Technovation, Vol. 30, pp. 130-141.
SRHOLEC, M., VERSPAGEN, B. (2008): The Voyage of the Beagle in Innovation Systems Land. Explorations on Sectors, Innovation, Heterogeneity and Selection. UNU-Merit Working Paper Series # 2008-008, United Nations University, Maastricht.
STADLER, M. (1993): Die Modellierung des Innovationsprozesses-Ein integrative Mikro-Makro-Ansatz. In: ifo-Studien, Vol. 13, pp. 159-189.
STAHL, H. (1996): Beziehungskompetenz. In: Hinterhuber, H., Friedrich, S., Al-Ani, A., Handlbauer, G. (eds.): Das Neue Strategische Management. Wiesbaden, pp. 217-244.
STALK, G., EVANS, P., SHULMAN, L. E. (1992): Competing on Capabilities: the New Rules of Corporate Strategy. In: Harvard Business Review, Vol. 70 (2), pp. 57-69.
STERLACCHINI, A. (1994): Technological Opportunities, Intraindustry Spillovers and Firm R&D intensity. In: Economics of Innovation and New Technologies, Vol. 3, pp. 123-137.
STERLACCHINI, A. (2001): The Determinants of Export Performance: A firm level study of Italian manufacturing. In: Weltwirtschaftliches Archiv, Vol. 137 (3), pp. 450-472.
STERNBERG, R., ARNDT, O. (2001): The Firm or the Region: What determines the innovation behaviour of European firms? In: Economic Geography, Vol. 77 (4), pp. 364-382.
STOCK, G. N., GREIS, N. P., FISCHER, W. A. (2002): Firm Size and Dynamic Technological Innovation. In: Technovation, Vol. 22, pp. 537-549.
STONEMAN, P. (1995): Handbook of the Economics of Innovation and Technological Change. Oxford, Cambridge, Blackwell.
STRAUBE, M. (1972): Zwischenbetriebliche Kooperation. Wiesbaden.
STUART, T. E. (2000): Interorganisational Alliances and the Performance of Firms: A Study of Growth and Innovation. In: Strategic Management Journal, Vol. 21, pp. 791-812.
SUNDBO, J. (1996): The Balancing of Empowerment. A Strategic Resource Based Model of Organizing Innovation Activities in Service and Low-Tech Firms. In: Technovation, Vol. 16 (8), pp. 397-409.

SVEIBY, K. E. (1997): The New Organisational Wealth-Managing and Measuring Knowledge-Based Assets. San Francisco, Berrett-Koehler.

SWAN, T. W. (1956): Economic Growth and Capital Accumulation. In: Economic Record, Vol. 32, pp. 334-361.

SZULANSKI, G. (1996): Exploring Internal Stickiness: Impediments to the Transfer of Best Practice within the Firm. In: Strategic Management Journal, 17 (Special Issue), pp. 27-4.

T

TAYLOR, F. W. (2005): The Principles of Scientific Management. Unabridged facsimile of the original edition published in 1911 by Harper & Brothers (New York, London), Elibron Classics.

TEECE, D. J. (1980): Economy of Scope and the Scope of the Enterprise. In: Journal of Economic Behaviour and Organisation, Vol. 1, pp. 223-245.

TEECE, D. (1986): Profiting from technological innovation: Implications for integration, collaboration, licensing and public policy. In: Research Policy, Vol. 15 (6), pp. 285-305.

TEECE, D. (1990): Contributions and impediments of economic analysis to the study of strategic management. In: Fredrickson, J. W. (ed.): Perspectives on Strategic Management. New York, Harper Business, pp. 39-80.

TEECE, D., PISANO, G. (1994): The Dynamic Capabilities of Firms: an Introduction. In: Industrial and Corporate Change, Vol. 3, pp. 537-556.

TEECE, D. J., PISANO, G., SHUEN, A. (1997): Dynamic Capabilities and Strategic Management. In: Strategic Management Journal, Vol. 18 (7), pp. 509-533.

TEECE, D. J. (2000): Managing Intellectual Capital. Organisational, Strategic, and Policy Dimensions. Oxford, New York, Oxford University Press.

TEECE, D. J., PISANO, G., SHUEN, A. (2000): Dynamic Capabilities and Strategic Management. In: Dosi, G., Nelson, R. R., Winter, S. G. (eds.): The Nature and Dynamics of Organisational Capabilities. Oxford, Oxford University Press, pp. 334-362.

TEECE, D. J. (2007): Explicating Dynamic Capabilities: The Nature and Microfoundations of (Sustainable) Enterprise Performance. In: Strategic Management Journal, Vol. 28, pp. 1319-1350.

TELSER, L. G. (1980): A theory of self-enforcing agreements. In: Journal of Business, Vol. 53, pp. 27-44.

TETHER, B. (2002): Who Co-Operates for Innovation, and Why: An Empirical Analysis. In: Research Policy, Vol. 31 (6), pp. 947-967.

TETHER, B. S. (2003): What Is Innovation? -Approaches to Distinguishing New Products and Processes from Existing Products and Processes. Working Paper No. 12, Manchester, ESRC Centre for Research on Innovation and Competition (CRIC), available at: http: //www. cric. ac. uk/cric/pdfs/wp12. pdf (last access on 30th June 2010).

TETHER, B. (2004): Do Services innovate (differently)? CRIC Discussion Paper No. 66, University of Manchester.

TETHER, B., HOWELLS, J. (2007): Changing understanding of innovation in services. In: Department of Trade and Industry (DTI): Innovation in Services, DTI Occasional Paper No. 9, June 2007, pp. 21-60.

THIELE, M. (1997): Kernkompetenzorientierte Unternehmensstrukturen. Ansätze zur Neugestaltung von Geschäftsbereichorganisationen. Wiesbaden, Gabler.

THORNHILL, S. (2006): Knowledge, Innovation and Firm Performance in High-and Low-Technology Regimes. In: Journal of Business Venturing, Vol. 21, pp. 687-703.

TIDD, J., TREWHELLA, M. (1997): Organisational and Technological Antecedents for Knowledge Creation and Learning. In: R&D Management, Vol. 27, pp. 359-375.

TIDD, J., BESSANT, J. (2009): Managing innovation. Integrating Technological, Market and Organisational Change. 4th edition, Chichester, Wiley.

TIWARI, A. K., MOHNEN, P., PALM, F. C., VAN DER LOEFF, S. (2007): Financial Constraint and R&D Investment: Evidence from CIS. UNU-MERIT Working Paper No. 2007-011, Maastricht.

TOMIURA, E. (2007): Effects of R&D and Networking on the Export Decision of Japanese Firms. In: Research Policy, Vol. 36 (5), pp. 758-767.

TOTTERDELL, P., LEACH, D., BIRDI, K., CLEGG, C., WALL, T. (2002): An investigation of the contents and consequences of major organisational innovations. In: International Journal of Innovation Management, Vol. 6 (4), pp. 343-368.

TSAI, W. (2000): Social Capital, Strategic Relatedness and the Formation of Intraorganisational Linkages. In: Strategic Management Journal, Vol. 21, pp. 925-939.

TSAI, W. (2001): Knowledge Transfer in Intraorganisational Networks: Effects of Network Position and Absorptive Capacity on Business Unit Innovation and Performance. In: Academy of Management Journal, Vol. 44, pp. 996-1004.

TSAI, W. (2002): Social Structure of "Coopetition" Within a Multiunit Organisation: Coordination, and Intraorganisational Knowledge Sharing. In: Organisation Science, Vol. 13, pp. 179-190.

TSAI, K. H., WANG, J. C. (2009): External technology sourcing and innovation performance in LMT sectors: An analysis based on the Taiwanese Technological Innovation Survey. In: Research Policy, Vol. 38, pp. 518-526.

TSOUKAS, H. (1996): The Firm as a Distributed Knowledge System: A Constructional Approach. In: Strategic Management Journal, Vol. 17 (Special Issue), pp. 11-25.

TYLER, B. B., STEENSMA, H. K. (1995): Evaluating Technological Collaborative Opportunities: a cognitive modelling perspective. In: Strategic Management Journal, Vol. 16, pp. 43-70.

TYLER, B. B., STEENSMA, H. K. (1998): The Effects of Executives' Experiences and Perceptions on their Assessment of Potential Technological Alliances. In: Strategic Management Journal, Vol. 19 (10), pp. 939-965.

U

ULRICH, H. (1981): Die Betriebswirtschaftslehre als anwendungsorientierte Sozialwissenschaft. In: Geist, M., Köhler, R. (eds.): Die Führung des Betriebs. Stuttgart, pp. 1-25.

ULRICH, H., HILL, W. (1979): Wissenschaftstheoretische Aspekte ausgewählter betriebswirtschaftlicher Konzeptionen. In: Raffee, H., Abel, B. (eds.): Wissenschaftstheoretische Grundlagen der Wirtschaftswissenschaften. München, Vahlen, pp. 161-190.

UZAWA, H. (1965): Optimum Technical Change in an Aggregative Model of Economic Growth. In: International Economic Review, Vol. 6, pp. 18-31.

V

VAHS, D., BURMESTER, R. (2005): Innovationsmanagement, 3. Auflage, Stuttgart, Schäffel-Poeschel Verlag.

VANBERG, V. (1994): Kulturelle Evolution und die Gestaltung von Regeln. Walter Eucken Institut, Vorträge und Aufsätze, Vol. 144, Tübingen.

VANDENBUSSCHE, J., AGHIO, P., MEGHIR, C. (2006): Growth, Distance to Frontier and the Composition of Human Capital. In: Journal for Economic Growth, Vol. 11, pp. 97-217.

VAN DEN HOOFF, B., DE LEEUW, VAN WEENEN, F. (2004): Committed to Share: Commitment and CMC Use as Antecedents of Knowledge Sharing. In: Knowledge and Process Management, Vol. 11 (1), pp. 13-24.

VAN LEEUWEN, G. (2002): Linking Innovation to Productivity Growth Using Two Waves of the Community Innovation Survey, OECD Science, Technology and Industry Working Papers, 2002/8, OECD Publishing. doi: 10. 1787/620221544571.

VAN REENEN, J. (1996): The Creation and Capture of Economic Rents: Wages and Innovation in a Panel of UK Companies. In: Quarterly Journal of Economics, Vol. 111 (1), pp. 195-226.

VAN REENEN, J. (1997): Technological Innovation and Employment in a Panel of British Manufacturing Firms. In: Journal of Labor Economics, Vol. 15 82, pp. 255-284.

VAN WIJK, R., JANSEN, J. J. P., LYLES, M. A. (2008): Inter-and Intra-Organisational Knowledge Transfer: a Meta-Analytic Review and Assessment of its Antecedents and Consequences. In: The Journal of Management Studies, Vol. 45 (4), pp. 830-853.

VDI NACHRICHTEN (2010): VDI nachrichten. Technik, Wirtschaft, Gesellschaft. Issue No. 28/29, 16th of July 2010, p. 10.

VEBLEN, T. (1898): Why is Economics not an Evolutionary Science? In: Quarterly Journal of Economics, Vol. 12, pp. 373-397.

VERNON, R. (1966): International Investment and International Trade in the Product Cycle. In: Quarterly Journal of Economics, Vol. 80, pp. 190-207.

VERSPAGEN, B. (1991): A new empirical approach to catching up or falling behind. In: Structural Change and Economic Dynamics, Vol. 2 (2), pp. 359-380.

VERSPAGEN, B. (2005): Innovation and Economic Growth. In: Fagerberg, J., Mowery, D. C., Nelson, R. R. (eds.): The Oxford Handbook of Innovation. New York, Oxford University Press, pp. 487-513.

VEUGELERS, R., CASSIMAN, B. (1999): Make and Buy in Innovation Strategies: Evidence from Belgian Manufacturing Firms. In: Research Policy, Vol. 28, pp. 63-80.

VINCETTI, W. (1990): What Engineers Know and How They Know It. Baltimore, Johns Hopkins University Press.

VOLBERDA, H. W. (1998): Building the Flexible Firm: How To Remain Competitive. Oxford, Oxford University Press.

VON HAYEK, F. A. (1945): The Use of Knowledge in Society. In American Economic Review, Vol. 35, pp. 519-532.

VON HAYEK, F. A. (1969): Freiburger Studien. Gesammelte Aufsätze, Tübingen, pp. 97-107.

VON HIPPEL, E. (1976): The Dominant Role of Users in the Scientific Instrument Innovation Process. In: Research Policy, Vol. 5, pp. 212-239.

VON HIPPEL, E. (1986): Lead Users: A Source of Novel Product Concepts. In: Management Science, Vol. 32 (7), pp. 791-805.

VON HIPPEL, E. (1988): The Source of Innovation. Cambridge, MIT Press.

VON HIPPE!, E. (1994): Sticky Information' and the Locus of Problem Solving: Implications for Innovation. In: Management Science, Vol. 40, pp. 429-439.

VON HIPPEL, E. (2001): Innovation by User Communities: Learning from Open-Source Software. In: MIT Sloan Management Review, Vol. 42 (4), pp. 82-86.

VON HIPPEL, E. (2004): Democratizing Innovation. Cambridge (MA), MIT Press.

VON HIPPEL, E., KATZ, R. (2002): Shifting Innovation to Users via Toolkits. In: Management Science, Vol. 48 (7), pp. 821-834.

VON KROGH, G., ROOS, J., KLEINE, D. (1998): Knowing in Firms: Understanding, Managing and Measuring Knowledge. London, Sage.

VON KROGH, G., GRAND, S. (2002): From Economic Theory Towards a Knowledge-based Theory of the Firm: Conceptual Building Blocks. In: Chun Wei, C., Bontis, N. (eds.): The Strategic Management of Intellectual Capital and Organisational Knowledge. Oxford, Oxford University Press, pp. 163-184.

VON KROGH, G., GRAND, S. (2004): Wissensmanagement. In: Schreyägg, G., von Werder, A. (eds.): Handwöterbuch Unternehmensführung und Organisation. 4th edition, Stuttgart, Poeschel, pp. 1647-1656.

VON TUNZELMANN, N., ACHA, V. (2005): Innovation in "low-tech" Industries. In: Fagerberg, J., Mowery, D. C., Nelson, R. R. (eds.), The Oxford Handbook of Innovation, Oxford University Press, Oxford, pp. 407-432.

VOSSEN, R. W., NOOTEBOOM, B. (1996): Firm size and participation in R&D. In: Kleinknecht, A. (Ed.): Determinants of Innovation: The Message from New Indicators. London, MacMillan, pp. 155-168.

VROMEN, J. J. (1995): Economic Evolution. An Inquiry into the Foundations of New Institutional

Economics. London, New York, Routledge.

W

WAGNER, J. (2007a): Exports and Productivity. Comparable Evidence for 14 Countries. University of Nottingham, Research Paper #41. available at: http: //papers. ssrn. com/sol3/papers. cfm? abstract _ id=1048341 (last access on 13th of April 2010).

WAGNER, J. (2007b): Exports and Productivity: A Survey of the Evidence from Firm level Data. In: World Economy, Vol. 30 (1), pp. 60-82.

WAKELIN, K. (1998): Innovation and export behaviour at the firm level. In: Research Policy, Vol. 26 (7-8), pp. 829-841.

WAKELIN, K. (2001): Productivity Growth and R&D Expenditure in UK Manufacturing Firms. In: Research Policy, Vol. 30 (7), pp. 1079-1090.

WALSH, V. (1996): Design, Innovation and the Boundaries of the Firm. In: Research Policy, Vol. 25, pp. 509-529.

WEDER, R., GRUBEL, H. G. (1993): The New Growth Theory and Coasean Economics: Institutions to Capture Externalities. In: Weltwirtschaftliches Archiv, Vol. 129 (3), pp. 488-513.

WELGE, M. K., AL-LAHAM, A. (2008): Strategisches Management: Grundlagen-Prozess-Implementierung. 5. Auflage, Wiesbaden, Gabler.

WERNERFELT, B. (1984): A Resource-Based View of the Firm. In: Strategic Management Journal, Vol. 5, pp. 71-180.

WERNERFELT, B. (1995): The Resource-Based View of the Firm: Ten Years After. In: Strategic Management Journal, Vol. 16 (2), pp. 171-174.

WERNERFELT, B., MONTGOMERY, C. A. (1986): What Is an Attractive Industry? In: Management Science, Vol. 32 (10), pp. 1223-1230.

WHEELWRIGHT, S. C. (1984): Manufacturing Strategy: Defining the missing Link, in: Strategic Management Journal, Vol. 5 (1), pp. 77-91.

WHEELWRIGHT, S. C., CLARK, K. B. (1992): Revolutionizing Product Development: Quantum Leaps in Speed, Efficiency and Quality. The Free Press, New York.

WIEGAND, M. (1996): Prozesse Organisationalen Lernens. Wiesbaden, Gabler.

WILDEMANN, H. (1997): Fertigungsstrategien. Reorganisationskonzepte für eine schlanke Produktion und Zulieferung, München, TCW-Verlag.

WILLIAMSON, O. E. (1975): Markets and Hierarchies: Analysis and Antitrust Implication. New York, Free Press.

WILLIAMSON, O. E. (1979): Transaction-Cost Economics: The Governance of Contractual Relations. In: Journal of Law & Economics, Vol. 22, pp. 233-261.

WILLIAMSON, O. E. (1985): The economic institutions of capitalism. New York, Free Press.

WILLMORE, L. (1992): Tansnationals and foreign trade: Evidence from Brazil. In: Journal of Development Studies, Vol. 28 (2), pp. 314-335.

WINTER, S. G. (1964): Economic 'natural' selection and the theory of the firm. Yale Economic Essays, Vol. 4, pp. 225-272.

WINTER. S. G. (1975): Optimization and evolution in the theory of the firm. In: Day, R., Groves, T. (eds.): Adaptive Economic Models. New York, pp. 73-118.

WINTER, S. G. (1987): Knowledge and Competence as Strategic Assets. In: Teece, D. J. (ed.): The Competitive Challenge. Cambridge, Ballinger, pp. 159-184.

WINTER, S. G. (1988): On Coase, Competence and the Corporation. In: Journal of Law, Economics and Organisation, Vol. 4, pp. 163-180.

WINTER, S. G. (1990): Survival, Selection, and Inheritance in Evolutionary Theories of Organisation. In: Singh, J. V. (ed.): Organisational Evolution-New Directions. Newbury Park (CA), Sage, pp. 269-297.

WINTER, S. G. (1995): Four Rs of profitability: rents, resources, routines, and replication. In:

Montgomery, C. (ed.): Resource-Based and Evolutionary Theories of the Firm-Towards a Synthesis. Dordrecht, Kluwer, pp. 147-178.

WINTER, S. G. (2003): Understanding Dynamic Capabilities. In: Strategic Management Journal, Vol. 24, pp. 991-995.

WITT, U. (1987): Individualistische Grundlagen der evolutorischen Ökonomik. Tübingen, JCB Mohr.

WITT, U. (1992a): Evolutionary Economics-an Interpretative Survey. Papers on Economics and Evolution, No. 9104 der Universität Freiburg, überarbeitete Version.

WITT, U. (1992b): überlegungen zum gegenwärtigen Stand der evolutorischen Ökonomik. In: Biervert, B., Held, M. (eds.): Evolutorische Ökonomie. Frankfurt a. M., New York, Campus Verlag.

WITT, U. (1992c): Explaining Process and Change: Approaches to Evolutionary Economics. Ann Arbor, The University of Michigan Press.

WITT, U. (1996): A "Darwinian Revolution" in Economics? In: Journal of Institutional and Theoretical Economics, Vol. 152, pp. 707-716.

WITT, U. (1997): Economics and Darwinism. Papers on Economics and Evolution, No. 9705, Max-Planck-Institute for Research into Economic Systems, Jena.

WITT, U. (1999): Evolutionary Economics and Evolutionary Biology. In: Koslowski, P.: Sociobiology and Bioeconomics. Berlin, Heidelberg, pp. 279-298.

WITT, U. (2001): Evolutionary Economics: An Interpretative Survey. In: Dopfer, K. (ed.): Evolutionary Economics, Program and Scope. Boston, Dordrecht, London, pp. 45-88.

WITT, U. (2003): Evolutionary Economics and the Extension of Evolution to the Economy. In: Witt, U. (ed.): The Evolving Economy: Essays on the Evolutionary Approach to Economics, Edward Elgar, pp. 3-34.

WITT, U. (2005): The evolutionary perspective on organisational change and the theory of the firm. In: Dopfer, K. (ed.): The Evolutionary Foundations of Economics. Cambridge, Cambridge Univerity Press, pp. 339-364.

WITT, H. (2008): Dynamic Capabilities im Strategischen Electronic Business-Management. Bestimmungsgrößen, Ausprägungen und Erfolgsfaktoren. Wiesbaden, Gabler Edition Wissenschaft.

WOLF, J. (2008): Organisation, Management, Unternehmensführung. Theorien, Praxisbeispiele und Kritik. 3. Auflage, Wiesbaden, Gabler.

WOLFF, E. (1996): Technology and Demand for Skills. In: Science Technology Industry, Vol. 18, pp. 95-124.

WOLLNIK, M. (1977): Die explorative Verwendung systematischen Erfahrungswissens-Plädoyer für einen aufgeklärten Empirismus in der Betriebswirtschaftslehre. In: Köhler, R. (ed.): Empirische und handlungstheoretische Forschungskonzeptionen in der Betriebswirtschaftslehre. Stuttgart, Poeschel, pp. 37-64.

WOMACK, J. P., JONES, D. T., ROOS, D. (1990): The Machine That Changed The World. Massachusetts Institute of Technology / International Motor Vehicle Program, New York, Maxwell Macmillan International.

WRIGHT, T. P. (1936): Factors affecting the costs of airplanes. In: Journal of the Aeronautical Sciences, Vol. 3, pp. 122-128.

WU, L. Y. (2006): Resources, Dynamic Capabilities and Performance in a Dynamic Environment. In: Information and Management, Vol. 43, pp. 447-454.

Y

YOUNG, A. (1998): Growth without Scale Effects. In: Journal of Political Economy, Vol. 106, pp. 41-63.

Z

ZAHEER, A., MCEVILY, B., PERRONE, V. (1998): Does Trust Matter? Exploring the Effects of Interorganisational and Interpersonal Trust on Performance. In: Organisation Science, Vol. 9 (2), pp.

141-159.

ZAHRA, S., GEORGE, G. (2002): Absorptive Capacity: a Review, Reconceptualisation, and Extension. In: Academy of Management Review, Vol. 27, pp. 185-203.

ZANKER. C. (2011): Planung und Steuerung von Produktionssystemen im Kontext der strategischen Unternehmensplanung. Dortmund, Frankfurt am Main, Peter Lang Verlag (forthcoming).

ZIMMERMAN, K. (1991): The Employment Consequences of Technological Advance: Demand and Labour Costs in 16 German Industries. In: Empirical Economics, Vol. 16 (2), pp. 253-266.

ZOLLO, M, WINTER S. G. (2002): Deliberate Learning and the Evolution of Dynamic Capabilities. In: Organisation Science, Vol. 13, pp. 339-351.

附录　缩写列表

缩写	英文名	译名
AMT	Advanced manufacturing techniques/technologies	先进制造技术
BERD	Business expenditures for research and development	研发的商业投入
CIS	Community Innovation Survey	欧共体创新调查
destatis	German Federal Statistical Office	德国联邦统计局
ed.	Editor	编者
eds.	Editors	编者们
e. g.	Exempli gratia (for example)	例如
EMS	European Manufacturing Survey	欧洲制造业调查
et al.	Et alia (and others)	等人
etc.	Et cetera	等
EU	European Union	欧盟
f.	Following page	下一页
ff.	Following pages	下一页
Fig.	Figure	图
GDI	Gross domestic income	国内总收入
GDP	Gross domestic product	国内生产总值
GMS	German Manufacturing Survey	德国制造业调查
GNI	Gross national income	国民总收入
GNP	Gross national product	国民生产总值
Ibid.	Ibidem (in the same place)	如上（在同一地方）
ICT	Information and communication technology	信息与通信技术
i. e.	Id est (that means)	也就是说
NACE	Nomenclature générale des activités économiques dans les Communautés Européennes	欧洲共同体内部经济活动一般行业分类
OECD	Organisation for Economic Co-operation and Development	经济合作与发展组织

续表

缩写	英文名	译名
OMC	Organisational and management concepts	组织与管理学概念
PRS	Product-related services	与产品相关的服务
R&D	Research and Development	研究与开发
RFID	Radio frequency identification	射频识别
ROS	Return on sales	销售收益率
SME（s）	Small and medium-sized firm（s）	中小型企业
Tab.	Table	表
U. S.	United States of America	美国
Vol.	Volume	（刊物）卷